近代日本メディア議員列伝 7

三木武吉の裏表

輿論指導か世論喚起か

赤上裕幸

創元社

三木武吉の裏表——輿論指導か世論喚起か　目次

凡例

①文中の表記で典拠が明らかな場合は、引用の文末にページ数のみ（＊＊）と表記した。引用文献リストにある文献では、（○○：＊＊）は○○が著者、＊＊がページ数を示す。すなわち（重盛：90）は重盛久治『三木武吉太閤記　生きた政治史』春陽堂書店、一九五六年、九〇頁である。また同一著者の文献は、「○○ ++++：＊＊」で刊行年を加えた。すなわち（松田毅一 1956：6）は松田毅一「三木武吉氏の追憶」『想丘』六二号、一九五六年一二月、六頁である。

②三木の論考は、略年譜の年ごとに通し番号を付した。本文中の言及もこの番号と対応する。すなわち（三木1921①：20）は、年譜の一九二一年の①「青年の意気」『北陸青年』第二巻第一号、二〇頁である。

③議会における発言は議事録からの引用であり、日時と会議名を示すことで出典表記にかえた。読み易さを考え、カタカナ表記は平仮名に改めた。『東京市会議事速記録』からの引用のみ出典を示した。すなわち（『市速記録①』1928：6）は『昭和三年東京市会議事速記録第一号』六頁である。

④選挙結果は出典を示していないが、基本的には、衆議院事務局編『衆議院議員総選挙一覧』や衆議院、参議院編『議会制度百年史』による。

⑤雑誌、書籍は『　』、論文、演題は「　」、映画タイトルは《　》で統一した。

⑥引用文中の省略についてのみ（中略）と表記し、「前略」および「後略」は省いた。引用文の強調は、特記しない限り、引用者による。引用文中の補足、解説は〔　〕内に表記した。判読不能箇所は□で示した。

⑦新聞記事（業界紙含む）からの引用については、カッコ内に示し、新聞名は『東朝』（『東京朝日新聞』）のように略記を用い、文脈上、発行年が明らかな場合は日付のみを示した。記事名は一部を省略した場合もある。「夕刊」という表示がない場合は朝刊を指す。戦前の夕刊紙は日付と発行日が別で、七月一日付夕刊は六月三〇日の発行である。これらの出典情報は、略記ではなく本文中に表記した場合もある。

⑧未公刊史料については本文中に表記し、引用文献リストには採録していない。

⑨歴史研究者として原文表記の重要性は十分に認識するが、幅広い読者を対象とする本書の性格に鑑み、読み易さを優先して引用文に濁点と句読点、難字にルビを補った。逆に、原文が総ルビの文章ではルビの大半を省略した。歴史的かな遣いは原文のままとしたが、旧字体の漢字は新字体に改めた。

⑩引用文中に差別などにかかわる不適切な語句があるが、今日の視点で史料に手を加えることはしなかった。ご理解を賜りたい。

三木武吉の裏表——輿論指導か世論喚起か

序章

嘘の品格

映画《小説吉田学校》（1983年）ポスター

「〃僕は泥棒と詐欺師と大臣だけはやらないんだ〃と言うと、〃大臣だけはなったら〃というから、〃あれは泥棒、詐欺師より悪いんだ〃（笑声）という。この一点張りだ。大臣というやつは心にもないお世辞や嘘を言わ〔な〕ければならない。泥棒、詐欺師は心にない嘘やお世辞は言わない。心にある嘘をいう。だから人間としてはいくらかマシだよ。」（三木 1955 ⑮：41）

妾は何人？

「ある有力候補の如《ごと》きは、メカケを四人もつれている」。三木武吉は立会演説会でこのように対立候補から批判された。三木が妾《めかけ》（愛人）を何人も囲っていることは公然の秘密であった。三木は自分の番になると、次のように切り返した。

「ある有力候補と私の前にこの壇上に立つた無力な候補はいわれたが、その有力候補とは不肖三木武吉であります。なるべくならば無力候補よりは有力候補を御支援になるのが貴重な皆さんの一票を生かす所以《ゆえん》かと、三木武吉は考えます。」

相手を軽くいなしたうえで「逆手とりの名人」とも言われた三木の本領が発揮される。

「なお、正確を期するために、無力候補の数字的間違いを、この席で訂正しておきます。と、申すのは、五を四に数える如きは、小学校一年生といえども恥とすべきでありますが、私にはメカケが四人あると申されたが、事実は五人であります。一つ数えそこなつたと見えます。もつとも、いずれも老来廃馬となつて役には立ちませんが、これを捨て去る如き不人情は三木武吉には出来ませんから、みな養つてはおります。」

以上は、三木会編『三木武吉』（一九五八年）の記述である。妾が四人いるとの批判に、四人ではなく五人だと応じた三木節は、戦後最初の衆議院議員総選挙（一九四六年）に香川一区から出馬した際のものとされている（521）。

三木は、吉田茂を政権の座から引きずり下ろして鳩山一郎内閣を作り、一九五五年には自由党と民主党を統一する保守合同を実現させた。「自民党をつくった男」と称される所以である。大臣などの職に就《つ》くことはなかったが、党運営や重要な政策決定の中心にはいつも三木がいた。「タヌキ」「策士」「寝業師」といった狡猾《こうかつ》なイメージで知られ、野次や演説の上手《うま》さが引き合いに出されることも多い。「妾論争」もその一つと言えるだろう。

しかし興味深いことに、槍玉に挙げられた妾の人数は、文献や作品ごとにばらばらである（表0-1）。時や場所、発言主も一致していない。フィクションの記述が正確でないのは仕方ないとして、同時代を生きた大宅壮一や福家俊一（一九五二年に同じ香川一区から出馬）らの証言も異なるのはなぜか。

三木は政治活動の記録をほとんど残していない。日記や自伝も存在しない。政治人生を振り返った口述筆記「たぬき政界「四十年」」（『日本週報』一九五四年）はわずか四回で連載が終了してしまった。「妾論争」に直接言及した論考や記事も存在せず、各人が三木や周辺から聞いた話をもとに再現したため、前述のような状態になっているのだろう。

三木の伝記はいくつか出ている。まず重要なのは、三木の秘書を務めた重盛久治が執筆した『生きた政治史　三木武吉太閤記』（春陽堂書店、一九五六年）である（以下では『三木武吉太閤記』と記す）。首都圏紙『東京タイムズ』の連載（一九五六年二月二九日~七月三一日）が元となっているが、三木からは「世間から、わしが君に書かせているような誤解を受けるからやめろ!」と止められた（「はしがき」）。だが、瘦せ衰えていく身体で保守結集に命を燃やす三木の様子を見て、重盛は書かずにいられなかった。一九五六年七月四日に三木が死去し、九月に書籍化された。

「妾論争」を扱った論考・作品	暴露された妾の数	三木が自己申告した妾の数	暴露した人	時と場所
大宅壮一「三木武吉」『昭和怪物伝』角川書店、1957年（角川文庫、1973年）	5人	6人	「聴衆の一人」	「ある演説会場」（※「伝説めいた話」という前置き）
三木会編『三木武吉伝』1958年	4人	5人	「反対党の候補者」	1946年の選挙の立会演説会
花見達二『昭和記者日記』雪華社、1968年	3人	4人	「弁士」	「選挙演説」とのみ記載
杉森久英『小説三木武吉』集英社、1970年	4人	5人	「反対候補」	1946年の選挙の立会演説会
戸川猪佐武『小説吉田学校　第1巻』流動、1971年（角川文庫、1981年）	4人	5人	「反対党の候補」	「ある年の総選挙の立会演説会」
小島直記『青春・都の西北』新潮社、1973年	4人	5人	「反対派の候補者」	1946年の選挙の立会演説会
福家俊一『ニューリーダーがアレだから自民党が面白い』ロングセラーズ、1987年	6人	7人	「政敵」	記載なし
遠藤周作『ファーストレディ』新潮社、1988年（新潮文庫、1991年）	5人	7人	聴衆の一人の女性	香川の選挙演説
さいとう・たかを『劇画　小説吉田学校』読売新聞社、1988年（『大宰相　第2巻　鳩山一郎の悲運』講談社文庫、2019年）	4人	5人	対立候補	1952年の選挙の立会演説会
水木楊『誠心誠意、嘘をつく』日本経済新聞社、2005年	4人	5人	「反対党の候補者」	1946年の選挙の立会演説会
大和田秀樹『疾風の勇人　第6巻』講談社、2017年	4人	5人	福家俊一	1952年の選挙の立会演説会

表0-1　妾論争の人数（主要な論考・作品のみを挙げた）

伝記の決定版とも呼ぶべきものが、冒頭でも引用した三木会編『三木武吉』である。三木を支えた原玉重《たましげ》と重盛久治が顧問、御手洗《みたらい》辰雄が執筆責任者という体制で、三回忌の一九五八年七月四日に刊行された。御手洗は元報知新聞記者で『伝記　正力松太郎』（大日本雄弁会講談社、一九五五年）の執筆者でもあった。一九五八年一〇月には御手洗の名前で『三木武吉伝』（四季社）も刊行されたが、内容は三木会編のものと同じである（御手洗版には、三木と交流のあった人による「想出を語る」が付いていない）。

これらの伝記を読むと、三木の生い立ちや政治活動をつぶさに知ることができる。ひとつひとつの逸話も抜群に面白い。しかし、武勇伝の類《たぐ》いの話が少なくない点には注意が必要だ。たとえば、一九〇四年に東京専門学校（現・早稲田大学）を卒業した三木は、司法試験合格までの間に早稲田の図書館の仕事をしていた。三木会編『三木武吉』では図書館の創設に三木が重要な役割を果たし、「図書館長であり、兼任小使である」と記されている（61）。『三木武吉太閤記』でも「新しい図書館の建造なるまでは小使兼館長という一人十役ぐらいを兼ねていた」と説明されている（136）。だが、早稲田の新しい図書館は三木の卒業より前の一九〇二年に開館していた。卒業したばかりの人物に図書館長という大役を任せるのも不自然であり、これも誤りである（藤原：30）。第一章で詳しく紹介するが、実際に図書館長を務めていた市島謙吉の日誌には、写字生として細目カードの作成に取りかかる三木の様子が記されている。

三木は自らの人生を面白おかしく周囲に語っていた節がある。どんどんと膨《ふく》らんでいく「三木伝説」を自ら正すこともしなかった。たとえば、ジャーナリストの阿部眞之助が書いた「三木武吉論」には根拠が不明な記述も含まれている。だが、将棋の腕前を「ヘボの下なるもの」とこき下ろされた箇所を除いて三木は何の反論もしていない（阿部：160／三木 1954⑫：267）。

三木の伝記には、三木が周りの人物に語った（あるいは周りの人物が語った）「嘘」が紛れ込んでおり、検証が必要である。特に三木会編『三木武吉』は三回忌を前に刊行を急いだため、多くの親近者に原稿を見てもらう余裕がなかった。それゆえ巻末の「三木武吉年譜」の年月日にも誤りが多い。

冒頭で紹介した「妾論争」についても、三木会編『三木武吉』の記述は正確さに欠けるようだ。『毎日新聞』の政治記者を務めた西山柳造は「「戦後政治の変革者」三木武吉」（『正論』一九九三年八月号）で、第二五回衆議院議員総選挙（一九五二年）の際の香川県婦人連合会の会合で「妾論争」が起こったと記している。香川県婦人連合会は懇意にしていた香川県知事・金子正則の夫人が会長を務めており、三木に声が掛かったようだ。秘書らは出席を見合わせるべきだと進言したが、三木は聞き入れなかった。果たせるかな、会が始まると厳しい質問が飛んできた。

「私共は三木先生の政治的ご手腕に対しては尊敬と信頼の念を持っています。ただ一点どうしても女性の立場からお伺いしなければならないことがございます（中略）三木先生には奥さん以外に二号さんを三人お持ちになっておるということですが、それはいかなる理由で、何の必要があり、どういう結論をお持ちになっていますか、明快なご答弁をお願いいたします」

これに対して三木は次のように答えた。

「ご質問のご趣旨は十分了解しております。率直に申し上げます。三木武吉はご覧の通りの人間でありまして、若気の至り、今更かれこれ申し訳のできる筋合いのものではありません。ただ今三人の二号をもっているのはどういうわけかとお尋ねがありましたが、数字が少し違います。三人とおっしゃいましたが、実は四人であります。しかしいずれも老齢で廃馬のような状態であります。もうその馬は競走馬にならなくなりました。さればといって古鞋《わらじ》のように捨ててしまうわけにはいきませんので、三木武吉、細々ながら互に手をとり合って、ようやく命をつないでいる仕末でございます。過去の罪は万死にあたりますが、この点特にお許し願いたいと思います」

西山によると「会場を埋めた数百人の女性は深いタメ息をつき「三木さんは偉いわね」「偉いわね」と賛同と感動に場内は包まれた」という（西山：132f）。

西山はこの話を、三木と共に会合に参加した庄司八州孝から、三木の親族である錦辺忠良が聞いた話として紹介した。また聞きではあるが、西山は三木が特に信頼を置き、保守合同の際に重要な役割を果たしたジャーナリストである。右の記事には、情報源である錦辺が三木の銅像の前で撮った写真も添えられており、三木会編『三木武吉』よりは確度の高い情報と言えるだろう。ただし「妾論争」に関しては他に記録が残っておらず、厳密な裏付け作業を行うには限界がある。

三木の生涯をまとめた本は、表0-1で示したようにいくつか存在する（他には、高松太郎「戦後の日本を動かした気骨の人　党人政治家　三木武吉の生涯」（『国会月報』一九九九年九月号〜二〇〇三年三月号）がある）。

水木楊『誠心誠意、嘘をつく』（日本経済新聞社、二〇〇五年）のように独自の取材を加えた評伝も存在するが、三木会編『三木武吉』と『三木武吉太閤記』の内容をまとめ直した本がほとんどである。「妾論争」で暴露された妾の数を四人、自己申告の妾の数を五人とした文献や作品が多いのも、三木会編

『三木武吉』の記述を参考にしたからだと推測できる。つまり、この二つの伝記に沿う形で物語が再生産されつづけている。三木の日記などが現存しない以上、仕方のないことではあるが、本書ではそうした状態から少しでも前に進むべく、できる限り一次資料やそれに相当する資料を用いて三木の活動を明らかにしていきたい。

知られざるメディア議員の姿

高松市の栗林公園の正門（東門）を出て、国道一一号線沿いに北に少し歩いたところに、三木の銅像が立っている（図0-1）。建立されたのは一九五八年九月二三日。栗林公園内の銅像建設は前例がなかったため、「見る人が入園料を支払った人に限定され、更に三木先生の庶民政治家としてのイメージを潰す」という金子県知事の意見で現在の場所に落ち着いた。双瞳《そうどう》と言われた三木の眼は東京の国会議事堂の方角を向いている（牟田：111f）。

図 0-1　栗林公園正門近くに立つ三木武吉の銅像

彫刻家の中川清が制作を担当し、銅像

建設委員長は北洋水産株式会社社長の大西廉作が務めた。台座の正面にある「三木武吉像」の題字は鳩山一郎の揮毫《きごう》、碑文は三木会の御手洗辰雄の撰、書は豊道慶中の揮毫である。そこには以下のように記されている（読みやすさを考慮して、カタカナを平仮名に改めた）。

「三木武吉君号は蕾庵明治十七年高松市に生る天資慧敏にして大度《たいど》ありまた義を重んじ情に篤《あつ》し早稲田専門学校を卒業して弁護士に身を立て三十二歳衆議院議員となり寸鉄殺人の警句と縦横の機略を以て頭角を現はし大に軍人の政治干与と戦ふ終戦の後衆議院議長に選ばれたるも追放の厄に遇ひその解除さるるや保守合同による政局安定を首唱し苦闘三年昭和二十九年同志鳩山一郎内閣を成立せしめ翌年終に保守合同の素志を遂げて政局を盤石の安きに置く事成つて半歳宿痾《しゅくあ》重りて復起たず
三十一年七月四日逝く噫嘻《ああ》

御手洗辰雄撰

日本藝術院会員豊道慶中書

昭和三十三年九月二十三日　三木会建之」

碑文と三木会編『三木武吉』はいずれも御手洗辰雄が執筆した。両者を対照させながら、三木の業績を改めて確認しておきたい。碑文の「天資慧敏にして大度ありまた義を重んじ情に篤し」という三木の性格に関しては三木会編『三木武吉』の

第 1 章	世に出るまで
第 2 章	苦闘の中で熱い恋
第 3 章	三十二歳の代議士
第 4 章	花形代議士時代
第 5 章	加藤浜口に認めらる
第 6 章	東京市政を握る
第 7 章	事業に情熱を傾ける
第 8 章	軍人政治反対の戦
第 9 章	捲土重来政界に復活
第 10 章	鳩山、三木ともに追放
第 11 章	小豆島の追放生活
第 12 章	ワンマン政権に挑む
第 13 章	吉田と三木の攻防
第 14 章	保守結集の戦
第 15 章	鳩山内閣ついに成立
第 16 章	悲願保守合同成る
第 17 章	最後の努力政界若返り
第 18 章	気力だけで生きた晩年
第 19 章	人間としての三木武吉
第 20 章	三木を取巻く女性群
想出を語る	
三木武吉年譜	

表 0-2　三木会編『三木武吉』の章立て

第一九章と対応する（表0-2）。以下、「早稲田専門学校を卒業して弁護士に身を立て」は第一章および第二章、「三十二歳衆議院議員となり寸鉄殺人の警句と縦横の機略を以て頭角を現はし」は第三章から第五章まで、「大に軍人の政治干与と戦ふ」は第八章、「終戦の後衆議院議長に選ばれたるも追放の厄に遇ひ」は第九章から第一一章まで、「その解除さるるや保守合同による政局安定を首唱し苦闘三年」は第一二章から第一四章まで、「昭和二十九年同志鳩山一郎内閣を成立せしめ」は第一五章、「翌年終に保守合同の素志を遂げて政局を盤石の安きに置く」は第一六章、「事成つて半歳宿痾重りて復起たず」は第一八章となるだろう。

字数の限られた碑文ゆえ、三木の人物像や活動をすべて盛り込むのは不可能である。さりとて省略されたものの中に、三木の本質を表わすものが含まれているとすれば、それを捨て置くことはできない。

三木会編『三木武吉』の「編輯者より報告」には以下のように記されている。

「女性関係その他、他の人の伝記であれば当然、省略されるような事柄も先生の場合は省く必要もなし、その方が先生の心にも叶うように思われたので一切有りのまゝ、赤裸々に記述することとした。」(3)

三木の女性関係は第二〇章「三木を取巻く女性群」に詳しく書かれており、本書が注目したいのはそこではない。碑文で省略された部分で注目すべきは、第六章「東京市政を握る」と第七章「事業に情熱を傾ける」に相当する項目である。第七章の中には「報知新聞を経営」という項目も含まれている。三木の生涯を記した碑文で省略され、三木会編『三木武吉』でも十分な記述がなされていない東京市会議員と報知新聞社長という二つの職歴。これらに着目してみると、「メディア議員」として三木が果たした役割が浮かびあがってくる。

佐藤卓己は『近代日本のメディア議員』（創元社、二〇一八年）で、政治が価値や理念の実現といった「政治の論理」ではなく、効果や影響力の最大化を目指す「メディアの論理」で動く状況を「政治のメディア化」とし、それを体現する政治家を「メディア政治家」（メディア議員）だと論じた（佐藤卓己：15）。

三木がメディア議員であったと断言できるのは、二つの意味においてである。一つは、メディア戦略をよく練っており、「メディアの論理」を内在化した政治家であったからだ。三木は議会での野次や演説を得意とし、それが新聞で報じられることで人気を獲得していった。戦前は東京の牛込区を地盤としたが（一九四二年の翼賛選挙からは香川一区）、はじめて挑んだ一九一五年の衆議院議員総選挙は東京市全体を一つの選挙区とする大選挙区で争われた。そこでは、新聞『日本』や『万朝報』の記者を務めた古《こ》島《じま》一雄（第一位）、『東京毎日新聞』のバックアップを受けた頼母《たのも》木《ぎ》桂吉《けいきち》（第二位）、東京日日新聞社長を務めた関直彦（第五位）、二六新報社を立ち上げた秋山定輔《ていすけ》（第八位）などメディア出身者が数多く当選した。有権者数が増え、地元の区のみならず東京市全体を意識した政治運動が求められる中で、新聞メディアとの関わりは大きなアドバンテージとなった。

国立国会図書館憲政資料室所蔵の「戦前期政党・選挙・東京市等関係資料」には、第一五回衆議院議員総選挙（一九二四年）における三木の選挙戦の記録が残されている。三木を支援する『牛込新報』には、憲政会担当記者団「櫻田会」に所属する（した）新聞記者が推薦文を寄せ、他にも「三木武吉氏に対する七大新聞記者観　赤裸々の人物評」として、報知新聞記者・水野石渓、東京朝日新聞記者・下花親隆、読売新聞記者・谷好夫、万朝報記者・角屋謹一、国民新聞記者・竹内順三郎、都新聞記者・橋本康男が三木を応援する論考を執筆した。

三木のメディア戦略を理解するためには、三木と東京市会との関わりについても着目しなければならない。戦前は帝国議会と地方議員の兼任が認められており、三木は一九二二年に東京市会議員に選出された。二四年九月には市会議員を辞職するが、辞職後も市会や市長選考に大きな影響力を持ちつづけた。国政を「海」とすれば、その規模において東京市会は「湖」と形容するのが相応《ふさわ》しい（汚職が横行する「底なし沼」とも言えるのだが）。国政の場合は、新聞で議会の様子を知ることはできるが、要職に就いていなければ、個々の議員の動向をつかむことは容易ではない。一方、東京市政に関する情報は市内版の記事で頻繁に報じられ、三木は東京市長選に深く関与したため、どの新聞もこぞって三木の動向を伝えた。東京市政への関与は、有権者の認知を高めるメディア戦略としても有効であった。湖と海が繋がっているいることが珍しくないように、東京市政と国政も深く結びついており、鳩山一郎との共闘、正力松太郎との結託など、三木の政治人生を大きく左右する大きな出来事が集中している。

戦前の東京市会における三木の活躍については、中邨《なかむら》章『東京市政と都市計画』（敬文堂、一九九三年）が詳しく分析している。中邨が取り上げたのは、三木が市会議員となった一九二二年の選挙と憲政会が絶対多数を獲得した二六年の選挙である。ただし、新聞に関しては『東京朝日新聞』と『国民新聞』の分析が中心であり、メディア研究という観点からはさらなる可能性を残している。本書では、これ以外の新聞にも可能な限り目配りをしながら、三木のメディア戦略を多角的な視点から分析を行っていきたい。

中邨の本は副題に「明治大正期・東京の政治と行政」とあるように、一九二八（昭和三）年に発覚した東京市疑獄事件の分析はなされていない。千葉県に本社を置く京成電車は、都内へ路線を延長させる乗入案を東京市会で可決させるために、読売新聞社長の正力松太郎に相談を持ち掛けた。正力が民政党の三木と政友会の中島守利に働きかけ、京成電車乗入案は市会本会議で可決された。だが、正力を通じて三木と中島に金銭が授与されていたことが明らかとなり、二八年に三木は逮捕されてしまう。三四年に実刑が確定し、三木は約半年間刑に服し、三六年の衆議院議員選挙は立候補を見送った。

三木を政治的な失脚に追い込んだこの事件は先行研究が存在しないが、東京弁護士会・第二東京弁護士会合同図書館が刑事裁判記録をマイクロフィルムで所蔵している（リール番号一七〇　東京市疑獄事件全五三冊中一九―二二（京成関係）〔予審記録〕／リール番号一七八　東京市疑獄事件　判決（豊浦関係））。さらには、東京地方裁判所検事局が裁判で行った論告の内容も『東京市会議員瀆職被告事件論告要旨』（一九三一年）として冊子にまとめられ、東京都立図書館が所蔵している。本書ではこれらの資料を用いながら、東京市疑獄事件で三木が果たした役割についても分析を行う。一九二二年と二六年の東京市会議員選挙では三木を持ち上げていた新聞も、疑獄事件の後では手のひらを返したように三木を酷評していく。批判の急先鋒となったのが、『朝日新聞』と『毎日新聞』であった（『東京朝日新聞』と『大阪朝日新聞』の題号が統一されて『朝日新聞』となるのが一九四〇年、『東京日日新聞』と『大阪毎日新聞』の題号が統一されて『毎日新聞』となるのが一九四三年だが、本書ではそれ以前の時期にも、便宜的に『朝日新聞』『毎日新聞』という名称を用いる場合がある)。

三木がメディア議員であったと断言できるもう一つの根拠は、メディア経営の経験があるという点だ。「浪人生活」を送っていた三木は一九三六年に銀座にあった帝国通信社の取締役となり、三九年五月には報知新聞社長に就任した。三木と『報知新聞』との関わりについて扱った研究は、佐賀香織「戦時体制下における三木武吉」『日本政治法律研究』(二〇一九年、一)があるが、『報知新聞』の内容分析にまでは踏み込んでいない。

新聞社の社長は紙面作りに関わらない場合も少なくないが、三木の場合は違った。三木が社長に就任して数か月後、『報知新聞』は一九三九年八月一日付朝刊で大胆な紙面改革を行った。それまで朝刊一面は報道記事が中心だったが、この紙面改革によって、題字のすぐ横に「社説」が配置され、一面の上段を評論や論説記事が占めた(一面の下段は広告)。三木は、拡大路線(=マスメディア化)を邁進《まいしん》する『朝日新聞』や『毎日新聞』などの大手紙を批判し、国家主義ジャーナリズムへの転換を訴えた。報知新聞社は一九四一年八月に読売新聞社との資本提携を発表すると、一面全体を論説記事で埋めて紙面改革をさらに推し進めた。

三木は、戦時期の新聞統制の議論をリードし、日本の中央紙を一つないしは二つに統一してしまおうと画策した。三木が関係者に送った「新聞統合私案」は、単一の新聞発行会社を設立し、全国紙として東京と大阪から各一紙、東京と大阪を含む七つの都市からブロック紙として七紙の発行を認め、他にも一県一紙を原則とする地方紙の発行を認めるという内容であった。事実上の新聞社国営化案である。三木は、似たような紙面づくりを行う『朝日新聞』と『毎日新聞』を批判し、この両社を合併させて大阪発行の新聞とし、東京では読売と報知の二紙が中心となる新聞統合の未来を見据えていた。一時はこの三木私案が情報局の議論の主流になりかけるが、「メディアの論理」を追求する全国紙の猛反対にあい、頓挫《とんざ》してしまう。

一九四一年七月には三木は、報知新聞社の株式を読売新聞社の正力松太郎に譲渡する。三木は、一九四二年四月三〇日に実施された翼賛選挙で香川第一区から「非推薦」で立候補し、衆議院議員に返り咲くと、同年七月に報知新聞社の経営から完全に手を引いた。三木が目指した国家主義ジャーナリズムは、コマーシャリズムを体現する読売新聞社にいとも簡単に吸収されてしまった。

三木は、京成電車乗入問題が足枷《あしかせ》となって戦前の政治活動が制限されたが、今度は、報知新聞社長時代の業績が足枷となって、終戦直後の政治活動が制限されることになる。

「能忍自安」の輿論政治家

三木がメディア議員であったのは間違いない。冒頭で紹介したような演説でのレトリック、野次といった三木の政治的な武器は、それがメディアで取り上げられて人気の源泉になるという意味で「メディアの論理」を内在化したものであった。三木は「庶民政治家」や「民衆政治家」と呼ばれたように、講演行脚《あんぎゃ》を繰り返し、民衆の「声」に耳を傾け続けてきた。三木が得意とした嘘も、真偽を重要視する「政治の論理」とは対極のものであった。「メディアの論理」では影響力の最大化が重要であり、そこで語られる中身が正しいかどうかは問題にされない。妾の数は四人でも五人でも問題はないのである。

しかし、三木はそこに安住するような政治家ではなかった。自らの武器を一種の目眩《めくら》ましとして用いながら、政治目標を次々と達成していった。戦前であれば、普通選挙法の成立、支持した東京市長候補の当選や政策の実現、新聞統制における全国紙統合案、戦後であれば、鳩山政権の実現、保守合同の達成などがそれにあたるだろう。

佐藤卓己は『近代日本のメディア議員』（創元社、二〇一八年）の中で「メディアが「政治の論理」に従うなら「輿《よ》論 public opinion の指導」を目標とするが、「メディアの論理」を全面展開するなら「世《せ》論 popular sentiments の反映」に驀進する」と述べる（佐藤卓己：10f）。

問題解決やあるべき社会の形をめぐって時間をかけて合意を生み出していくものが「輿《よ》論」、情緒的参加による共感を重視し、日々移ろい変わっていくものが「世《せ》論」だとすれば、「政治のメディア化」とは、公共空間における「輿論の世論化」と言い換えることができるだろう。

そうした流れに抗おうとしたところに三木の真骨頂があった。三木の突破力は若い頃からの特徴であり、明治生まれの三木は「政治の論理」をもともと備えていたのだろう。本書では、東京市政の経験がそうした「政治の論理」をさらに徹底させることになったと考える。特に、世論やメディアから批判を浴びた京成電車乗入問題は、三木に「世論の輿論化」の必要性を気づかせた大きな転換点だったのではないか。この時に芽生えた『朝日新聞』や『毎日新聞』への敵対心も報知新聞社長となった時の紙面づくりに反映された。「世論」に迎合するのではなく、国家主義という「輿論」を掲げて「世論」を指導するという独自の紙面戦略は、弱小全国紙『報知新聞』の生存戦略であったのは間違いないのだが、そこには、読者の数にこだわるような「メディアの論理」に馴染《なじ》めない政治家としての三木の矜持《きょうじ》を読み取ることができる。

三木の政治活動で光が当てられるのは、一九五一年六月二〇日に追放解除となってから、五六年七月に亡くなるまでのわずか五年の実績である。三木会編『三木武吉』でも「第一二章　ワンマン政権に挑む」「第一三章　吉田と三木の攻防」「第一四章　保守結集の戦」「第一五章　鳩山内閣ついに成立」「第一六章　悲願保守合同成る」「第一七章　最後の努力政界若返り」と保守合同にいたる戦後の活動が、記述の大半を占める。

三木は自民党研究でも取り上げられ、新井勉、内藤丈二「保守合同への道――三木武吉の晩景」(『政経研究』日本大学法学会、第四〇巻第二号、二〇〇三年)、遠藤浩一「党人政治家の行動規範　三木武吉を中心に」(『拓殖大学政治行政研究』五、二〇一三年)、小宮京『自由民主党の誕生　総裁公選と組織政党論』(木鐸社、二〇一〇年)、小宮京「公職追放解除後の鳩山一郎」(増田弘、中島政希監修『鳩山一郎とその時代』平凡社、二〇二一年)でも論じられた。一九五三年二月七日に三木は自由党の総務会長に就任した。その時に三木が目指した総務会強化構想に関しては、小宮京小宮京「総務会に関する一考察――一九五三(昭和二八)年の警察法改正を中心に」(奥健太郎、河野康子編『自民党政治の源流　事前審査制の史的検証』吉田書店、二〇一五年）も参考になる。佐賀香織「55年体制形成の選挙――香川第一区を事例として」（『国際交流研究　国際交流学部紀要』フェリス女学院大学国際交流学部紀要委員会編、二〇、二〇一八年）も重要な研究である。最近でも、藤本一美「三木武吉（総裁代行委員）――保守合同の立役者」（浅野一弘編『歴代自民党総裁のリーダーシップI　総裁代行委員～第四代総裁』学文社、二〇二三年）が刊行された。ただし、三木の本格的な研究書は存在せず、解明すべき点はまだまだ多い。

たとえば一九五五年四月一二日に三木は、東京から高松へ向かう汽車の中で保守合同への決意を宣言した。あえて車中談話という形式を取ったのは、自らのメッセージが最も効果的に伝わるタイミングや方法を考えてのことであろう。これは「メディアの論理」を熟知した三木でなければできない広報戦略だった。民主党を結成して選挙で勝利したばかりにもかかわらず、鳩山首相にこだわることをせず、自由党と民主党の合同というさらにその先を提示してみせたのは、「鳩山ブーム」という「世論」を背景としながらも、そこに安住せず、あるべき社会の形、すなわち「輿論」を掲げたと分析できるであろう。ここには「政治の論理」を貫く輿論政治家の姿を確認することができる。

栗林公園の正門（東門）横にある三木武吉像から、北西に少し歩いていくと、自由民主党香川県支部連合会の建物がある。その応接間には、今も三木武吉の書「能忍自安」が掛けられている（図0-2）。「能く忍べば自ら安んずる」。耐え忍ぶことの重要性を説いた書と思われるが、三木という政治家は、時間がかかることを厭《いと》わない。否、時間がかかることに耐えることのできた政治家と評価すべきなのかもしれない。

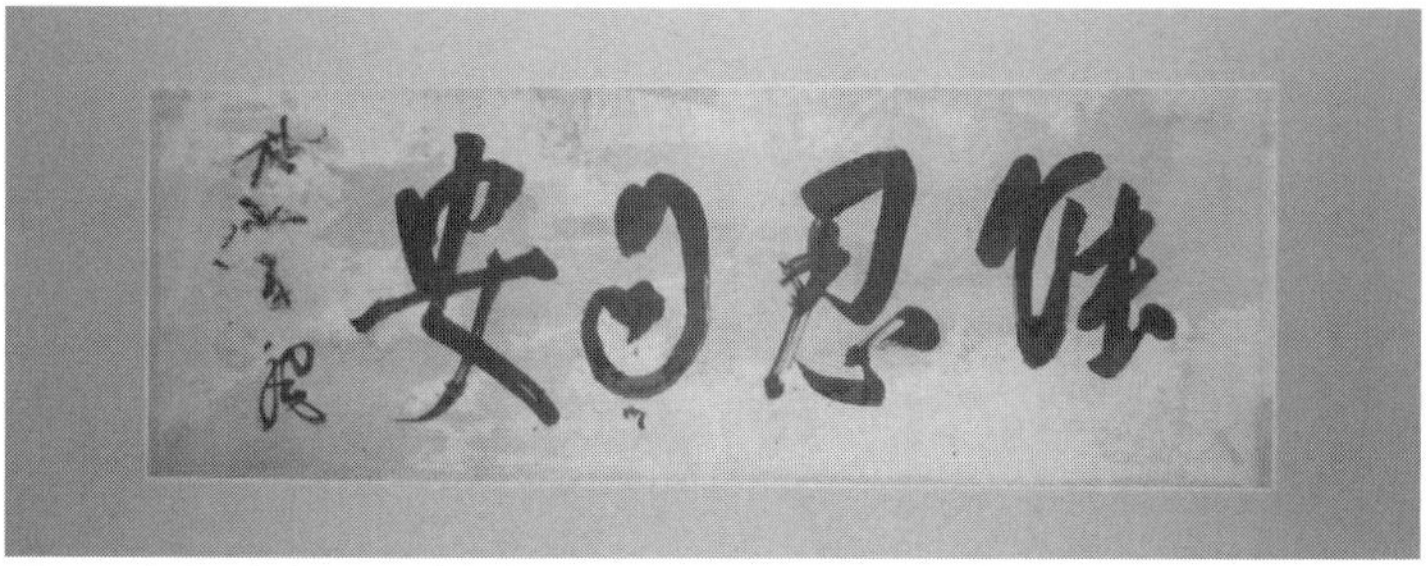

図 0-2　自由民主党香川県支部連合会に飾ってある三木の書「能忍自安」
消えかかっているが、左側に「武藠庵」という三木の号（ペンネーム）も確認できる。

三木武吉と聞くと、映画《小説吉田学校》（一九八三年、東宝、監督・森谷司郎）で、俳優の若山富三郎が演じた三木武吉のイメージを思い浮かべる人も多いだろう。三木と若山は風貌がまったく似ていないのだが、仁侠映画と見紛う強烈なインパクトが印象的であった。その映画ポスターにはこう記されている。「嘘も真剣につけ！　やがて真実になる」（章扉写真）。多くの人から懐疑的な眼で見られても、時間をかけてそれを本当のものにしてしまう。これこそ「メディアの論理」ではなく、それを利用しながら「政治の論理」を達成しようとした三木の生き様をよく表した言葉と言えるだろう。

もっともこの言葉も、三木が言ったという確固たる証拠は残っていない。三木という稀代《きだい》の政治家の「輿論」と「世論」をめぐる裏表をこれから少しずつ解きほぐしていくことにしよう。

第一章 政治家への飛躍

校友会幹事として大隈邸を祝賀参邸（三木は◎）
早稲田大学写真データベース（B056-02）、1916 年 7 月 15 日

「水の流れと人の行末は結局なるようにしかならぬ。誰れも事前にこれを予期することができないというのが、常識になつておる。その常識は、一応うなずけることであるけれどもその水の流れなり、人の行末を、過去の事実としてみるときには、当然そうならなければならないように運命づけられておる。その人個人の思惑や努力では、どうすることもできなかつた、ということがはつきりする場合が多い。こういう考えは、けつきよく極端な運命論者の寝言のように聞えるけれども、ワシの長い過去の政治生活を顧みると、そう思われる。ワシは政治生活の第一歩に足を踏み入れて、それがそのまま今日まで、ずるずると滑つてきたのだが、もともと政治をもつて、一生を終ろうなどとは、少年時代はむろんのこと、青年初期の時代ですらも考えてはおらなかつた。」（三木 1954①：42）

軍人の夢破れて

三木は一八八四年八月一五日に愛媛県香川郡高松外磨屋町で三木古門、妻アサの長男として生まれた。七人兄弟で一番上は姉のヨシエ、二番目が長男の武吉であった。三番目が次男の竹之助（二五歳の時に肋膜炎で死去）、四番目が二女の君江、五番目が三女の美代枝、六番目が三男の景三、七番目が四男の和臣である。武吉と和臣では年が二〇離れていた（三木会編：9f）。

三男の景三によると、三木家は代々高松藩に仕えた儒学者（＝藩儒）で、武吉の祖父の時代に廃藩置県になったという。頑固者の祖父は商人や職人になるのを拒み、息子の古門（武吉の父）も定職を持たなかった。古門は書画の鑑定に優れ、高松の書画の値段は古門が決めるとも言われた。だが家計は苦しく、しっかり者の母・アサが切り盛りした。「父が茶人で何もしなかつただけに母の苦労は多く、生計のことから子供の養育、近所や親戚の附合い等何もかも母がやつていた」と景三は書き残している（三木景三：18）。

三女の美代枝（結婚後は岩部姓）も父母の関係について同じ証言をし、武吉は「世話好きで気性は男性的」な母の血を引いたと述べている（岩部：530）。

三木の人格形成に多大な影響を及ぼしたのが、六歳頃から通った漢学塾・葆真学舎《ほうしん》であった。葆真学舎は塾長の林竹堂（林滝三郎）が始めた私塾で、かつて香川は愛媛県に属しており、法律上、中学校を作ることができなかった。中学校に通おうとすれば松山まで行く必要があったため、葆真学舎には多くの生徒が集まった。慶應義塾長や枢密顧問官を務めた林毅陸《きろく》は林竹堂の養子である（四国新聞社編：40）。

三木は、林竹堂の妻・林与彌《よね》と与彌の弟・松田東五郎から漢学の基礎を学んだ。東五郎は三木の通う高松市立高等小学校の教員でもあり、昼は学校で、夜は自宅に三木を呼んで教育した。その指導は厳しく、東五郎の孫の松田毅一によると、三木は次のように話していたという。

「その頃は、クソ東五郎の奴、学校でいじめるだけでまだ足らず、夜まで泣かせやがると腹がたったが、あとから考えると頼まれもしないのに、僕の将来を見込んで夜迄自宅に引ぱりこんで教えたその熱心さは涙の出る程嬉しかつた。若く死んで何も御恩がえしができなかつたから、お前達にはできるだけのことをしてやりたい」(松田毅一 1956：5)

東五郎は一九〇一年九月二四日に亡くなった(『香川新報』九月二六日付)。三木は信義の人であり、人から受けた恩をけっして忘れなかった。政治家としての三木は嘘を巧みに操ったが、本当に親しい人や家族には嘘をつかなかった。四〇歳近く年が離れた毅一にもそうした態度を貫いたようだ(松田毅一 1956：6)。

三木が「武吉」を「ぶきち」と読ませたのは後年で、少年時代は「たけよし」で「武ヤン」と呼ばれていた(三木会編：20)。いつから「ぶきち」と読ませていたかは不明だが、一九一七年の第一三回衆議院議員総選挙の「立候補宣言書」では「武吉」の「武」に「ブ」という読み仮名が記されている。

少年時代の「武ヤン」が志したのは、政治家ではなく軍人であった。三木が一〇歳の時に日清戦争が勃発し、日本は「眠れる獅子」と恐れられ、広大な国家面積を誇る中国を相手に連戦連勝を果たした。しかし、欧州の干渉によって遼東半島の返還を余儀なくされ、国民の間では「臥薪嘗胆《がしんしょうたん》」という言葉のもと、さらなる経済力と武力の充実がはかられた。そうした雰囲気の中で少年時代を過ごした三木は軍人を志望した。三木は当時をこう回想している。

「軍人になるとすれば海国日本であるから、まず海軍に身を入れようというような考えが、小学校から中学校時代のワシの胸のうちをかけめぐる希望であつた。そういう希望のもとに進んで、いよいよその目的の最初の第一歩を踏みだした。それは海軍兵学校に入学することであつた。ところがいま考えれば幸か不幸かわからぬが、眼が悪く、その上、中耳炎のために右の聴力が弱かつたので、体格試験で落第した。学科試験で落第したのならば、やり直しということもあるが、体格試験で落第した以上は、さらにその目的に向つて進むということの可能性がないので、やむを得ず、方向転換を余儀なくされた。」（三木 1954①：44）

『官報』五〇〇四号（一九〇〇年三月一〇日）の海軍省告示第二号には、この年の海軍兵学校の出願年齢が「本年七月に於て年齢満十六年以上満二十年以下」、「明治十三年八月より同十七年八月まで〔で〕に出生」と記されている。明治一七年八月一五日生まれの三木は後者の条件にはあてはまるので、受験は一九〇〇年であった可能性が高い。香川からもっとも近い試験会場である高知市では七月一七日から体格試験が行われた（海軍兵学校編：142f）。受験にあたっては地方の医師が発行する身体検査証も必要であり、この取得に失敗した可能性も残るが、いずれにせよ、三木は七月二二日から八月七日の間に行われた学科試験に進めなかった。

三木の秘書を務めた重盛久治の『三木武吉太閤記』（一九五六年）では、三木の次のような証言が紹介されている。

「僕はもともと軍人志望で、高松中学を退校される直前海軍兵学校の試験を受けたのです。ところが子供の頃患った中耳炎のために、片方の耳が聞こえないことを発見されて失敗してしまいました。」(143)

耳の聞こえが悪かったのは事実で、一九〇八年に司法官試補を辞職する際の診断書にも中耳炎と記されており、新聞記者にも耳の不調について話をしている(「三木将軍も信者・小石川のいき神様」『東日』一九二四年五月二〇日付)。重盛の『三木武吉太閤記』の記述で注目すべきは、海軍兵学校の受験が「高松中学を退校される直前」の出来事だという点だ。

高松中学校に通っていた三木はうどん食い逃げ事件を起こし、学校を退学となった。このうどん食い逃げ事件こそ、三木の少年時代における最大のミステリーで、三木が真相をいっさい話さなかったため、三木会が編纂した伝記『三木武吉』(以下、伝記と記す)でも三つの説が記載されている。一つ目は三木主犯説で、三木と仲間が結託して夜泣きうどんの屋台から食い逃げをはかったというもの。二つ目は主犯身代わり説で、主犯は別にいるが松平家の家老の家柄であるため、三木らが身代わりとなったというもの。三つ目は三木冤罪《えんざい》説で、三木はその場に居合わせただけで事件とは関係がなかったが、「三木、そっち行くとあぶない」という友人の声をうどん屋の店主が聞いていたというもの。うどん屋の訴えで高松中学校でも騒ぎとなり、伝記では三木、高橋数良、阿部政一、千葉緑の四名が退学処分になったとされている(三木会編:22)。

この事件に関してはさまざまな証言が残されており、真相は不明だ。たとえば、三木が一九五六年に死去した時の『四国新聞』の追悼記事で、早稲田大学法律科でも同級生であった笠井宗一は自分も事件の主犯の一人であったと告白している。

「中学時代三木さんや私らで七人組というものをつくり市内のある街角で夜なきウドンを食ったとき、借金を催促されたのに腹を立て屋台をひつくり返すという乱暴を働きあまりあそんだので三木さんは三年で私は四年で退学させられた」（「非凡、放れ業も！」『四国新聞』一九五六年七月五日付）

笠井は七名が事件に関与したとしているが、これは伝記の記述とは異なる。

『讃岐公論』の追悼記事では、三木よりも一〇歳年下で高松中学校の卒業生である真鍋忠恕（参議院主事）が、厳格な校風のために三木は退学となり、事件後、同市の他の学生と区別するために、高松中学校の丸型の制帽は角帽型に変更となったと述べている。校紀は一層粛正され、外出時は制服制帽または袴着用となり、活動写真の観覧や夜間の外出が厳禁になったという（県人諸氏：42f）。

うどん食い逃げ事件が起こった日にちもはっきりわかっていない。伝記では、高松中学校の中途退学が一九〇〇年七月となっている（三木会編：551）。香川県に関する本をいくつも出版した山田竹系《ちっけい》は、三木と一緒に退学になった高橋数良（講道館で柔道八段）を紹介する論考の中で、一九〇〇年六月二五日の夜九時頃に事件が起きたと書いている（山田：212）。この日は日本赤十字社総裁・小松宮彰仁親王が屋島遊覧のため高松に立ち寄った日で、午前中には県立学校の視察も行った（「県立学校御臨場」『香川新報』六月二六日付）。しかし、うどん食い逃げ事件あるいはそれに類する事件の報道は見当たらない。新聞で報じられなかった可能性もあるが、『香川新報』の一九〇〇年六月から八月までの記事を調査してみると、八月二九日付に「堕落学生」と題する記事が掲載されていた。

「去二十日前後のことなりと高松中学校生徒なりと殊更に自称し当市内町辺の不正料理屋を叩き廻はり遊蕩を為すものある由同校の聞く処となり手を入れて取調し処全く高松校の生徒には非さりしも何処かの学生には相違なき由にて其筋□ても取調へ居りし由なるか彼等同行三名の者は両三日前岡山辺へ逃げ去りたりと云ふ」

ひょっとしたらこれがうどん食い逃げ事件の真相かもしれない。記事では、高松中学側は生徒の関与を否定しているが、大ごとにしたくない事情があった可能性もある。八月二〇日前後だと、伝記の記述よりも時期が少し遅いので、模倣犯あるいは三木とは関係のない事件ということもありえる。うどん食い逃げ事件の日付が重要なのは、海軍兵学校の体格試験が行われた七月一七日よりも後であれば、病気によって自らの夢を絶たれた鬱憤が事件の動機となった可能性があるからだ。もちろん動機はもっと複雑なものが絡み合ったものかもしれないし、逆にもっと単純なもの、たとえば、若さゆえの衝動的なものだったのかもしれない。しかし三木の人生を考えた時に、海軍兵学校の挫折はそれほど大きなことのように思えるのだ。

秘書の重盛は『三木武吉太閤記』で、伝記と同じく三木、高橋、阿部、千葉の四名が退学となったと記した。重盛は主犯身代わり説を取っている。

「筆者はかつて、高松市に行ってこの事件の真相をしらべたことがあるが、本当の扇動者は別の少年で、しかし彼は、旧松平家の重臣の家柄であった関係から、汚名が松平家にまでおよぶというところから、父親に斬られるかも知れないという心配がおこり、学校側で犠牲者を右の四人に決めたことが判った。したがって、その真相をつつむ学校側も、この曲げた判決と、行き過ぎの非を改めて、三木武吉にたいしては県立中学でありながら、後に卒業証書を送っている。そしてその結果、同じ明治三十七年に、彼は高松中学と早稲田大学とを同時に卒業したという、日本にただ一つの異例となったのである。」(72f)

前述の松田毅一は林与彌から聞いた話として、「三木がその張本人であつた」と三木主犯説をとっている(松田毅一 1956：5)。後述のとおり、三木はうどん食い逃げ事件の後、与彌から教育を受けており、与彌は事件の真相を知っていたはずだ。大叔母の与彌から聞いた話だとすれば、毅一の証言は真実性が高いように思えるが、はたしてどうか。

右の重盛の証言で確かなのは、学校側が三木に卒業証書を送ったという件《くだり》である。香川県立高松中学校同窓会編『香川県立高松中学校会員名簿　昭和一一年一一月調』(香川県立図書館所蔵)では「第八回(明治三十六年)」の卒業生の最後に三木の名前が記されている。一九〇三(明治三六)年は三木が早稲田大学に在籍していた頃で、重盛が「明治三十七年」としたのはおそらく勘違いだろう。学校側が三木に卒業証書を送った時期は不明だが、共犯とされた高橋、阿部、千葉らの名前は掲載されていないので、一九〇三(明治三六)年に送ったわけではなく、国会議員となった三木に配慮しての措置だと考えるのが妥当だろう。阿部眞之助「三木武吉論」によると、三木が大蔵参与官(一九二四年～二七年)を務めていた時に、高松中学校から講演の依頼を受け、三木が退学の事実を理由に断ると、校長が退学を取り消し、校友名簿に登録して卒業生として遇することを約束したという（阿部：146）。

高松中学校時代の三木はやんちゃな学生生活を送ったようだ。同級生の桑島主計（一九〇二年卒、外務省）によると、三木は「七ツ八ツ位い兄貴分の貫禄を示していた」という。桑島は「武ヤン」が当時から当意即妙の才に富んでいたと証言している。

「中学一年の頃、英語の発音試験の時に、私がKNEWというのを〝クニユウ〟といつて皆が大笑いをした。私は田舎の小学校を出、英語など中学に入つて初めて習い、発音などうまく出来なかつた。ところが三木君は〝何がおかしいのだ、少しもおかしいことはないではないか、Kの字があるからクニユウと読めるでないか、Kを読まず、ニユウと読ますような字をこさえたのが悪いんだ〟といつて私のために弁解してくれたことがある。」（桑島：53）

同級生の藤田宗一（一九〇三年卒、医師）は、柔道の授業で三木が皆から恐れられていたと回想している。

「相手になるとよい技をかけて倒すのでなく、なんでもかでも無理やりに引倒す。それにはいつも向う脛《ずね》をけり倒す。それで足が痛くてたまらないので終に倒れるといふやり方だつ〔た〕のです。」（県人諸氏：31）

伝記によれば、高松中学を退学となった三木が一九〇〇年八月に京都に向かい、九月に同志社中学部に編入したという（三木会編：29f）。同志社は、一九〇〇年二月に中学校令によって同志社中学校を廃止し、同志社普通学校を創立した（『同志社百年史 通史編1』：510）。一九〇〇年九月という時期が正しければ、三木は同志社普通学校に編入したことになる。伝記では、「同志社中学」の「五年生」であった永井柳太郎と出会って親交を深めたこと、三木が胃弱症を発症して高松に帰郷せざるをえなかったことが記されている（三木会編：31f）。永井は一八九八年に同志社を退学し、神戸にある関西学院の三年に編入しており、「同志社中学」の「五年生」として登場する理由は不明である（『永井柳太郎』：550）。

三木は、同志社の編入試験を受けるために、林与彌から漢学の厳しい指導を受けた（三木会編：26f）。この頃、葆真学舎は東京に移り、林竹堂は一八九九年に死去していた。松田東五郎の息子の松田操一（与彌の甥にあたる）は当時の様子をこう回顧している。

「高松中学を中途退学した先生〔三木〕は漢学を勉強したいと志し、私の伯母林よね（故慶大学長林毅陸養母）の下を頼つて来た。伯母は（中略）塾生五十人の教室で漢学の講義をしていた女丈夫で、当時は自宅で私塾を開き終日幾組かの弟子に漢学の講義をしていた。三木先生は朝早くから夜遅くまで次の間に頑張つて幾組かの講義を傍聴しよく勉強した。伯母は自分の子供がなかつたので、甥の私と三木先生を自分の子供のように可愛がつた。先生も伯母を先生とし母とし師事された。」（松田操一：543）

伝記には書かれていないが、三木は高松天神前の英華学校にも通っていた。英華学校は岡内半蔵が一八九三年に開いた英学私塾で一九〇一年に廃校となった（竹中：14）。『讃岐公論』一九五六年八月号では、英華学校で同級生であった片岡弓八が三木について「高中から転校して来た」と証言している（県人諸氏：30）。英華学校を閉鎖した岡内はやがて満洲に渡り、一九二〇年に大連語学校を創設する（竹中：20）。一九四〇年に行われた創立二〇周年記念式には三木が祝電を送っており、英華学校に通っていたのは間違いないだろう（大連語学校蛍雪会編：571）。ただし、それが同志社に在学した前なのか後なのかは不明だ。

一九〇一年春に体調が回復した三木は、東京で勉学の道に励むことを決めた。『実業之日本』一九二四年四月号のアンケート「余が初めて出京したる時の年齢　其当時抱きたる目的」で三木は「数へ年の十八歳」の時に「大政治家」に憧れて上京したと答えている。

「大政治家になりたいと空想を抱いて飛び出したが、其望みを達する手段として、まづ弁護士にでもなつてと思ふて、法律学を学んだ。それは、当時星亨、鳩山和夫などか〔が〕活躍して居つたのを見てであつた。」（三木 1924⑤：144）

伝記によると、父・古門の友人が星亨の知り合いで、星の門下生であった横田千之助とも仲が良かった。そうした縁で三木は星法律事務所で書生となることが決まった（三木会編：35f）。後に三木は「星亨が好きでならなかつた」、「鉈割《なたわり》のアラツポイ所はあつても其の親分肌の骨ぽい点が、すつかり自分の感銘を打つたのだ」と述べている（三木 1926②：73）。

しかし、明日から星法律事務所に住み込むというその日に、星亨刺殺のニュースが飛び込んできた。一九〇一年六月二一日のことであった。三木の秘書を務めた重盛は、三木が星の書生となった「もう一つの歴史」について考察している。

「三木武吉はその翌日から星亨事務所の書生として、来訪者の履物をそろえたり、茶をくんだり、したがって星亨氏ほどの人物を来訪する政治家にたいしても「何々先生、何々様」と、特別な敬称をもって呼ばなければならなかった。そして、それが一種の相対的なならわしとなって、かりに彼が将来政治家となったとしても、その習慣がのちのちまでも尾をひき、それがまた彼の居処《ママ》進退にまで影響し性格の上にも多少の変化をあたえて、衆議院議員に当選すると同時に、あの奔放不羈な政治活動が発揮出来たかどうか疑問である。」（重盛：90f）

三木は、初当選したその日から憲政会の大先輩である町田忠治を「おい町田君！」と呼んでいたと言われる。星のもとで働いていた横田が書生時代の習慣から抜け出せなかったのとは対照的であった。星が暗殺されなかったら、三木は横田と同様、政友会所属の政治家となっていた可能性もある。三木の運命は大きく変わっていただろう。

星の死去で行き場を失った三木は大成中学の編入試験を受けた。大成中学（現・大成高等学校）は一八九七年に大成学館尋常中学として神田区三崎町に設立され、九九年に私立大成中学と改称された。学校の記録に三木の名は残っていないので確かなことは言えないが、伝記では大成中学四年に編入となり、神田の下宿から通ったと記されている。夜は製本屋で働いていたようだ（三木会編：41）。

大成中学には、上級学校に進学するために、地方から三年や四年の途中で編入してくる学生が少なくなかった。編入試験はそれほど難しくなかったようだが、進級と卒業の試験は厳しかった。『大成百十年史』には、三木が編入する前年の一九〇〇年、「一四七名もの卒業生をだしておりながら落第が一四

図 1-1 「東京専門学校寄宿舎第 2 回紀念」の集合写真の一部
早稲田大学写真データベース（B073-07）、1902 年 5 月 25 日（大隈邸）。写真の裏には学生の名前が記されている。左上が三木、右下が永井柳太郎である。

四名もあった」と記されている（『大成百十年史』：35）。

このあと三木は、父の友人であった中野武営の紹介で東京専門学校（現・早稲田大学）の法学部法律科へ入学する。東京専門学校は必ずしも中学卒業の資格を必要としなかったため、三木は大成中学を卒業しなかった可能性もある。

「都の西北」の青春

早稲田大学写真データベースには、一九〇二年五月二五日に大隈邸で撮影された「東京専門学校寄宿舎第二回紀念」と題する写真が残っており、そこに若き日の三木の姿を確認できる（図1-1）。新学期が九月から始まるのでちょうど一学年が終わる頃の写真である。

三木の時代よりも五年ほど前の証言であるが、一八九五年から九六年にかけて寄宿舎の副舎長を務めた増子喜一郎は「揃ひも揃つたわれこそ豪傑ばかり」で「東洋豪傑合宿所」のようだったと回顧している。寄宿舎では喧嘩や騒動が絶えず、賄《まかない》征伐を繰り返すので賄方のなり手がいなくなってしまったという。「なにもお菜が気に入らぬとか、食物が悪るいとかと言つて演《や》るのではなく、唯だもう面白半分、弥治《やじ》り半分に演る」と増子は証言している。ちなみに当時は、全学生の約三分の一が寄宿舎生活を送っていたという（増子：27f）。

賄征伐にはさまざまな方法があったようで、三木の伝記には、お替り自由のご飯を食べまくって賄料の値上げに対抗する、ハンガー・ストライキとは逆の抗議活動が記録されている（三木会編：65）。

東京専門学校は一九〇二年九月に早稲田大学に改称する。一九〇三年四月には商科兼早稲田実業学校校舎建設のため構内の寄宿舎を閉舎し、一二月に新しい寄宿舎が鶴巻町に完成した。この新宿舎は、当初高等予科生のみ入舎が認められたため、三木は建て替えのタイミングで寄宿舎を出たものと思われる（『早稲田大学百年史』第二巻：441, 1148／『早稲田大学百五十年史』第一巻：374）。伝記によれば、寄宿舎を出た後は、「赤門寺」と呼ばれた亮朝院《りょうちょういん》で自炊をしていたという（三木会編：68）。

伝記には、永井柳太郎が語ったとされる三木の恋愛話が掲載されている。永井は三木と同じ一九〇一年九月に東京専門学校に入学した。政経学部に学び、〇五年九月に早稲田大学を卒業した（『永井柳太郎』：551f）。図1-1の右下に写っているのが永井である。四四年に亡くなるが、三木の秘書の重盛らを相手に三木の若い頃の話をよくしていた（重盛：122f）。その永井が語ったという三木の恋愛話はこうだ。

三木が見初めた相手は「早稲田小町」と呼ばれ、学生の間で評判だった天野かねであった。ある日、三木の仲間が学生寮の二階から冷やかし半分でかねに声を掛け、インキ壺を投げて彼女の浴衣や足を汚してしまった。これを知った父親の天野五兵衛が怒鳴り込んできた。三木はその場にいなかったが、後日、友人の代わりに天野家に謝罪に行き、玄関に出てきたかねに一目惚れをしてしまった。天野五兵衛は寮の賄を担当しており、賄料の値上げが噂されていたため、三木は賄征伐を行うと息巻いていたが、その話も有耶無耶《うやむや》になってしまった（三木会編：62f）。

三木が代議士に初当選した一九一七年の紹介記事にも、以下のように記されている。

「早稲田に入学するや直に頴脱《えいだつ》〔特に才能が優れていること〕して賄征伐の隊長に任ぜられ懸河《けんが》の弁〔激流のような勢いの弁舌〕を振るつて味噌汁改良論を唱道した。当時の賄ひ方に艶麗《えんれい》花の如き少女あり、是れ即ち後年の三木夫人である。」（「新代議士の面影　三木武吉君」『読売』一九一七年五月一日付）

かねの父とされる天野五兵衛に関する資料は確認できなかったが、かねの姉・こま子の夫である天野良太に関する資料は残っており、天野家が「越前の旧藩士の中でも錚々《そうそう》たる家柄」であること、良太が二四歳の時（明治元年生まれとあるから一八九一年頃か）に天野家の養子になったこと、一九〇一年八月に早稲田大学前に「学生相手の文房具店を開」いたことが記されている（東京府市政通信社編：240）。かねの家族が経営する文具店は、三木が早稲田に入学した当初から店を構えていた。かねも店番をしていたようなので、そこで三木と会話を交わしていた可能性もある。

前述の松田毅一は、三木が文具店のガラスを割って謝りに行ったと証言している。引用文中に「祖母」とあるのは林与彌を指す。与彌は大叔母（祖父の姉）にあたるが、毅一は「祖母」と記している。

「三木は、当時「早稲田小町」と謳われた天野かねを見初め、群雄を排して之を射止めるのに一計を案じ、彼女の店に石を投じてガラスを割り、謝罪に天野家を訪れる機会を得たが、その態度の立派なことに、先方も熱望するようになつた。この結婚がまとまるには、支障もあつたようであるが、三木の依頼をうけた祖母は得意の一文をしたしめ《ママ》、自分が親代りであること、又この縁談をまとめたいとの堂々たる書状を天野家に送ったところ、忽ちこの先生の教え子ならというので話がまとまったということである。」（松田毅一 1956：6）

伝記にも、林与彌が天野五兵衛宛てに手紙を送ったことが書かれている（三木会編：69f）。三木の人柄を保証する内容が記されていて、これが契機となって五兵衛は三木とかねの関係を容認するようになった。周囲からの後押しもあり、やがて三木はかねと結婚する。かね（「かね子」や「包子」と記す場合もあり）は一八八三（明治一六）年一月生まれで、三木より一つ年上の姉さん女房であった（人事興信所編：み32）。

三木が入学した一九〇一年の『東京専門学校規則一覧（早稲田学報臨時増刊五十五号）』では、法学部法律科の入学程度は「中学卒業又は之れと同等の学力ある者」とされている。修学期限は三年であった。東京専門学校は指定学校であり、法学部を卒業すると、判事検事登用試験の受験資格が与えられた。授業では、法学通論、民法、商法、刑法、訴訟法、非訟事件手続法、日本憲法、行政法、国法学、法例、国際法、国籍法、羅馬法などを学び、訴訟演習や討論会も行われた（2）。

担当教官は、現職官僚や東京帝国大学教授の出講も多かった。たとえば、東京帝大の美濃部達吉は行政法を担当し（一八九八年～九九年、一九〇三年～（『早稲田大学百五十年史』第一巻：438））、一八九四年から一九〇〇年まで大審院判事を務めていた今村信行も民事訴訟法の授業を担当していた。

この今村に対して三木らが遠慮なしに議論を吹っ掛け、今村を激怒させたことがあった。三木は大学幹事の田中唯一郎から呼び出しを受け、今村に無礼を詫びるように言われた。田中のことをあまりよく思っていなかった三木は次のように抗議した。

「原因は訴訟法上の議論でないか、君は今村先生の議論と僕の議論と何れが正しいか、判断が出来るのか、判断も出来ない癖に唯無意味に先生に詫びろといふのは人格を無視するも甚《はなは》だしい」（三木 1923③：64）

これに対して田中は「今村先生には替へられぬから、退校を命ずるより仕方がない」と三木に退校を迫った。三木はさらにこう反論した。

「退校は固《もと》より覚悟の上だが、学問上の議論から師弟の間に衝突があつて、夫れが為めに学生を退学せしむるといふ様な処置を、早稲田大学の当局が採られたならば、世間の人は何とこれを評するであらうか、大隈伯がこの学校を創立せられた精神は何物にも屈せざる自由討究の為めに、所謂《いわゆる》学問の独立を標語として建てられたのではないか」（64）

三木は「僕一人を失ふことは軈《やが》て早稲田大学を亡すことになる」と啖呵《たんか》を切ってその場を去った。その晩、田中の使いの者が三木の下宿にやって来た。三木が田中の私邸に行くと御馳走が待っていて、「今日の君の話を聞いて実に愉快であつた、君の様な人が吾早稲田の学生中にあるといふことは誠に心強い」と田中は述べ、すべてなかったことになったという（64f）。

三木の証言なので誇張が含まれている可能性もあるが、後に述べるように、田中は三木に一目を置いていたというから、完全なでっちあげとは言えないだろう。

当時の校長は鳩山和夫で、弁護士でもあったから、三木ら法律科の学生とは自然と親しくなった。三木も音羽の屋敷に遊びに行き、春子夫人からも可愛がってもらった。三木はそこで食べたサンドイッチの味が忘れられないとよく語っていた。

「今でも思い出すのは、ライスカレーとサンドイッチを初めて御馳走になつた事で、菓子といえば焼芋と塩せんべい、ましてや西洋料理など見たこともない貧書生にとつて、これらは何にも優《まさ》る無上の歓待で、一週間か十日に一遍の鳩山邸訪問を、非常な楽しみにしていたものだ。」（三木 1951 ⑥：113）

二つ年上で一九〇三年に旧制第一高等学校に入学した「一ちゃん」こと鳩山一郎とも在学中に出会っていた。ただし、坊ちゃん扱いされていた一郎とはあまり口をきく機会がなかったようだ。卒業後に衆議院の職を三木に斡旋してくれることになる寺田栄の娘が、後に鳩山一郎の妻となる薫である。三木と鳩山家は強い絆で結ばれていた。なお鳩山和夫は、大隈重信が創設した立憲改進党の系譜を引く憲政本党を脱し、一九〇八年一月に、反対党の立憲政友会に入党する。

三木が在学当時の法学部長は鈴木喜三郎であった。鈴木の妻は、鳩山和夫の長女・カヅである。かねとの恋愛に悩む三木は、鈴木が担当する知能犯取り調べの授業で、「人間の心を盗むことは犯罪でしょうか？」と質問したと伝記では記されている（三木会編：68）。後年、三木は「僕が一番年少者であつたので非常に可愛がられ世話になつた」と述べている（三木 1955 ⑫：34）。鈴木は卒業後の三木の就職の世話もしてくれた。鈴木は一九二六年に立憲政友会に入党したため、憲政会に所属する三木とはライバル関係になったが、師弟関係は生涯変わらなかった。

早稲田在学中の三木については、同級生らがさまざまな証言を残している。弓館小鰐《ゆだてしょうがく》（本名・弓館芳夫、一九〇五年卒業）は、三木が野球をやっていたと述べている。弓館は、図1-1の「東京専門学校寄宿舎第二回紀念」の全体写真に名前を確認できる。弓館は『万朝報』の記者で面白おかしく書いている節はあるが、同じ寄宿舎生活を送っていた人物の証言は貴重である。

「明治卅四五年ごろ当時の早稲田専門学校に、初めて野球技が行はれ出した際、彼〔三木〕は蓬頭に手拭の鉢巻を締め、縞縮《しまちり》のシヤツに薄汚ない猿股といふ奇抜なスタイルで、水稲荷横のグラウンドを馳驅《ちく》してゐたものだ。ある日西尾牧太郎といふ混血児の選手のノックで、練習をしてゐた時、彼は「ヨーシ」と手を揚げて、大飛球に向つて驀進して行つたが、ツルリと足を滑らして仰向きに転んだ拍子に流星の如く落下して来たボールは当るも当つたり、股間の急所に発止とばかり命中した。」（弓館 1934：117）

弓館は『早稲田大学八十年の歩み』（早稲田大学校友会、一九六二年）で「野球部誕生の頃」を担当し、そこでも三木と野球について同様の記述を行っている（119）。弓館自身は野球部員で、一九〇三年頃の『早稲田学報』の野球部に関する記事を執筆していたが、そこには三木の名はいっさい登場しない。飛田忠順『早稲田大学野球部史』（明善社、一九二五年）にも三木の名前は登場しないので、野球部の正式なメンバーではなかったのではないか。

弓館は、三木が早稲田の雄弁会に参加していたとも指摘している（弓館 1955：161f）。こちらも正式なメンバーではなかったようだが、政治家として活躍した松村謙三（一九〇六年卒業）は、次のような証言を残している。松村は、一九〇二年四月に東京専門学校高等予科に入学し、〇三年九月に早稲田大学の大学部政治経済学科に進んだ。

「学生時代から永井、中野〔中野正剛〕は雄弁会というものをつくり絢爛たるものがあつた。その当時から三木君はヤジに廻つて、人の意表に出る天才ぶりを発揮していた。」（松村 1956：46）

三木自身も、野次に力を入れていたと学生時代を回顧している。

「頭を割つてみれば、カラツポの人間が、其の場胡魔化しに、油紙に火でもつけたかのやうに、べラ〴〵したつて、何になるものか。だから、ヒヨツトして、演説会場を覗いたりした時、口先ばかりで、いゝかげんな、軽るぽい事なんぞを臆面もなく、大面《おおづら》をして居る弁士は、誰彼の容赦なく、ヤヂリ倒してやつた。」（三木 1926②：74）

一九〇四年五月七日に飯田河岸の富士見楼で行われた早稲田大学香川県人会では、三木が「現時外交の得失」と題する二時間にわたる大演説を行った。卒業を間近に控えた三木ら四名が正賓として招待された席でのことであった（『早稲田学報』一九〇四年六月、一〇一号：37）。

三木は一九〇四年七月に東京専門学校（早稲田大学）の法律科を卒業した。同じ年に法律科を卒業した中には、台湾総督府官僚や名古屋市長を務めた田阪千助、東京放送局開局時の常任理事となった新名直和、三木の側近となる溝口信らがいた（『早稲田学報』一九〇四年八月、一〇四号：42）。「法科三七会」と称する同窓会は何度も開催され、一九三五年に企画された「山神祭り（老妻慰安会）」には三木もかねと一緒に参加した（『早稲田大学年鑑　昭和11年版』：233f）。

一九〇二年九月に東京専門学校（三年制）は早稲田大学（五年制）となり、東京専門学校に入学した学生の多くは大学部に移って残り二年の学生生活を送った。三木が大学部に移らなかったのは、やはり経済的な理由が大きかったのだろう。

東京専門学校（三年制）の卒業でも判事検事登用試験の受験資格は得られたが、成人（二〇歳以上）にならないと受験はできなかった。一九〇四年の願書受理期間は八月一〇日までとなっており（『官報』六二八七号）、八月一五日に二〇歳の誕生日を迎えた三木には、この年の受験資格がなかったようだ。そのため三木は、早稲田の図書館の仕事を手伝った。

序章で触れたとおり、三木が早稲田の図書館長を務めていたという伝記および重盛久治『三木武吉太閤記』の記述は誤りである。ただし、三木が図書館の仕事をしていたのは事実で、実際に図書館長を務めていた市島謙吉（号は「春城」）が書いた『春城日誌』の一九〇四年九月一〇日条には、「校友三木某、田中唯の添書を齎《もた》らし来訪」とある（春城日誌研究会「翻刻『春城日誌』（三）」：130）。「田中唯」とは、前述の田中唯一郎を指す。

市島の『館長日誌』の九月一二日条には、「校友三木武吉、当分写字之為め本館へ傭入《やとい》るゝ事とせり」とある（早稲田大学館長日誌翻刻委員会：140）。九月一四日条には次のように記されている。

「川田家より手伝に来り居る山田市郎を写字生として採用致し呉るゝ様、杉山令吉氏より横井時冬氏を経て申込あり。右に付三木の身上片付候上は、月給六円にて傭入るゝ事に略々承諾之旨返答をなす。」（141）

別の人物を雇う条件として「三木の身上片付」くまでとしており、三木の雇用は一時的なものであったことがわかる。市島が三木に依頼した仕事内容は、川田家図書（川田剛文庫）、大蔵経、奥雅堂叢書などの細目カードの作成であった。早稲田図書館資料管理課長の藤原秀之の調査によって、奥雅堂叢書が清国末期の外交官・銭恂《せんじゅん》の寄贈図書であることが明らかになっている（藤原：31）。市島の『館長日誌』には、一一月一九日条に「乾坤《けんこん》正気集并《ならび》に近着蔵経之細目を作ること、三木武吉に命す」として三木の名前が登場するのが最後である（早稲田大学館長日誌翻刻委員会：158）。

一九〇四年一二月二四日発行の『第十九回早稲田大学校友会誌』（『早稲田学報』臨時増刊第一一〇号）の三木の住所は「豊多摩郡戸塚村四三、天野方」となっている（56）。この頃の三木は早稲田大学の旧正門前にあった天野かねの実家で暮らしていたようだ。

伝記では、一九〇四年の暮れに鈴木喜三郎が三木を日本銀行に紹介し、一九〇五年一月一日付で入社したとなっている（三木会編：73）。三木の選挙広報から取ったと思われる「元代議士　三木武吉氏」『讃岐公論』一九五二年（第二二巻七月号）では一九〇四年一〇月の入社となっている。しかし『早稲田学報』一九〇五年六月一日発行（一一八号）の「校友動静」に三木の日銀入社の情報が掲載されており、五月が正しいのではないか。元日銀社員の梅沢慎六（一九〇九年早稲田大学卒）も日銀の旧友会誌『日の友』の連載をまとめた著書の中で、三木が一九〇五年五月に月給一二円で採用されたと記している（梅沢：119）。『早稲田学報』一九〇五年八月一日発行（一二一号）の「校友動静」によると日本銀行国債課への勤務だったようである。

三木が鈴木へ就職の報告をすると、鈴木は「そんな服装ではいけない。もっと銀行員らしくせよ」と言って、自分が司法官試補の時に新調したモーニングを贈った。感激した三木はそれを着て銀行へ出かけて行ったが、三木と鈴木は身長が違うので、つんつるてんのズボンで周りからはひどく笑われたとの逸話も残っている（『鈴木喜三郎』：387f）。

はじめは本店勤務で、日本橋北鞘《きたさや》町二番地高梨方に下宿をした。当時の交通事情では早稲田と日本橋もかなり距離があり、日曜にかねに会いに行く生活を送っていた（三木会編：77）。日本銀行では若い行員の育成のために、地方支店に送り込むのが習わしとなっており（東：184）、三木も八月から門司支店（西部支店）に勤務することになった。

日銀社員の政府批判演説

伝記には、三木がかねとの結婚を認めてもらうため、父・古門に送った手紙が収録されている。手紙には一九〇五年六月二〇日の日付、封筒には一九日の日付が記されている。本文と封筒で日付が異なる点について、伝記では「手紙を何度も書き直したからであろう」と推測している（三木会編：77）。消印からは、手紙が高松に二二日に着いたことがわかる。結婚の話自体は、林与彌を通じて父の耳にはすでに届いていたようだが、八月から門司支店勤務を命じられたため、東京にいるうちに結婚の手続きを進めておこうと考えたようだ。手紙の全文は以下のとおりである。

「謹啓乍突然《とつぜんながら》御願に及び候　小生種々なる理由の基に天野かね子なるものと結婚致し度き志望に

候処其件に関する一切の行動を御許可下され度此段御願仕り候
父上様の御許可は小生をして人道正義の罪の子たらしむるなく却《かえ》つて小生が終生の主義活動の上の花形役者たらしむるものにて候、此義切に御推察下され度候
尚ほ父上様に於てかりに早速御許可下され候とも小生は直に同棲挙式し乃至《ないし》は自己の志望天職等を忘却仕る様なる事は断じて仕るまじく候、挙式発表、時期の問題等は小生の胸中に自ら精算有之候故只《た》だ汝《なんじ》の結婚は汝の自由に任するとの御諚《ごじょう》〔主君の命令〕あるをのみ鶴首《かくしゅ》待ち申居り候　頓首

六月廿日　　　　　　　　児　武吉

父上様　硯北《けんぽく》

再白

たとへ御許可下さるも事の発表等は尚ほ数年の後ちを期する事故此事は只単に父上様の御胸中のみにて仮令《たとい》親族兄弟にだも御相談は勿論御話なき様只管《ひたすら》御願ひ申上候、此挙は世間の常例とことなり大にその常習を逸し居り候へども是れ小生の天性にして亦《ま》た毫《ごう》も我意に介せざる処に候故痴狂没礼の段何卒御黙許下され度候　敬白」（三木会編：76f）

当時は恋愛結婚が珍しかったため、慎重に手続きを進める必要があった。この手紙の目的は父の許可を得ることであり、挙式はまだ先だと三木は説明している。親族や兄弟にも知らせないようにとも記されている。

後年、教育社会学者の永井道雄は、この手紙の文面から三木の行動原理を読み取っている。『思想の科学』編集部は一九六五年四月号の特集「日本の黒幕」に永井道雄「三木武吉」を掲載した。同号には他に、松本三之介「古島一雄」、橋川文三「小泉三申」といった論考が並ぶ。編集部が永井道雄を指定したのは、三木の盟友であった永井柳太郎の息子だからだろう。

永井は、手紙の「再白」以降の文章に注目し、「数年の後ちを期する」という表現から「断然これを実現するという粘り強い目的志向性」を指摘する。手紙には、「仮令親族兄弟にだも御相談は勿論御話なき様」とも記されていて、そこに「強い目的志向性」のみならず「目的の実現方法がからみあっている」というわけだ。

「この手紙だけによって、兄弟親族に話すことを彼がなぜ好まなかった〔のか〕はわからない。弟妹がいまだに年若く恋愛の話はまだ早すぎると考えたかもしれないし、話が広まってぶちこわしになるのを恐れたのかもしれない。いづれにしても、事の実現のために、習俗にはさわらず、むしろこれを利用しようとするのであるが、他面、彼が実現しようとする事例は習俗に反する。〝常例は毫も意に介せず〟といっているのに、一面で習俗を重んじるのは明らかに矛盾しているが、自ら、求めた一つの目的、あるいは理想を是が非でも達成するためには、習俗の他の部分を否定せず、むしろ利用するという方法をえらび、しかも確実に実現することに、しばしば成功した点に彼の特色があったと見るべきであろう。」（永井道雄：61f）

永井がこの分析を行った時、三木はすでに亡くなっている。保守合同を実現させるなど輝かしい政治的実績を残したその萌芽を若き日の手紙の中に見て取れるというわけだ。

「日本社会のある部分を現状のまま認め、これを利用して、現状の他の部分を打破する理想を確実に実現する、そのためには自己の名利をすてる」（永井：62）

永井が指摘した三木の行動原理を私たちはこれから何度も目撃することになる。

伝記によると、三木は七月下旬に高松に帰郷し、父の許しを得ている。新たな勤務先である門司に到着したのは七月二九日のことであった。三木は八月二日付で門司から父にふたたび手紙を送った。それによると、天野家からの結婚の条件は三つ。父及び仲人となるべき相当の人から改めて申し込みをすること、戸籍をすぐ入れること、かねを三木側で引き取ることであった。三つ目は門司勤務の身としては難しかったが、天野家も事情を了解して、かねを実家にしばらく置くこととし、正式婚約に至った（三木会編：78f）。

三木は古門にあてた手紙で、門司での生活への愚痴《ぐち》もしたためている。「日日の業務は一向に面白く無之候、銀行員などは男子一生の業務に非ずと痛感致し居り候」、「ことによれば近日渡清するやも知れず候」（三木会編：80）。

時あたかも日露戦争の真っ只中で、日本軍は三月一〇日には奉天を占領し、五月二七日から二八日にかけて対馬海峡で遭遇したバルチック艦隊を撃破した。八月一〇日からはポーツマスで日露講和会議が始まっていた。対馬海峡は門司の目と鼻の先であり、熱狂冷めやらぬ雰囲気の中で算盤を片手に帳簿を付ける日々に三木は嫌気がさしていたのだろう。支店の仕事は、本店と違って定型事務がほとんどであるという（東：184）。

九月五日には日露講和条約が締結されたが、賠償金が支払われない屈辱的な内容に国民の不満が爆発し、全国各地で講和に反対する国民大会が開かれ、日比谷焼打事件などの暴動が起こった。門司でも九月八日に稲荷座で非講和門司市民大会が開かれ、入場者二八〇〇名、会場外に一二〇〇名、諦めて引き返した者一〇〇〇名と報じられた巨大イベントとなった（「門司市民大会余聞」『九州日報』九月一〇日付）。

三木はこの大会に飛び入り参加し、内閣弾劾演説を行った。三木は「私が政界に志すまで」（『東京』一九二六年九月号）で当時の様子を回想している。

「幾十流の旗を押し立てゝ、其の見幕《けんまく》が余りに物凄かつたので、どんな様子かと思つて、昼休みに一寸会場を覗いてみると、蜂の巣と云ふか、何と云ふか、出る弁士も〳〵も唯、徒らに悲憤慷慨《ひふんこうがい》するばかりで、一向其の趣旨が徹《とお》つて居ない。馬鹿臭くて聞く気にもなれず田舎の政治家なんてくだらないものだと思つたもの〻、其の儘《まま》帰るにも帰れず、ヨシ、俺が一つやつてやらう。係りの者にかういふ者だが、飛び入れをさせて貰い度いからと、私の名刺を見せると、かゝりの人はけげんな顔をして
「貴方、本当にやるんですか」

「えゝやります」

未だ曾《かつ》て壇上に立つたことのない私が此の勇気は、自分乍《なが》らあきれざるを得なかつた。けれど、人間は赤誠《せきせい》に燃えた時は、何んでも出来るものだ。意中にあることは、充分論じて、堂々やつて脱《の》

けたつもりだ。（中略）翌朝の新聞は、殆ど全面をつぶして「日本銀行員三木武吉……」の題下に
　九州全紙が書き立て丶居た。」（三木 1926②：74）

『門司新報』ではひょっとしたら大きく報じられたのかもしれない（現存のマイクロフィルムは当該日が欠号）。しかし「殆ど全面をつぶして」、「九州全紙が書き立て」たは、言いすぎである。『福岡日日新聞』には大会の記録のみで弁士の名は記載されていない（「門司非講和同志会決議」九月一〇日付）。『九州日報』に掲載された出席弁士には、たしかに三木武吉の名が記されており、「責任と責任」と題する演説を行ったことがわかる（図1-2）。格段大きな扱いがなされているわけではないが、「憤慨せる憂国の志士二千余名」に「拍手喝采を以て迎へ」られたと報じられている。

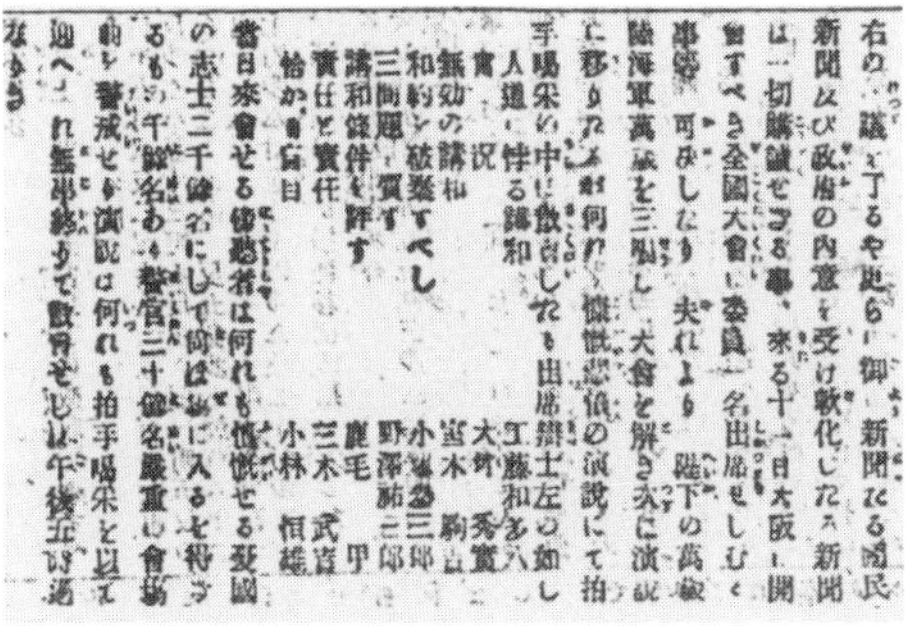
右の決議を了るや起りし御用新聞なる國民新聞及び政府の内意を受け軟化したる新聞は一切購讀せざる事、來る十一日大阪に開會すべき全國大會に委員一名出席せしむる事[illegible]可決したり　夫れより　陛下の萬歳陸海軍萬歳を三唱し　大會を解き次に演説に移りたるが何れも慷慨悲憤の演説にて拍手喝采の中に散會したる出席辯士左の如し

人道に悖る講和　工藤和多八
實況　大竹秀實
無効の講和　宮木駒山
和約を破棄すべし　小栗[illegible]三郎
三個問題を質す　野澤鉱三郎
講和條件を評す　鹿毛甲
責任と責任　三木武吉
恰か白旨　小林恒雄

當日來會せる傍聽者は何れも憤慨せる憂國の志士二千餘名にして何ほ場に入るを得ざるもの二千餘名あり警官三十餘名嚴重に會場を警戒せる演説は何れも拍手喝采を以て迎へられ無事終りて散會せしは午後五時過なりき

図 1-2　「非講和門司市民大会」『九州日報』1905 年 9 月 9 日付朝刊

　翌日、三木が出社すると、支店長の岩佐理蔵《ていぞう》と調査役の加藤晴比古（加藤弘之の二男）から呼び出しを受け、服務規律違反だと指摘を受けた（三木 1926②：74f）。三木と加藤は大論争を繰り広げ、結局、三木が辞表を提出することで決着した（三木会編：84f）。理事の中には戒告で済ますべきだという意見もあったようだが、支店長の判断が尊重され、三木は退職となった（梅沢：119f）。

　三木はこの話題を吹聴して回っていたようで、衆議院議員総選挙にはじめて立候補した時の『都新聞』でも紹介された。「成程銀行

員としては不謹慎であつたらうが同じ国民としてどうして黙つて居られりやう」という三木のコメントが添えられている（「東京市候補者（四五）三木さん」『都新聞』一九一五年三月二四日付）。『早稲田学報』一九〇五年八月一日発行（一二一号）の「校友動静」欄で三木は「日本銀行国債課在勤の所今回門司支店勤務を命ぜらる」と紹介されたが、一一月一日発行（一二五号）では「日本銀行門司支店在勤の所今回帰京せり」とある。わずか二か月での帰京であった。

三木の帰京を報じた『早稲田学報』一二五号には、もう一つ重要な出来事が記されている。それは、一九〇五年一〇月一九日に早稲田大学で米国民主党のブライアンが講演を行ったという記録である。ブライアンとは、一八九六年の米国大統領選挙で共和党のマッキンレーと争ったウィリアム・ジェニングス・ブライアンのことで、一四日から横浜に滞在していた（『朝日』一〇月一八日号外）。ブライアンは演説の名手として知られていた。三木の伝記には、ブライアンの演説を回想する三木の言葉が引用されている。

「ブライアンは明治三十六年に来遊した。（中略）学生たちの中でブライアンの英語演説がそのまま判るものが何人いたか知らないが、実に大した雄弁であつた。早稲田七百の学生が二十番教室にぎつしり一杯つまつている。それが、セキとして声なし、二時間以上の長広告《ママ》を静寂そのもので聞き入つた、むしろ魅せられた格好だつた。わしがはつきり判つた言葉は十か二十くらいのもんだろう。それでいて何んとなく論述する主旨は呑み込めたもんだ。雄弁というものは偉大なものだ。語学の境を越して自分の意志を相手に通ずることができる。沈黙は金、雄弁は銀だと昔からいうが、それは世捨人の言だ。雄弁こそは人種も国境も超越する力を持っている。わしは弁舌の効能につい てつくづく考えた。よし、わしも雄弁を身につけよう、魂の入った弁舌、言葉以上に魂のこもった弁舌の稽古をしようと決心した。」（三木会編：48f）

伝記では、三木が在学中の一九〇三（明治三六）年の出来事とされているが、これは誤りである。三木は日銀をクビになって帰京した一九〇五（明治三八）年にこの講演に触れた。門司での出来事があったからこそ、ブライアンの講演がいっそう身に染みたのだろう。「二十番教室にぎつしり一杯」というのも三木（あるいは伝記執筆者）の記憶違いで、実際は、大講堂では収容しきれなかったため、屋外で演壇の上にテントを張って実施した（『早稲田学報』一二五号：65）。ブライアンの早稲田での講演は、『東京朝日新聞』でも紹介された。

「語る所に別に奇はなかりしかど其音声其《その》態度に流石《さすが》米国一流の雄弁家たる趣《おもむき》ありて深く一同を感ぜしめたるもの ゝ如くなりき」（「ブ氏の演説」『東朝』一〇月一九日付）

言葉を生業としていく覚悟を決めた三木は、自らの俳名（ペンネーム）を「武蕾庵」（ぶらいあん）とすることを決めた。序章で紹介した三木の揮毫（図0-2）にも、消えかかっているが「武蕾庵」の署名を確認できる。「武蕾庵」は「無頼漢」「無頼漢」と友人からからかわれるので、やがて「武」を除き「蕾庵」とした。古希を迎えると「七十を越えて〝蕾（つぼみ）〟でもなかろう」と、「蕾庵」から草冠りを取って「雷庵」としたという（重盛：283）（図1-3）。

東京に戻った三木は、陸羯南《くがかつなん》の『日本新聞』で四日程校正係を務めたこともあったという（愚鰌生「社

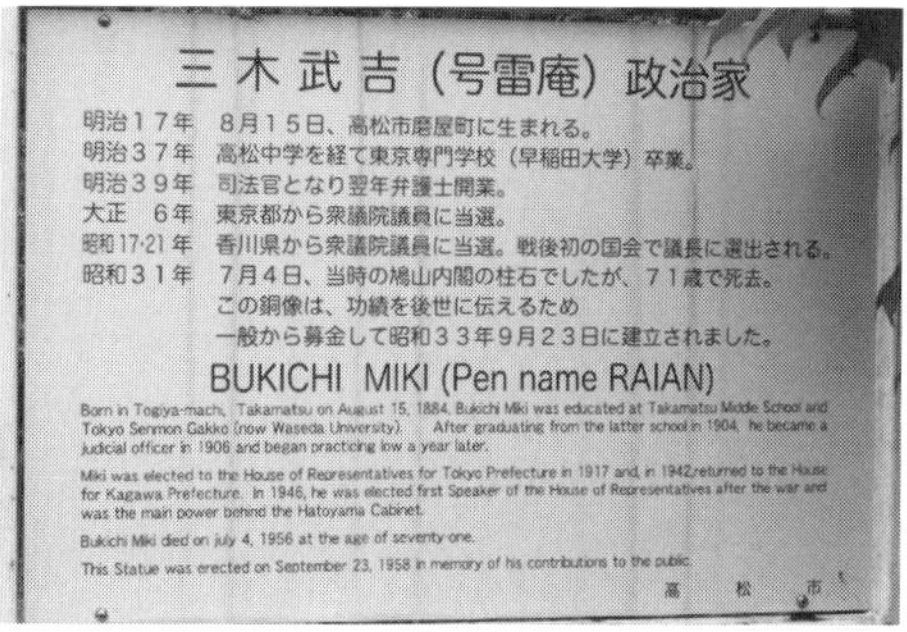

図 1-3　栗林公園近くの三木武吉の銅像横にある説明文
号（ペンネーム）が「雷庵」だと説明されている。

長室の三木武吉氏」『新聞之新聞』一九三九年五月一五日付）。一九〇五年一二月二八日発行の『第二十回早稲田大学校友会誌』（『早稲田学報』臨時増刊第一二七号）の三木の住所は「豊多摩郡戸塚亮朝院内」となっており、一時的かもしれないが、学生時代の下宿先に戻ったようだ(62)。伝記には、この頃、父に宛てて書いた手紙の一節が紹介されている。

「上京以来就職の途を相捜し候が何れも志に適せず候。将来のために鈴木先生の御鞭達《ごべんたつ》もあり、判検事試験に応ずる準備に万全を期し居り候。」（三木会編：86）

三木は、鈴木から衆議院首席書記官の寺田栄を紹介してもらい、一九〇五年一一月に三木は衆議院事務局臨時雇となった（三木会編：86, 552）。この時、寺田は三木に次のように述べたという。

「半年ばかり月給取りにしてやるから、あとの半年を、その月給を残しておいて勉強すれば、来年の試験まで遊んで暮して行けるじゃないか」（三木 1951⑥：113f）

衆議院臨時雇採用規則には、「判事検事登用試験を受くるの資格ある者」は「文官普通試験委員の銓《せん》衡《こう》を経」て「試験を用ゐす〔ず〕して」臨時雇に採用できるとあるので、この枠での採用だったのだろう（衆議院事務局：508）。

司法試験に合格

三木は一九〇六年に判事検事登用試験を受験し、九月の予備試験は合格するも、一〇月の本試験には落ちてしまった（三木会編：88）。

早稲田時代の恩師であった鈴木喜三郎は、試験に合格すれば「東京に就職出来るやう手配して置く」と言い残して、一九〇七年三月から洋行に出た（『鈴木喜三郎』：388, 年譜 11）。その期待に応えるように、三木は一九〇七年一一月に判事検事登用第一回試験に合格した（『官報』七三二六号）。一二月には司法官試補に任ぜられ、東京地方裁判所検事局並びに東京区裁判所検事局において事務修習を命じられた（『官報』七三五一号）。私学出身者が東京地方裁判所に配置されるのは極めて稀《まれ》のことであり、鈴木の力添えによるものであった。鈴木は一九〇八年二月に帰国し、三月に東京地方裁判所長に就任した（『鈴木喜三郎』：年譜 13）。

判事検事登用試験は合格率八％程度といわれた難関であり、三木は鎌倉円覚寺の白雲庵に籠って参禅と勉学の日々を送った。伝記では「早稲田の同級生小南《こみなみ》惟精《いせい》という変り者」が白雲庵を紹介したと記されている（三木会編：87）。小南惟精は小南直次郎の僧名である。小南は三木よりも八年早い一八九六年に東京専門学校法律科を卒業しており、同級生ではないが、同じ法律科の出身で接点があったのだろう（『早稲田大学校友会会員名簿　大正四年』：104）。小南は卒業後、小学校の代用教員を経て、参禅と高文試験受験のために白雲庵で生活をしていた。正眼寺誌編纂委員会編『妙法山正眼禅寺誌』（一九五四年）によると、三木が小南に合格の電報を打つと「相談したきことあり、至急来庵せよ」と返電があった。

三木が白雲庵に向かうと、僧の姿をした小南から「我が郷里は旧遠山藩の所領として、維新以来廃仏毀釈《はいぶつきしゃく》の根源地であつて家族の承諾を得ることは不可能である」と言われ、家族の代わりに得度式（出家の儀式）に立ち会ったという（418f）。ただし、得度式は一九〇九年、小南が三九歳の時と記されていて、三木が合格した一九〇七年の出来事ではない可能性もある。いずれにせよ小南と三木はその後も交流を続け、岐阜県加茂郡伊深の正眼寺の専門道場師家となった小南は、原玉重や武藤貞一といった三木と親しい人物にも影響を与えた（『早稲田大学校友会会員名簿　大正一四年』：190）。

三木は司法官試補を務めていた頃、東京府豊多摩郡戸塚村大字下戸塚四三に住んでいた（『職員録　明治41年（甲）』：394）。これは、一九〇四年一二月の住所（豊多摩郡戸塚村四三、天野方）と同じなので、三木は早稲田大学の旧正門前にある天野家で暮らしていたことになる。伝記によると、かねと結婚式を挙げたのは一九〇七年七月五日だという（三木会編：94）。

三木は一九〇八年六月に司法官試補を辞職し、七月に弁護士資格を得た（『官報』七四九四号／七五二一号）。当時は、司法官試補を有する者には、無試験で弁護士資格が与えられた。三木は、鈴木の紹介で原嘉道の法律事務所に勤務した（『鈴木喜三郎』：389）。

三木は、高松の実家からたびたび資金面での援助を受けてきたが、就職を機に「玉藻座（高松）に活動写真の興行有之由、母上様並びに子供たちも御見物なさるべく候、お小遣を同封お送り申上候」といった手紙を送り、送金を行うようになった（三木会編：96）。

実は、三木は早稲田在学中に慈善団体主催の巡回映写会に参加し、活動写真にすっかり感化され、当時はまだ行われていなかった活動写真の興行を夢見たことがあった。高価な映写機を手に入れるため、両親に相談したところ、「「香師」の物まねをしようなぞとは！」と一喝された。そんな経緯もあったからだろうか、三木は母親に活動写真の鑑賞を勧めている。三木は弁護士時代に、日本最古の映画会社の一つとされる福宝堂の創業にも関わったという（「若き日の懐旧談　三木武吉氏を訪ねて」『映画の友』一九四〇年二月号）。現在の国立映画アーカイブ京橋本館は、福宝堂が経営した活動写真館「第一福宝館」の跡地に建っている。

一九〇九年九月一日発行（一七五号）の『早稲田学報』には、三木が牛込区新小川町三－一四に転居したと記されており(20)、一九〇九年八月頃に新居へ引っ越したものと思われる。一九一一年には、牛込区新小川町の自宅に弁護士事務所を開く（浅田編：頁記載なし）。原田道寛編『大正名家録』（一九一五年）では、弁護士・三木武吉の活躍ぶりが以下のように紹介されている。

「原博士の指導に依つて練熟せる手腕を縦横に発揮し新進弁護士として名声を博するに至れり〔。〕而して民事刑事商事適《ゆ》くとして可ならざるは無しと雖《いえ》とも其最も趣味を有し又得意なるは民事事件なりといふ」（原田編：ミの部11）

三木は政治家への道を早くから意識していたようで、原の法律事務所で一緒に働いた有馬忠三郎はこう回顧している。

「その頃から政界入りを志していたので、弁護士とはいえ、三木君は余り熱心でなく、大いに天下国家を論ずる方だつたので、若い弁護士の間では「ホラ吹き」扱いを受けていた。」（有馬：527）

図1-4　玉藻会の集合写真より
早稲田大学写真データベース（B052-16）、
1913年4月5日（松平頼寿伯爵邸）

一九一三年二月二四日、三木を中心として、牛込区やその隣接地区に居住する早稲田大学関係者が牛込校友会を創設することになった。三月一七日に創立の趣旨を発表したところ、入会者数は二百名を越えた。二三日には、発会式を兼ねた春期大会を開催し、田中唯一郎が座長を務め、事務所は当面の間、新小川町の三木法律事務所に置かれることが決まった。三木の他に、坪谷善四郎ら一五名が幹事に指名されている（「牛込校友会の発起」『早稲田学報』四月、二一八号：12f）。

三木は一九一〇年以来、早稲田大学校友会の幹事に選出され、行事にも積極的に参加した（『早稲田学報』一九一〇年八月、一八六号：17f）。一九一三年四月五日、本郷元町松平伯爵邸内において行われた香川県玉藻会第九回卒業生予餞会には、三木も出席して祝辞を述べた（『早稲田学報』五月、二一九号：18）。その時の写真が早稲田大学写真データベースに残されている（図1-4）。

一九一四年二月二六日、三木は区会議員選挙（牛込区、二級）で当選をはたす（「三区二級議員」『読売』二月二七日付）。区会は重要な事務を扱う団体ではなかったが、政界入りを果たすための登竜門となっていた（中郵：84）。牛込区では、一八九四年の第三回衆議院選挙以後、鳩山一郎の父・鳩山和夫が牛込公民会の支持を受けて票をほぼ独占していた。一九〇二年に大選挙区制になると、小石川区が地盤の鳩山と牛込公民会の結束に綻びが見えはじめ、鳩山が政友会に移った〇八年の衆議院選挙では三七パーセントの得票率にとどまった。その後、公民会は非政友会の中島行孝が掌握し、大きな影響力を持っていた（櫻井 2003 ②：92f）。

三木は、地主や大商人中心の公民会の刷新をはかるため、七人組を作った。浴場を経営する田村和三郎、紐類商の天利庄次郎、白米商の山下辰次郎、酒屋の三田慶太郎、家作持の大隈福三郎、小池素康、これに三木を加えた七人組であった（三木会編：109）。この七人組に関しては『読売新聞』でも言及がなされている（「逐鹿界　東京市（十九）」一九一五年三月八日付）。東京市牛込区編『牛込区史』（一九三〇年）に掲載された区会議員一覧の第九期（一九一四年～一八年）には、田村を除く六名の名前を確認でき、第一〇期（一九一八年～二二年）には、田村ら三名の名前を確認できる（東京市牛込区編：222f）。

一九一四年五月に中島行孝が死去すると、中島が率いていた清和会に反発する勢力が息を吹き返し、鳩山一郎の常盤会がその間隙を突こうとした（「各区選挙形勢（四）牛込区」『万朝報』五月二〇日付）。六月五日の東京市会議員選挙（牛込区、二級）では、三木も常盤会から立候補したが、清和会の坪谷善四郎が立ちはだかった。坪谷は雑誌『太陽』（博文館）の初代主筆で一九〇五年から東京市会議員を務めていた。この時の選挙では、坪谷が一九九票で当選し、三木は一四四票で次点となった（「二級選挙の結果」『万朝報』六月六日付／「二級開票結果」『東朝』六月六日付）。

「御無礼弁護士」の挑戦

三木は一九一五年三月二五日の第一二回衆議院議員総選挙に立候補した。当初は、立憲同志会（後の憲政会）の公認候補と報道されたが（「逐鹿界」『読売』一月二一日付）、最終的には大隈伯後援会の公認候補として出馬した（「非政友選挙相談会」『東朝』二月一八日付）。

大隈伯後援会は、一九一四年四月の第二次大隈内閣の発足後、六月一九日に正式に結成された（『大隈伯後援会報告書』：1）。それよりも少し前の六月四日に大阪で大隈伯後援会の先駆となる組織が結成され、一四日の関東校友有志大会でその道筋が付けられた。三木はこの関東校友有志大会に参加し（『早稲田学報』七月、二三三号：12f）、一〇月一七日に大隈邸で開催された大隈伯後援会発起人会にも参加した（『大隈伯後援会第一次発起人会記録』：44／早稲田大学写真データベースB036-06（大隈伯後援会発起人会）の右端で帽子を被っているのが三木）。大隈伯後援会は全国で候補者を擁立し、東京では三木と頼母木桂吉が大隈伯後援会専属の公認候補となった（『大隈伯後援会報告書』：18）。

元々堂書房を経営していた校友会幹事の瀬川光行（一八八六年、政治科卒）は、三木が周りの反対を押し切って大隈伯後援会の公認を勝ち取ったと証言している。

「牛込区は早稲田大学の所在地でもあり、是非とも有力な候補者を立てゝ後援会の一権威たらしめようといふ訳で、第一に市島先生をと云ふ意見もあつたが、兎角《とかく》の間に突然三木武吉君が名乗りを挙げた、我々一同は事の意外に驚いて俄《にわか》に清風亭に会合して三木君をして断念せしめようといふことになつたのである。然るに三木君は容易に肯はない。従つて校友先輩一人として三木君を助ける者がないといふ場合になつて来た。一方に田中君〔田中唯一郎〕は三木君を将来ある人物であると推賞するといふやうなことで（中略）三木君を推すことになつてしまつた」（前田多蔵編：89）

すでに述べたとおり、早稲田で民事訴訟法を担当した今村信行と三木が揉《も》めた際に仲介役となった田中唯一郎が、三木を高く評価していたようだ。そして、この証言を残した瀬川自身が三木の参謀役となっていく。

当時の三木は別の観点からも注目を集めた。三木は女性に手が早いことから「其婦人を失敬する」の意味で「御無礼弁護士」と呼ばれていた。「変つた候補者（七）御無礼弁護士　異名を取つた　三木武吉氏」（『読売新聞』一月一三日付）では、夫人との馴れ初め、芸妓屋梅永楽の「音羽」という愛人の存在が報じられている。音羽こと加藤たけは、政治家としての三木を生涯にわたって支えていく重要人物の一人である。「女豪傑型」とされ、「三木が彼女を得たのは、木曾義仲が巴御前を手に入れたようなもの」とも言われた（阿部：148）。二人が出会ったのは加藤が一八歳の頃で、三木は兜町の加藤株式店の顧問弁護士をしていた時に株で儲け、加藤（音羽）の前借金を払った（三木会編：512f）。その後、加藤は神楽坂で待合松ヶ枝の女将《おかみ》となった。

「東京市の候補者（四六）三木さん」（『都新聞』三月二五日付）では、「女は好きだ」、「いや好きと云ふよりも好かれるのでせう」という三木の言葉とともに紹介記事が掲載された。

「問題になつた神楽坂の待合松ケ枝の女将は三木さんの為めならと云ふて電話や家屋を売飛ばし下谷からハの字となつて現はれた〔。〕前借を加へて三千両そつくりを三木君に投出し「どうしても当選して下さいよー」とドエライ権幕、其外にも随喜渇仰《ずいきかつごう》の婦人が沢山あるとか、さほどの好男子でもないのに「イエ気に惚れるのですわ」と然り〔。〕全く三木さんの気前は恬淡《てんたん》快活人に好かれる質である」

当時二五歳の加藤たけは、本郷湯島（右の紹介記事では「下谷」）にある松梅本で「はの字」として二度目の棲《つま》を取り、そこで得た前借金（三千円）を三木に選挙資金として渡した。加藤は、選挙期間中に選挙法違反の疑いで取り調べも受けた（「芸妓と女将召喚さる」『読売』三月二一日付）。

大選挙区制で行われた選挙は、新人で最年少候補の三木にとって大変厳しいものであった。東京市は一五区から成り、全一一議席を二七名の候補者で争った。だが、比較的票数の多い牛込区（二六〇〇票）から出馬する三木にチャンスが無いわけではなかった。初当選を目指した鳩山一郎が牛込公民会と対立する公正会から出馬したため、三木は牛込公民会の援助を受けた（「牛込の争奪戦」『報知』三月一三日付）。

前述のとおり、三木は頼母木とともに大隈伯後援会専属の公認候補であったため、二月二〇日から三月二五日までの間に一一名から計二〇回の応援演説を受けた（数字は、大隈伯後援会報告「大隈伯後援会遊説部の活動」『新日本』一九一五年五月、五五頁の集計結果による。ただし、同資料五三、五四頁の「個人応援」の項目を集計すると、一二名から計二三回が正しいようだ）。この数字は全国の候補者の中でもトップクラスであり、手厚い支援を受けたことがわかる。なお、頼母木は九名、計一七回であった。

伝記には、選挙公示が近づいたある日、三木は大隈伯と面会し、選挙資金として三千円をもらい、尾崎行雄にも紹介されたと記されている（三木会編：113f）。

一九一五年三月八日に刊行された『選挙要覧』には、三木の政見が紹介されている。

「此の際我々の主義政見の如きは第二の問題である、抑《そもそ》も大隈伯が今回老軀を掲げて廟堂《びょうどう》に立つたのは一に民意に依つて多年腐敗を極め来つた政界を刷新するにあつたのである、伯は恰《あたか》も政界に於ける基督《キリスト》である、我々は其の帰依者《きえしゃ》として伯の靴の紐を解くに躊躇《ちゅうちょ》しない者である、故に我々同志は伯の政見に賛同し其の一大傘下に馳せ参じて彼《か》の政友会を殲滅《せんめつ》させるのが目下の最大急務と信ず」（河野公明編：22）

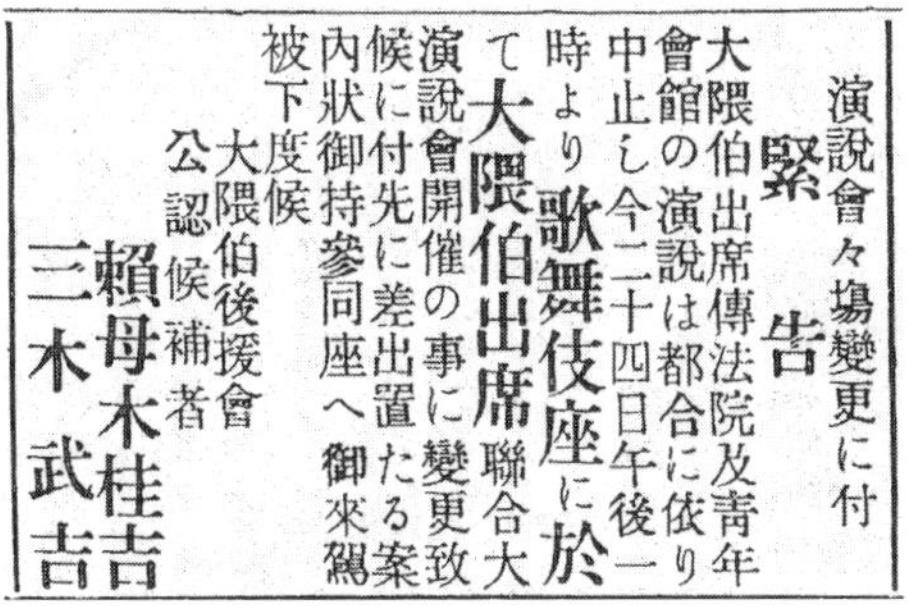
演說會々場變更に付
緊　告
大隈伯出席傳法院及青年會館の演說は都合に依り中止し今二十四日午後一時より歌舞伎座に於て大隈伯出席聯合大演說會開催の事に變更致候に付先に差出置たる案内狀御持參同座へ御來駕被下度候
大隈伯後援會
公認候補者
賴母木桂吉
三木武吉

図 1-5 「演説会々場変更に付　緊告」『都新聞』1915 年 3 月 24 日付朝刊の広告
青年会館の演説は中止とあるが、実際はこの日の最後に三木と頼母木の演説が行われ、そこにも大隈が駆けつけた。

選挙前日の三月二四日には、大隈も三木の応援演説に駆け付けた。この日の講演の前には、候補者の間で、ひと悶着あった。『東京日日新聞』の報道によれば、もともと三木が神田の青年会館、頼母木桂吉が浅草の伝法院、鈴木萬次郎が歌舞伎座を押さえていたが、三候補が共同で歌舞伎座に大隈を迎えることになった。ところが、当日の新聞広告には三木と頼母木の名前しか記されていない（図1-5）。鈴木陣営は抗議したが、大隈伯後援会の支援を受ける三木と頼母木は、歌舞伎座を貸さなければ、鈴木への大隈の応援は認めないと突っぱねた。そのため、三木と頼母木が歌舞伎座で、鈴木が保険協会で演説を行い、両会場に大隈が駆け付けることで決着がついた（「隈伯《わいはく》、最後の拳」

『東日』三月二五日付)。

三木の後援会長を務め、大隈との調整を行った市島謙吉の日誌には、三月二四日条に「伯演説ニ付会場歌舞伎座、青年会館を整理するに非常の骨折れ、一時三木、頼母木、鈴木三派の参謀各々勝手の事を主張し、鎮圧の為め大努力の上漸く整頓し」と記されている(春城日誌研究会「翻刻『春城日誌』(二四)」:220)。歌舞伎座の会場使用料はけっして安くはなかったが、一説には、それをすべて頼母木に負担させたとされる(佐藤垢石 1941:321)。

大隈の人気は凄まじく、歌舞伎座には四千人が集まり、大隈が登壇すると「満場総立となりて万歳を連呼し脱帽々々と絶叫」したと報じられた(「隈伯最後の出陣」『東朝』三月二五日付)。歌舞伎座の定員は三千五百人だが、八、九千人が集まったと報じた新聞もあった(「聴け偉人の叫」『東京毎日』三月二五日付)。大隈は保険協会での鈴木の演説に駆けつけた後で、さらに青年会館でも三木と頼母木の応援演説を行った(「壇上両雄の握手」『東京毎日』三月二五日付)。

選挙は三月二五日に行われ、三木は一六一三票を獲得したものの、わずか八五票差で落選(次点)となった。三木は牛込区で六六三票を獲得し、小石川区で二三七票、神田区で一一七票を獲得したが、他の区では百票を下回った。五〇票を下回った区は六つあった。一方で、鳩山一郎は小石川区で五六九票、牛込区で三九五票、四谷区で二三三票を獲得し、全体六位の計二二四五票で当選した。鳩山の母・春子と妻・薫による個別訪問の効果は絶大で、三木の地盤を切り崩したと三木自身が回顧している(三木1951⑥:114)。各区の票数は『東京朝日新聞』三月二七日付朝刊の「東京市区別得票」による。

当時の新聞報道を見る限り、三木は落選をあまり悲観していない。むしろ目標としていた一六〇〇票を獲得できたことに安堵していた。

「私は最初から千六百票は確かに得られる、又夫れ丈取れば当選すると予期し、運動する人々にも其旨を以《もっ》て運動を頼み、有権者諸氏の御同情を得たのです（中略）運動が足りなかつたとか残念だとか云つて下さる方もありますが、千六百票と初めから申上げて置いたのですから寧《むし》ろ作戦が予期以上に成功したのです」（「落選の人　三木武吉氏」『万朝報』三月二七日付）

三木は「今度の選挙が言論の勝利」に終わったことを「会心の事」だとも評価している。

「由来東京市民には政治思想が極めて乏しかつた、戸別訪問をして叩頭《こうとう》〔頭を地面につけるお辞儀〕をすれば、其叩頭の度数の多い候補者程成績の好かつたものである、それが今度は鳥渡異《ちょいとかわ》つた現象を示してゐるではないか、之れ確に憲政の一進歩である、古島君然り頼母木君亦然り、秋山君と雖も、其得票は意外に尠《すく》なかつたが、此人亦言論を以て鹿を争《お》ひ〔政権を得ようと争い〕、僕同様戸別訪問を仕なかつた候補者である、而《しか》して種々困難の事情に打勝つて月桂冠を戴かれた人である、僕は、隈伯後援会々員の推薦を空《むなし》うしたるを耻《は》づる以外、この言論の勝利政治思想の発達てふ〔という〕美事に付て、独り会心の笑ひを禁じ得ないのである」（「数将の凱歌　寧ろ会心　三木武吉氏談」『世界新聞』三月二七日付）

東京市でトップ当選を果たしたのは、雑誌『日本人』、新聞『日本』や『万朝報』などの記者を務めた古島一雄（三一五六票）であった。他にも、『報知新聞』記者出身で『東京毎日新聞』のバックアップを受けた頼母木桂吉（二位、二七九七票）、東京日日新聞社長を務めた関直彦（五位、二四三四票）、二六歳の時に二六新報社（一九一五年当時、『二六新報』は『世界新聞』と改題）を立ち上げた秋山定輔（八位、一九五四票）、『時事新報』記者出身の鈴木梅四郎（九位、一九四六票）のようにメディア出身者が数多く当選した。有権者数が増え、地元の区のみならず東京市全体を意識した政治運動が求められる中で、新聞メディアとの関わりは大きなアドバンテージとなった。

戸別訪問による情への訴えかけではなく、新聞記事や言論が選挙戦において重要な役割を果たしつつあることに、三木は手応えを感じていた。とはいえ、落選によって三木の経済状況がどん底に突き落とされたのも事実であった。三木は当時を振り返って「実に惨憺《さんたん》たる境遇に陥《おちい》」ったと述べている。「家財道具は全部売り払ひ、老母妻子は親戚に預けねばならない破目となつたのである。加ふるに債鬼は日々門に迫り来る有様だつた許りでなく、選挙違反事件さへ起り、流石に強情我慢な私も非常に困窮し、失望の余り唯々嘆息するの外は無かつた。」（三木 1922 ①：157）

選挙期間中には、選挙法違反の疑いで加藤たけだけではなく、妻のかねも東京地方裁判所検事局の取り調べを受けた（「三木夫人取調らる」『東朝』三月二二日付）。選挙後には三木も取り調べを受け、当選後の協力を約束して、質商組合の幹部に組合員の説得に当たらせたことが問題視され、有罪となった。三木の選挙参謀であった溝口信も、加藤を使って常連客に酒切手を配布して買収したとして有罪となった（「三木氏の有罪　質商組合と約束」『東朝』四月三日付）。

溝口信は早稲田大学法律科で三木と同級生で、卒業後は故郷の新潟で製糸業を営んでいたが、世界的な生糸価格の暴落で金策のために上京していた。それがうまくいかず三越で失意の時を過ごしていると、たまたま昼食のためにやってきた三木と再会する。事情を聞いた三木が事業をたたんで上京することを勧め、以後、溝口は三木の側近として活躍する（畠中：「公人議員列伝」25）。やがて東京市会の副議長を務め、三木と共に金鉱掘りに出かけることになるが、これはまた後の話である。

三木の後援会長を務めていた市島謙吉は、裁判所から選挙法違犯証人として出廷を求められた（春城日誌研究会：269）。三木は禁固三か月の有罪となり、九月二九日の控訴審では禁固二か月の判決が下された（「裁判だより　三木氏の上告」『読売』九月三〇日付）。三木は上告したようだが、八月一二日付けで区会議員の資格も失格となっている（東京市牛込区編：223）。

三木は翌年、一九一六年四月二〇日の区会議員補欠選挙に当選し、区会議員に返り咲いた（「牛込の区会議員」『都新聞』四月二一日付）。本章扉写真はちょうどこの頃の記念写真である。一九一六年七月一五日、三木は早稲田の校友会幹事の一員として、大隈重信の陞爵《しょうしゃく》叙勲の祝賀参邸を行った。大隈重信の両隣りを市島謙吉と大隈信常が固め、各年代の幹事が並んだ（『早稲田学報』八月、二五八号：3, 18）。

次点で落選した一九一五年の衆議院議員総選挙の結果について、三木は大隈から「うまくやったね、この次は大丈夫だ。今日から次の選挙の準備に取りかゝれ、取りかゝらねばならない」と言われたという。この言葉を聞いた三木は、次の選挙に気持ちを切り替えていく。また、そうした気持ちにさせてくれた大隈の偉大さを改めて感じたようだ。

「予は侯〔大隈〕のこの一言を聞くと同時に、私の友人や先輩が自分の失敗に対して、只残念な事をしたとのみ言はれたのに比較して、人の伸びると伸びざるとは、実にこゝであると痛切に感じ、茲《ここ》に心機一転して沮喪《そそう》せる元気を回復し、爾来《じらい》一意専心常に将来の事を準備する事が出来たのである。」（三木 1922 ①：157）

三木は、落選後に町の人からかけてもらった慰問の言葉をメモしておいた。それを使って次の選挙の時には自筆の手紙を送るためであった。手紙をもらった人は、三木は記憶が良いということになり、評価が上がったと言われている（三木会編：119）。

初当選

三木の再挑戦の機会は意外と早くやって来た。一九一六年一〇月四日に大隈内閣が総辞職し、九日に藩閥直系の寺内正毅内閣が発足した。一〇日には、非政友派である立憲同志会、中正会、公友倶楽部の三派が中心となって憲政会を結党し、衆議院の議席の過半数を占めた。憲政会や国民党などから内閣不信任案が提出され、一九一七年一月二五日に衆議院が解散された。投票は四月二〇日に行われることになった。

この年の二月六日、一人の青年が三木法律事務所を訪ねてきた。後に三木の秘書として活躍し、衆議院議員にもなる原玉重である。岐阜県出身の原は、小南惟精の紹介で三木の書生となった。この頃、書生は原の他に二人いて、玄関の四畳に三人で生活していた（服部信也・昌子編：24, 76）。当時の三木の経済状況は苦しかったと原は回想している。

「三木先生の話では、私に月給金五円を支給せられるとのことであったが、会計の奥様の状況をみるに、弟景三氏、和臣氏、女中久さんに支払われるだけでも、なかなかのようであり、家賃、米屋等も一年以上の滞納で、とても私への給与等むつかしいようであった」(77)

三木は弟の景三と和臣と一緒に生活していた。原は一か月分の給与を貰ったのみで、あとは自分の貯金を切り崩して学費にあてた。原は三木が借金を重ねた理由を以下のように述べている。三木の弁護士家業は繁昌していたという。

「事件関係を見ると、毎朝早くから依頼者は続々とつめかけている。朝起きると十人もの依頼者が順番を待っているという繁昌ぶりだ。だからその頃事件の多いことでは、日本一ではなかったろうか。どうしてそんなに依頼者がつめかけたか。それは〝ただ〟だからだよ。着手金を取らずに何でも引き受けるわけだ。絶対にこちらから、請求はしないんだね。」(11f)

こうした人びとの支持があったからこそ、三木は政治家として大成することができた。

一九一七年の第一三回衆議院議員総選挙に関しては、同じく東京から立候補した宮武外骨が当時の資料を収集している（東京大学明治新聞雑誌文庫の「宮武外骨蒐集資料」）。この中に三木の「立候補宣言書」も含まれている（外骨書函「大正六年衆議院議員立候補（第一三回）宮武外骨以外（推薦書・宣言書等）」）。

今回、三木は憲政会から立候補した。国会の開設以来、輿論政治は少数閥族者の抵抗にあってきたが、桂内閣が政党内閣を発足させ、閥族政治に終止符を打ったかに見えた。しかし、閥族の後ろ盾で寺内内閣が発足したとして、三木は厳しく批判した（以下の引用は、「解せす［ず］」のような濁点の補足はせず、意味と読み仮名の補足に止めた)。

「宰相惜むらくは憲政を解せす、其行ふ所は民意と何等の交渉を持《じ》せさるは勿論、口に挙国一致を唱へて挙国一致の不信任に遭ふ、自《みず》ら三省して闕下《けっか》〔天子の御前〕に伏し、謹《つつしみ》て骸骨を乞ひ〔辞職を願い出る〕奉り、下《しも》国民に其罪を謝せさるへからさるに、事茲に出てす、猥《みだ》りに大権に藉口《しゃこう》して〔口実にして〕、不法悖理《はいり》〔理に反すること〕の解散を奏請す、其罪断して恕《じょ》すへからす、之をしも容《ゆる》さんか憲政有終の美何れの日にか期せん。惟《おも》ふに這次《こんじ》〔このたび〕の解散は、三十年来未決の根本問題に対する解決の最終的提案にして、選挙は憲政を毒し民意を蹂躙《じゅうりん》せる官僚閥族に対し最後の鉄槌《てっつい》を加ふへき好絶の手段なり、志を憲政に抱き意を民福に用ふる士の傍観するに忍ひさる所、宜《むべ》なる哉《かな》、世を挙けて憲政擁護閥族打破の大運動に参加せる。吾曹《ごそう》〔吾輩〕菲才《ひさい》〔才能がないこと〕、素《もと》より其任にあらすと雖も、志は経世済民に在り、曩《さき》に東京市民諸賢の同情に抛り最高次点者たるの光栄に浴し今や先輩諸彦《しょげん》の推薦を辱《かたじけの》ふせるに因り茲に立候補を宣して討閥義軍の一卒となる。」

「閥族打破」は憲政会のスローガンであり、けっして真新しいものではなかったが(季武：217)、それを訴える方法に三木は長《た》けていたようだ。

三木は本所(両国)の演説で、閥族は忠臣蔵の吉良上野介だとし、「之が浅野内匠頭《たくみのかみ》なる大隈内閣に切腹の辞職をさせたのだから、主人内匠頭の讐《あだ》を報じて閥族を打破せんとする赤穂浪士にも比すべき我等を、侠気に富める東京市民たるもの大《おおい》に助けざるべからず」と訴え、大喝采を受けた。赤穂浪士の仇討ちが行われた吉良邸は本所松坂町にあった(「三木武吉武士道演説の失敗」『実業之世界』一九一七年六月一日号：119)。ただし、気をよくした三木が板垣退助を閥族跋扈《ばっこ》の象徴として批判すると、会場の雰囲気が一変した。相撲協会の世話をしていた板垣の批判は両国ではタブーであった。三木は「本所でうんと票があるつもりだつたが、二十か三十しか取れなかつた」と反省している（三木 1931 ③：186f)。

当時の新聞報道を見ると、前回とは違う必死さが伝わってくる。三木の選挙事務所には「多忙に付面会三分間を超えざる様」という札が貼られていた（「悪戦苦闘　三木武吉君」『報知』四月五日付夕刊）。今回は牛込公民会の坪谷善四郎が出馬し、票が割れる可能性があった（「鳩山坪谷三木」『都新聞』四月五日付／「三木武吉君」『読売』四月一三日付）。坪谷は早稲田出身でもあったため、この点も三木には不利に働いた。とはいえ二度目の出馬で支援者も増え、形勢危しの噂を聞いて立派な自動車を貸してくれる者も現れた。『万朝報』はこれを「奇蹟の自動車」と命名して報道した（「その前日　三木武吉氏」四月二〇日付夕刊／「牛込区」四月二〇日付）。

今回も選挙違反には厳しい目が注がれた。三月中旬には、三木の運動員が神楽坂警察署長の正力松太郎の取り調べを受けて収監された（「宮武外骨蒐集資料」の外骨書函「切抜き」：32 コマ）。三木が社長を務め、廃刊となった太平洋通信社の鉄道乗車券を勝手に使用した疑いであった（「三木氏の運動員収監さる」『東朝』三月一六付日付）。

選挙運動はぎりぎりまで続き、投票日前日には、牛込区内に一四〇名、他の区に約三〇〇名の運動員を派遣し、夜は深川江東電気館で最後の演説会に臨んだ（「今日に迫った総選挙」『都新聞』四月二〇日付）。この時のものと思われる三木の演説が、紀室公民『五分間演説と挨拶』（興風書院、一九三二年）で再現されている。

「まだ百票許《ばか》り足らない。皆様は禿頭許りの衆議院へ、私のやうな若者を送り込んで見る勇気はないか、若し皆さんが然うして呉れることが出来なければ、私は家財道具まで売り払つてしまつたのであるから当分東京に居ることは出来ない。残念だが一度田舎へ引つ込んで捲土重来《けんどちょうらい》するとしても、また何日の日か皆さんに見ゆる時がありませうか。錦を着て故郷へ帰るは宜いが東京で失敗して尾羽打ち枯らして故郷に帰る私の心情は皆様どうか察して下さい」（三木 1932⑨：150）

三木が得意としていた戦法の一つ、泣き落としである。この演説で「聴衆の中からすゝり泣きの声が聞え出して、会場は水を打つたやう」になり、「これで私は当選しました」と三木は述べている。

四月二〇日に投票が行われ、三木は前回を上回る一七九八票を獲得し、見事に初当選を果たした（「東京市区別得票」『東朝』四月二二日付）。頼母木桂吉（一六一九票）よりも票を伸ばし、全体九位での当選であった。東京市の当選者は一一名で、トップ当選は鳩山一郎（二六七七票）であった。坪谷は落選した。

三木は牛込区で五八六票を獲得したが、前回（六六三票）よりも票数を減らした。やはり坪谷の存在が三木を苦しめたことがわかる。前回から五〇票以上の上積みがあったのは、神田区（一一七票→一七〇票）、本郷区（三六票→一一七票）、深川区（七三票→一四五票）であった。深川区では、三木の泣き落とし作戦が功を奏したことがよくわかる。五〇票を下回った区も四つにとどまり（前回は六つ）、手広く票の獲得に成功した。なお、板垣批判をしてしまった本所区は六七票であった（前回は四〇票）。

『万朝報』では当選確実となった三木事務所の様子が以下のように報じられた。

「先頃入獄して帰つて来た山下、磯崎両氏の如きは涙を溢《こぼ》し、主人公三木氏はお目出度うを浴《あび》せられて『有難う』を連発してゐる其目にも涙がある、お礼廻りの自動車を呼ばせてゐる処へ、新聞号外が来る、それには三木氏の当選が記《しる》されてある、八九十人の人が先を争うて三木氏と握手、一斉に万歳の声があがつた」（「三木氏（当選）」『万朝報』四月二二日付）

「入獄して帰つて来た山下、磯崎両氏」とは、鉄道乗車券を勝手に使用した疑いで収監されていた米商の山下辰次郎と履物商の磯崎福太郎である。当選を喜ぶ妻・かねの声も紹介されている（「後は口籠つて三木夫人の喜び」『読売』四月二二日付）。

三木の選挙には若者が多く参加し（「若武者連」『報知』四月二〇日付）、選挙後の代議士紹介でも以下のように記されている。

「彼居常《きょじょう》〔常日頃〕老書生を以て任じ、書生を愛し援引〔味方にすること〕又少からず、今回の選挙に対しても、其運動は多く此等後進の手に分担せられたり、即ち一面より見れば青年者流の勢力とも認む可し」（「代議士新人物（一）三木武吉」『報知』四月二一日付夕刊）

牛込区における坪谷との一騎打ちも、牛込公民会の新旧対決と位置づけられており（「三木武吉君」『読売』四月一三日付）、三木は若手の旗手として期待されていたことがわかる。この後、三木は牛込公民会を牛耳るようになり、一九二一年には評議員会長を務め、事務所も三木方に置かれた（三井乙蔵：30）。

晴れて国会議員となった三木は、『太陽』一九一七年八月号の「初めて議会に列して」という企画に、「外観内容共に貧弱」と題する論考を寄せている。「建築の貧弱なるに先づ驚いた」、「その内容の貧弱なるには、更に一層驚いた」として、三木は特に古参議員に厳しい目を向けている。

「多年雷名を馳せたる古参政治家の言動を親しく院内に於て見るに及び、その識見の浅薄行動の軽浮なる、従来外部より想像したるとは雲泥の差なるに失望した。」(59)

「領袖株既に此の如くだから、自余の末輩は殆んど語るに足らぬ」として、議院という容器(建物)の改築よりも、議員という「内容の改善が寧ろ急務」だと手厳しい。何より三木が失望したのは「権威ある言論」の不在であった。

「それが非常なる名論で、迚《とて》も理窟では勝てないといふ場合ならば兎も角、一言にして駁撃《ばくげき》し去ることの出来る議論であつても、直ちに喧騒を以て葬らうとする。余等の如く弁護士といふ職業上平生より如何《いか》なる反対論をも傾聴する習慣を持つて居る者が、あゝいふ議論の有様を目撃すると、一種奇異の感を禁じ得ない。」(59)

憲政会の斎藤隆夫が演説中にわいわい騒ぐ議員を「ワイ〱連」と呼んだところ、議員全体を侮辱したものとして懲罰委員に付された。三木はこの件についても触れ、「齋藤氏の演説は今議会の演説中最も傑出したもの」だとし、「多党が議事規則を利用して、齋藤氏の説、否憲政会の議論を中止せしむる趣旨によつて起した事件」だと厳しく批判している。三木は議会の質的向上策についてこう呼びかけた。

「議場に於けるこれ等の弊害を一掃せんとすれば、先づ選挙民が盛に議会を傍聴して、自分等の選挙した代議士が、議場に於て如何なる言動をして居るかを見るがよい。議員の最も恐るゝ所は何と云つても選挙民であるから、その選挙民が彼等の行動を監視すれば、彼等もさすがにあゝいふ狂態

は演じないやうになるであらうと思ふ。」(59f)

三木が初当選をはたした一九一七年には、早稲田騒動も起こる。学長を務めていた天野為之の後任人事をめぐる学内の派閥争いで、高田早苗や市島謙吉ら学校の首脳部を中心とする高田派と、天野の秘書を務めた佐藤正や石橋湛山らが支持する天野派が対立した。

三木は高田派に同調し、天野派が七月二五日に強行開催しようとしていた臨時校友大会を止めるべく、天野の説得を試みた。天野はこの大会で評議会と校友会幹事の選挙法を改めようとしていたが、校友会幹事の浅川保平らの説得もあり、大会の開催を断念した（『早稲田大学百年史』第二巻：「大隈と天野」922）。この間の経緯については、「校友三木武吉氏手記」として『早大紛擾秘史』（全八冊之内第七冊（下巻第三））にまとめられている。三木は、この論考を次のように結んだ。

「所謂天野派に属する人々は、猥々と声を大に輿論の沸騰せん事を希望して、或は示威運動をなし或は新聞紙に投稿し、甚しきに至つては公開演説会を開て、血気にはやる学生、青年を煽動して、更に大なる紛擾をなさしめんと試みつゝあるのは、争ふべからざる事実である、是れ果して真に母校を思ひ教育を憂ふる君子の為すべき処であらうか、吾輩は切に諸君の一考を煩はしたいと思ふのである。」

九月一一日夜、天野派が高田派弾劾演説会を開き、その一部が大学を占領した。一二日に監察官の正力松太郎が、大学側から家宅侵入の告訴が出されているとして、革新団（天野派）の説得に乗り出した。これを受けて一三日に革新団は大学の明け渡しに応じた（「革新団城明渡し」『東朝』九月一五日付）。その後、革新団は寄宿舎に籠ったが、一五日には、三木や瀬川光行らが結成した母校援護団が寄宿舎を占拠した（『早稲田大学百年史』第二巻：「寄宿舎」1153f）。

母校援護団は校友会幹事有志、稲門艇友会、校友中正団、校友実業団、雄弁会校友会有志らで構成され（「稲門艇友会秋季大会」『早稲田学報』一二月号、二七四号：20f）。授業のために帰京した寄宿舎生も締め出されてしまったが、三木は「こゝは我々が幹部から借てゐる、強ひて入るなら家宅侵入罪として其筋へ訴へる」と述べた。母校援護団代表の瀬川も「我々団員の緊急の仕事は来る廿二日から授業開始に到らしむる事、第二次の暴動を予防する事等で此危険さへなくなれば、直に撤退する」と答えた（「寄宿舎に拠る」『万朝報』九月二〇日付）。最後は両派が説得に応じ、母校援護団は一九日夜に寄宿舎を撤退した（「寄宿舎の撤退騒ぎ」『東朝』九月二一日付）。こうして二二日から授業が開始された。

母校援護団の中心となったのは稲門艇友会であった。他の校友会（運動部）が革新団に加わる中で、高田派の塩澤昌貞が部長を務める稲門艇友会はそれらと一線を画していた。寄宿舎の占拠で連帯感が生まれたのか、三木と瀬川はこの年の一一月に稲門艇友会に入会している（「稲門艇友会秋季大会」『早稲田学報』二七四号：20f）。

第二章
野次将軍の暗躍

「議場整理新法（一）」と題された岡本一平の風刺画（『日本一』1921年２月号）
「三木武吉君の如き彌次将軍の議席の傍には母親席を設け息子の「おいた」を監督さすべし」という一文が付いている。

「我輩は多数党の横暴を罵《ののし》り少数党の演説者が完全に演ずることこそ望んでゐるが未だ曾つて妨害したことは無い。依つて我輩は何処迄も彌次に非るを弁明したい。が我輩は彌次では無いが闘士だと云ふことは是認する。彌次も闘士も議場を騒す意味は同じことだと言へば其れ迄だが、闘士はその主義主張の為めの闘士で、満場騒がせの闘士では無いのだ。我輩でも議長が公平に吾等の述べんとする処を述べさせるならば、何を好んで余計の口を叩かうか。彌次封じも、闘士封じも議長の手加減一つに依るべきで、間違つて今議会もヘンテコな真似をするならば無論当方の虫が納まらう筈が無い。盛んに闘士振りを発揮すべきである。誰かゞ云つた、議員が議場に這入《はい》ると一種の重い空気に圧されたやうな感んじがする。と同時に神経が一変に興奮するから本能的或は闘争心理作用で騒ぎ出すと云つた（中略）が我輩は何時だつて無意識的に本能的に敵に突撃を試みた事は只の一回もない。論理が整はざる限りは決して右の行動に出た事が無い。議場に一度び足を踏み入れたが最後必ず冷性《ママ》なる態度を持してゐる。現在の議会に於ける悪弊が改善せられざる限りは彌次——即ち私の所謂闘士的行動——が跡を絶つものではない。既往の議会を顧みても、又仏国等の議会にても右の行動が言論の公平調節機関となつた事例が決して乏しくは無いのである。」（三木 1921②：62）

傑作野次「ダルマは九年！」

議会で三木はさっそく頭角を現した。一九一八年二月六日の鉄道敷設法中改正法律案委員会で、後藤新平が閣議を理由に質問から逃れようとすると、三木は「私共議員として委員会の質問応答位必要なことはない、閣議はどうでも宜い、委員会より大切なことはない」と食い下がり、その様子は新聞でも報じられた（「分科会雑感」『報知』二月七日付夕刊）。九日の同委員会で、四国の鉄道は政治家の名前を冠して「松田線」や「後藤線」と呼ぶという話が出ると、後藤は速記録からその言葉を除外するよう求めた。これに対して三木は「私共議院内に於て発表した意見、それに用ゐた言葉は、悉《ことごと》く責任を負ふべきものと思ふ」と後藤を強く批判した。『読売新聞』は憲政会控室に戻った三木の風刺画を掲載し、「聊《いささ》か男を挙げて引上げ来り、他の連中からよくやツた〱と煽《あお》られ、愈《いよい》よ得意の体《てい》で細い首を又ふりたてる」と報じた（図2-1）。

図 2-1　『読売新聞』1918 年 2 月 10 日付朝刊
左が三木、右は立憲国民党の犬養毅。

一九一九年一月三〇日の衆議院本会議では、「議事の進行に付て発言があります」と発言を求め、批判の矛先を思わぬところへと向けた。

「吾〻議員はですよ、吾〻議員は、苟《いやしく》も院内に出入する場合に於ては、法規規則の命ずる所に依って、議員の徽章を佩用《はいよう》〔着用〕しなければならぬ（「何を言って居る」と呼ふ者あり）之に対しては何人も異議はございますまい、吾〻が師表（模範となる人）と仰ぎ、吾〻の代表者として尊敬敬意を払へる大岡議長は、御身分柄にも似合はず、議員の徽章を御佩用なさらぬのは、私共議場の面目に関すると思ひます（拍手起る）将来を戒むる為めに、今日は御許しを致しますが、以後は御注意を願ひます」

なんと三木は、議長の大岡育造が議員徽章（バッジ）を着用していないことを批判した。これに対して大岡議長は次のように応じた。

「唯今の三木君の議事進行に関する発議は、議事に関して何等の関係がないと認めます、（「ヒヤ〱」「関係があります」と呼ひ拍手起る）別に又議長に対して、徽章を用ゐざることを以て云々《うんぬん》せられましたが、是は（「議事進行に関する重要案件であります」「黙って居れ」と呼ふ者あり）御聴なさい、議員と議員に非ざる者とを、取締上見別ける為めの徽章であります、本院の守衛は、議長を見誤まる程の者はありませぬ（拍手起る）」

『衆議院議事録速記録』には議員の野次も掲載されている。「ヒヤ〱」は賛意を表す野次で、英国議会で使われた「hear, hear!」が由来と言われる。

三木の搦《から》め手からの「口撃」に、徽章を付けなくても守衛が見間違うことはないと応じた大岡であったが、憲政会側からは「先例を見よ」「速かに退場せよ」という声があがった（「議長徽章問題」『国民』一月三一日付）。三木は「議事方法の慣例典故について、夜を徹して調査し研究した」とも言われ（一記者：39）、議員徽章の未着用についても先例があったのだろう。

大岡と三木の対決はこの一件では終わらず、議会名物のようになっていった。一九二〇年一月二三日の衆議院本会議ではこんな出来事もあった。憲政会の浜口雄幸が公債の整理に関する質問を行うと、国務大臣・高橋是清は「若し憲政会諸君に於て、公債政策に就きて智識が乏しくて、外国の例でも知りたいと云ふならば申上げても宜しい」と応じた。これが憲政会を侮辱する発言だとして、三木は議事の進行に関する緊急動議を提案した。高橋の発言は度を越したものには思えなかったが、議長の大岡が三木の提案を認めるような発言をしたため、議場は騒然とした。慌てた議長は高橋に答弁を続けるよう促したが、緊急動議を無視される形となった三木はこう訴えた。

「議事の進行に関する緊急動議が、成規の賛成があることを御認になって、御諮《おはか》りになったものと私は思ひます、何故其事に就て御採決になりませぬ……」

議場はさらに騒然とし、議長はたまらず休憩を宣言した。この時、憲政会側からは万歳が起こったと報じられた（「蔵相の放言に議場の大立廻り」『東朝』一月二四日）。

憲政会控室の様子は『国民新聞』一月二四日付朝刊が「蔵相を取ちめて三木君大出来」と題して詳しく伝えている。

「加藤総裁は『三木君御苦労々々』と拍手一番、『今の出来は金鵄《きんし》勲章だよ』と総裁の御機嫌斜ならず、其処へ領袖連がゾロッと揃つて争つて三木君に握手を交す〔。〕三木君は『ナアニ我輩の緊急動議はツマリ失言取消にあるのだから高橋の方から折れて出たら僕の方では決して追及はせんよ』と大きく出る、院内幹事の面々は古い速記録を担ぎだして懲罰の先例を調べにかゝる〔。〕真《ま》逆《さか》国務大臣を懲罰に附する訳にも行くまいが陳謝させる事は大丈夫出来るとホク〱もの」

結局、高橋は発言を取消し、三木も緊急動議を取り下げた。三木の評価は上がり、国会を去っていく後ろ姿には「時節柄全勝力士の俤《おもかげ》があつた」と『国民新聞』は報じた。

一九二〇年一月二三日の出来事が重要なのは、翌日に高橋を相手として、議会史に残る傑作野次「達磨は九年」が三木の口から飛び出すからだ。この日得た自信や高揚感がその野次を生み出したと言っても過言ではないだろう。

一月二四日の衆議院本会議で、高橋は国防費の増加に関する説明を行った。この日もフランス革命時の物価政策に関する学説を持ち出した高橋に対して、「学説は御免を蒙《こうむ》ります」、「実際の事を言へ」という野次が飛んでいた。三木が「達磨は九年」と叫んだのは、高橋が次のような答弁を行った時であった。

「初に御尋になった此財政計画、之に就て物価騰貴の為めに（「又学説ですか」と呼ふ者あり《ママ》」笑声起る）歳計が膨れたのである、それに対して、増税をしたのと同じだと斯《こ》う言はれる、予算の説明に於て、増税、即ち増収を計画するの已《や》むを得ざる所以は、御分りになる程度に於て、説明は致してある筈であります、国防の如きは、一年限りの経費で済まないものである、海軍に於ては八年、（「達磨は九年」と呼ふ者あり笑声、拍手起る）陸軍に於ては大正二十二年に亙って居る、左様な長期に亙って継続する所の国防充実費をです、不確実なる自然増収のみに倚頼《いらい》して計画が立ちませうか」

『衆議院議事録速記録』には、たしかに「達磨は九年」が記録されている。この野次は高橋の愛称「ダルマさん」に、中国の達磨大師が少林寺で壁に向かって九年座禅し悟りを開いたとする「面壁《めんぺき》九年」の故事をかけたものであった。中国の故事に精通する教養とユーモア、それを「八年」というこの議題においで最もセンシティブな部分に重ねる当意即妙さが一体となった傑作野次であった。

『東京朝日新聞』一月二五日付朝刊の「両院雑感」は野次を放ったのが三木だと認定している。

「「海軍計画は八年」と云ふや野党側の三木武吉君は之に調子を合せて「達磨は九年」と下の句を付けた、笑声どつと起り一同壇上の達磨蔵相を見詰めながら腹の皮を糾〔縒《よ》〕つた〔腹の皮がよじれるほど笑った〕、蔵相御自身も目を白黒させながら破顔苦笑を制し得なかつた」

同じ日の『東京日日新聞』の「議会余禄」も三木の野次としたうえで、「近頃彌次の秀逸で大臣も議員も将又《はたまた》当の高橋蔵相もアット感嘆した」と評価した。

三木の野次は他にも、赤線（売春街）のボスと言われた議員が登壇すると、「お名前は？」と呼びかけ、相手がそれに答えると、「御商売は？」と畳みかけるものなどが知られている（三木会編：145）。野次を自在に操る三木は、「野次将軍」の異名を取った。今回、『衆議院議事録速記録』で確認できたのは「達磨は九年」のみだが、公的な記録に残らないものも含めれば、三木の野次は相当な数になるのだろう。

南北社が発行した雑誌『日本一』一九二一年二月号は「彌次封じの妙策」という特集を組んだ。岡本一平が書いた「議場整理新法（一）」と題した三木の風刺画には、「三木武吉君の如き彌次将軍の議席の傍には母親席を設け息子の「おいた」を監督さすべし」という一文が付いている（本章扉）。それくらい三木の野次は手が付けられなかったようだ。

本章扉には、雑誌『日本一』に掲載された三木の論考「彌次馬にあらず闘士也」も引用した。その中で三木は野次を「言論の公平調節機関」と述べ、少数党や野党が「主義主張」を通すための必要な手段だと訴えている。一方で、政友会の武藤金吉は同じ雑誌に「新聞記者は彌次幇助罪」と題する論考を寄せ、新聞と議員の共犯関係に着目した。

「一体彌次を製造した罪は新聞記者にある。新聞記者が悪い。議員を馬鹿にした毒口を吐くと思へば、議場に彌次気分を漲《みなぎ》らして騒動を大きくし、頭の足らない議員を煽動しては彌次将軍だの彌次の頭目だのと堂々初号標題〔大活字の見出し〕を使用して油をかけるから、一つでも多く新聞に書いて貰ひたいと云ふ連中は期せずして彌次気分に酔つて議場を騒がすと云ふ事になる。」（武藤金吉：63）

野次は「主義主張」を通すための方便なのか、それとも「彌次気分」を醸成させるにすぎないものなのか、興味深い論点である。ただ一つ言えるのは、効果や影響力の最大化を目指す「メディアの論理」からすれば、野次はこの上ない武器になるということだ。三木は前述の論考の中で「官弊小社の狗犬《くけん》だとか、彌次将軍だとか勝手な異名を附して本名を呼ぶ者の殆んど無いこと」に苦言を呈している（三木1921②：62）。しかし、さまざまな新聞や雑誌に記事や風刺画が掲載されたことで三木の知名度があがったのは間違いない。

大岡育造との対決

この頃になると、三木は議場において道化的な役割も果たしていく。一九二〇年二月二六日の衆議院本会議では、憲政会議員の野次に業《ごう》を煮やした大岡議長が、警告に従わなかったとして三木を退場処分とした。しかし、大岡が事前に警告を与えたのは三木ではなく別の議員であった。大岡は三木の処分を取り消したが、重要な採決の前に退場を命じられたら一大事だと三木は大岡に勝手に警告を与えた。

この直後、原首相が衆議院解散を表明したため、翌日の新聞（二月二七日付朝刊）は三木の退場問題と解散の詔勅を一緒に報じた。『東京朝日新聞』は「衆議院解散」を報じた記事の中で、「議会解散の次第」を大きく掲載した。

「昨日の普通選挙の議事は始に松田委員長の報告ありて後〔、〕斎藤隆夫小川平吉両氏の演説あり〔。〕小川氏の演説中議場は紛争し大岡議長の三木武吉氏退場命令より一層の混雑を来して休憩となり四時二十五分再開〔。〕小川氏演説継続後〔、〕原首相登壇して一場の演説を為し普通選挙は国民の公平なる判断に任せざるべからずと繰り返へして降壇、続て大岡議長は総員に起立を命じ〔、〕恭《うやうや》しく紫の服紗《ふくさ》より解散の詔勅を出し之を捧読したるなり」

『東京日日新聞』は「解散!!トモ知らずに議長苛《いじ》めの幕　四十二議会大詰の立役者　三木武吉君が得意の一巻」と題する記事を掲載した。

議会での大立回りが有権者への格好のアピールとなったのは言うまでもない。一九二〇年五月に実施された第一四回衆議院議員総選挙で三木は東京一一区（牛込区）から出馬し、見事当選を果たしている。

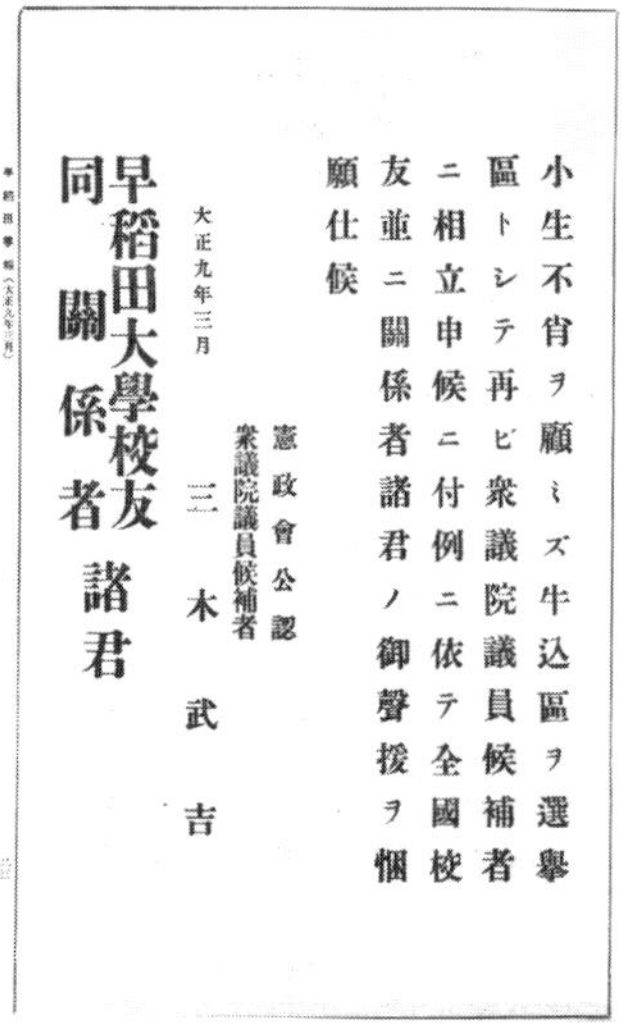
小生不肖ヲ顧ミズ牛込區ヲ選擧區トシテ再ビ衆議院議員候補者ニ相立申候ニ付例ニ依テ全國校友並ニ關係者諸君ノ御聲援ヲ悃願仕候

大正九年三月

憲政會公認
衆議院議員候補者　三木武吉

早稲田大學校友
同　關係者　諸君

図 2-2 『早稲田学報』第 301 号（1920 年 3 月 10 日発行）に掲載された三木の選挙広告
同じ選挙広告は第 302 号（4 月 10 日発行）にも掲載された。

ただし、けっして簡単な選挙ではなかった。

東京一一区から三木の他に立候補したのは、立川太郎と坪谷善四郎であった。政友会の公認候補である立川は、正力松太郎から神楽坂警察署長を引き継いだ人物で、警視庁の全面的なバックアップを受けた（牛込区史編纂会編：22）。警視庁の岡喜七郎が三木を落選させるために立川を立候補させたと三木は後に述べている（三木 1954 ⑪：48）。これにより、飲食店や待合など警察の許可を必要とする組合が三木の後援をできなくなり、早稲田の学生が三木の後援会を組織した（「三木氏後援会」『東朝』四月一七日付）（図2-2）。

警察対策として三木は、徳川夢声や生駒雷遊といった活動弁士に応援を依頼した。人気のある活動弁士が演説を行う場合、立川派の巡査もそれを妨害することができなかったからだ（三木 1951 ⑤：22）。

無所属で立候補した坪谷善四郎もあの手この手の選挙戦略をとってきた。雑誌『太陽』（博文館）の初代主筆で一九〇一年から東京市会議員を務めた坪谷は、前回の衆議院議員総選挙で三木に敗れていた。坪谷は戸別訪問を繰り返し、三木先生はきっと大丈夫だから投票は自分へと訴えかけた。泣き落とし作戦である（「お互の口説上手を苦に病む敵と敵」『東朝』五月六日付）。坪谷の息子は航空隊に所属しており、その友人たちが坪谷への支持を呼びかける宣伝ビラをまいた。『東京朝日新聞』五月一一日付朝刊の「空から宣伝ビラ　地には赤車青車」と題した記事では、牛込区役所前の電車通りで、三木と坪谷の両陣営が幟《のぼり》を立て最後のお願いをする様子が報じられている。三木が赤、坪谷が青をシンボルカラーとしていたようだ。

「赤地に白く三木武吉と書き抜いた加藤高明、高田早苗、大隈信常三氏の推薦状を休憩所の看板から椅子、卓子《テーブル》、窓口、さては軒下の数十台の俥、後援学生連の背、帽子にまで貼付けて井伊直孝の赤備へを利かした三木軍に対抗して坪谷氏は又青地の大名刺で附近《あたり》を飾り立てた」

選挙の結果は、三木が二一二四票を獲得して二回目の当選を果たした。次点は坪谷善四郎の一七一〇票で、立川太郎は八六五票であった。坪谷と立川で政友会の票が分散し、三木には有利に働いた。

選挙後の『国民新聞』五月一二日付朝刊には「飽迄《あくまで》も言論戦で行かうと云ふ覚悟をした」という三木のコメントが掲載されている。

「他の人は戸別訪問を少くも五六回はしてゐるに私は一回位しかしない〔。〕自分は戸別訪問に依つて当選しようと云ふ態度を捨てゝ飽迄も智識階級の判断に訴へて投票を求めて来た〔。〕所が幸ひに我牛込区は智識階級の人々が多く自分の言論を認め同情を以て投票して頂いた結果幸ひに当選する事が出来た」（「三木武吉氏（牛込）普選を諒解した智識階級のお蔭だ」）

総選挙後の第四三回帝国議会でも三木は大岡との舌戦を繰り広げた。この時の議会は、奥繁三郎が議長を務め、大岡は政友会の一議員として三木と対峙した。一九二〇年七月一〇日の衆議院本会議で三木

図 2-3　当時の地図（沿海州）

は、大岡が演説の中で用いた「沿海州占領」という言葉に噛みついた。日本政府は一九一八年にシベリア出兵を行ったが、ロシア極東での権益拡大を狙ってその後も駐留を続けた。一九二〇年五月には、赤軍パルチザンの襲撃を受けて、尼港《にこう》の日本軍守備隊と居留民が全滅するという凄惨な事件も起こった。政府はこの尼港事件を解決するため、北樺太を保障占領したが、沿海州の占領を公式には認めていなかった（図2-3）。

大岡は「沿海州占領」という自らの発言について「古い沿海州で、今日のものを指すのでありませぬ」と弁明した。これに対して三木は、古い沿海州の定義でも浦潮《ウラジオ》やハバロフスクは含まれると反論した。

事態の推移を見守っていた奥議長は議事進行に関係がないとして三木の発言を制止し、原首相を登壇させた。しかし「議長横暴」という野次が飛び交い、事態は収拾しなかった。奥議長はやむなく休憩を命じ、再開後に三木の発言を認めた。拍手と共に再登壇した三木は大岡をこう批判した。

「私の知る帝国政府の占領の声明には、沿海州と云ふ語は少しも用ゐられて居らないことであります（中略）中でも「ハバロフスク」の如き所に於て、兵を駐める、即ち駐兵と云ふ語を用ゐて、特に占領と云ふ語を避けて居るに拘《かかわ》らず、大岡君は沿海州を占領して居ると云ふことを言はれた（中略）天皇陛下の御信任を厚くして、外交調査会の委員になられて居る人であります、（拍手）特に外交上の事に就ては、堪能でなければならない方が、（拍手）帝国政府の占領して居る地点に就ての声明を誤るが如きに至っては、由々しき大事であると私は思うたのであります」

重箱の隅をつつくような批判に思えるかもしれないが、大岡の政治家としての資質を問う巧みな戦術であった。三木に発言を取り消すよう求められた大岡は、沿海州を薩《さ》哈《が》嗹《れん》州（北樺太）に訂正した。

その二日前の七月八日の本会議では、新人議員の永井柳太郎が普選の導入を渋る原首相に対して「西には露国過激派政府の「ニコライ、レニン」あり、東には我原総理大臣あり」と批判した。レーニンは労働者階級、原は資本家階級で異なるが、「倶《とも》に民本主義の大精神を失ふことは同じ」というわけだ。この発言で永井は懲罰委員会にかけられ、永井の同志である三木は委員の一人として寛大な処置を訴えた（「懲罰委員会　出席停止五日間」『東朝』七月一四日付）。だがこのすぐ後には、三木自身が懲罰にかけられる事態も発生する。

七月二四日の本会議で三木は「選挙干渉に関する質問」を行った。憲政会関係者への選挙妨害、床次竹二郎による官文書偽造疑いなどを例に挙げ、三木はこう述べた。「現内閣と現内閣の走狗の人とは「パルチザン」以上の惨虐を為したと言うても宜しいと思ひます」。政友会の手法は尼港事件を起こした赤軍パルチザンよりも酷いと批判した三木は、全国の選挙干渉の記録を添付するので「諸公竝に内閣諸公の走狗である政友会諸君は、（中略）十分に御一覧下さることを望みます」と付け加えた（三木の作成した「質問演説参考書」は二七日本会議の速記録（『官報号外　大正九年七月二八日』）の三七頁から五二頁に添付されている)。

これに対して政友会の中島鵬六は、「走狗」の意味の説明と発言の取消しを求めた。三木は、「他人の言ひ儘《まま》次第に走り廻る人間」が「走狗」だとし、政友会は「常に現内閣の指命する所に維れ命維れ従《こ》うて居るから、之を走狗と言うても、聊《いささか》も誣言《ふげん》でないと信じます」と述べ、発言を取り消さなかった。

三木への懲罰動議が提出され、「賛成々々」「政友会横暴」「何が横暴だ」「黙って居ろ」「規則に依てやるのだ」といった野次が飛ぶ中で記名投票が行われた。その結果、懲罰委員会で三木の処分を議論することが決定し、そこで三木は五日間の出席停止処分を下された。

三木の出席停止は珍しいことではなかった。一九二一年三月一七日の本会議の速記録には、他の議員が演説する中で「三木黙れ」という野次が記録されており、三木が相当野次を飛ばしていた様子がうかがえる。登壇した三木に対しても、「降壇せよ」「下劣なる人物の議論を聴く必要はない」「人の振見て我が振直せ」「良心に顧みよ」といった野次が飛んだ。その後、奥議長は三木に発言を禁ずるように命じたが、三木が従わなかったため、退場処分が下された。三木はそれにも従わなかったため、懲罰委員会にかけられた。三木の処分は二三日の本会議で報告され、四日間の出席停止処分となった。

派手なパフォーマンスを繰り返す三木に世間の人気は高まっていく。憲政会の準機関誌『憲政公論』が一九二一年に実施した「第四十四議会最高殊勲者投票」では、三木が八八六票を獲得し、他を圧倒した(次点は永井柳太郎で三一三票)。三木は一九二一年に『憲政公論』の社長に就任しており、社長に花を持たせた可能性も否定できないが、単純に人気があったと考えてよいだろう。

前述の「走狗」発言に関しては、『東京朝日新聞』は一九二〇年七月二五日付朝刊で「らしからぬ議会が紳士的の懲罰　馬鹿よりも「走狗」と言はれて怒つた政友会」として報じ、『大阪朝日新聞』は「走狗」に焦点を当てた報道は行わなかったが、この話題自体は取り上げている（「選挙干渉論難」）。『大阪毎日新聞』は二五日付夕刊（二四日発行）で「衆議院本会議　三木氏懲罰事犯」という見出しで扱い、二五日付朝刊でも続報を掲載した（「衆議院本会議（夕刊の続き）」と「懲罰委員会の経過」）。このように選挙区のある東京のみならず関西圏においても三木の名が知れ渡っていった点にも注目すべきであろう。

文書・議会・街頭

一九二二年二月一四日の本会議でも、三木は議長の着席命令を無視して退場を命じられた。この時も退場命令に素直に従わず、懲罰委員会の審議を経て、二週間の出席停止処分を受けた（三木の処分は一六日の本会議で報告された）。

一四日の本会議では、政友会系の西川嘉門が三木を殴るという事件も発生した。一六日の本会議で審議された「議員西川嘉門君を懲罰委員に付するの動議」から当事者の証言を引用してみたい。まず西川は、騒動の全責任は三木にあり、自分は三木を殴っていないと証言した。

「三木君が拳を挙げると同時に、尚ほ斯う云ふ事を仰しやった、西川嘉門私を打《ぶ》ちました、斯様《かよう》に言ふと其時私も斯様に言った、宜しい吾輩が打ちもせぬのに打ったと云ふならば、三木君本当に打ってやると私も腕を挙げた、三木君も腕を挙げたけれども、三木君の手も私に届かなかった、私の手も三木君には届かなかった」

一方、三木は西川に殴られたと証言している。

「突然丁度此上から二段目位の階段の処から、私の背後に鉄拳を喰《くら》はした人があったのです、其鉄拳を喰はした人は何人であったかと云ふので、振向いて見た所がそれが西川君でございますから、私は西川君何をするのか、貴様は吾輩を打つのかと言ふと、なに打ってやると云ふので更に手を挙げたのです（中略）私は西川君を捉まへて、君は我等を打った事に付て十分の自覚があるだらう、斯う言うた所が、西川君はそれに対して何の答もしなかった、段々と尻込みをして向ふの方へ逃出さうとして居ったが、私は捉まへて逃さなかった」

念のために述べておくが、これは衆議院本会議の一場面であり、『衆議院議事速記録』に記録されたやり取りである。

三木は殴打の場面を目撃した第三者の存在を挙げ、それが「政友会諸君の親友である春日俊文君」だと明らかにした。春日はかつて憲政会に所属していたが、政友会に入党した裏切り者であった。三木によると、事件当日の春日は「なに俺も承知して居るから後の事で宜いぢやないか、兎に角外へ出してやらう」と述べ、西川が三木を殴った事実を認めたという。三木は「よもや幾ら春日君と雖も、憲政会を脱《ぬ》けて政友会に引くり返ったやうに鮮かには此議論は変へられますまい」と挑発した。春日の反論は以下のとおりであった。

「○春日俊文君（続） 吾輩は自分の見た事を見ないなどと云ふやうな詰らぬことを云ふ者ではな

い、三木君のやうな……人間とは人間が違ふのだ（拍手）議場の演壇に立って言ふのだ（議場喧騒）何だ――何だ馬鹿野郎、議場の演壇に立って選挙運動をするやうな卑怯な人間ではない、人の悪口を言ふなら男らしく言へ、無礼者め（拍手起る）

〔議場喧騒〕

○中西六三郎君　議長――議長

○議長（奥繁三郎君）只今の春日俊文君の演説中、三木君の如き……云々と云ふ一語に対して取消を命じます（拍手）

○春日俊文君　私は事実を事実として言ったのであるから、取消は致しませぬ

○議長（奥繁三郎君）事実の有無を問はず、取消を命じます（春日俊文君「取消しませぬ」と呼ふ）」

議長が取消しを命じた言葉、つまり「三木君のやうな……」の「……」に入る言葉は「男妾」であったようだ。一九一五年の総選挙の際に、すでに加藤たけの存在が報じられており、三木に妾がいることは公然の秘密であった。加藤が三木に金銭的な援助を行ったとも報じられており、それが、女性に養われる男性を意味する「男妾」との批判につながったのだろう。

新聞各紙が、春日の発言を面白おかしく書き立てたのは言うまでもない。以下、「男妾」を含む新聞記事の見出しを拾っておこう。「男妾や牛殺しで居酒屋の気分　物好きな傍聴者を満足させた懲罰デー」（『東朝』二月一七日付）、「春日君から男妾と怒鳴られた武吉君」（『読売』二月一七日付）、「三木君を指して男妾呼《よば》わりから　春日代議士を懲罰に」（『国民』二月一八日付）。

急いで付け加えなければならないのは、三木は野次や乱闘だけの議員ではないという点だ。何といっても圧巻だったのは、一九一九年二月から三月にかけて開催された衆議院議員選挙法中改正法律案委員会で、内務大臣・床次《とこなみ》竹二郎を相手に行った普通選挙制度に関する質問であった。二月二八日の委員会では、納税の要件を二円ではなく三円とした理由、都市部と郡部のバランス、選挙制度の問題など、さまざまな角度からこの問題に切り込み、床次を圧倒した。議論が翌日に持ち越されることが決定し、「もう少し明日は簡単にするやうに致しませう」、「所謂謙譲の徳を守って、後との人が質問の沢山出来るやうにしませう」と述べていた三木であったが、翌日(三月一日)の委員会でも、床次らを相手に会議録一三枚分の濃密な議論を行った。伝記では、三木が出世の足掛かりをつかんだ出来事として、多くのページを割いて紹介されている(三木会編:126-36)。

三木は一九二一年二月二六日の本会議では、「近き将来」の話として婦人参政権にも言及した。政友会の議員が、良妻賢母たる日本の婦人に結社の自由や参政権を認めるべきではないと答弁すると、それを三木は「時代錯誤」だと批判した。三木の女性関係にはさまざまな批判があるだろうが、先進的な発想を保持していたのも事実であり、普選運動に神楽坂の芸妓《げいぎ》も参加させていた(「道行く人に普選マークを」『中外』一九二三年二月一一日付)。

三木は一九二一年三月八日の本会議では、普通選挙に関して納税主義に固執する政府案を批判し、都市部における選挙権の拡張を訴えた。一九二〇年の総選挙で当選した議員四六四名のうち普通選挙への賛成者は約四割にとどまったが、都市部では議員一〇五名の約七割が賛成した。実際、東京市では普通選挙に反対する政友会の候補者は一四名中、二、三名しか当選しなかった。三木は「選挙権の要求を為す者は文化の進みし文明人」だと仮定すれば、都市部の知識階級にこそ選挙権を与えるべきだが、一定の税を収めた者に限定する納税主義がそれを妨げていると訴えた。

三木は『憲政公論』の創刊号（一九二一年四月号）に「吾が徒の使命」と題する論考を寄せ、都市部と郡部の文化格差を埋めるためには、言論機関の発達が重要だと説いた。

「都会人は新聞、雑誌、演説、講演等に屢々《しばしば》接し、その結果、新思想吸収に便多く、為めに己が進路に於ける光明も早く認め得られる。郡部に於ては、之と全く相反するのである。即ち、これに依つて、国民思想が文化的に向上するか退嬰《たいえい》するかの岐路を為すものである。之れ等の事実からして、思想界の動揺を防止する為に、第一言論機関の発達に努力する事が、改造の第一歩を為すものであると確信する事が出来るのである。」（三木 1921④：4）

『憲政公論』五月号の「思想の解放と、国民教育の善導」でも三木は言論の重要性をふたたび説いた。この論考で三木は、労働者団体である友愛会の中で「選挙権を無視して生活の改善を図らんとするもの」が関西方面で増えているとし、「直接行動」の危険性に言及している。

「直接行動とは、即ち法律を無視して、意に徹さんとする社会主義的行動ではないか。露西亜《ロシア》が、今日の惨憺たる結果を見るに到つた始めは、実にこの直接行動であつたのである。独逸《ドイツ》また然り。彼等がその工場の屋根高く、過激主義の反旗を翻した一事は、遂に国家の破滅を迄も引き起すに到つたのである。」（三木 1921⑥：3）

三木は、一般の知識階級に選挙権を拡大させようとし、民衆の「声」にもよく耳を傾けた。しかし、民衆による直接行動を肯定したわけではなかった。たしかに三木は議会を野次や暴言でかき乱したが、それはあくまで議会内のことであって、街頭での民衆暴力はまた別の問題と考えていた。

三木は戦後の回想でも、民衆の直接行動の怖さを感じた出来事を記している。『富士』一九五二年二月号に掲載された三木の論考「政界ざんげ　米騒動と四斗樽会」によると、一九一八年に富山で起こった米騒動の影響を受け、三木は浅草駒形の蓬莱座で政府批判の演説会を行おうとした。だが、蓬莱座の周辺は人で溢《あふ》れ、警察官は演説会の中止を告げてきた。警察との押し問答が続く中、「これから上野の西郷の銅像の前で、野外大演説会をやるから、彼処《あすこ》に行こう。上野公園に集れッ！」と叫ぶ者があり、三木は大勢を引き連れて上野公園に向かった。なるべく人通りの多い所をゆっくりと進んでいったと三木は回想している。

「途中、ひよつと振返つて見ると、自分達について来ている群衆は、涯《はて》しもない程後ろまで続いている。然もそれが、時々喚声をあげている。僕はすつかり愉快になつて、何か凱旋将軍のような気持になつた。」(112)

上野公園に着き、演説場所を探っていると、引き連れて来た人たちが警察と揉めはじめた。困った三木らは「だるま」という料理屋の二階へ避難した。

「早速二階へ上つて外を見てみると、いややつてる〳〵、もう群衆と騎馬《きば》巡査との押し合いが堰《せき》を切つて、そのうちこの警官隊は群衆によつて突破されてしまつた。突破した群衆は、その勢いに乗って、ワッショイ〳〵というかけ声で、ぞろぞろ向うへ行っている。それを二階から眺め下ろして、自分達は、これは大変なことになつたぞ、政府弾劾など問題ではない、困つたことになつたと、そこで初めて冷汗三斗の思い、戦慄を感じた。」（113）

一九一八年一〇月二八日に発行された『日本弁護士協会録事』（二三四号）の「調書並報告書」の「市内各警察署訪問調書」を見ると、三木が指摘した出来事が八月一四日に実際に起こっていたことがわかる。そこには、浅草・南元町警察署の八月の報告として、以下のように記されている。

「十四日駒形劇場の憲政会の演説中止となりしことを知らす〔ず〕して同所に集まれるもの多し〔。〕代議士弁護士三木武吉氏自働車にて来り〔。〕貼紙（演説中止せる旨記載のものならむ）を為し自働車を先に返し徒歩にて上野方面に向はれたるか〔が〕群集は同氏の後に随て行く〔。〕之か〔が〕為め当管内は群集早く立去るを得たり」（64）

残念ながら、群衆が向かった先は翌日の新聞には載っていない。米騒動の拡大を恐れた寺内内閣が関連情報の報道を禁止したため、八月一五日付朝刊には「米暴動に関する一切の記事掲載を禁止せらる」（『東京日日新聞』）、「騒擾の報道禁止」（『東京朝日新聞』）といった記事が並んだ。『大阪朝日新聞』は紙面の一部を白く削り取り、検閲の痕跡をあえて残した。さらに『大阪朝日新聞』二六日付夕刊で言論の自由を求める関西記者大会の様子を報じた。これに対して当局は、その記事中に故事成語「白虹日を貫けり」が使われている点を問題視した。白虹は兵を、日は君子を意味し、内乱の予兆を示す言葉とされてきたからだ。朝日新聞社は新聞紙法第四一条の「安寧秩序紊乱《びんらん》」で刑事告発され、発行禁止を免れるために社長をはじめ編集幹部が引責辞任した。この白虹事件は、言論が権力に屈したジャーナリズム史にとって特筆すべき事件として知られるが、ともかく政府の検閲によって三木が率いた群集のその後が報じられることはなかった。

三木は、上野公園での出来事を「冷汗三斗の思い」で眺めたと述べているが、これが、三五年近く経った戦後の回想である点には注意すべきであろう。民衆を引き連れて上野に向かったのは三木であるし、その人たちを三木がさらに煽った可能性も否定できない。後に見ていくように、戦時中そして戦後において、三木は自身の政治目的を達成するために、民衆を煽るという行為を何度も試みている。一九一八年の時点で三木が上野での出来事をどのように感じていたかは記録に残っていないが、民衆へのアンビヴァレントな感情こそ、三木という政治家を理解するうえで重要なポイントと言えるだろう。

はじめての洋行

この頃、三木は海外にも積極的に足を運んでいる。三木は一九二二年に衆議院議員支那視察団に選ばれ、政友会の廣岡宇一郎を団長とする一二名で朝鮮、満洲、中国の視察を行った。一行は一〇月六日に下関から釜山に向かったが、三木は事故や天候不順により乗船が遅れ、八日の午後一〇時に京城に到着し、視察団に合流した（『衆議院議員支那視察団日誌　大正十一年十月』：1, 5）。

『朝鮮及満洲』一九二二年一一月号（一八〇号）の「満鮮視察団議員と語る」には、「朝鮮は内地の延長であり満蒙は他国の領地であるものを租借して居るに過ぎないのであるから其の政策を異にすることは喋々《ちょうちょう》を要しない」という三木のコメントが掲載されている（洋の字生：61）。三木は内田良平の同光会の常議員でもあり、日韓の民族的結合を目指していた（内田良平文書研究会編：276）。

一行は一〇月三〇日に北京で総統・黎元洪《れいげんこう》、一一月一〇日に上海で孫文と会見し、一三日に門司に到着した（『衆議院議員支那視察団日誌　大正十一年十月』：34, 43, 45）。

三木は短い視察記を執筆し、二十一箇条廃棄宣言が行われていた中国の議会に日本の代表者が派遣されていない点を批判した。議会の決定は中国国民に大きな影響力を持つのだから、その場面を日本政府も見届けるべきだとしている。中国の議場は「漆黒の頭髪を有する壮年者」がほとんどで、七〇歳の老人が議席を持つ日本の状況を伝えると非常に驚かれたという（三木 1922③：67）。

一九二三年には、デンマークで開催される第二一回列国議会同盟会議（八月一五日～一七日）に出席するため、三木は初めての洋行に旅立った。この時の記録は、衆議院事務局国際部が保管する『自大正十二年四月至大正十三年三月　列国議会同盟日本議員団書類　第八冊　秘書課』（以下、『日本議員団書類』と略記）とアジア歴史資料センターが保管する『万国議院会議関係雑纂　第三巻』がある。前者は断片的な記録となっており、後者は事前準備の書類が中心のため、完全な記録が残っているわけではない。前者は、伊東かおり『議員外交の世紀』（吉田書店、二〇二二年）が分析資料として用いている。

三木と一緒に渡欧したのは、政友会の高橋光成・吉良元夫・上塚司、庚申倶楽部の上畠益三郎であった。書記官は土岐定應が同行した。一行は七月三日に門司港を出発し、八月一三日にフランスのマルセイユに到着した。その後、スイスとドイツを経由して、会議開会当日の一五日にデンマークのコペンハーゲンに到着した（『日本議員団書類』）。事前の計画では、会議終了後は、ドイツ、イタリア、フランス、イギリスなどを視察し、アメリカ経由で一一月二一日に帰国する予定となっていた（『万国議院会議関係雑纂　第三巻』）。

しかし、九月一日に関東大震災が起こり、三木らは予定を切り上げて帰国の途についた。新聞報道によると、九月五日にロンドンを出発し、一二日にニューヨークに到着して、ようやく震災の詳しい様子が伝わってきたという（「米国の同情には感心しました　三木武吉氏談」『大朝』一〇月六日付）。一八日にサンフランシスコから天洋丸で出発し、二四日にハワイに寄り、一〇月四日に横浜に到着した（『日本議員団書類』／「震災御見舞」『憲政公論』一九二三年一一月号裏表紙）。

三木たち議員団の様子は、船で一緒になった人たちが記録に残している。法学者の末川博はノルウェー西南の港・ベルゲンからの船に議員団と同乗した。議員らは「食堂にユカタがけで出たり、女便所にはいったり、大声でうたったり、なかなか勇敢であったが、何だか劣等感から出て来る虚勢を張っている」ように見えた。船には、全生病院長でハンセン病の撲滅に尽力した光田健輔も乗り合わせていたが、その光田を前に三木は「ライの隔離施設では票にならん」とやってしまったという（末川博：144f）。

選挙テクニックで場を沸かすのが三木の十八番だったようで、サンフランシスコから日本へ向かう天洋丸では、葬式の重要性を力説した。これは、同船した経済学者・大内兵衛の証言による。選挙区で人が亡くなった場合、三木は次のような行動をとるのだという。

「その日の夜十二時ごろ待合の帰りにでもよいから、その家へ息を切らしてかけこむのだ。ここがコツだが、そのときゲタは大きく八という字の形になるように、なるべく大きくひらいてぬぐのだ。そして玄関に上るとただちに仏前にとびこむのだ。そして目を閉じて神妙に焼香をしたうえ、遺族に対して礼をする。〝きょうは政務のため一日忙しくて、心にかかりながらおくれ、唯今やっと時間が出来てかけつけました。御愁傷に存じます〟とか何とかいうのさ」（大内兵衛：288）

震災後の横浜に降り立った三木は、一九二三年一〇月一八日に帝都復興院評議員に衆議院から選ばれた（「帝都復興院評議員名簿」アジア歴史資料センター）。一一月には「横浜に関する事項」を議論する第三委員、「建議案第一乃至第六号に関する事項」を議論する第四委員に選出された。二四年二月には特別都市計画委員会特別委員（東京の部）の第二小委員（本所深川）に、三月には区画整理特別委員に指名された（東京市役所：1013, 1028, 1032, 1163, 1186）。

憲政会幹事長の選挙事情

三木は一九二四年一月二一日に開催された憲政会大会で幹事長に選出された（『憲政会史　下巻』：562f）。一九二三年二月の衆議院議員補欠選挙で三木は参謀長として中原徳太郎を当選に導いた（「党人動静」『憲政公論』一九二三年二月号：74）。帝都復興院評議員での実績や選挙での手腕が買われての抜擢だったのだろう。『国民新聞』一月二一日付夕刊（二〇日発行）は、三木が幹事長に「最も適任と認められてゐる」と報じた。

「今年は総選挙を眼前に控へて居る関係もあり幹事長が一々選挙区で心配するやうでは自然党の仕事も思ふやうに働かれぬといふこともあり此点に付いて三木氏なら安心だしのみならず口八丁手八丁で幹事長には持つて来いなので結局同氏になるべく」（「戦ひ近く、采配は誰に　役員の選挙振り」）

憲政会幹事長となった三木には、一九二四年に選挙資金として陸軍省機密費から四回にわたって計七万五千円が交付された（伊藤隆：456）。内閣総理大臣の給料（月額）が千円の時代である。升味準之輔『日本政党史論　第五巻』では、人事と金を差配する幹事長は「政務を一通り咀嚼《そしゃく》するだけの才智があって、演説も人並みという至難な条件を備えた人物でなければならない」とされている。政友会では、総務と同等あるいはそれ以上の人物が幹事長に選出されたが、民政党（憲政会）では総務の方が地位が上であった（升味：247）。

では、一九二四年五月一〇日の第一五回衆議院議員総選挙で三木は自らの選挙をどのように戦ったのか。三木を支援する牛込区公民会は牛込理想選挙団を組織し、その発会式を一九二四年二月二五日に早稲田劇場で行った（『読売』二月二五日付）。国立国会図書館憲政資料室所蔵の「戦前期政党・選挙・東京市等関係資料」には三木の選挙戦の記録が残されている（以下、この資料からの引用は「39-9」のように請求番号を付す）。三木派の新聞である『牛込新報』一九二四年四月二〇日付（第一八二号）では、四月一六日に牛込会館で開催された「三木武吉君推薦大演説会」の様子が報じられた（39-14）。降雨の中で約八百名が集結し、憲政会の浜口幸雄も駆けつけた。浜口に続いて三木は次のように挨拶を行った。

「今日は私の政見を発表する第二回の催しである事とて詳細に申上げたいと思ふ矢さき先輩浜口君

は熱心に私の申上げんとする所を諸君に申されたので今夕は政見を申さない事と致しました。然し浜口君は私に代つて政見を発表して下された事と御承知おきを願ふ次第である。然し此の壇上に立ち之にて左様ならと引退《ひきさが》る私ではない。今日の全国に於ける選挙の状態と、五月十日は如何なる現象を呈するか、又各政党は如何なる意見を有してゐるか、選挙後は如何であるかといふ事を少しく内所の点即ち極秘密の所を申したいと思ひます。」（「三木武吉君の演説」）

「左様ならと引退る私ではない」「内所の点即ち極秘密の所を申したい」など、三木の演説の上手さがよくわかる。三木は「私は決してなまけて諸君を訪問せぬのではなく。《ママ》同志のために日夜奮闘してゐるために御無沙汰するのである」と、幹事長として同志の応援に全国を駆け回らなければならない事情に理解を求めている。

四月に配布した「三木武吉立候補挨拶状」（S：39-17）では、「最近当区内に於て「三木は自らの力を恃《たの》み気慢り意満ち毫も選挙区を顧ない」と云ふが如き浮説を流布され候段〔、〕誠に恐縮に不堪候」と記している。三木が牛込の選挙区を軽視しているという風説を流したのは、対立候補の立川太郎の陣営であった。前回の選挙で三木を困らせた坪谷善四郎は立候補せず、政友会は反三木の候補を一本化してきた。反三木派の新聞『自治めざまし新報』一九二四年五月五日付（第五九号）では、「三木武吉君の再起に反対する理由」として、三木派の議員の醜聞を報じている（39-26）。

「大震災のドサクサに紛れて米、材木、トタン板等で不当利得を貪つた者、台湾で集めた義捐金を横領し□弾劾された区会副議長小林君、大脱税を為し又救護□料で建てた夜警小屋を、自己の選挙運動員に与□□然たる市会議員天利庄次郎君、画伯の揮毫料や□護金の横領、瓦の猫姿、水道料ゴマカシ、傷害等で□々問題を起しつゝある府会議員小池素康君等は、悉く三木派が擁立当選せしめたもので三木君が当選しその一派が区内に勢力を張るに至つた結果区政は極度に堕落した」

三木は香川一区から中村万吉を出馬させており、中村が当選したら一期で三木に地盤を譲る約束がなされている。つまり、三木が牛込から出馬するのは今回限りだとデマを流した（「自己の不人気を真先に自覚した三木武吉君」）。

立川陣営は三木陣営への中傷を戦略の柱としていた。『自治めさまし新報』の記事は行きすぎた内容のものが多かったようで、三木側の弁護士の告発によって、社長の山本康雄は選挙期間中の五月九日に検事局へ召喚された（「めざまし新聞社長召喚」『国民』五月一〇日付夕刊）。

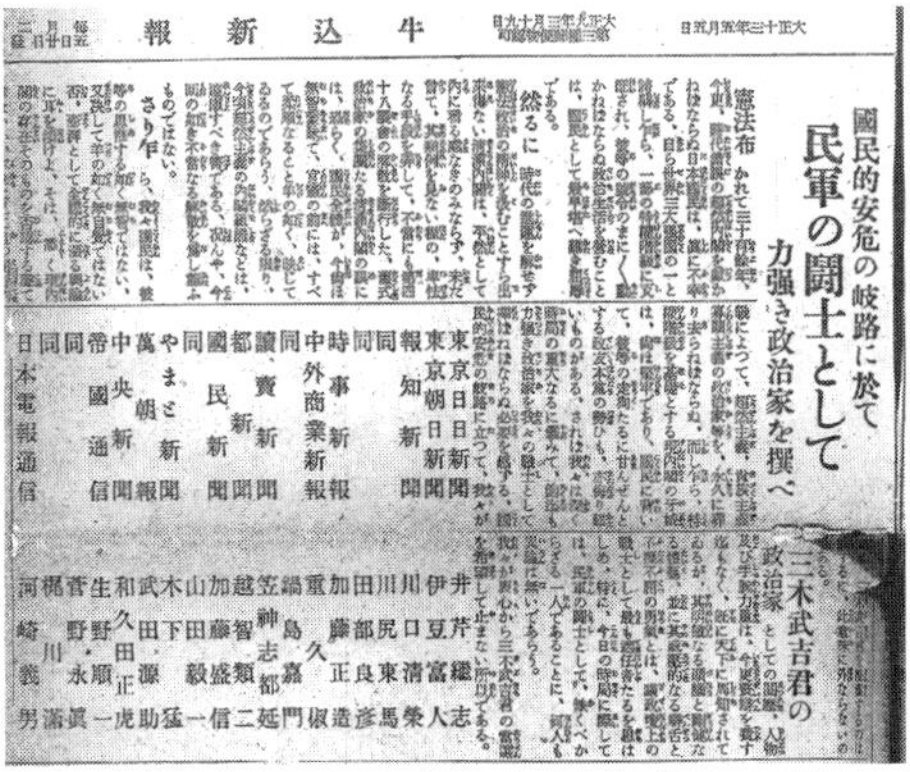
牛込新報

國民的安危の岐路に於て
民軍の闘士として
力強き政治家を撰べ

三木武吉君の政治家としての

東京日日新聞
東京朝日新聞
報知新聞
同
同
時事新報
中外商業新報
同
讀賣新聞
都新聞
國民新聞
同
やまと新聞
萬朝報
中央新聞
同
同
國通信
日本電報通信

図 2-4　『牛込新報』1924 年 5 月 5 日付（第 183 号）

一方、三木陣営の選挙戦略は、新聞記者の動員という点に特色があった。『牛込新報』一九二四年五月五日付（第一八三号）には「国民的安危の岐路に於て　民軍の闘士として　力強き政治家を撰べ」と題し、一九名の新聞記者らの名が列挙されている（39-28）（図2-4）。「我々が衷心から三木武吉君の当選を希望して止まない所以である」と結ばれており、三木への実質的な推薦状と言える。東京日日新聞・井芹継志、東京朝日新聞・伊豆富人ら一九名のほとんどが、憲政会担当記者団「櫻田会」に所属したことのある記者であった（『新聞総覧』大正十一年〜十三年版で確認）。

この他にも「三木武吉氏に対する七大新聞記者観　赤裸々の人物評」として、報知新聞記者・水野石渓「其頭脳の鋭さ」、東京朝日新聞記者・下花親隆「彼は党の花形」、読売新聞記者・谷好夫「一代の風雲児だ」、万朝報記者・角屋謹一「剃刀《かみそり》の如き切味」、国民新聞記者・竹内順三郎「機会を窺ふ彼」、都新聞記者・橋本康男「男性的な男は彼」という記事が掲載されている（時事新報の記者の記事は消されており、判読が不可能）。

「一党の幹事長としては少し怒りつぽい」（朝日・下花）と注文をつけた記者もいたが、「彌次もやり時には人気取りもやるが彼れはそれだけの人間ではない〔。〕アムビシアスな彼れの顔を見よ、彼れは偉大な抱負を持ち、徐《おもむ》ろに機を窺つてゐるであろう」（国民・竹内）、「熱もあれば感激にも動く、肺腑を抉《えぐ》る彼の弁舌とその猛進力は何人の追随をも許さぬ、稀に見る青年政治家だ」（万朝報・角屋）など好意的なコメントが並んだ。こうしたメディア戦略が三木陣営の大きな特徴であった。

『東京朝日新聞』一九二四年五月四日付夕刊は、選挙戦における三木の優勢を報じた（「無風帯の三区本郷芝牛込」）。しかし、同九日付朝刊では、意外と接戦となっており、三木は「八日の夜に選挙区へ帰つて見て、立川太郎氏の活躍振に足許から鳥が立つたほど驚いて此の夜革新の近藤達児氏の演説に出る約束を反故《ほご》にすることになつた」と報じられた。九日の午前四時に発行された反三木派の新聞『自治めさまし新報』号外は「形勢殆ど伯仲となる」と報じ、紙面の裏には「何人に投票すべきか」という見出

	三木武吉君	立川太郎君
家庭	正妻あるも常に若宮町の待合『松ヶ枝』其他へ入浸る	五年前夫人逝去、爾來獨身にて五人の子女薫育に努む
年齢	四十一歳	四十一歳
學歴	早大卒業	帝大政治科並に法科卒業
閲歴	區會議員二期、代議士二期を勤め、現在市會議員たり	方面監察官たりし事あり、現在牛込區會議員たり
職業	辯護士なれど、事實は名譽職を職業となすの觀あり	辯護士を以て實際生計を營む
資産	三木氏自身は『貧乏』を表看板に牛込區民の義侠心に訴へんとしつゝあれども之は要するに宣傳也、代議士になつて以來——殊に三四年來數十萬の財産をつくる、銚子伊勢路ヶ濱へ數萬圓を投じて別莊を建てた事、昨年の市會戰には大石、森脇氏等の選擧費用を支出した事、又今次の總選擧に、將來自己の選擧區となすがため中村君を郷里より立候補させ運動費の大部分を出して居る事などは資産ある立派な證據	無し、郷里廣島にある亡父の遺産は實弟が相續、今次の選擧運動費も各町有志の寄附に依るもの多し

図 2-5 「何人に投票すべきか【両候補者の厳正比較】」『自治めさまし新報』号外

しのもと、両候補の特徴を比較した一覧表を添付した（39-37）。「正妻あるも常に若宮町の待合『松ケ枝』其他へ入浸る」（三木）、「五年前夫人逝去、爾来独身にて五人の子女薫育に努む」（立川）など、対照的な記述がなされている（図2-5）。

結局、三木の優位は揺らぐことはなく、『国民新聞』五月一一日付夕刊（一〇日発行）には、選挙当日の三木のコメントが掲載されている。「何しろ僕の区は全くの理想選挙までた《ママ》、一軒□戸別訪問もしないし地方から□昨日帰ったばかりで、こゝに来□始めて有権□諸君のお顔を見るのであるが、勝つ事は大丈夫らしいが、何票入るか」（『護憲第二』標語その儘の優勢で　三木氏悠々たり」）。

幹事長の仕事でほとんど牛込に入ることができなかったが、三木は三四四三票を獲得し、二七九九票を獲得した立川太郎を押さえて、無事当選を果たした。

厄年の大蔵参与官

選挙では憲政会が勝利し、一九二四年六月一一日に加藤高明を首班とし、憲政会、立憲政友会、革新倶楽部による護憲三派内閣が成立した。組閣にあたっては、世界的な軍縮の流れを受けた師団廃止の問題があり、陸軍大臣を誰にするかが重要であった。幹事長である三木のもとに、陸軍に強い影響力を持つ田中義一がやって来て、こう言った。

「自分の言う通り、もし加藤が実行するならば、自分は全力をあげて数個師団の廃止が実現するように協力する。ただそれをするか、せぬかが問題であるが」

田中が出した条件は、憲政会が打倒した清浦内閣の陸軍大臣であった宇垣をそのまま留任させることであった。三木は難色を示したが、田中は宇垣なら師団の廃止ができると説得し、宇垣が陸軍大臣に任命された（三木 1954②：46）。

三木は幹事長としてさまざまな重要な場面に立ち会った。加藤が政友会総裁の高橋是清、幹事長の横田千之助、革新倶楽部代表の犬養毅を招いて大臣のポストを提示した時にも、三木は同席した。提示したのが大蔵大臣や内務大臣といった要職ではなく、加藤の態度も傲慢だったため、三木は「ハラハラして見守って」いたが、高橋の態度に感銘を受けたと述べている。

「元来高橋はかつて総理大臣もつとめた人だ。普通の人間の考え方からいえば、いまさら加藤の風下につくとはいちおう考えられないのにかかわらず、なんらそれにこだわるところなくして、その希望を入れられたということは、まことにその心事の公明な、そして相手に対する思いやりの深いことに、思わず感歎し、頭が下らざるを得なかつた」（三木 1954②：48）

三木は一九二四年八月一四日に、浜口雄幸蔵相のもとで大蔵参与官に抜擢される。参与官は、加藤内閣の時に政務次官の下に新設されたポストで、「大臣となる第一ステップ、中堅代議士羨望の的」とされた（三木会編：157）。意外な人事ではあったが、三木は幹事長として選挙で結果を出しており、「財政に就ても相当の造詣があり且此所《かっここ》でしんみり修業すれば政治家として真の資格が出来る」と『都新聞』は好意的に受け止めた（「適材適所の評ある早速整爾君と三木武吉君」『都』八月一五日付）。

帝国政治雄弁協会編『国民政治の言論戦』（一九二六年）は、政府の役人となって、三木の環境が大きく変化したと論じている。

「電車の吊革にブラ下つて、ヨチ〳〵と議会に通つた彌次将軍と、ブウウ――と、素晴らしい自動車でお役所へ出勤する三木閣下とを比較研究するがいゝ。同じ人間が斯うも変るものかと、今更、われ等は環境の齎《もた》らす人間の変化に唖然たらざるを得ないのである。――と、云へば、官僚式にふんぞり返つてゐさうだが、決してそれを云ふのではない。淡々たる談笑の中にも、何となく人を威圧する貫禄が、自然に備つて来たゞけのことだ」（474）

三木は議会でほとんど野次を飛ばさなくなった。参与官としての仕事を着実にこなし、一九二五年一月三一日の本会議で初めて答弁に立つと、議場からは拍手とともに「及第」という声があがった。『読売新聞』の「演壇上の点取り（卅一日）議場で問う人答える人」でも、三木は八点と高評価を得た。

「太いドラ声で『断じて』と見得を切る辺りは野武士の面影が残つて居るとでも云ふべきか、兎も角態度も堂々として居れば表情も今日だけはかみつきさうでもない〔。〕思ひ切つて八点奉る」（『読売』二月一日付）。

第五〇回帝国議会の会期は三月三〇日までであったが、三木は二月四日の預金部預金法案（政府提出）外一件委員会を最後に、どの委員会にも出席していない（表2-1）。というのは、二月にチブスにかかり、入院を余儀なくされたからだ。

入院中に三木は加藤高明から大礼服を譲ってもらった。それよりも前に、二人の間では大礼服を譲渡する約束が交わされていた。加藤が一九二六年一月二八日に死去すると、三木は『東京朝日新聞』の取材に応じた（「今様太閤　加藤伯出世物語五　病床へ届いた約束の礼服」『東朝』二月三日付夕刊）。

「昨年の二月私はチブスのひどいのに罹つて死ぬやうな目に遭つて床についてゐた時、故人〔加藤高明〕は態態《わざわざ》使に件の礼服を持たせてよこされた、故人は三木に約束したんだから三木の生きてゐるうちにといふ訳でさうされたのであらう、その時私は病床で泣いたものだ」

三木はこうも述べている。

「その後、僕が奇跡的に全快して御礼に行くと、故人が「君もあれを着られるやうになつたから、まあ嬉しい」といつて喜ばれたものだ」

三木の入院について触れた文献はほとんどないが、重症だったことが窺える。体調が元に戻った三木は、一九二五年八月に発足した第二次加藤内閣でも浜口蔵相のもとで大蔵参与官留任となった（「政務官決定す」『国民新聞』八月九日付）。

この年の暮れ、三木は牛込区若松町一四へ転居した。最初は早速整爾の旧邸を借りる予定であったが、家賃や方角を気にして若松町に落ち着いた（「青鉛筆」『東朝』一九二六年一月一三日付）。三木は、この年

第50回帝国議会（1925年）

本会議	1月31日●
予算委員会	1月26日、27日、28日、29日、30日、31日、2月2日
煙草専売法中改正法律案（政府提出）委員会	1月28日、31日
預金部預金法案（政府提出）外一件委員会	1月30日、2月4日

第51回帝国議会（1926年）

本会議	2月13日、3月2日、22日●、24日
予算委員会	1月26日、27日、2月3日、4日、5日●、6日●、8日、9日●、10日●、12日、21日、3月8日●、20日、22日●
関税定率法中改正法律案（政府提出）委員会	2月5日、12日、18日
予算委員第三分科（大蔵省所管）	2月13日、14日、15日、16日
日本興業銀行外二銀行の対支借款関係債務の整理に関する法律案（政府提出）委員会	2月23日
明治三十八年法律第十七号中改正法律案（専売局据置運転資本補足に関する件）（政府提出）委員会	2月25日●、3月2日
決算委員会	3月1日、19日
請願委員第一分科（内閣、大蔵省所管及他の分科に属せさるもの）	3月1日●、10日●
大正十四年法律第三十五号中改正法律案（政府提出）外一件委員会	3月5日●、10日●
関税定率法中改正法律案（政府提出）各派打合会	3月8日（各派打合会）、9日
農業倉庫業法中改正法律案（政府提出）委員会	3月12日●
議員梅田寛一君の行動に関する調査の件（関直彦君提出）委員会	3月12日●
決算小委員会	3月16日●
製鉄業奨励法改正法律案（政府提出）外二件委員会	3月19日●
海軍軍備制限に関する条約の実施に伴ふ損害の補償に関する法律案（政府提出）委員会	3月24日●

表2-1　三木が大蔵参与官を務めた時期に出席した本会議および委員会
●は三木が答弁を行った日を意味する。

（一九二五年）、本厄であった。若松町一四には新築家屋が二軒あり、両方に同姓同名の「三木武吉」が引っ越してきた（「隣り同士で三木武吉君　参与官と某会社員」『東朝』一九二五年一二月一七日付）。特に郵便物の受け取りに苦労したようだ。

三木の家のすぐ隣には陸軍経理学校があり、同じ若松町には陸軍砲工学校があり、隣町の戸山町には陸軍戸山学校、陸軍幼年学校、陸軍軍医学校があった。牛込区は早稲田大学をはじめ、学校も数多くあった。そして神楽坂の花街である。軍事、教養、色――。牛込区は、三木の人生をそのまま表わすかのような町であった。

図 2-6　岡本一平「ぬけ毛の大礼服」『東京朝日新聞』1925 年 12 月 27 日付朝刊

一九二五年一二月二六日には、第五一回帝国議会の開院式が行われ、三木も加藤から譲ってもらった大礼服で臨んだ（図2-6）。「ぬけ毛の大礼服」と題された岡本一平の漫画には、次のような解説が記されている。

「あまりに着古してあるのですれた金モールより糸が下つて居たのを気にしてむしり取るのは人の居ない処である。それから勲章持ちの加藤首相の勲章釣りのひもや肩章あとの帯が大礼服にそのまゝ残つて居るのも勲章の無い武吉朝臣《あそん》には少しさびしいらしい」

加藤首相が議会開会中の一九二六年一月二八日に死去し、二六日に後事を託されて発足した若槻礼次郎内閣でも三木は大蔵参与官留任となった。

この時、三木は関税定率法中改正法律案（政府提出）委員会に出席しており、当時まだ贅沢品であったラジオの関税の決定にも関与した。これは、初代東京放送局長の新名直和の証言による。新名は一九四四年に無線合同新聞社が企画した「ラジオ産業廿年回顧座談会」で次のように述べた。

「浜口さんの蔵相の下に、三木武吉君が参与官で、富田理財局長の時でしたが、ラジオは奢侈品《しゃしひん》だから十割の関税を課さうといふことになつたのです、ところが当時はまだ外国の技術に依存してゐた時代なので、そんなことをされては我が国のラジオ技術の発達上由々しき問題だといふので、私が三木氏と懇意なのを幸ひ、同氏を介して極力運動した結果、（中略）普通のものは決して贅沢品ではないといふので、従価関税で二割といふことにしてもらひました」（岩間：129）

新名は三木と同じ一九〇四年七月に東京専門学校（現・早稲田大学）の法律科を卒業している。同窓会「法科三七会」も三木の大蔵参与官就任を祝って開催されており、そこに新名も参加した（『早稲田学報』三五六号、一九二四年一〇月一〇日）。三木の人的ネットワークが、ラジオの発展に寄与していたことはあまり知られていない。新名は、保護関税という観点からは別の意見もありうるとしたうえで、「我が国のラジオ技術が長足の進歩をしたことゝ、ラジオは奢侈品にあらずといふ観念を為政者の頭に注ぎ込んだことは大きな収穫だらうと信じます」と述べている（岩間：129）。

第三章

東京市政の黒幕

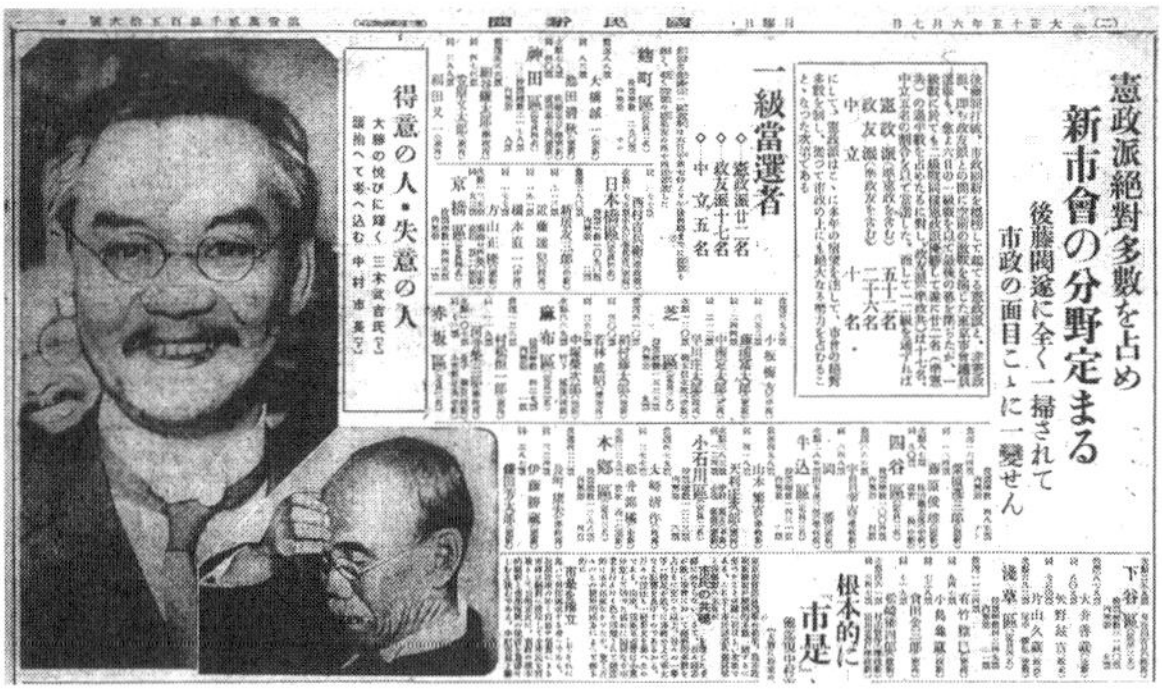

憲政派絶對多數を占め
新市會の分野定まる
後藤閥遂に全く一掃されて
市政の面目こゝに一變せん

一級當選者
◇憲政派廿二名
◇政友派十七名
◇中立五名

得意の人・失意の人
大勝の悦びに輝く 三木武吉氏（上）
頭抱へて考へ込む 中村市長（下）

根本的に
市是

「得意の人・失意の人」『国民新聞』1926年6月7日付朝刊
「大勝の悦びに輝く　三木武吉氏（上）　頭抱へて考へ込む　中村市長（下）」。

「由来、我東京市会は小党分立して居つた為めに如何なる事業を行ふにも色々邪魔されて徹底的な事が出来なかつたが、愈〻吾々のこの絶対的威力によつて根本的に市是を確立してそれに基いて勇往邁進する考へである、勿論従来の如く買収や情実による市政は絶対に排斥して全市民を背景として公明正大に、市政の根本的刷新と帝都復興の促進を貫徹せしむる決心である」(「根本的に……「市是」を確立　飽迄現中村市長を援けて【大勝に得意の】三木武吉氏談」『国民新聞』一九二八年六月七日付朝刊)

東京市「タマニーホール」への挑戦

大蔵参与官として多忙な日々を送る中で、三木は国政の場では政治的なエネルギーを封印し、それを東京市会で解き放った。

三木は一九二二年六月四日の東京市会議員選挙（以下、東京市議選）に当選した。一九一四年六月に続く二度目のチャレンジであった。戦前は帝国議会と地方議会の兼任が認められており、たとえば鳩山一郎も一九一二年から東京市会議員を務め、一五年に衆議院議員に当選すると両職を兼任した。三木のように国会議員から市会議員というコースは珍しかったが、三木は「党の関係上已〔巳〕むを得ず市会議員を兼ねることになつた」と回顧している（三木 1955 ⑫：34）。

三木が東京市政に強い関心を持っていたのは事実で、一九二一年三月一〇日に行われた衆議院の委員会（府県制中改正法律案外八件委員会）でも東京市会の不正を取り上げた。当時、東京市政を動かしていた鳩山一郎の常盤会は、ニューヨーク市政を腐敗させた政治派閥になぞらえ、「東京市に於けるタマニーホール」と呼ばれていた（社説「東京市民覚めよ」『東朝』一九二〇年八月二三日付）。三木や憲政会は東京市政の刷新を実現させ、国政における反転攻勢のきっかけにしようと考えていたようだ。

一九二二年の東京市議選は、前年の市制改正によって選挙制度の変更があった。この点に関しては中邨章『東京市政と都市計画』（敬文堂、一九九三年）に詳しい。国税納税要件が撤廃され、直接市町村税だけで選挙権を得ることが可能となり、有権者数が大幅に増加した。さらには、三級制が二級制に変更され、旧制度で二級や三級であった有権者は一級に格上げとなり、新制度の二級が新しい有権者のものとなった。有力議員は一級、新人候補は二級から出馬するのが一般的であったようだ。二級や三級から一級へ鞍替えをする候補者も多く、鳩山も一九一八年の選挙では三級に出馬したが、二二年の選挙から一級に変わった（中邨：75f）。

国会議員でもある三木は一級から出馬してもよさそうだが、そうはしなかった。実は同じ年の二月に行われた区会議員選挙に一級から出馬し、落選していた（「選挙の成績　三木氏落選」『東朝』一九二二年二月二七日付）。自らの支持基盤が一級ではないことを自覚したのかもしれない。

三木は、六月四日に行われた東京市議選の二級戦に牛込区から出馬し、一四二〇票を獲得して当選した。他には、三木の牛込公民会が支援する中村万吉（一五七〇票）と小島七郎（一三六一票）が当選した。三木の票数が突出していないのは、票の一部を中村と小島に回していたからだ（「牛込区　俺の投票を犠牲にしてもと三木将軍の意気」『万朝』六月五日付）。中村は三木と同じ香川県高松中学校の出身で、早稲田大学文学部哲学科を卒業し、万朝報記者などを経て、一九一八年に早稲田大学法学部教授となった。この中村を三木は「市政の革新には知識階級が市会議員にならねば」と後押しした（「知識階級の尻込み」『東朝』五月一九日付）。

この他にも、瀬川光行（四谷区）、戸倉嘉市（本郷区）、小俣政一（本所区）、松永東（小石川区）、森脇源三郎（小石川区）が三木の支援を受けて当選した。新人候補の森脇が当選確実とされた政友会系の西川嘉門を破ったことは、世間を驚かせた。二級戦では四四名の定員中、新人が三七名を占め、『国民新聞』六月六日付朝刊は「勝てるよ新人！　若き者の時代は来た」と題する記事を掲げ、新しい時代の到来を言祝《ことほ》いだ。党派別で見ると、非政友派は三〇名に達し、政友派は一一名にとどまった（「旧勢力崩壊　非政友卅政友十一」『東朝』六月五日付）。

三木は、今回の選挙が普選導入の試金石になると考えていた。三木が着目したのは、新しい有権者（二級）に棄権者が少なく、膨大な資金を投じた旧来型の候補者が相次いで落選した点であった。

「新選挙人は人物本位とし輿論に賛し最も真面目に投票してゐるのは注目すべき喜ばしい傾向である、尚ほ旧套《きゅうとう》を脱した新現象は選挙権の拡張により従来跋扈したいはゆる運動屋なるもの丶力が利かなくなつた事である〔。〕この結果から見て普選断行の後は如何なる状態になるかは一般に興味を持つて考ふべき問題であらう」（「思ひやられる普選断行の後」『報知』六月六日付夕刊）

六月六日に行われた一級戦では、牛込区は三つのうち二つの議席を三木の牛込公民会が獲得した。一級戦（計四四名）も非政友派が勝利したが、二級戦ほどの番狂わせは生じなかった。苦戦が取り沙汰されていた鳩山も小石川区で最高点を獲得した。有力議員の多い一級では、新人がその牙城を崩すのは容易ではなかった（「一級と二級と選挙民の思想の隔たり」『国民』六月八日付）。

二級戦と一級戦の結果を総合すると、憲政派は八八議席中三六議席の獲得に成功した。しかし過半数には届かず、三木を中心とした純憲政派の市正会と、憲政会から一定の距離を置いた新友会の二つの会派に分裂した（「市会非政友団成る」『朝日』六月一一日付）。憲政派に対抗するために、政党から距離を置く中立派の市議は自治会を設立し、鳩山を中心とした政友会系の市議は公友会を結成した（表3-1のA）。自治会は一九二〇年一二月に市長となった後藤新平を支持する市議の集まりであった。

		政友会系		中立				憲政会系				無所属
A	1922.6 市議選	公友会	12	自治会			36	市正会	17	新友会	19	4
B	1922.8	公友会	12	自治会	31	中立倶楽部	8	同	17	新友会	19	1
C	1923.5 市長選 ○永田秀次郎	→永田秀次郎（12）		→永田（30）		→永田（4） →勝田（4）		→永田（5） →勝田（31）				
D	市長選での三木の狙い	→勝田主計（12）		→永田（30）		→永田（4） →勝田（4）		→久保田政周（36）				

表 3-1　1922 年の東京市会議員選挙とその後の政治的駆け引き
A、B は小田垣光之輔「東京市会に於ける党派の沿革」『都市問題』1928 年 1 月号をもとに作成。各派の議席数は新聞ごとに数が異なる。A は「市会議長に柳澤伯を推挙」『報知』6 月 16 日付朝刊、B は『毎日年鑑 1923』の数字と一致する（609 頁）。C は「東京市長に永田秀次郎氏当選」『東朝』5 月 26 日付朝刊。

自治会と公友会が手を結べば、憲政派の優位を覆すことができたため、さまざまな画策がなされた。議長の柳澤保恵は超党派で選出されたが、副議長には、自治会と公友会の推す近藤達児が選出された（『市速記録⑨』1922：1036, 1065／中邨：92ff）。

三つ巴の議会構成は、東京市長の選出にあたっても激しい駆け引きを生んだ。東京市長は市会本会議の選挙で決めたが、選挙の前には各会派が代表者を出して銓衡委員会を組織し、合意がなされた場合はその候補者を市会が追認するのが習わしとなっていた。各会派の調整がうまくいかない場合は、銓衡委員会が形成されず、市会本会議の選挙で決めた（中邨：75f）。

一九二三年四月に後藤新平が市長を辞めると、銓衡委員会が組織され、各派が一致して支持できる渋澤栄一の擁立に傾いていく（「各派代表委員で愈々渋澤子に交渉」『中外』一九二三年五月一七日付）。しかし、肝心の渋澤が首を縦に振らなかった（「予定の如く渋澤子不諾」『中外』五月一八日付）。三木は銓衡委員会で市長選考を渋澤か議長に一任するよう主張したが、結局、正副議長に一任された（「正副議長一任問題で市長銓衡会紛糾す」「後任市長銓衡は結局正副議長一任」『中外』五月一九日付）。

その後の銓衡委員会では、鳩山の公友会が推す勝田主計、自治会が推す永田秀次郎、三木の市正会が推す久保田政周の三名が候補に挙がった。しかし、正副議長の意見が一致せず、意見を求められた渋澤も特定の候補の名を挙げなかったため、投票で決定することになった（「廿五日の市会で決選投票」『読売』五月二二日付）。

三木は久保田を推そうとしたが、最終的には鳩山の公友会が推す勝田を支持した。ところが、選挙当日になって鳩山が「勝田はいかん」と言ってきたと三木は後に証言している。

「僕は怒髪《どはつ》天をついたけれども、相手が、ニコ〳〵していて、普通ならば張り倒すところだつたが、淡々として、あれは駄目だ、俺はやめるぞといわれたので、あつけにとられた。」（三木 1951⑥：118）

だが、これには別の見方がある。鳩山の公友会から永田に票が流れないように、三木は鳩山の推す勝田を支持するふりをしておいて、市正会と新友会には本命の久保田に投票させるという説である（千林：80f）。憲政派は副議長の選考で痛い目を見ているので、敵本主義（本来の目的を隠して行動するやり方）だとするこの説が正しいのだろう。自治会と公友会の投票先を分断させれば、久保田が勝利する目算が高かった（表3-1のD）。しかし、この作戦は自治会に見破られ、鳩山も勝田ではなく永田に投票した。

一九二三年五月二五日の選挙では、永田が五一票、勝田が三五票を獲得し、新しい東京市長に永田が選出された（『市速記録⑤』1923：638）。作戦の失敗を悟った三木は、本来の目的を悟られないように、久保田ではなく勝田に投票したようだ（表3-1のC）。

市長選での連携はならなかったが、三木と鳩山は徐々に接近していく。国政に目を向けてみると、一九二四年五月の衆議院議員総選挙では、鳩山の選挙区である小石川区から憲政会の森脇源三郎が出馬してわずか六八三票しか獲得していない。森脇は東京市議を務めた三木の側近である。前回（一九二〇年）の総選挙では憲政会の松井錦橘が一六一七票を獲得していたので、憲政会幹事長の三木が何らかの手心を加えたのは明らかである。鳩山は四〇一三票を獲得し、「蒙古王」の佐々木安五郎（三一六八票）を押さえて当選した。

東京市会で三木らが次に狙いを定めたのは、東京市の交通関係を所管する電気局であった。一九二四年二月六日の市会で市正会の瀬川光行は、電気局の不正事件を徹底的に糾弾した（『市速記録②』1924：35-45／三木会編：41）。瀬川は一八八六年、東京専門学校政治科を卒業後、読売新聞記者を経て著述および出版業に従事し、東京市の区会議員や市会議員（一九二二年〜）となった。一九二八年には衆議院議員にも当選する。三木が一九一五年に大隈伯後援会から出馬した頃から接点があり、一七年の早稲田騒動ではタッグを組んだ。瀬川は三木よりも一回り以上年上であったが、参謀役として特に東京市政で大きな役割を果たした。

その瀬川が追及した電気局の問題が二つあった。一つは、乗合自動車（市営バス）の購入問題である。東京市が交通緩和のために米国から購入した自動車千台は、一台一八人乗りのはずが実際は一一人乗りで、市販の価格よりも高値で買い入れていた。もう一つは、市電の車両購入問題である。電気局は震災で焼けた都電の代わりに阪神電鉄の廃車を買い入れたのだが、これも市場の二倍近い値段で購入していた。取引業者との間に癒着があるのは明らかであった。

これらの問題の責任を取って電気局長が辞職し、一九二四年九月五日に後任を決める選挙が行われた。電気局長の選出は、市長が推薦した人物を市会が選挙で追認してきたため、永田市長は前鉄道次官の岡野昇を推薦した（千林：81）。これに対して後藤閥の排除を狙う三木と鳩山は手を結び、元鉄道局の大道良太を推薦した。三木の狙いは、岡野を落選させ、永田市長の責任問題に発展させることであった（「岡野か大道か明日決まる」『読売』九月四日付／「永田市長の狂奔」『東朝』九月六日付夕刊）。激しい選挙活動が行われ、岡野は三四票にとどまり、四一票を獲得した大道に敗れた。これによって岡野を推薦した永田は市長を辞職した（『市速記録⑨』1924：1133, 1136／『同⑩』：1146）。

電気局長選は各派入り乱れての選挙となり、選挙後には、鳩山の側近である大崎清作市議が買収を行った容疑で逮捕された（「大崎氏から一千円を贈賄」『東朝』九月一八日付夕刊）。各市議の投票先は完全には解明されていないが、自治会の「六人組」は大道に投じた（「自治会六人組　円くをさまる」『東日』九月九日付）。鳩山の新交会（旧・公友会）からも一三名が岡野を支持し、彼らは九月一〇日に新交会を脱会し、十日会を結成した（『東日』九月一一日付／「電気局長選挙に絡る市議買収事件続報」『東朝』九月一五日付）（表3-2のF・G）。

東京市は復興の途上であり、永田市長には目立った失策もなかったため、三木と鳩山には批判の声も

<table>
<tr><th colspan="2"></th><th colspan="4">政友会系</th><th colspan="2">中立</th><th colspan="4">憲政会系</th><th>欠員</th></tr>
<tr><td>E</td><td>1923.11
新交会発足</td><td colspan="3">新交会
←中立倶楽部</td><td>25</td><td>自治会</td><td>32</td><td>市正会</td><td>12</td><td>新友会</td><td>16</td><td>1</td></tr>
<tr><td>F</td><td>1924.9.5
電気局長選
出 76（棄 1）、欠 11</td><td colspan="4">→大道（?）
→岡野（13）</td><td>→岡野（?）</td><td>「六人組」
→大道（6）</td><td colspan="4">→大道（?）
→岡野（?）</td><td>1</td></tr>
<tr><td>G</td><td>9.10 十日会結成</td><td>新交会</td><td>12</td><td>十日会</td><td>13</td><td>自治会</td><td>32</td><td>市正会</td><td>13</td><td>新友会</td><td>16</td><td>1</td></tr>
<tr><td>H</td><td>9.30 市長選挙
出 77（棄 1）、欠 9</td><td colspan="2">→久保田（?）</td><td colspan="2">→後藤（13）</td><td colspan="2">→後藤（31）</td><td colspan="4">→久保田政周（?）</td><td>2</td></tr>
<tr><td rowspan="2">I</td><td rowspan="2">12.24
市会議長選
出 75（白 2）、欠 10</td><td colspan="2">→鳩山</td><td colspan="2">→近藤達児</td><td>→近藤</td><td>→津村</td><td colspan="4">→津村重舎（→鳩山）</td><td rowspan="2">3</td></tr>
<tr><td colspan="2">→鳩山</td><td colspan="2">→鳩山</td><td>→鳩山</td><td>→津村</td><td colspan="4">→津村</td></tr>
</table>

表 3-2　三木と鳩山の選挙協力
E、G は小田垣光之輔「東京市会に於ける党派の沿革」（前掲書）をもとに作成。E の新交会の人数は「新交会発会式」『東朝』11 月 30 日付朝刊の数字と一致。他に無所属が 1 名あり。I は、上が当初の意向、下が実際の投票行動である。「出」は出席、「棄」は棄権、「白」は白票、「欠」は欠席、右の「欠員」は死亡等による欠員を意味する（『東京市会議事速記録』より）。「?」は具体的な票数不明を意味する。

少なくなかった（「斬馬剣・三木と鳩山」『読売』九月七日付）。そうした声は選挙前から三木の耳にも届いていたようで、三木は九月五日の市会を欠席し、投票には加わっていない（『市速記録⑨』1924：1133）。三木は九月一五日に「大蔵参与官に任せられ候に付ては職務の都合上東京市会議員の職を辞職致候」という辞職届を出し、東京市会議員を辞任した（『市速記録⑩』1924：1148）。

三木が市会議員に当選した一九二二年六月から辞職した二四年九月までの間に、市会は計二八回開催され、三木の出席はわずか一〇回であった。最後の出席は、洋行から帰国した翌々日の二三年一〇月六日であった。東京市政において、三木は黒幕に徹することで影響力を最大限に行使する道を選んだ。といっても地下に完全に潜るのではなく、メディアには積極的に対応するのが三木流であった。市会議員の辞任も新聞紙上で大々的にアピールした。

『東京日日新聞』九月一四日付夕刊には、三木の次のようなコメントが掲載された。

「自分が市会に席を置くことは現在の立場よりも特に市会平和のため各派協議の機運促進のため進んで辞職したがよいと信ずる〔。〕併し世間では辞職しても三木のことだから影で何かしやせぬかと疑はれるのが苦痛だから公開の席上で公式に意中を公表したいと思ふ〔。〕若しまた各派協調の為三木が必要ならば何時でも奔走する」（「市政平和の為　三木氏辞表提出」）

辞職届にある大蔵参与官云々というのは表面上の理由で、政党色の強い三木が退くことで、新友会や他の非憲政派との連携をスムーズにする狙いがあったようだ（「潜航艇式の市長銓衡運動」『東朝』九月一四日付夕刊）。

特に鳩山派（新交会）との連携は、この年に行われた二つの選挙において三木の戦略の柱となった。一つ目は永田の後任を決める東京市長選である。この時も銓衡委員会が設置され、前大蔵大臣の井上準之助を推薦したが、井上が受諾を拒否したため、選挙での決着となった（「井上準之助氏を市長に推薦」『東日』九月一五日付）。九月三〇日に行われた選挙で、市正会・新友会と新交会は結束して久保田政周を推したが、自治会と十日会の推す後藤新平に敗れた。後藤は四四票、久保田は三二票であった（『市速記録⑩』1924：1156）（表3-2のH）。この時は、後藤が辞退したため、第二候補の中村是公《よしこと》が市長に就任した。

東京市長選挙は候補者三名を挙げるシステムとなっており、単記無記名の選出方法で三回の選挙を行い、第一候補者から第三候補者までを決めた。前回（一九二三年五月）の選挙では、市制第五五条末項の規定により、第二候補と第三候補は議長が指名した（『市速記録⑤』1923：638f）。今回は選挙が行われ、第二候補には、第二代満鉄総裁の中村是公が六一票を獲得して当選していた（『市速記録⑩』1924：1156f）。第一候補と第二候補の差し替えは、自治会と十日会の戦略であったようだ。

三木が鳩山と手を結んだ二つ目の選挙が、一〇月に辞職した柳澤議長の後任を決める選挙であった。議長選挙は一二月二四日に実施され、鳩山一郎が三五票、津村重舎が三一票、近藤達児が三票を獲得した。過半数に達しなかったため決選投票となり、鳩山が四〇票、津村が三三票を獲得し、鳩山が議長に就任した（『市速記録⑭』1924：1308f）。

当初、自治会は自派の近藤、三木の市正会と新友会は財界代表の重鎮であった津村を推したが、いずれも過半数に達せず、鳩山の新交会がキャスティングボートを握ることになった。新交会は鳩山を推すことを条件に三木の市正会と手を結んだため、自治会（および十日会）は当日になって白旗を上げ、近藤の名前を傷つけないように、近藤ではなく鳩山に投票した。勝敗が決したため、市正会と新友会は、当初推す予定であった津村に投票した（表3-2のⅠ）。結果だけを見ると、鳩山と津村が対峙した選挙戦に見えるが、実際は、三木が鳩山の議長就任を後押ししていた（田中茂：38f／三木会編：186f）。

次の東京市長は誰だ？

一九二六年六月の東京市議選は、全国の都市で最後の級別選挙で、普選の前哨戦という位置づけがなされ、多くの注目を集めた（近藤：25）。

東京市政は、一九二三年に後藤新平が市長を辞めた後も、永田秀次郎、中村是公と後藤系の市長が続いた。永田ら後藤派は来るべき市議選に備えて理想選挙団を組織し、候補者の選定にあたった。これに対して憲政会は三木や頼母木桂吉らが中心となって後藤閥の一掃を誓い、一九二六年四月二七日に市政刷新聯盟の結成を決めた（「憲政会内　後藤閥打破同盟成る」『国民』四月一七日付／「市政刷新聯盟　愈よ組織に決定」『国民』四月二八日付）。五月一〇日には帝国ホテルで発会式を行い、約一三〇〇名が出席した（「市政刷新聯盟　きのふ発会式」『東朝』五月一一日付）。

こうした活動が功を奏し、憲政派は六月の東京市会議員選挙で躍進をとげる。六月四日の二級戦で四四名の定員中三〇名を獲得し、六日の一級戦でも四四名中二二名の過半数を獲得した。憲政派は、一九二二年の選挙よりもさらに多くの支持を集め、八八議席中五二議席の絶対多数を獲得した。市政刷新聯盟からは六二名が出馬し、四八名が当選した（「市会憲政派は「革新会」を組織」『都』六月九日付／「「革新会」の傘下に刷新派陣容成る」『東日』六月九日付）。

東京市会議員を辞任していた三木は今回も出馬しなかった。しかし、選挙戦翌日の新聞報道（六月七日付朝刊）は、憲政派躍進の立役者が誰であるかを明確に示していた。『東京朝日新聞』は「市政の大御所となつた……三木武吉君」として三木の顔写真を掲載し、『東京日日新聞』は三木を囲んで祝杯をあげる市政刷新聯盟本部の写真を掲載した。『国民新聞』も「得意の人・失意の人」として三木の写真を大きく載せた（本章扉）。三木は、若槻礼次郎や町田忠治など憲政会の指導部とそりが合わなかったため、国政ではなく、東京市政に力を注いでいく。

選挙の結果を受け、後藤系の中村市長は六月七日に辞表を提出した。世間の関心は次の東京市長に

三木武吉	12 人	田健治郎	4 人
川崎卓吉	6 人	西久保弘道	4 人
安部磯雄	6 人	横山勝太郎	4 人
上山満之進	5 人	有吉忠一	3 人
下村宏	5 人	井上準之助	3 人
伊澤多喜男	4 人	後藤新平	3 人
		渋沢栄一	3 人

表 3-3 「後任市長にはかういふ人物を　新市長に期待する事業　本紙に寄せた各方面の意見」（『東京朝日新聞』1926 年 6 月 8 日付朝刊〜 16 日付朝刊）
自由記述のため、一人が複数人を挙げている場合もある。中村市長の留任と書いた人は除外した。3 人以上から名前が挙がった人物のみを列挙した。

移っていった。六月八日に市政刷新聯盟は解体され、東京市会議員のみを構成員とする革新会（座長：瀬川光行）が発足した（「市政刷新聯盟改め『革新会』」『東朝』六月九日付）。憲政会あるいは三木が東京市政には関与しないというアピールであったが、それは表向きにすぎないことを東京市民はよく承知していた。

『国民新聞』一九二六年六月八日付朝刊は、次の東京市長に三木を推す声があがっていると報じた。

「東京市の将来には幾多の起債をなさなければならぬ、それが今日の状態では大蔵省との諒解を欠いてゐるため、僅か三百六十万円の円太郎〔東京市が震災後に市電の代替策として導入したバス車両〕改良継続事業費さへ満一ケ年を経過した今日尚ほ許可にならない状態にある、之れでは市の事業が円満に遂行するものでない、それには三木氏は大蔵省参与官として充分その辺の諒解を求め得らるゝ事に於ても最適任であるといふのである」（「噂に上る市長候補」）

『東京朝日新聞』では「後任市長にはかういふ人物を」というアンケートを実施し、「後任市長に何人を希望するか」、「後任市長にどんな事を望むか」の二点を著名人に聞いた。結果は六月八日から一六日まで九回にわたって掲載され、後任市長には三木の名が一番多く挙がった（表3-3）。三木の名を挙げたのは、民政党の鈴木富士彌・永井柳太郎・建部遯吾《とんご》・小西和・川崎克・内ケ崎作三郎、政友本党の川原茂輔、衆議院議員の林田亀太郎、弁護士の山崎今朝彌、元・国民新聞記者の馬場恒吾、元・三重県知事の田子一民、東京市会で議長を務めた柳澤保恵であった。民政党員が多く、「外のたれが市長になっても実際の市長は三木武吉氏である」（馬場恒吾、六月一一日付）と消極的な理由を挙げた者もいたが、ともかく三木が他を圧倒している。

『東京朝日新聞』六月一五日付朝刊の社説も、三木以外に相応しい人物は存在せず、名ばかりの傀儡《かいらい》市長を就任させるよりはましだと論じた。

「市会議員にもあらざる三木武吉君が黒幕にあつて、隠然多数党の主将たることは、取りも直さず三木君が事実上の市長であるといふ事であつて、市長に三木君以上の人格と識見とを有する人物を求むることは困難であるばかりでなく、かゝるくわいらい〔傀儡〕市長を置きて、別に覆面黒衣の人形遣ひが勢威を揮ふことは、政治を曲線的にする所以であつて、市政を腐敗せしむるとも、これを刷新する所以ではないのである。」

すでに述べたとおり、東京市会では銓衡委員会を組織して他の会派と調整を行ったうえで、市長候補者を選定してきた。しかし今回は事情が違った。六月二四日の時点で、東京市会の議席は革新会五〇名、中正会（中立）一九名、正交会（政友派）一六名、無所属三名となっており、圧倒的多数を獲得した革新会が独断で市長を選任することになった（「市長選挙のけふの市会」『東朝』六月二五日付／中邨：107f）。革新会から市長銓衡の原案作成を一任された三木は、選挙当日まで自らの胸中を明かさないステルス作戦を敢行した。

新聞各紙には、三木が市長になるのか、ならないとするならば誰を市長に推薦するのか、さまざまな憶測記事が並んだ。具体的に名前が挙がったのは、先のアンケートでも上位に挙げられた内務次官の川崎卓吉、台湾総督の伊澤多喜男らであった。

三木がステルス作戦を完遂したことは、選挙当日（六月二五日付朝刊）の新聞報道を見るとよくわかる。結論から述べると、三木は台湾総督の伊澤多喜男を市長候補に推薦するのだが、それを当てた新聞社は存在しない（厳密に言うと、一社のみが三木側からのリークで詳しい情報を書いたが、伊澤に絞った報道はなされていない）。

順番に二五日付朝刊の予想を見てみよう。『東京朝日新聞』は「選挙のその日まで　秘し隠しの市長一切は深く三木氏の胸中に」と題して、革新会（憲政派）、中正会（中立）、正交会（政友派）のいずれも二四日夜の時点で態度決定に至らなかったと報じた。『都新聞』は「けふの市会で愈々新市長を選挙」と題し、三木を第一候補と予想している。『国民新聞』は「後任市長選挙愈よけふ執行　第一候補川崎次官　第二候補三木武吉氏」とし、川崎卓吉が辞退して三木が就任するとしている。『報知新聞』は「川崎氏受けねば三木氏出馬せん」とし、川崎とは別の候補者（「某有力者」とのみ記載）とも昨晩から交渉を開始したが、うまくいかない場合は三木が出馬するとしている。『国民新聞』には「適任者なくば自己推薦さ」と題する三木のインタビュー記事が掲載され、相応しい候補者を推薦できない場合は、責任を取って自分を推薦すると語っている。

選挙当日の紙面でもっとも詳しい経緯を紹介したのは『東京日日新聞』である。「円満推薦か決戦か用意周到な革新会の方寸　各派と円満妥協を画策しつゝ」と題する記事の要点は以下のとおりだ。まずは第一候補者に川崎を推して中正・正交両派の同意を求める。それが決裂すれば伊澤を推して同じように両派の同意を求める。ただし、川崎と伊澤のいずれを第一候補者に選ぶかは両派の意思を尊重して選択を委ねる可能性もある。第二候補者は三木の予定で、中正・正交両派が川崎と伊澤の両方を拒否した場合は、最終手段として第一候補者に三木を推す。

『万朝報』も「謎の候補のまゝ　けふ市長選挙の市会」と題する記事を掲載し、革新会と中正・正交両派の交渉について触れている。「所謂三木氏意中の人物は、単に革新会五十名によつて推薦せらるゝことを潔しとせず、仮令十名でもよいから他派の票を得たいとの希望がある模様」と報じた。

右に挙げた『東京日日新聞』のスクープ記事を書いたのは、四月に政治部に入社したばかりの廣瀬英太郎であった。廣瀬は三木と同郷で、父親が三木と知り合いのため、たびたび情報を流してもらっていた。市長選挙についても、三木の意をくんだ瀬川光行から二五日の午前零時に交渉の舞台裏をこっそり教えてもらったという。廣瀬はこの後、浜口に心酔し、「三木の智謀を警戒しすぎてか余り深入りできなかつた」とも述べている（廣瀬：32f）。

三木は革新会の銓衡委員会から原案作成を一任されていたが、瀬川光行と議長の小島七郎以外には意中の候補者名を明かさなかった（「憲政派遂に内相にすがる」『東朝』六月一八日付／廣瀬：33）。三木は、選挙当日の二五日午前八時から開催された革新会の銓衡委員会と総会で、伊澤を推薦することを報告し、承認された。『東京日日新聞』がスクープした交渉はこの段階で終了しており、伊澤であれば中正・正交両派が交渉に応じる余地があると判断したのだろう。いや、少し深読みしてみると、『東京日日新聞』が書いた内容も中正・正交両派に対する懐柔工作の一環、つまり交渉重視の姿勢を示すもので、伊澤を推すことは最初から決まっていたと見ることもできる。三木がステルス作戦という奇策に出たのは、渋澤栄一や井上準之助といった大物候補から就任を断られた過去の教訓をふまえてのものだと考えられる。選挙で決定し、それがメディアで大々的に報じられれば、受諾を拒否するのは難しくなる。大物候補の担ぎ出しが三木の戦略だとすれば、首相に匹敵する地位とも言われた台湾総督の伊澤こそ本命と考えるのが自然だ。

ともかく市会までのわずかな時間に、中正・正交両派との最終的な交渉が行われた。その交渉の様子も『東京日日新聞』二六日付夕刊（二五日発行）が「中正、正交両派との交渉破裂まで」と題して詳しく報じている。「第一候補者・伊澤、第二候補者・三木、第三候補者・川崎」と決めた革新会は、伊澤の就任を確実なものとするために、満場一致で市会を通過するように交渉を行った。伊澤で合意が得られれば、第二、第三候補者は中正・正交両派に譲るという妥協案も提示した。しかし中正・正交両派は、独自の候補者を出すこととなり、交渉は決裂する。革新会は作戦を変更して「伊澤氏を擁立して同氏一点張りで進む方針を如実に示す」ために第二候補者の三木を取り下げ、「第一候補者・伊澤、第二候補者・川崎、第三候補者・清野長太郎」という順番にした。清野は復興局長官を務めた人物であった。

選挙当日の市会議場の様子を『万朝報』六月二六日付夕刊（二五日発行）が次のように伝えている。

「『われ等の市長は誰が出るか？』といふ問題が興味を引いて定刻数時間前から議場の内外に押寄

せた傍聴人は黒山の如く、双方壮士の襲来説さへ伝へられて、開会前に既に殺気漲る」（「殺気漲る市会議場」）

これだけ新聞で報じられれば、市民の関心が高まるのは当然だろう。革新会の議会控室に「陰謀政治家三木武吉を葬れ」と書かれた大きな旗を持ち込む者もいて乱闘騒ぎも起こったと『万朝報』は報じている。

実際の投票結果は第一候補者・伊澤（五〇票）、第二候補者・川崎（五〇票）、第三候補者・清野（五一票）がそれぞれ当選した（投票総数八五票）（『市速記録⑧』1926：1252f）。

結果として市長就任を拒んだ三木に対して批判も少なくなかった。『万朝報』（六月二六日付朝刊）は「売られたる東京市　三木氏遂に責任を避く」と題する社説を掲載した。三木に好意的な報道を続けてきた『国民新聞』（六月二六日付朝刊）も社説「市長候補と市民への公約」を掲載し、三木への失望感を隠そうとはしなかった。

「三木氏は何故に自ら乗り出さなかつたか、市民に対し敢然として身自ら一切の責任を負ふの態度に出でなかつたか、吾々の断じて看過すべからずとするはこの一点に在る。」

しかしこうした批判も織り込み済みだったはずだ。三木の戦略はメディアの注目度を高めて、伊澤が断りづらい環境を作ることであったのだから、当初の目的は達成したと言えるだろう。三木は新聞記者の取材に気軽に応じ、肝心なことは言わないが、会合の様子などをしばしば写真に撮らせた。同郷の記者にはスクープを渡して関係を構築するなど、三木のメディア戦略はますます洗練されていった。

三木は、中村市長が辞表を提出した六月七日に、熱海で静養中の伊澤のもとへ足を運んでいる（「三木氏……伊澤総督訪問」『国民』六月八日付夕刊）。後任市長の相談とされているが、中邨章は『東京市政と都市計画』（一九九三年）において、この時に伊澤への就任要請がなされたと推測している（109）。

伊澤は事前交渉を否定しており（櫻井 2003 ①：104）、真相は定かではないが、台湾総督という地位にあり、健康面の不安も抱えていた伊澤は、市長就任をなかなか受諾しなかった。伊澤の選任にあたっては、大学で同期だった内務大臣の浜口雄幸の意向も大きかったとされる（丸山：118）。浜口や若槻首相も説得に乗り出し、ようやく伊澤は七月一二日に東京市長の就任を受諾した。市役所にはじめて登庁したのは七月一七日のことであった（『市速記録⑩』1926：1314ff）。

三木は『東京』一九二六年九月号に「伊澤市長は最適任」と題する短いコメントを寄せている。

「これで、ほつと一安心、いやどうも骨をおつた。責任ある革新会から、自分が市長後任に就いて、委嘱されたので、日夜奔走の結果、其の甲斐あつて、今日此の喜び、之議員諸君の一致賛同の賜に外ならない。之で余は責任一部の重荷は下りた。」

しかし、安心したのもつかの間、伊澤は一〇月に病気を理由に東京市長を辞めてしまう。市長選考はふりだしに戻ったが、一〇月二九日に行われた選挙で、革新会の支持する西久保弘道が五一票を獲得して新しい市長に選出された（『市速記録⑮』1926：1651／中邨：112ff）。

東京瓦斯《ガス》報償契約の呪い

この頃、東京市会を大きく揺るがす問題が起こる。西久保東京市長が提出した「東京瓦斯株式会社報償契約改訂に関する件」（以下、「瓦斯改訂案」）には、株主に対する配当制限を撤廃して九分から一割二分に引き上げる。その代わりに東京瓦斯会社が市に支払う公納金を純利益の六%から八%に上げるという内容を含んでいた（『市速記録③』1927：384／「交換条件を付け回答案を市会へ」『東朝』一月三〇日付／中邨：122）。一年で約百万円の増配となる一方で、公納金は約一〇万円の負担増で済むため、東京瓦斯会社が得をする法案となっていた（「契約改訂による会社側の利得」『東朝』二月一日付）。東京瓦斯の問題はこれまでも何度も東京市政を揺るがし、逮捕者も出してきた。

革新会は一月三一日の午後に総会を開催し、三木はこの瓦斯改訂案の即決可決を求めた。しかし、増配はガス料金の値上げにつながる可能性があるため、七名の議員は即決可決ではなく委員付託として時間をかけて審議することを求めた（「瓦斯報償契約改訂案　速に即決可決せよ」『東日』二月一日付／「多数をたのんでガス増配案即決か」『東朝』二月一日付）。

新聞各紙はこの問題を大きく報じ、二月一日午前に行われた衆議院予算委員第二分科（内務省所管）でも政友会の秦豊助が質問を行っている。

「世間伝ふる所では、先達の東京市会の選挙の運動費が瓦斯会社から出て居る、其関係からして今度瓦斯会社の報償契約を改めて、会社の為に非常な有利なるやうに致して居る、斯う云ふことが専ら伝へられて居る、其真偽は私は知りませぬが、（中略）此点に付て内務省として監督上どう云ふ風に御考になって居るか」

市会は二月一日の午後四時から開催予定だったが、流会となった。午後三時半頃、瓦斯改訂案の即決可決に反対した革新会の市議七名が暴漢十余名に襲われる事件が起こったからだ。全治二週間のけがを負った太田信治郎によると、「改訂案に賛成してくれ」「もし賛成出来ねばこれから僕達と一緒に一杯飲みに出かけ一日夜の市会に欠席してくれ」と言われ、それを断ったら襲われたという（「憲政会本部でよく見る男」『東日』二月二日付）。後に三木も認めることになるが、これらは革新会の壮士の仕業であった。

午後七時から各派交渉会が開かれ、中正・正交両派は委員付託を主張して譲らなかった。革新会は午後八時五八分から単独で市会の開会を行おうとしたが、襲われた反対組七名のうち六名が欠席したため、出席者は四一名にとどまり、総員八八名の過半数に達せずに流会となった（『市速記録号外』1927：315-7／「殺気立つた昨夜の市会遂に流会」『東日』二月二日付）。

市制第五二条によると、同一事件で召集再会に至るもなお過半数に達しない場合は、半数以下でも市会を開いて決議が可能となるため、革新会は二日午後四時から市会の開会を決めた。中正・正交両派が欠席した場合は、革新会単独での即決可決もありうると報じられた（「無理に押さうとする革新会の横車」『東朝』二月二日付／「醜歴史をくりかへすなかれ」『東朝』二月二日付）。一方で、革新会の中で委員付託に応じる案が出ているとも報じられ、中正・正交両派は二日の市会への出席を決めた（「混乱の後をうけ、風雲　けはしきガス問題」『東日』二月三日付夕刊）。

午後六時を過ぎて開催された二日の市会の様子を『東京日日新聞』から引用しておこう。

「前日の騒擾によりて傍聴者更に多数押しかけて開会前よりたゞならぬ空気漂ふ（中略）午後六時五分漸く振鈴〔。〕各派必勝を期して続々入場中にも暴漢に襲はれた六人組の太田氏頭部を繃帯にて蔽《おお》ひ氷嚢《ひょうのう》片手にそうろうとして歩を運べば傍聴者拍手して敬意を表す〔。〕突如革新会の方山正隆氏と正交会の茂木久平氏乱闘し議員、傍聴者の昂奮益々その度を増す」（「必勝を期した革新会は破る」『東日』二月三日付）

世間の関心が高まる中で、若槻首相は三木を大臣室に呼んで円満な解決を指示した（「出来るなら円満に」『東日』二月三日付夕刊）。だが、三木は即決可決で押し通すことを決め、委員付託を主張した中正・正交両派および無所属の連合派と全面対決の構図となった。暴漢に襲われた七名のうち六名が革新会を脱会する決意を固めたため、議会の議席数は革新会が四二名、反革新会の連合派が四二名（正交一六、中正一七、即決反対の六名、無所属三名）の同数となった。他に、旅行中で欠席の議員が二名（二名とも革新会）、病気で欠席の議員が一名（中正会）、欠員が一名となっていた（『市速記録③』1927：321／「必勝を期した革新会は破る」『東日』二月三日付）。

三木は決選投票で即決可決を押し切る覚悟であったが、審議が続く午後七時半頃、驚くべき事態が起こる。重病で議会を欠席していた中正会の長町康夫市議が、医師付き添いのもと担架で議場に現われた（図3-1）。これによって決選投票となった場合、四二対四三で反革新会の連合派の勝利が明らかとなった。

革新会と連合派の間で交渉の場が設けられ、株主に対する配当額を一割二分ではなく一割一分に引き

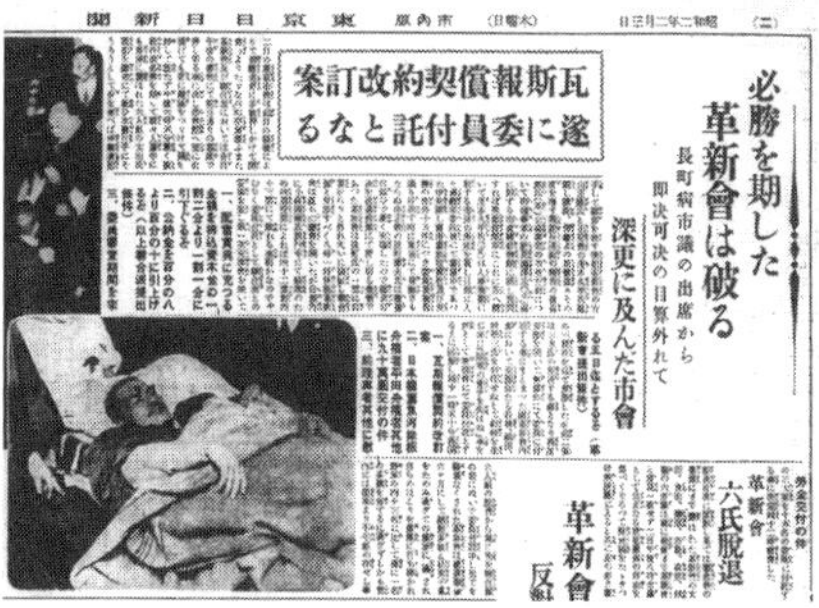
東京日日新聞
必勝を期した革新會は破る
長町病市議の出席から
即決可決の目算外れて
深更に及んだ市會
瓦斯報償契約改訂案
遂に委員付託となる
革新會
六氏脱退

図 3-1　「必勝を期した革新会は破る」『東京日日新聞』1927 年 2 月 3 日付朝刊
担架で運ばれてきた長町市議（左下）に三木はさぞ驚いたことだろう。

下げる、公納金を純利益の八％ではなく一〇％に上げるという妥協案が提出されたが、三木はこれらを拒否した（「必勝を期した革新会は破る」『東日』二月三日付）。

革新会では、旅行中の議員が帰るまで市会を数日延期すべきだとの意見もあがったが、連合派が仮議長を立てて議事を進行する恐れが出てきたため、瓦斯改訂案は委員付託とすることで決着がついた（『市速記録③』1927：398／「遂に委員付託」『東朝』二月三日付）。

市会翌日の新聞（二月三日付朝刊）には、三木の大蔵参与官の辞職が発表された。東京市議選で革新会が過半数を獲得した一九二六年以降、三木は何度も辞表を提出しており、今回ようやくそれが認められた。国立公文書館デジタルアーカイブ所蔵の「大蔵参与官三木武吉免官ノ件」によると、暴行事件（二月一日午後）よりも前の一月三一日付で辞職願が提出されており（二月二日に裁可）、三木の希望を若槻首相が総合的に判断して受け入れたのだろう。

『東京朝日新聞』二月三日付朝刊には、三木のインタビュー「わが輩だからやれる　ガス増配が何で悪い　民衆にこびる奴には出来ぬ芸当　三木武吉君猛々しく弁ず」が掲載された。二日の市会よりも前に行われたインタビューである。

記者「会社側に加担してあれまでの騒ぎを持あげやうとは民衆政治家として自任してゐる貴下の言動とも思はれませんね、殊に反対議員に暴力まで加へるやうなことはどうしたものです」。
三木「なぐつたといふのは全く悪いことをした、我輩はその後まで事実を知らなかつたが今日なぐつた連中はことぐ〳〵く我輩の下にあやまりに来た、嘗ては我輩もその方の大将だつたからそんな事の悪いことはたれ人よりも承知してゐる、然しガス会社の配当率をあげるのが何が悪い、第一市が徳〔得〕をする……」
記者「ガス会社の百万円に対したつた十万円？……」
三木「国定教科書の会社を見給へ、政府が多大の補助をしてゐる復興建築会社を見給へ、皆一割二分までの配当を認めてゐるに拘らず独りガス会社のみをいじめるのは政治家の見地からしてすこぶる公明を欠くものである、これが我輩だから断然出来る、もし他の民衆にこびるへツぴり腰の意気地なしの奴なら出来ない芸当だ」
東京瓦斯会社から選挙費用を受け取っていたのかは不明だが、配当率を上げることに一定の正義があると三木は考えていた。こう判断した時の三木は、世間の声やメディアの批判に屈することなく、自らの主張を押し通す突破力を持っていた。三木は委員付託となった瓦斯改訂案の可決を諦めてはおらず、革新会と連合派は委員の構成で揉めている（「ガス委員会遂に流会」『東朝』二月四日付／中邨：126)。
ただし、この時は世間の反発が予想以上に強かった。二月五日の衆議院本会議では、政友会の安藤正純がこの問題を取り上げた。安藤も東京朝日新聞社編集局長や取締役を務めたメディア出身議員である。

戦後はともに鳩山を支えたが、この時はまだ敵同士であった。瓦斯改訂案について「市民の利益を無視蹂躙する非常の暴挙」とした安藤は、暴力事件まで起こした革新会を痛烈に批判した。

「二百万市民に対して利害の大関係を持つ所の此事柄を委員付託にしないで、即決をしやう、即決をすると云ふことを承知をしなければ、ぶん殴ってもどんな圧迫をしても、即決をさしてしまはうと云ふ此裏面には、何等か余程重大なる醜怪事実が伏在して居ると見なければなるまいと思ふ」

安藤は「余程重大なる醜怪事実」についても追及を行い、司法大臣に司法権の発動はないのかを問うた。

「瓦斯会社が昨年一億円に増資を致した時に、新株の百十万株の中、十五万五千株と云ふ功労株を分配するに当りまして、此中五万五千株だけは行方不明になって居る、是は殆ど公然の秘密であります、此不明の五万五千株と云ふものが、恐らく今回斯《かか》る重大案を委員付託にもしないで、一夜に即決をしてしまはうと云ふ、所謂即決の背後に閃《ひらめ》いて居る所の一大勢力ではなからうかと思ふのである」

革新会でも、若手市議を中心に瓦斯改訂案を否決すべきだという意見が優勢となっていく。ちょうど三木は母危篤の知らせを受けて、二月一〇日の午前九時半東京駅発の汽車で高松に向かった。その日の夜の会合で、革新会は瓦斯改訂案を否決する決定を下した（「ガス報償改訂案は革新会で否決」『東朝』二月一一日付／「三木オン大の大御難」『読売』二月一一日付）。東京市会では二月二一日に委員会（委員長：戸倉嘉市）の経過報告があり、革新会も含む全会一致で瓦斯改訂案を否決した（『市速記録④』1927：420）。

三木が留守の間に革新会が重大な方針転換を行った背景には何があるのか。三木の求心力低下があるのか、三木の面子《めんつ》を取り繕う苦肉の策だったのか、あるいは警察の捜査が入るなどの情報がもたらされていたのか、真相はわからない。ともかく瓦斯改訂案をめぐるゴタゴタは、三木の突破力が世論に屈した象徴的な出来事となった。

三木の母は八日に脳溢血を起こし、一七日に逝去した。告別式は一九日に行われた（『東朝』二月一九日付／『香川新報』二月一九日付）。三木の父も一月から流行性感冒にかかって療養しており、約一か月後の三月一四日に逝去し、一六日に告別式が行われた（『東朝』三月一五日付夕刊／『香川新報』三月一五日付）。

母の葬儀を終えて帰京した三木は、二月二二日の衆議院本会議において弁明の機会を与えられた。三木は、生まれてこの方東京瓦斯の株式を見たこともないとして、安藤の五日の答弁を真っ向から否定した。

「万一三木武吉が東京瓦斯株式会社の株式を、曾て一株でも持ったことがあると云ふ事実があったら――最近でございませぬ、株式会社創立以来今日に至るまで、一株でも持ったと云ふ事実があったならば、若《も》しくは瓦斯会社の株式に関係をしたと云ふ事実があったならば、即時断然議員を辞職致しまして、諸君に御詫を致します」

三木は安藤に対して、発言内容に明確な根拠があるならば、衆議院の外で同じ発言をしてみろと挑発した。議会での発言は議員特権で守られているが、一般社会では名誉棄損で訴えられる内容だから告訴して差し上げようというわけだ。

「言論の自由のある、恰も塹壕《ざんごう》に立籠って敵を陰に狙撃するが如き卑怯なる振舞と云ふものは、苟も男子の断じて為すべきものでないと私は思ふのである」

七月一二日に東京瓦斯株式会社の社長・渡邊勝三郎、一三日に常務の鈴木寅彦が警視庁に召喚されたが、いずれも一四日に釈放された（「渡邊氏を巡る不正調らべ」『東朝』七月一四日付／「渡邊、鈴木両氏 昨夜釈放さる」『東朝』七月一五日付）。三木は、早稲田出身で元憲政会代議士の鈴木と深い関係にあったとされる。『東京朝日新聞』七月一五日付夕刊には、「某代議士も召喚されん」と題する記事が掲載され、明らかに三木のことを指していたが、三木は召喚を否定した（「三木武吉氏曰く召喚はされぬ」『読売』七月一七日付）。

文筆家の石井満は『中央公論』一九二七年四月号に「三木君の失敗」と題する論考を寄せた。東京市民は市政には無関心でも、ガス代や電車賃などの値上げには敏感だとして、石井は三木を厳しく批判した。

「元来市会のやうな、市民の日常生活のための仕事を議してゆく場所に、無暗に多数の人間が頭数を揃へて、横車を押さうと云ふ考が許すべからざることだ。（中略）要するに、三木君の失敗は、ガス問題などがどんなに進展してゆくかといふ点でなくて、不必要な党人を、自治体のなかに沢山こしらへたと云ふ根本の点にある。市政は「大御所」気取りでやつてゆくべきものでなくて、「忠僕」として働いてゆくべき所なのだ。」(46)

東京市民が三木や革新会へ寄せた期待や信頼は、この事件で雲散霧消してしまったことは間違いないだろう。

パリの休日

一九二七年四月二〇日、陸軍大将・田中義一を首班とする政友会内閣が誕生し、内相に鈴木喜三郎、書記官長に鳩山一郎が就任した。なお、六月一日には憲政会と政友本党が合併して立憲民政党が成立している。政友会が政権を取ったことで、憲政会（民政党）が支援してきた西久保市長を退陣に追い込もうとする圧力が強まっていく（升味：363）。

ただし正交会（政友派）は、三木率いる革新会と事を荒立てたくなかった。政友会系の多摩川水電が多摩川からの引水計画を立てており、これには東京市会の承認が必要だったからだ。この引水計画の承認と引き換えに西久保市長を留任させる方向で正交会と革新会の合意がなされようとしていた（「果然市会において政憲両派妥協成る」『東朝』六月七日付夕刊）。この時に、三木と中島守利が手を結んだとも言われている（「市会の仮面をはぐ（二）多摩流木権が結んだ三木と中島の握手」『東朝』一九二八年八月二二日付）。

革新会では引水計画に反対する一名が脱党届を提出したため、とうとう所属市議が四三名となり、市会の絶対多数を失ってしまった。革新会以外の構成は、中正会一七名、正交会一六名、無所属一〇名（瓦斯問題で革新会を脱会した市議を含む）、これに今回革新会を脱会した一名が加わり、四四名となった（「革新派の過半数破れ　市会分野ぐらつく」『東朝』六月一六日付）。市会の定員は八八名で一名が欠員となっていた。革新会の脱会組は政友派とは一線を画しており、西久保市長の更迭《こうてつ》がすぐに実現するわけではなかったが、革新会以外の会派が一名多くなり、議会運営に不透明さが増した。

こうした中、六月一四日午前、三木と鳩山一郎が鈴木喜三郎を交えて話し合いの場を設けた（「鳩山三木会見」『東朝』六月一五日付夕刊／「市長は据置き」『東日』六月一五日付夕刊）。ここで具体的にどのような合意がなされたかは不明だが、同じ日に民政党（旧憲政会）がパリで行われる列国議会同盟会議に三木を派遣することを決定した（「三木氏外二氏　議員会議へ」『東朝』六月一五日付）。『東京朝日新聞』の六月一八日付朝刊社説は鳩山と三木の会談に触れ、次のような噂話があると伝えている。

「市民の知らぬ間に市長の取替が私議され、しかも三木君の体面をつくらうため、その外遊留守中に決行すべしうんぬんの筋書まで公々然伝へられてゐる」（「市長問題私議を何と見る」）

この後、西久保市長追い出しの動きが強まっていくが、それは三木が日本を留守にしている間に進められていく。

この年の三木の渡欧に関しては、衆議院事務局国際部が保管する『自昭和二年一月至仝年十二月　第十二冊　列国議会同盟日本議員団書類　秘書課』に詳しい。この資料は、伊東かおり『議員外交の世紀』（吉田書店、二〇二二年）で用いられている。本書でも、実際の資料を衆議院事務局で閲覧し、分析を行った（以下、列国議会同盟会議に関する記述は、特に言及の無い場合はこの資料による）。

そこに収められた「日本議員団巴里会議参列関係書類一括」によると、六月四日に政党ごとの派遣人数の概要が示され、一五日までに派遣議員の届け出を提出するよう依頼があった。つまり、三木と鳩山の会談はこの日程を意識してのものだったことがわかる。一五日には、民政党から三木武吉・建部遯吾・高島順作、政友会から松本眞平・西澤定吉、新正倶楽部から佐佐木安五郎が派遣されることが決まった。この他にも、民政党の村山喜一郎・石黒大次郎、政友本党の中村嘉寿が私費で参加し、書記官・大木操と東京市会議員の森脇源三郎が同行した。打合会の書類には「三木君の申出、随員の件」とあり、そこに森脇の名前が挙がっているので、森脇は三木の要望による同行であったことがわかる。団長は年長の三木が務めた。

三木、石黒、西澤、佐佐木、森脇の五名は八月三日に長春を出発し、シベリア鉄道でパリへ向かった。当時ハルビンの総領事であった天羽英二の日記には、三日に三木ら（森脇を除く）と昼食やゴルフを一緒にした記録が残っている（天羽英二日記・資料集刊行会編：53）。三木らは三日午前七時三五分にハルビンに到着し、その日の午後八時一〇分に出発した。建部と高島は少し遅れて、一〇日朝にハルビンで天羽と会合し、その日の午後に出発した（天羽英二日記：54）。他のメンバーもそれぞれのルートで出発し、パリに到着した一行は、二五日から第二四回列国議会同盟会議に参加し、三〇日に会議が終了すると、欧州視察旅行に向かった。九月一〇日にはイタリアでムッソリーニと会見し、二三日にはベルリンに到着し、二七日にロンドンへ向かった。松本、西澤、佐々木、大木は一〇月一五日に米国へ出発し、三木と森脇は一六日にふたたびパリへ向けて出発した。

三木らはイタリアからドイツに向かう途中でハンガリーのブダペストに立ち寄った。ハンガリー公使の今岡十一郎は「三木の応答の態度は立派であつた」と回想している。

「頭脳はカミソリのように切れ、どんな質問に対しても、淀むことなく明答する。私は通訳をしな

図 3-2　石黒敬七『にやり交遊録』日本週報社、1959 年
ヴェルサイユ宮殿に向かう三木と森脇（右端）。

がら、〃これは傑物だ〃と思った。その三木が厚生大臣のワシュに「日本にはこんな立派な着物があるのに、なぜ貧弱な洋服など着るのか」と質問されて、「参った!」という表情で、ニタッと笑ったのを覚えている。」（今岡：59）

当時パリに滞在していた石黒敬七は、議員団の石黒大次郎と同郷であったことから、三木らの案内役を務めた（石黒 1959：182）（図3–2）。石黒によると、特徴的な髭にモーニング、足元はスリッパという恰好の森脇が街では目立つ存在だったという。森脇は行き交う女性に「マダーム、マダーム」と声を掛けつづけていた。マダムは結婚した女性を指すので、娘さんに声を掛けたいなら、「マドマゼル《ママ》」と呼んだ方がよいと石黒はアドヴァイスした。「マドマゼル《ママ》」は覚えにくいだろうから「マドワセル（惑わせる）」と覚えておけばよいとも付け加えた。女性が愛想よく応じてくれるようになったが、しばらくすると様子がおかしい。よく聞いてみると、森脇は「マドワカース、マドワカース」と言っている。三木に報告すると「イヤ君、そりゃマドワカスでまだよかったよ、カドワカス〔拐かす＝誘拐する〕でなくって」と、よくできたオチも付いている（石黒 1935：151f）。

石黒は「パリの三木武吉」という小さな油絵を描き、それを三木は大切に保管していた。「鳥打《とりうち》をかぶつた三木は、ロイド眼鏡に赤いボヘミアン・タイといふ姿である」との証言が残っている（鴻嘉門：98）。

三木は欧州で東の間の休暇を楽しんでいたようだ。三木が報知新聞社長時代にタッグを組むことになる城戸元亮ともこの時にドイツで出会った（愚鱈生「報知社長室で城戸元亮氏語る」『新聞之新聞』一九三九年六月五日付）。城戸は「大正」の次の元号を「光文」と報じた誤報事件の責任をとって東京日日新聞社の主幹と常務を辞任し、この年の七月から欧米旅行に出ていた（『毎日新聞七十年』：250f）。

前述の石黒の回想では、森脇がかなりの大金（千円）をフランス貨幣に換金していたと記されている（石黒 1959：183f）。これはおそらく日本から届いたある知らせに影響されたものと推測できる。その知らせとは、庭から「小判がザク〳〵出た」というものであった。三木は次のように証言している。

「ぼたんといふ神楽坂の家で、庭を手入れをして石燈龍の位地を変へようとした時鍬《くわ》の先へ当つた何か瓶があつて、それを開けたら大判、小判といふか黄金の花が咲いて居つたといふ、泡食つて、僕のところへ手紙が来たんだが、ザク〳〵と書いてあるから驕《おご》つたり使つたりして馬鹿見た」（三木 1933①：70）

『国民新聞』一九二七年八月二四日付朝刊は「牛込、旗本の屋敷跡から小判がザク〳〵現る」と題する記事を掲載し、三木の愛妾である加藤たけが新たに購入した邸宅の修繕工事を行っていると、庭から小判が出てきたと報じた。弁護士の原玉重が神楽坂署に届けて調べたところ、「慶長小判五十四枚、二分金十八枚、一分金二十五枚価格千円余のもの」と判明したという。三木も、よくよく問い合わせてみると「たつた七十何両」だったと述べている（三木 1933 ①：70）。
小判は期待したほどの収穫はなかったようだが、三木はメディア政治家としてこの上ない「土産話」を携え、帰国することになる。

金髪美人を追え

次項で詳しく論じるが、西久保市長の不信任案は、三木の帰国が近づいた一二月初めに可決される。『時事新報』一二月一〇日付夕刊（九日発行）は一面で「西久保市長と三助役　けふ、連袂して辞表提出」と題する記事を掲げた。その同じ紙面に、列車で日本へ向かう三木の様子を伝える記事も掲載された（「三木君の冷汗三斗」）。「哈爾賓《ハルビン》特電八日発」の記事には次のようにある。

「途中下車した三木武吉、森脇天涯の両氏は南行列車乗替までの僅かの時間を利用して記者に対し左の如く語つた
各国視察中最も注意を惹いたのは欧洲政界が反動的に傾いて来て居ること丶何れの国の議会に於ても政府与党と反対党との間に乱暴狼藉《ろうぜき》等が行はれることなく互に正々堂々飽くまで言論戦で行くことで之れを我国のそれに比ぶれば正に冷汗三斗の思がある〔。〕吾々は今後大いに彼等を見倣《みなら》はねばならぬと痛感した
と其他四方《よも》山《やま》の漫遊談に花を咲かすと中フト側の椅子に目を転ずれば窈窕たる金髪の一美人あり愛嬌を振りまきつ丶余（時事新報特派員）に会釈するので「あの人は誰ですか」と森脇氏に尋ぬれ

ば

伯林《ベルリン》から吾々を見込んで日本まで同行を頼まれたので〔。〕彼女の名はエーラ〔。〕歳は二十二で
伯林の某雑誌の婦人記者である

と答へたのみで余り多くを語らぬ」

なんと三木は「金髪の一美人」を連れて帰国しようとしていた。翌日の『読売新聞』もハルビンからの電報を掲載した。「三木武吉クン、あの顔で、金髪美人エーラ（二二）をつれて帰朝〔。〕『理由は聞いて呉れるな』と、顔を赤くして連絡車に姿を消した。」（「夕刊から」『読売』一二月一〇日付）

三木は九日に奉天に到着した。『満洲日報』一〇日付には、奉天市内をエーラと一緒に自動車で移動する三木の様子が報じられた（「我政治家はもつと真面目になれ」）。釜山から関釜連絡船に乗って一二日朝に下関に到着した三木は、とうとう記者に囲まれた。『大阪毎日新聞』『報知新聞』『万朝報』が一三日付夕刊（一二日発行）で三木と謎のドイツ人女性について報じた。

『報知新聞』は「下関支局特電」として三木の次のようなコメントを掲載した。

「我輩自身はかまはないが婦人には気の毒だ、折角日本の観光に来た人に悪い印象を与へるのみだ、あの婦人はベルリンから来た女で自分達はモスクヴアから道連れになつたばかり、大坂《ママ》にゐる医者で知人があるからそれをたづねて来たものである、東京にも知人があるから後で来るかも知れない、かくなつたる上はその婦人のためにどこまでも保護してやらなければならぬ義務がある」（「ぶり〱怒つて話さぬ三木さん　同伴の金髪美人でひやかされて」『報知』一二月一三日付夕刊）

図3-3　『大阪毎日新聞』1927年12月13日付朝刊
管見の限りでは、エーラの写真を掲載したのは『大阪毎日新聞』と『東京日日新聞』のみであった。写真が本物であるとするなら、エーラは金髪ではないこともわかる。

下関の『馬関毎日新聞』（一三日付朝刊）は、三木がエーラの写真を撮らせまいと必死だったと伝えた（「噂の金髪美人の写真も取らせぬ」）。一行は午前八時四〇分発の大阪行きの列車に乗ったが、三木は一等展望車、エーラは二等寝台に別れて乗車した（「ヴエランダ」『大朝』一二月一三日付）。『大阪毎日新聞』は一三日付朝刊にエーラ（エラ）の写真を掲載し、大阪での動向を伝えた（図3-3）。

　「エラさんは初めの程はきれいな瞳を伏せて二等寝室に小さくなつてゐたが、雑誌記者といふだけあつてしまひには蜜柑を頰ばつたり煙草をふかしたり、さてはそこいらにゐる人々を美しい顔中の筋肉を動かしてやゆし何を聞いても「新聞記者と話するのは嫌だ」と答へ日独会話辞典を手にして「いはない」とか「きらひ」とか片言を連発し、はてはあちらへ行けと手まねして毛皮のコートに顔をうづめてしまつたが、汽車が午後九時五分大阪駅につくと三木氏を残して森脇氏はエラさんをつれて大阪に下車、お宿はと訪ねても未だきまつてゐないとて駅前からタクシーを飛ばせ北浜の大正日日新聞社に姿を消してしまつた」

『東京日日新聞』は一三日付夕刊（一二日発行）に「三木将軍と謎の金髪美人」という記事を掲載し、

一四日付夕刊（一三日発行）に「謎の金髪美人はこれ！」と題してエーラの写真を掲載した（図3-4）。翌日（一三日）、三木は一人で大阪駅を出発し、車中でインタビューに応じた（「私の帰朝は予定通り」『東朝』／「市長の辞職は全く意外だった」『東日』／「今後は市政に口出しせぬ」『読売』／「世上の悪評は我輩の不徳」『国民』、いずれも一四日付朝刊）。『読売新聞』の記者は、小田原市の国府津駅から汽車に乗りこんだようだ。

記事の中身はどの新聞もほぼ同じで、三木の主張は以下のとおりであった。七月一七日の出発前に革新会の総会で西久保市長を擁護するように伝えた。鳩山とは市長問題について話していない。二八会（次項で詳しく説明）の離脱は寝耳に水で満洲に戻ってきて初めて聞いた。擁立した市長が二人（伊澤と西久保）も辞めてしまったので今後は市長問題には関わらない。東京市会や革新会とも関わらない。

図 3-4　『東京日日新聞』1927 年 12 月 14 日付夕刊

三木が一三日午後八時二〇分に東京駅に到着すると、「金髪美人エラー嬢の容姿を眺めん」と多くの人が駅に集まっていた（「問題の美人はどこへ置いて来た?」『万朝報』一二月一四日付）。

エーラに関しては、後に三木が「手柄と失敗を語る座談会」（『文藝春秋』一九三一年五月号）で詳しく語っている（190f）。三木が森脇と医者の杉田隼人とベルリンの日本料理屋で昼飯をとっていると、そこにエーラがやって来た。杉田が言うには、ベルリンに滞在していた日本のある博士の愛人なのだが、船が嫌いで日本に一緒に帰れなかった。帰国した博士から知らせが来たら、彼女もシベリヤ鉄道で帰るから一緒に日本に向かうという。彼女が日本に行きたがっていると聞いた三木は、明後日シベリヤ鉄道で帰るから一緒に来ないかと誘った。どうせパスポートの手配も間に合わないだろうから、冗談のつもりで一緒に来るなら旅費も全部出してやると言った。するとその日の夕方、支度を整えた彼女が三木のもとへ現われた。たまげた三木が杉田に相談すると、嘘をついたら日本人の面目に関わると言われた。仕方がなく連れて帰ることにしたが、彼女は三木のそばから離れようとしない。奉天では、大連にいる三木の妹夫婦が迎えに来て、金髪婦人のことが新聞に大きく書いてあると教えられた。たまたま彼女の愛人（博士）の友人がいたので、日本へ彼女を連れて行ってくれと頼んだが、彼女が三木のもとを離れようとしない。下関では、新聞記者に何枚も写真を撮られたが、彼女はそれが嬉しくて仕方がないよう。このまま東京駅まで行ったら大変なことになると思った三木は森脇にこう言ったという。

「大阪でお前が連れて降りろ、僕も降りるやうにしてゐて、汽車が出る時、サツと乗つて行つて、京都で俺は降りるから（中略）京都の木屋町に中村屋といふ旅館がある。そこで俺は待つてるから自動車で運んで来い。さうしたらそこへ預けておかう」。

森脇は大阪駅で記者に囲まれるわ、事情を知らないエーラから文句を言われるわで苦労したようだが、尾行を撒《ま》いて、真夜中に自動車で京都の中村屋へたどり着いた。中村屋の主人は、エーラの愛人である博士の知り合いで、博士はベルリンから中村屋宛てに手紙も送っていた。ようやく博士も日本に到着したが、彼女を引き受けるのは難しいとして、旅費と土産物を持たしてドイツへ帰した。

以上が『文藝春秋』で三木が語った「真相」であるが、明らかな嘘が含まれている。まず、エーラはすぐにはドイツに帰っていない。『読売新聞』一九二八年七月二五日付朝刊は「エトランゼ異聞（8）…で、エルラ嬢は還へされた　表情と悋気《りんき》の板挟に　三木ブキさんの悩み」と題して、エルラ嬢（エーラ）が、三木の愛妾である加藤たけが経営する神楽坂の牡丹という料理屋で『客人』とも『家の者』とも『女中』ともつかぬ変てこな待遇で預けられてゐた」と報じた。加藤たけの妹の神田武芽も、エラ（エーラ）が牡丹でアルバイトをしていて、「レコードでダンスをやったり何かして見せた」と後に述べている（神田 1957：184）。

当時の新聞記事はエーラを雑誌記者としているが、これも怪しい。議員団に同行した書記官の大木操は『激動の衆議院秘話』（第一法規出版、一九八〇年）の「三木武吉団長の国際艶物語」で、エバ（エーラ）がベルリンのバー・ヴィクトリアのダンサーだと記している（86）。大木が一九三二年にふたたび列国議会同盟会議に参加した際、ベルリンのバー・ヴィクトリアに立ち寄ると、「中年肥りの女王然として君臨し、相も変らぬ艶笑を振り撒き賑わってい」たという。

「早速近寄って昔三木団長と共に来た時の想い出話をすると、彼女は夢かとばかり大袈裟な表情をして驚いた。そして喜んだ。日本での三木氏の心尽くしを繰り返し感謝した後、日本の風習や景色の佳さを夢中になってしゃべり続ける彼女の様子を見ていると、この社会の女とは思えない純情さに私はグラスを置いて、ある感傷にふけらざるをえなかった。それは三木氏のお蔭で日本人の信用

が強く保たれたことを証明してくれたからである。」(87)

文芸評論家の木村毅も一九六〇年に『山陽新聞』で「三木武吉」と題する小説の連載（八月三一日付～一二月一〇日付夕刊、計一〇一回）を始めるにあたって次のように述べている。

「ドイツからつれ帰って一世の話題となった踊り子は、私の洋行した時は三木ダーメ〔婦人〕と呼ばれて、ベルリンのカフェに出ていて、一夕彼女と大いに快談《ママ》したこともある。」（「木村氏のことば」『山陽新聞』一九六〇年八月三〇日付夕刊）

三木の伝記は、「ドイツ娘エバ」を「日本人旅行者の相手をするドイツ女軍の勇敢なる一員」とし、彼女の旅券も「ベルリンにある日本大使館は急なことで面食つたが、議員視察団長のいうことではあるし、交渉係りの森脇は院外団で鳴らした強引さだから、旅券一切も即座に間に合うことになる」としている。ただし、「エバと某博士の間はその頃の伯林日本人間でも有名だつた」と記しており、『文藝春秋』で三木が語った内容はすべて嘘というわけでもないようだ（三木会編：517f）。

市長不信任の真相

三木の帰国が近づいた一二月初め、東京市会では、西久保市長の不信任案が可決されようとしていた（中邨：131-55）。一一月二八日の革新会の総会では、市会議長の小島七郎をはじめとする九名（小島七郎、大橋誠一、松永東、今津源右衛門、大井善蔵、小森七兵衛、大野敬吉、戸倉嘉市、別役増吉）が脱会を表明し、二八会という別組織を立ち上げた（「明日の市会を前に革新派の九名脱会」『東朝』一一月二九日付夕刊）。革新会を離れ、事の成り行きを「暫く静観する」というのが表向きの理由であったが（「市長不信任案は今夕の市会に」『東朝』一一月二九日付）、二八会結成の目的は西久保市長の排斥にあった。

中正会（中立）と正交会（政友派）は、二八会が西久保の不信任案に賛成票を投じることを期待したが、二八会の大半が市長擁護の決議文に署名し、「暫く静観」という声明も出した手前、一一月二九日の不信任案提出は見送られた（「不信任案出でず　昨夜の市会流会」『東朝』一一月三〇日付）。翌三〇日も革新会の議員が選挙人名簿をひたすら読み上げる議事妨害を行ったため（『市速記録⑫』1927：1324f）、不信任案が提出されたのは一二月一日のことであった（「市長不信任案けふ遂に上程さる」『東朝』一二月二日付夕刊）。

市会では一二月二、七、八日の三日間にわたって審議が行われ、二日には革新会と正交会の市議が演壇上で乱闘を繰り広げ、革新会の小俣政一が額に全治二週間の傷を負った（「大混乱の市会　遂に流血ざた」「乱闘のあと」『東朝』一二月三日付）。小俣が一二日に語ったところによると、「脳震盪症を起し非常なる重態に陥り」、「病院に入院致しまして懇切なる治療を受け、漸く一命を取止めて戴いた」ほどであったという（『市速記録⑰』1927：1641）。当時、東京府の内務部地方課に勤務していた村田五郎は、議会の臨監席から議場の様子を眺めていた。負傷した小俣について「まるで毬でもころがるように演壇から議場の床までころころところげ落ちてしまいました」と述べており、ただごとでなかったことを窺わせる（内政史研究会編：126）。

不信任案の採決は八日に行われ、賛成四三票、反対三五票となった（『市速記録⑯』1927：1629）。議長の小島は白票を投じたが、二八会から六名が賛成票を投じた（「賛否投票の色分」『国民』一二月九日付）。

八票という票差からも明らかなように、二八会の離反が無ければ、西久保市長追い出しの議決は叶わなかった。この問題を詳細に論じた中邨章『東京市政と都市計画』（一九九三年）は、小島が「政友会によって買収されていた」という説を紹介している（中邨：141）。

不信任を突き付けられた西久保市長であったが、市会は市長解任の権限を保持していないため、西久保はすぐに辞職するのではなく、市会解散の申請を内務省に出した。政友会内閣でそれが認められるはずはなく、万策尽きた西久保は一二月九日に辞表を提出した。

一二月一二日には、看護人を伴って市会に現われた小俣が、市長の退職承認に反対する演説を行った。その中で小俣は、西久保市長追い出しの背景に、鳩山一郎と鈴木喜三郎を中心とした政友会代議士の策動があり、警視庁がその手助けをしていると暴露した。小俣は、一〇月二四日に警視庁刑事部長の久保田金四郎から瓦斯改訂案について次のように言われたという。

「実は瓦斯問題に就ては某二大臣竝に政友会の代議士、市会議員諸君が三木を捕縛せよと毎日のやうに押掛け、久保田は手緩しとの苦情甚だしきを以て、瓦斯会社の重役を招致し、厳重に取調べたるも、三木に不正の事実なきこと明瞭となれるを以て、内閣にも政友会にも其通り報告してやらう」（『市速記録⑰』1927：1645）

三木は無実だが、小俣の所属する革新会には、瓦斯報償問題や板舟権問題（第四章で詳述）で「瑕者《きず》」が多い。久保田は、革新会に捜査の手が及ばないためにも市長問題を円満に解決した方が得策だと述べた。そして小俣に、議長の小島と会うようにすすめた。一一月六日に小島から電話があって柳橋の田中屋で会うと、小俣は小島から次のような説得を受けた。

「久保田からも話があつたらうと思ふが、実は現内閣は成立当初よりの方針として大都市乗取りを画策し、鈴木や鳩山が総指揮官となり盛んにやつて居る、既に大阪、京都は手に入り、更に東京市乗取に就て非常に策動をして居る、代議士が黒幕となり、警視庁が策源地となつて久保田が市会の方の参謀役をやつて居る、実際は革新会にも瑕者があるのであるから、革新会に迷惑の掛らないやうにするのには此の際市長を取替へることが得策である、若しさうしないと久保田は気狂ひだからどんなことをするかも知れない（中略）君も是非同意をして呉れ給へ、市長問題を片付けない中は三木も帰れまい、三木の為めにも是非之を決行しなければならない」（『市速記録⑰』1927：1648）

三木の留守中に市長追い出しを企てる小島に対して、小俣は以下のように述べ、両者の会合は物別れに終わった。

「三木君が極力推薦した市長を三木の留守中に辞任させるやうなことありとすれば世人は何と云はむ、三木と云ふ男も卑怯だ、自分が難を逃れむために逃廻つて、其の留守中に市長に詰腹を切らせたと非難されるであらう、斯の如くんば却つて三木武吉の政治的、社会的生命を奪ふものであるから、断じて反対である」（『市速記録⑰』1927：1648）

この時の議長は小島だから、小俣は張本人を前にこの話を暴露したことになる。小島は「議員の一身上に関する発言をなさるならば中止を命じますよ」と述べたが、小俣の証言を否定も肯定もしていない。当然ながら、市会という公の場で暴露されたこの話を新聞も大きく取り上げた（「市会へブチまけた　市長追出しの黒幕」『東朝』／「西久保市長追出しの真相」『国民』／「西久保市長追出の裏面に潜む醜事実」『報知』／「政友会の乗取り策謀だ」『万朝報』、いずれも一二月一三日付朝刊)。

久保田と小島の説得に応じなかった小俣に対して、警視庁は次の手を打ってきた。一一月に小俣夫人が収賄の嫌疑で留置され、同じ容疑で小俣も留置された(『東朝』一一月一二日・一四日付)。これに対して、民政党綱紀委員会は警視庁弾劾決議を出して強く抗議した(「警視庁弾劾決議」『東朝』一一月二二日付)。こうした経緯があったため、革新会は、一一月下旬の市会で市長の追い出しを何とか阻止しようとし、小俣は真相の暴露という手段に打って出たわけだ。

前述の村田五郎も、政友会の久原房之助を後ろ盾とした久保田が西久保市長追い出しの黒幕だと述べている。久保田は一九三一年に村田が勤務する東京府内務部の部長に就任した。その時に久保田が村田に語ったところによると、久保田が香川県の警察部長を務めていた一九二三年から二四年頃に三木と対立し、三木の策略によって京都府の産業部長に転任させられたという。産業部は二四年限りで廃止が決定していたため、その後、久保田は浪人生活を余儀なくされた。二七年四月に政友会の田中義一内閣が誕生し、警視総監に宮田光雄が就任すると、久保田は警視庁刑事部長に抜擢された。三木に対する私怨から東京市関係の汚職をさっそく調査したが、民政党のみならず政友会まで疑惑に絡んでいる事実が判明し、久保田は三木の逮捕ではなく、東京市会を政友会の支配下に置くこと、つまり西久保市長の追い出しに目的を切り替えた。久保田は、三木を外遊へと仕向けたのも自分だと語っていたという(内政史研究会編：132f, 187)。

この証言には補足が必要である。久保田は香川の出身で愛媛、福島、広島県の警察部長を務めたが、香川県の警察部長を務めた記録は見当たらない（『観音寺市誌　資料編』: 160）。ただし、香川はかつて愛媛県の管轄であり、他ならぬ三木自身が久保田を「同郷の友人」と呼んでいた。それは、一九二〇年七月二四日の本会議で三木が「選挙干渉に関する質問」を行った時のことであった。第二章で紹介した、政友会の議員を「走狗」と呼んで炎上した時の演説である。三木は一九二〇年五月一〇日の衆議院総選挙において愛媛県で起こった選挙干渉の例を紹介し、その首謀者が久保田だと暴露していた。

「愛媛県の警察部長は久保田某と云ふ人であります、多分此処に御出になる東京の弁護士諸君は御承知ございませう、此久保田某は先年不遇で漂泊して居った時代に、政友会の国勢院総裁小川平吉君に拾はれて人になった人であります、今回の総選挙将《まさ》に行はれんとする直前に於て、東京区裁判所検事の職より抜擢せられて、特に愛媛県の警察部長に任命せられた人であります、（「何を出《で》鱈目《たらめ》を言ふか」と呼ぶ者あり）出鱈目ではありませぬ、吾輩は此久保田と云ふ人は極く親しい友達であります、諸君より能く知って居る同郷の友人であります」

三木が久保田を「同郷の友人」と呼んだのは皮肉で、三木は議会に提出した「質問演説参考書」でも、久保田が三月一九日に愛媛県警察部長に就任してから、「上は警察署長より下は駐在巡査に至るまで〔で〕更迭し、以て選挙干渉の準備を為し」、さらには、四月末に久保田が上京して政府内部に働きかけを行って以降、「警察署検事局の猛威は在野党に対して一網打尽的に発揮せられたり」として、久保田を厳しく批判した（一九二〇年七月二七日の本会議速記録『官報号外　大正九年七月二八日』の三七～五二頁。

1920	3・19	久保田金四郎が愛媛県警察部長に就任。選挙干渉を行う
	5・10	第14回衆議院議員総選挙
	7・24	三木が「選挙干渉に関する質問」（衆議院本会議）
1927	5月頃？	久保田が警視庁刑事部長に
	7月中旬	久保田が東京瓦斯株式会社社長・渡辺勝三郎と常務の鈴木寅彦の取り調べを担当
	7月下旬	三木が第二四回列国議会同盟会議（パリ）出席のため渡欧
	10・24	久保田が小俣政一と面会
	11・6	小島七郎が小俣と面会
	11月中旬	小俣夫妻が収賄の容疑で留置
	11・28	小島が二八会を結成
	12・1	西久保市長に対する不信任案提出（東京市会）
	12・2	小俣が正交会の市議と乱闘、負傷（東京市会）
	12・8	西久保市長不信任案の採決、賛成多数（東京市会）
	12・12	三木が下関に到着。小俣が市長の退職承認に反対する演説を行う（東京市会）
1928	2・20	第16回衆議院議員総選挙

表3-4　西久保市長追い出しの背景

この文書では「久保田金次郎」となっている）。

村田五郎の証言と照らし合わると、こうした経緯があって、三木が久保田を京都府の産業部長に追い込んだようだ。ところが、東京市を舞台として三木と久保田が再び相まみえることとなった。本章で紹介した、一九二七年七月の東京瓦斯株式会社社長・渡辺勝三郎と常務の鈴木寅彦の取り調べは、久保田が担当した（「渡邊、鈴木両氏　昨夜釈放さる」『東朝』七月一五日付）。小俣の証言によれば、久保田と二八会の小島は裏で通じており、この二人が西久保追い出しの首謀者であった。この間の経緯をまとめると表3-4のとおりとなる。

すでに紹介したように、一九二七年八月三日に三木は欧州へ向かう途中のハルビンで総領事の天羽英二と会食をした。天羽の日記には以下のように記されている。

「朝　三木武吉一行着。午後一時昼食　三木武吉　西沢定吉　石黒大次郎　小島七郎　田淵豊吉　佐々木安五郎　鍋島嘉門　細野楽勝　内田府会議員　岩部成城（満鉄）在留民代表二五名」（天羽英二日記・資料集刊行会編：53）

西沢、石黒、佐々木は万国議員同盟会議に出席した議員団のメンバーである。衆議院議員で野次の名手とされた田淵や新聞記者の鍋島や細野がここに加わった理由は不明である。内田府会議員とは、おそらく三木の妻・かねの姉の夫で府会議員を務めた内田健次郎だと思われる（服部信也・昌子編：31）。岩部成城は三木の妹・美代枝の夫である。注目したいのは、この中に小島七郎の名が含まれている点だ（小島は、八月一〇日の天羽と建部と高島の会合にも参加している）。小島がハルビンまで出かけた理由はわからないが、三木と小島の間には何らかの合意があり、それが二八会の結成につながったと考えるのが妥当だろう。

なお小島は、一九二八年二月二〇日に行われた第一六回衆議院議員総選挙では千葉県第一区から政友会の候補として出馬し、落選している。

図3-5は、その第一六回衆議院議員総選挙で三木が作成したポスターである。いずれも玉井清『第一回普選と選挙ポスター』（慶應義塾大学法学研究会、二〇一三年）に収録されている。左側のポスターは節分をモチーフとして使い、「普選反対」鬼、「放漫政策」鬼、「生活難」鬼、「不景気」鬼を三木が退治するという構図になっている。右側のポスターは、民衆（牛込区民）に支持されながら、三木が汗だく

となって「普選車」を押している。それを逆方向に引っ張って妨害している背広姿の人物には「普選反対、七年前の政友党」という文字が記されている。

第一六回衆議院議員総選挙では、納税資格制限の撤廃によって二五歳以上のすべての男子に選挙権を与える男子普通選挙が実施された。この選挙から戸別訪問が禁止され、自らの主張を有権者に訴えるために、演説、ビラ、ポスター戦略がこれまで以上に重要視された。

今回の選挙では、小選挙区制から中選挙区制への移行もなされ、東京は一六個あった選挙区が七個に統合された。三木の東京旧十一区（牛込区）は、旧一区（麹町区、四谷区）、旧二区（麻布区、赤坂区）、旧三区（芝区）と統合されて東京一区（定数五名）となった。前回（第一五回総選挙）の牛込区（東京旧十一区）の有権者数は八〇五二人であったが、納税資格制限の撤廃で一万四四七〇人増えて二万二五二二人となった。さらに中選挙区制への移行で、新選挙区の東京一区の有権者数は一〇万一〇五四人となった。三木の場合、八〇五二人から一〇万一〇五四人へ約一二・五倍となった有権者を相手にする必要があった（玉井 2013：168f）。

図 3-5　1928 年 2 月の衆議院議員総選挙のポスター
玉井清『第一回普選と選挙ポスター』（慶應義塾大学法学研究会、2013 年）

とはいえ、民政党幹事長を務め、「金髪美人」でも話題を独占した三木の知名度は抜群で、選挙組織も盤石であった。そのため三木は、同じ東京一区から出馬した民政党の新人候補・瀬川光行へ「票の譲渡」を行った。三木は瀬川に推薦状を書き、麻布、芝、牛込各区の支持で三木は当選確実のため、麹町、四谷、赤坂各区の有権者は三木ではなく瀬川に投票するよう促していた（玉井2013：180f）。

三木の区ごとの得票数は、麹町区一三九、四谷区四五、赤坂区一三二、麻布区一〇九七、芝区一〇八六、牛込区六六一五。瀬川は、麹町区二二六一、四谷区四六七六、赤坂区一八五三、麻布区五一四、芝区六〇九、牛込区六〇四であった。

麹町、四谷、赤坂各区は三木への投票が明らかに少なく、有権者への指示が確実に伝わっていたことがわかる。瀬川は、三木を上回る一万五一七票を獲得し、第二位で当選した。三木は九一一四票を獲得し、第三位となった。中選挙区で定数五名だからこそ可能となった戦略であるが、見事な票読みと言わざるをえない。

この時の選挙では、政友会二一七議席、民政党二一六議席、立業同志会四、社会民衆党四、革新党三、労働農民党二、日本労働党一、九州民憲党一、無所属一八となり、与野党の議席差が伯仲した。当然、議員の切り崩しが激しくなり、たとえば、民政党から非公認で当選した松田竹千代のもとには、政友会本部の使いの者がやって来て、五万円を置いていこうとした。その後、三木から「大阪北区の花屋に来ている、ぜひお越し願う」と書かれた電報が届いた。出向いていくと、三木は浜口からの手紙を持参していた。戦後、「八人の侍」として行動を共にする三木と松田の出会いである（松田竹千代：236f）。

選挙中、政友会の田中義一内閣は、無産政党（労働者や貧農など無産階級の利益を代表する政党）への取締を厳しく行った。選挙後、鈴木喜三郎内相の引責辞任を求める声が上がり、四月二八日に野党は内相弾劾決議案を提出した。与野党の議席差はわずかであり、「最小限二名の差で内相弾劾案を否決出来る」状況であった（『読売』五月一日付）。

民政党は切り崩しを防ぐため、議員を熱海、湯河原、箱根の旅館に幽閉し、外部との連絡を遮断させた。これを新聞は、代議士の「缶詰め」だと騒ぎ立てた。『東京日日新聞』五月一日付朝刊の「熱海では呉越同宿　「かん詰」と「切崩し」」では、三木がこの作戦の「大隊長」とされている。政友会側も代議士や院外団を同じ旅館に送り込んできたため、湯に入る時も集団行動とし、散歩にも院外団がノックバットのようなステッキを持って同行した。

実は、切り崩しの最大のターゲットは三木自身でもあった。第一章で紹介したように、鈴木喜三郎は早稲田時代の恩師であり、就職の世話もしてくれた恩人であった。その三木を口説き落とすべく、まず、「同郷人で、同年輩、同業であつた関係から相当親しい交際をしておつた久保田某」がやって来たと三木は回想している。「警視庁の部長級で田中内閣の支持者である久原房之助の手先のようなことをやつておつた」とも述べているから、久保田金四郎で間違いないであろう。民政党を脱党して新党を結成し、田中内閣と連立を組む案を久保田は提案し、ボストンバッグに三〇万円を詰めて持ってきた（三木 1954③：46）。他にも、三木が面倒を見ていた民政党の若い議員二人が突然、脱党すると言い出した。一人は選挙違反事件を抱え、もう一人は借金を抱えていた。政友党側が二人の弱みに付け込み、鈴木のことで三木が悩んでいるから楽にしてあげろとそそのかしたようだ（同、47f）。

その後、小島七郎がやって来て、「君の気持はよくわかつた。われわれ友人は君に関する限り、君の気持を傷つけるようなよけいなことは、一切やらないから安心してくれ」と述べた（三木 1954④：31）。小島が政友会の人間として立ち回っていたことは、この三木の証言からもよくわかる。

翌日、鈴木喜三郎がやって来て、内相弾劾決議案が可決される見込みを三木に聞いた。「何とか打解《ママ》の方法はないだろうか。君の知恵を借りたいんだ」という鈴木の問いに対して三木が議員辞職の意志を示すと、鈴木は「僕は君の精神を犠牲にしてまで自分の地位を全うすることはいさぎよしとしない」と述べたという（同：32）。鈴木は五月一日に辞意を表明し、三日に辞表を提出した。

この年は三木にとって激動の一年となる。鈴木が内相を辞職して半年も経たないうちに、三木は逮捕されてしまう。なぜ三木はそのような目に遭わなければならなかったのか。少しだけ時間を戻し、一九二八年の年明けの出来事から振り返ってみたい。三木逮捕の舞台となったのは、国政ではなく東京市政であった。

第四章

東京市疑獄事件の考察

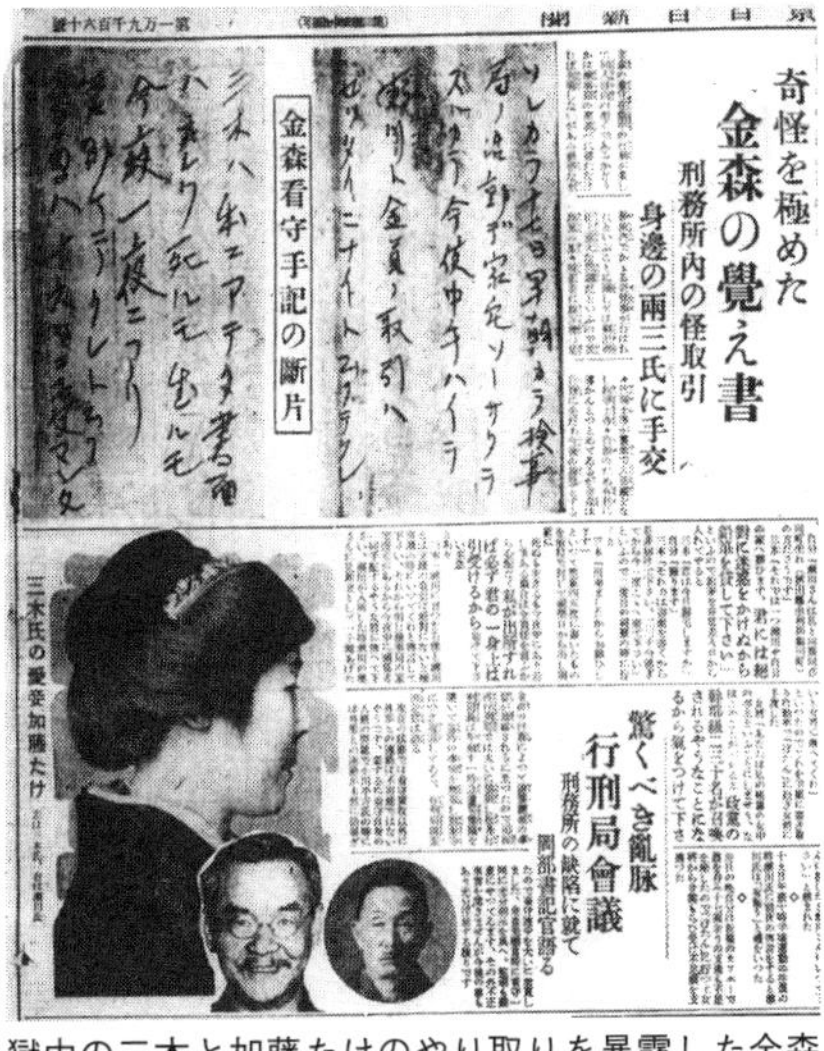
奇怪を極めた
金森の覚え書
刑務所内の怪取引
身邊の兩三氏に手交

金森看守手記の斷片

三木氏の愛妾加藤たけ

驚くべき亂脈
行刑局會議
刑務所の缺陷に就て
岡部書記官語る

獄中の三木と加藤たけのやり取りを暴露した金森手記
『東京日日新聞』1929 年 12 月 21 日付朝刊

「かの女は三木氏が糸をたぐる区会議員、市会議員、代議士などが松ケ枝に来ると玄関に飛び出し何カラットとかいふ自慢のダイヤの指環を光らして愛嬌を振りまいた、頭がよく如才がないので一度松ケ枝の門をくゞつた人の名はよく覚えてゐて、選挙に当選でもすればいの一番に『松ケ枝』の名で祝ひ品をかつぎ込んで、松ケ枝の名を売つたものである」（『東京日日新聞』記事中の「三木氏の愛妾　加藤たけ」より。加藤の経営する松ヶ枝（その後は牡丹）が三木の政治活動の拠点となっていたことが窺える）

京成電車乗入問題

一九二八年一月六日には、西久保市長の後任を決める東京市長選が行われた。読売新聞社長の正力松太郎も有力候補の一人であり、一二月二一日に行われた第三回銓衡委員会では、正力が一〇票で最高点を獲得したと報じられた（「市長候補の得点数」『読売』一二月二二日付）。

正力は一九一三年に警視庁に入り、神楽坂警察署長、監察官、刑事部長、官房主事などを務め、二三年からは警務部長となった。二三年一二月の虎ノ門事件（難波大助が摂政宮（後の昭和天皇）を狙撃した事件）の引責により警視庁を懲戒免職となり、二四年二月に読売新聞社長に就任した。正力は政界に強い関心を持っていて、同年九月の東京市長選で第二候補の中村是公が市長に就任する案は正力が考案したとも言われた（御手洗：376）。

しかし、一月六日の市会で七五票を獲得して市長に選出されたのは、大蔵大臣や日本銀行総裁を務めた市来乙彦であった。次点は秋山定輔の一〇票で、正力には一票も入らなかった（『市速記録①』1928：61f）。

三木派は市来支持で一致し、革新会、二八会、純正クラブ（太田信治郎など六名）、無所属の市議が市来に投票した（「市来氏市長に大多数で当選す」『東朝』一月七日付）。西久保市長を追い落とした面々も、市来であれば一致して推せるということだったようだ。

正力はこの市長選を回想し、「大体当選する見込みがあつた」として以下のように続けている。

「所が蓋《ふた》をあけて見ると三木派の反対に遭つて、俺は負けた。そして三木派の推す市来（乙彦）市長が実現したんだ。これで三木君との関係は完全に悪くなつたが、仲に人が入つて、遂に彼と手を握ることになつた。そして次の市長には僕を推し、その代り讀賣の社長は三木君に譲ることに諒解がついていた。」（正力・伊藤：209）

正力から三木へ資金面での援助があったのか、あるいは読売新聞社の譲渡が約束されたのか、本当のところはわからない。三木の伝記によると、市来が市長に決まった後の一月一八日に三木と正力が会見したという。三木は、市来が市長として無能であると判断し、「行きがかり上、市来を市長に推したものの実は弱りきつている。正力がも一度やる気があるなら、二、三ヶ月したら市来を退かせて正力を推そう」と述べたとされる（三木会編：195）。

三木と正力が手を結んだ時期や理由に関しては不明な点も多い。ただ一つ言えることは、三木と正力の手打ちがなければ、東京市政をゆるがす大スキャンダル事件、京成電車乗入問題はおそらく起こらなかったということだ。

千葉県に本社を置く京成電車は、市の中心部から離れた押上《おしあげ》を起点としており、浅草区内に路線を延長させるのが念願となっていた。京成電車乗入案は一九二三年以来五回にわたって申請されたが、いずれも許可されなかった。一九二八年三月に専務取締に就任した後藤國彦は、実業家の郷《ごう》誠之助の秘書を務めたことがあり、正力とも親しかった。正力が読売新聞を経営するにあたって支援も行っており、そうした関係から後藤は正力に乗入案通過を市会に働きかけるように依頼した（正力・伊藤：209f）。

京成電車乗入案（「軌道敷設特許申請に関する件」）の審議で奇妙だったのは、一九二八年七月一〇日の調査委員会で否決されたにもかかわらず（『市速記録⑨』1928：1001）、一三日の東京市会でその決議が覆された点にあった。市会では、まず無記名投票を行うことが採決で決定され（この採決は記名投票）、乗入案に賛成票を投じやすい環境が整えられての逆転劇であった。乗入案は賛成四二票、反対三五票で可決された（『市速記録⑨』1928：1015f）。

投票前に革新会の小俣政一は、今回提出された乗入案が三年前に否決されたものとほぼ同じである点を批判した。乗入案に反対する理由として、東京市の高速度地下鉄道の設置計画に悪影響を与えること、京成電車が延長を申請する区間の路面電車や乗合自動車の収入減につながること、高架式での路線延長が計画されており、当該区間の住民が立ち退きを迫られる可能性があることなどを挙げた（『市速記録⑨』1928：1009f）。革新会の総会では、小俣のような地元・本所区選出の市議に配慮して、乗入案への反対が決まっていた。にもかかわらず七月一三日の市会で乗入案の賛成票が上回ったため、小俣ら十数名の市議は革新会からの脱退を表明した（「市会革新会　遂に分裂す」『東朝』七月一四日付）。

同じ年に審議された板舟権補償案も、京成電車乗入案と同様、急転直下の展開を見せていた。板舟とは魚河岸の魚市場で魚を並べて商売を行う幅一尺、長さ五、六尺の板台のことを指す。それ一枚で商売が成り立ったため、板舟に権利が付き、使用していない板舟を貸与して収入を得る問屋も存在した。つまり財産権として認められていた。ところが、関東大震災後に魚市場が日本橋から築地に移転した際、板舟権が消滅し、それを担保に金を貸借することができなくなってしまった。魚河岸は市に補償を求めたが、板舟権所有者は新天地でも魚の商売自体は認められたため、補償を行うのはおかしいという声が上がり、議論は保留となっていた（馬場恒吾：103f）。

ところが、一九二八年二月二八日の板舟権委員会では、委員長の小板久馬吉、政友会系の五木田治郎吉、革新会の瀬川光行、二八会の大野敬吉・小森七兵衛・大井善蔵が賛成票を投じ、板舟権補償案が可決された（「問題の板舟権案　賛成委員に質す」『東朝』三月一日付）。二八会は市会への上程を画策し、三月三〇日の市会では賛成四二票、反対四〇票で板舟権は可決された（『市速記録⑥』1928：638）。

一連の不自然な審議に疑惑の目を向けたのが、検事正・塩野季彦の率いる東京地方裁判所検事局であった。板舟権の問題は、久保田金四郎の所属する警視庁刑事部も追っていたが、立件には至らなかった（「板舟疑獄の摘発で墓穴を掘った警視庁」『報知』八月一九日付夕刊／「疑獄の事実を知りつゝ　奇怪な刑事部の黙過」『東朝』八月二〇日付）。まず検事局は、八月一四日に三木の参謀役である瀬川を収容した。もともと瀬川は板舟権補償案に反対であったが、革新会が市会の多数を占めると賛成に転じており、魚市場から金を収受した疑いを持たれた。

板舟権疑獄はますます拡大し、二月の委員会で賛成を投じた瀬川、小板、五木田、大野は八月一五日までに収容された。行方をくらましていた小森は三一日に収容された（大井は少し遅れて、九月六日に収容）。八月一五日には、中正会の倉田金三郎も収容された。五木田は京成電車乗入案の調査委員会の委員長で、倉田と大野は委員として乗入案に賛成する少数意見を提出していた（『市速記録⑨』1928：1001f）。こうした関係から、新聞では板舟権疑獄だけではなく京成電車乗入問題の取り調べも進められると報じられた（「京成電車問題にも不正は次々に暴露」『東朝』八月一六日付夕刊／「無記名投票で一挙に可決」『東朝』

八月一六日付)。

京成電車乗入問題に関しては、東京弁護士会・第二東京弁護士会合同図書館が刑事裁判記録をマイクロフィルムで所蔵している(リール番号一七〇　東京市疑獄事件全五三冊中一九―二二(京成関係)〔予審記録〕／リール番号一七八　東京市疑獄事件　判決(豊浦関係))。京成電車乗入問題は、同じ時期に起こった板舟権事件、江東青物市場、自動車購入の問題と併せて東京市疑獄事件と呼ばれた。調書は誘導など強制的な性質を持つ可能性を考慮しなければならないが、事件解明の重要な手掛かりとなるので、以下ではこの資料を中心に京成電車乗入問題の経過を追っていきたい(リール番号一七〇からの引用はマイクロフィルムの通し番号のみを記す)。なお、関係者の逮捕(収容)や釈放の日付については出典を示してないが、特に言及のない場合は『東京朝日新聞』の報道を根拠としている。

瀬川は八月二一日の検事局による聴取で、乗入案が七月一〇日の調査委員会で否決された後、三木から革新会の票の取りまとめを依頼されたと証言した。革新会の乗入賛成者一一名の名前も挙げたが、革新会に関してはこれ以上の証言はせず、金銭の授受に関する具体的な証言も行っていない。一方、瀬川は正交会、中正会、二八会の関与を認め、京成電車から買収費が出ていた可能性にも言及した(「聴取書(瀬川)」: 20f)。

九月六日から第二次検挙が開始され、二八会の大井善蔵、京成電車の吉田秀彌と後藤國彦の両重役らが逮捕、起訴された(「京電疑獄中の六名　今日明日の中に起訴」『東朝』九月一三日付夕刊)。一四日からは第三次検挙が開始され、一四日に政友会東京支部長の中島守利、一六日に正力松太郎、一七日に京成電車社長で民政党の代議士でもあった本多貞次郎と大物が次々に収容された。「僕は男として決然として収容される、然し自分としてはビタ銭一文ももらつてゐないからこの点は憚りながら僕を知るほどの総ての人は安心して可い」というコメントを残して収容されたのが正力であった（「いさぎよく　首の座に直るよ」『東朝』九月一七日付夕刊）。

正力は、九月一六日の検事局による聴取で、京成電車の後藤から一五万円を受け取ったことや乗入案の成立を政党に働きかけたことを認めた。一方で「此の運動方法の内容や頼んだ人の名前を申上げる事は私としては忍びない苦痛であります」「私は男として自分の口から多数の人に迷惑の掛かる様なことは申し上げ兼ねる」として多くを語らなかった（「聴取書（正力）」：77）。同日の予審判事の訊問に対しても、正力は、乗入案成立に際して後藤から「現金十五万円余を受領」したことは認めたが、その使途は黙秘した（「訊問調書（正力）」：291f）。

三木と正力、男の約束

東京市疑獄事件の第四次検挙として、いよいよ司法の手が三木に及ぶ。九月二五日午後、刑事二名が東京地方裁判所検事局の召喚状を持って三木の自宅を訪れたが、三木は不在だった。この時、三木は神楽坂の料亭牡丹にいた。『報知新聞』一九二八年九月二六日付朝刊は、二五日午後七時に三木が収容されたと報じたが、これは勇み足であった（図4-1）。実際に三木が収容されたのは二六日朝だと『報知新聞』以外の新聞は報じている。『読売新聞』二七日付朝刊は、三木が官辺筋に頼み込んで一夜の猶予をもらったと報じた（「某官辺筋に縋りついて　一夜の猶予を歎願」）。

『東京日日新聞』二七日付夕刊（二六日発行）によると、二六日朝に料亭牡丹で三木に出頭を求めたのは、あの久保田刑事部長だという（「三木代議士遂に召喚」）。

『東京日日新聞』二七日付朝刊には三木の独房での様子が詳しく記されており（「きのふに変る　配所の月」）、検事局からのリークがあったようだ。毎日新聞社記者の安島誉は、東京市疑獄事件の指揮を取った塩野が司法記者にしばしば情報を流していたと述べている。


「或る事件が持ちあがる。世間の噂は相当なものだ。さあ物にしようか、しまいか、こんな時にはよく記者に一寸その一端をにほはす。記者は喜んでこれを特種扱ひにする。世論がついて来るか来ないか、これを判断して腹をきめる。こんな手口は塩野さんでなければ出来ない戦略である。」（安島：565f）

『東京日日新聞』二八日付夕刊には、三木逮捕の背景に世論の後押しがあったことを示す記事も掲載さ

市會の大御所三木代議士
昨夜市ケ谷に收容さる
警視廳は昨朝來緊張し
第四次の檢擧開始

疑獄の裏に動く
謎の人物三木氏
收容中の關係者の自白から
すべての事實判明

仙臺の
死者

図 4-1　三木の収容を一日早く報じた『報知新聞』1928 年 9 月 26 日付朝刊

れた。

「三木氏の収容は各方面に大きな響きを与へたらしく廿六日来検事局に対し感謝と激励の投書が頻々と舞ひ込んで来る、そのうちでも三木氏の住居する牛込区民からの投書が最も多く一時あれほどの威勢を示した氏も既に〲人心を失つてゐたものらしく全く今昔の感に堪へぬものがある」（「出揃つた大物の取調べ開始　三木氏の根城牛込から　最も多い攻撃の投書」）

しかし、これは世論をミスリードしようとする記事であった。というのは、牛込区には立川太郎の支持者など反三木勢力が一定程度存在し、一九二六年にも三木の市長就任に反対する区民大会が開催されていた（「昨夜牛込の区民大会　三木氏の市長反対に気勢をあげる」『都新聞』一九二六年六月二五日付）。わざわざ検事局に手紙を書くのはこうした反対勢力の仕業と考えるべきであろう。

三木の刑事裁判記録を確認してみると、「強制処分請求書」は九月二五日に発行されており、右で述べたように、収容まで一日の猶予が与えられたことがわかる。そこに記された三木の「被疑事項」は、「正力松太郎其他民政党所属幹部等を介して」、本多貞次郎や後藤國彦から「被疑者の操縦統御に服する民政党系市会議員を勧説し同案〔乗入案〕審議に当り乗入許可に賛成せしめられ度き旨請託を受け」、二八会の大野敬吉、戸倉嘉市、小森七兵衛、大井善蔵に依頼して「乗入許可に賛成せしめ」たこと、その謝礼として大野、戸倉、大井に各現金二千円、小森に現金一千円を贈賄したことであった（「強制処分請求書（三木）」：293f）。

二六日の検事局による聴取の記録である「聴取書」は見当たらないが、聴取は厳しいものであったようだ。当時、検事を務めた木内曾益は三木の取り調べをこう回想している。

「石郷岡さん〔部長検事の石郷岡岩男〕から佐藤祥樹君と私とが三木さんを腹を立てさせる役を、黒田越郎君がなだめ役をするように仰せ付かつたんですが、三木さんはどうしても腹を立てない。偉い人でしたね。」

当時の法律では調室で被告人に煙草を喫《の》ませるのは禁じられていたが、大目に見る検事も少なくなかった。しかし木内はそれを自分にも三木にも認めなかった。

「三木さんのようなたばこを口から離さず、歯がまつ黒になつているような人の前でたばこをのむということはこれはよくない。私は相手の被告人には絶対のませない、その代り私ものまぬということでこれを機会に私はたばこをのむことをやめたのです。それは私には大変つらいことでしたが結局今日までたばこはのみません。」（木内：21）

二六日の予審判事の訊問に対して、三木は京成電車社長の本多や民政党の小橋一太からの働きかけを認めたが、「其の他の者から頼まれたことはありませぬ」として、正力の関与を暗に否定した。二八会の大野、戸倉、小森、大井への働き掛けも「賛成して呉れと依頼したことはありませぬ」と否定した。ただし、瀬川から意見を聞かれ、「いつも反対する程の事では無いと答へて置きました」と述べている。三木は大野らに中元や選挙費用として金を渡した事実は認めたが、乗入案との関連は否定した（「訊問調書（三木）」：294f）。三木は二九日に起訴された。

二七日に別役増吉も収容され、二八会で収容されていないのは大橋誠一、松永東、病気入院中の小島七郎のみとなった。板舟権補償案の中心人物とされた今津源右衛門は八月に死去していた(『朝日』八月二〇日付)。

瀬川は、二八日に行われた聴取で本多や小橋の名前を出したが、正力の名前は出していない。瀬川は、革新会内あるいは正交会と中正会(中正倶楽部)との交渉の様子や、三木から三千円を受け取ったことを明らかにした(「聴取書(瀬川)」:106f)。

事件の全容解明は進まず、第五次検挙が開始され、一〇月四日には革新会の天野富太郎が収容された。一六日には、帝大附属病院に入院する小島七郎の臨床訊問が行われ、小島は二〇日に不拘束のまま起訴された。

一〇月二四日には、部長検事の石郷岡岩男が正力の聴取を担当した。石郷岡は、後に五私鉄疑獄事件や越後鉄道疑獄事件(いずれも一九二九年~)などの大事件を担当し、「鬼検事」と呼ばれた(「突如、前総長に殉じ、石郷岡氏も辞職」『東朝』一九三七年一月一三日付夕刊)。といっても拷問や威嚇に頼るわけではなく、石郷岡は「汚職の検挙には一種の妙手腕を持つた人」で、自白を引き出すことに長けていたという(松坂:687f)。石郷岡の取り調べで正力は、政党方面への働きかけという話の流れの中で三木の名前を出したが、肝心な部分は言葉を濁した。

「翌二十九日か三十日の日〔五月二九日か三〇日〕に神楽坂の牡丹に三木武吉を訪ねて政治上の話をした末に矢張り京成の問題の話が出ましたが同氏に京成問題に付て革新会の方に纏めて貰ふ様に頼んだかどうかは覚えませせぬ」(「聴取書(正力)」:140)

六月四日か五日頃、正力は後藤から四万円を受け取り、中島に一万円を渡したことは認めたが、残りの三万円の用途については明言を避けた。

「其費途は只今の処は矢張り申上兼ねますが兎に角其後矢張り牡丹に三木を訪ねました」（「聴取書（正力）」：141）

乗入案が市会を通過した翌日の七月一四日には、正力は後藤から一〇万円を受け取り、その足で次のような行動に出たと証言した。

「直ぐ様自動車で神楽坂の牡丹に三木を訪ねて同応接間で二、三分間要件の話をしまして夫《そ》れから直ぐに梶田家に廻りました〔。〕同所で中島と会見して五万円を出して色々有難ふと云つて礼を述べた」（「聴取書（正力）」：141）

ここでも三木に現金を渡したという一点のみを避けた供述が貫かれている。

三木の伝記によると、業を煮やした石郷岡検事が一一月五日に三木を調べ室に呼び出し、三木と正力が獄中で会見する手筈を整えたという。そこで三木と正力は次のようなやり取りを交わしたと記されている。

「「正力君、元気なようだね。」両人とも感慨無量である。「わしがしやべれば、君を今夜にも出すというのだ。だから、君はわしのいうことを認めねばいかんよ。」と、三木。「それはすまんな、よかろう。」と正力。」（三木会編：202）

三木と正力の獄中会見を裏付ける資料は存在しないが、正力は一一月九日午後に釈放され、三木も態度を変えて正力に関する証言をはじめるので、獄中会見あるいはそれに近いものがあったのは事実と思われる。東京市疑獄事件を指揮した検事正の塩野と正力は、塩野が警察練習所や講習所に講義に出ていた頃からの知り合いで、塩野が区裁判所の上席検事時代に正力は警視庁で刑事部長などを務めていた(「法の前に涙で　親友を収容す」『東朝』九月一七日付)。こうした関係から、塩野が正力に配慮したことは十分に考えられる。

取り調べの記録を見ると、一一月一二日の石郷岡検事による聴取で三木は正力からの現金収受を自供しはじめる。

「当時は正力松太郎との関係に付ては申立して居りませんので今日は同氏との関係並私の取つた行動並に金の処分等に付て卒直に申上げたいと思ひます」(「聴取書(三木)」:169)

この日、三木が供述した内容は以下のとおりである。五月二九日か三〇日に正力から電話があり、神楽坂の料亭牡丹で面会した。正力は一九二八年二月の衆議院議員選挙では援助をできなかったが、六月の東京府議会議員選挙では援助をしようと三木に申し出た。この時に京成電車乗入案も話題に上がり、三木が情勢を探ってみたところ、本所区や深川区を地盤とする革新会の市議が乗入案に反対していることもあり、革新会や調査委員も反対のようだった。六月四日頃に正力が再び牡丹を訪ね、一〇日に行われる府議選のためとして現金三万円を置いていった。この時にも京成電車の話があり、三木は「委員会でも通れば何んとか仕様」と述べた。同じ頃、京成電車社長で民政党の代議士であった本多貞次郎からも乗入案に関する依頼があった。民政党の小橋一太からも自宅に電話があった。こうした依頼を受けて三木は、交流のある市議（特定の名前は出さず）に対して「市の為めに寧ろ利益な事だから特殊の理由の無い人は同案に特に反対する必要はないではないか」と働きかけた。瀬川に対しても、京成電車側の「顔を立てる様にして遣らなければなるまい」と働きかけを期待する言葉をかけた。ところが乗入案は七月一〇日の委員会で否決されてしまう。この日の午後四時か五時頃、正力から電話が掛ってきて、委員会で否決され困っているので、「少し賛成するものを造つて貰ひたい」と依頼があった。その日のうちに香川県に帰郷する予定だった三木は瀬川のもとに寄り、「少し何んとか無理をせぬ範囲内で出来得る事なら賛成者を造つて遣つたらよいではないか」と指示した。三木は香川県から一三日に帰京し、この日の市会で乗入案は七票差で可決された。七月一四日（聴取書では「十月十四日」となっているが、「七月十四日」の間違いだと思われる。一一月一三日の三木の「第二回聴取書」も「七月十四日」となっている）、正力が牡丹を訪ね、三木に現金五万円を渡した。つまり、三木は正力から二回にわたって計八万円を受け取った。なお、三木は板舟権補償案については関与を完全に否定した（以上、「聴取書（三木）」：169f）。

三木は一一月一三日の聴取で正力から受け取った八万円の費途を詳細に証言した（「第二回聴取書（三木）」：174f）。企業物価指数をもとに比較してみると、一九二八年の一円は、二〇二二年の七七七倍の価値があるので、当時の八万円は現在の約六千二百万円に相当する。小学校教員の初任給（約五〇円→約二〇万円）から一円の価値を比較すると四千倍になるので、その場合、当時の八万円は現在の約三億二千万円に相当する。八万円のうち、六月四日頃に正力が置いていった三万円のほとんどは六月一〇日に行われた府議選の選挙費用として分配された。分配先に市議が数多く含まれているが、これは、その市議が府議選で支持する候補への応援費として渡された。三木の妻・かねの姉の夫である内田健次郎（府議）、三木法律事務所の中村梅吉（市議）には他よりも少し多い金額が渡っている。革新会の乗入案賛成者の一人であった藤原久人（市議兼府議）に三千円を渡したと三木は証言したが、藤原は受け取ったのは三千円ではなく「合計二千円内外」だとしている（「聴取書（藤原）」: 204）。一〇月二四日の正力の「聴取書」では、この三万円の出所は京成電車の後藤となっている（「聴取書（正力）」: 140）。しかし後述のように、検事局はこの三万円については問題視しなかった。

検事局が注目したのは、乗入案が可決した翌日の七月一四日に正力が持ってきた五万円の費途であった。この五万円も正力が京成電車の後藤から贈られたものである（「聴取書（正力）」: 141）。

府議選が終わっていたので、この五万円は三木個人の政治活動に使われた。三木の愛人である神楽坂割烹店牡丹の女将・加藤たけには、もっとも多い二万一千円が贈与された。ただし、「同人に与へたとは云へ必要な時に融通させるのであります」と三木は述べている。加藤たけの姉で待合・小松の女将である加藤まつゑにも一万一千円が貸与された。三木の参謀役を務めた瀬川光行にも中元として三千円が渡された（「第二回聴取書（三木）」: 177）。

三木は瀬川に与えた三千円について「別に何と云ふ理由もないのでありますが本人が金に困つて居ると云ふ話も聞いて居りましたので中元と云ふ意味も含んで与へた」として次のように弁明している。

「此の点に付て京成電車の乗入案に賛成して呉れたに就て其謝礼と云ふ意味で渡したのではないかと云ふ御訊ねでありますが私としてはさう云ふ考へではありませんし又私と瀬川其他の関係者との

間柄は此問題に限らず何をやつたから何の御礼を出すと云った様な関係ではないのでありますが正力から受けた謝礼金の内からやつた金であり瀬川も乗入案賛成に骨折つた人でありますからさう云ふ趣旨の贈与であると御認定相成らば止《や》むを得ないと思ひます」（「第二回聴取書（三木）」：177f）

九月二六日の「訊問調書」で三木は、二八会の戸倉嘉市、大野敬吉、別役増吉、小森七兵衛、大井善蔵への働き掛けを否定し、乗入案の謝礼として金を与えたことを認めていなかった（「訊問調書（三木）」：295f）。しかし、今回の聴取書では「京成電車乗入案賛成に関与した謝礼の意味だと御認定になるならば致し方はない事と思ひます」と記されている（「第二回聴取書（三木）」：178）。

六月と七月の二回にわたって金を渡した小原要三郎と平林發司は、乗入案にそれぞれ賛成と欠席（もともと反対だったが、採決は棄権）しており、三木は乗入案への見返りだと認定されても仕方がないと述べている。一方、小俣政一や深山彦平のように乗入案に反対した市議にも金を与えていた（「第二回聴取書（三木）」：178f）。三木が正力からもらった五万円を分配した人物の中で、加藤たけ、加藤まつえ、別役、深山は罪に問われなかったが、瀬川、戸倉、大野、小森、大井、小原、平林、小俣はそれぞれ初審判決で有罪となっている（リール番号一七八「東京市疑獄事件　判決（豊浦関係）」：62）。

三木は正力から受け取った八万円に関して、「同人が何処から其金を持つて来たかと云ふ事は聞きませんから知りませんが只会社関係の金でないと云ふ事は同人に念を押して聞いて居ります」と述べている（「第二回聴取書（三木）」：180）。

乗入案が可決した翌日に金を渡されているので、この弁明は苦しいものがある。三木は瀬川にのみ乗入案に賛成するように指示をしたと証言しているので、瀬川の受け取った三千円（さらには瀬川夫人にも見舞金として千円が贈られた）について詳しく説明がなされないと、この事件の全容解明にはつながらない。

この三千円の使い道について、瀬川の九月二八日の「聴取書」では、「追録」として「三木から貰つた金は二千五百円妻に渡し諸払に充てました」「内五百円は農工銀行に支払つた様子ですが詳しい事は判りません〔。〕残り五百円は小遣其他に費消しましたが市会議員等には一銭たりとも渡して居りません」と記されている（「聴取書（瀬川）」：111f）。一一月一五日の「聴取書」でも「追録」として「三木から受取つた三千円は先月来屢々《しばしば》申上げました通り内二千五百円は妻さわに渡し家事上の費用に充てしめました」「残五百円は政治上の相談等で度々参ります日本橋区浜町二丁目の待合初喜の女将に渡しました」「二三百円は遊興費の支払でありますが残金は一時貸して遣つたのであります」と記されている（「聴取書（瀬川）」：188）。瀬川は三千円の出所に関しては、「三木が京成電車側から貰つた金を分配してくれるとは気が付きませんでした」と述べた（「聴取書（瀬川）」：187）。

三千円の使い道のみが「追録」として記された理由、「追録」が加えられた時期は、この資料からは読み解くことはできない。

取り調べが一段落し、第五六回帝国議会の召集が近づいてきた一二月二〇日に、三木は中島とともに保釈された。待ち受けていた新聞記者に対して、三木は事件については多くを語らず、「ぜひ政治家たるものは四五十日は行つて見てもいゝよ」と入獄をしきりにすすめた（「三木、中島両氏　保釈で出所」『東朝』一二月二一日付）。二一日には瀬川も保釈された。

主要な被告人が釈放された二一日に、望月圭介内相は東京市会の解散を命じた（「東京市会解散」『東日』一二月二二日付）。東京市会は、八八名の定員中二五名が逮捕され、欠員の六名を加えると定員の三分の二に達しないという異例の事態になっていた。市来市長も責任を取って一九二九年二月五日に辞任した（「市来東京市長辞職す」『東朝』二月六日付夕刊）。

看守抱き込み事件

東京市疑獄事件の捜査の過程で一九二八年一〇月一六日には、三木の愛妾である加藤たけが、警視庁司法警察官の聴取を受けた。ちょうど石郷岡が正力の聴取を開始する前で、捜査が行き詰っていた時期に当たる。加藤はこの日の聴取で、七月一六日に実の妹の神田むめに二万円を貸したと証言した。店の金庫には「多い時で五万円少ない時でも壱万円位の金は常にあつた」とも証言した（「聴取書（加藤たけ）」：15）。

警察はこの二万円を三木から譲り受けた金と疑ったが、たけは「私の金と主人三木とは全然関係のない事丈ご承知願ひます」と述べている。たけが経営していた松ヶ枝の売り上げは、一か月で二万五千円から三万円で少ない時でも二万円を切ることはなかったという（「聴取書（加藤たけ）」：15）。神田むめも一〇月一六日に聴取を受け、金の流れについて同様の供述をした（「聴取書（神田むめ）」：16f）。

三木が正力から贈られた八万円の費途を供述した後の一一月二〇日にも、たけは石郷岡の聴取を受けた。この日は前回と打って変わって、たけは二万一千円を三木から譲り受けたと認めた（金額も二万円から二万一千円に修正された）。たけはその金をむめに貸したが、たけが経営する待合・松ヶ枝をむめに一二万円で譲ることが急遽決まり、むめが自分の待合を処分して当面の資金を工面できるようになったため、二万一千円のうち一万一千円をたけに返した。たけは、そのうち九千円を実の姉で待合・小松を経営していた加藤マツエに貸し、残りは別の芸妓屋や待合に貸した。マツエは、これとは別に三木から一万一千円を貸与されていた（「聴取書（加藤たけ）」：191f）。むめとマツエも一一月二一日にそれぞれ聴取を受け、同様の供述をしている（「聴取書（加藤マツエ、神田むめ）」：193f）。松ヶ枝が急にむめに売却されるなど不自然な点も残るが、供述書を見る限りは、三木から加藤三姉妹への金の流れが特に問題視された形跡はない。

ただし、聴取から約一年が経った一九二九年一二月一九日に、加藤たけが東京検事局に召喚され、瀆職ならびに証拠消滅罪の容疑で収容されてしまう。市ヶ谷刑務所で看守をしていた金森久助が自首をし、収容中の三木と加藤の連絡役を頼まれ、加藤から金を受け取ったと暴露したのだ。

看守の金森は同年九月にも、五私鉄疑獄事件で収賄を疑われた前・鉄道大臣の小川平吉と、その秘書で先に収容されていた春日俊文との連絡を取り持った容疑で警視庁の取り調べを受けていた（「東京市疑獄事件に証拠消滅の怪事」『東朝』一二月二〇日付）。民政党と政友会の両党が金森を使って策略をめぐらせていたとも言われ、謎の残る事件となったが、この時は立件には至らなかった（「政党巨頭の秘鍵を握る金森を突如収容す」『東日』一二月二〇日付）。

三木の件に関しても警視庁は情報を摑み、金森の取り調べを行ったが、証言に信憑性がないとして釈放していた。今回も検事局が動いて、加藤たけの逮捕につながった（「金森久助の収容に警視庁面目丸潰れ」『報知』一二月二一日付）。

この問題を一二月二〇日付朝刊で大きく報じたのが『東京朝日新聞』と『東京日日新聞』であった。『東京日日新聞』は二一日付夕刊（二〇日発行）で、金森が周囲の者に托したとする手記の内容を公開した（本章扉写真）。注意すべき点は、これは手記の「要点」であり、実際に金森が書いた文章とは厳密には異なるという点だ。記事には、金森手記の現物写真の一部が掲載されており、「家宅ソーサクヲスルカラ今夜中手ハイヲ」といった手書きの文字を読み取ることができる。これとほぼ同じ内容は、以下で引用する文章（「要点」）にも登場するが、表現は異なっている。本書では、三木の活動がどのように新聞で報じられたかを分析するため、やや長くなるが、『東京日日新聞』で紹介された金森手記（「要点」）の全文を引用する。

「昨年十一月初旬三木さんが収容されると間もなく板橋町民政党支部長水村清氏（金森の姪の奉公先）から三木さんに会つたらよろしくと伝へてくれと依頼されたことがあつたが同月十六日午後一時頃十号舎担当の代理勤務についた処同舎五房に三八五号三木武吉の番号札を見て初めて水村氏の伝言を思ひ出し三木さんに「水村さんからよろしく」といふと

三木「それでは一つ御願ひしますが瀬川さんを知つてゐますか」

自分「瀬川さんは私と同県同郡同町生れ（秋田県由利郡亀田町）の方ださうです」
三木「それでは一つ瀬川や自分の家へ願ひます、君には絶対に迷惑をかけぬから鉛筆を貸して下さい」といふので鉛筆を弁当差入口から入れてやると
三木「君は今日帰宅しますか」
自分「帰ります」
三木「それでは書面を書くから是非届けて下さい、二三十分過ぎてから今一度こゝへ来て下さい」といふので二度目の視察の時に行くと
三木「出来ましたからお願ひします」
といつて塵紙《ちりがみ》四五枚に書いたものを飯粒で封じて視察口から出し別紙に
死ぬも生きるも今夜中にあり若し事ある場合は全責任を負ふから心配なく私が出所すれば必ず君の一身上は引受けるから助けて下さい至急
とあり
三木「瀬川に会つたら僕と瀬川とは金銭の取引は絶対にないと検事調の時にいつてくれと伝言して下さい、それから明日検事局の家宅捜査があるから今夜中に関係者一同手配するやう女将に伝へて下さい、瀬川が入所した時瀬川の奥さんに見舞金として一千円あげた事は検事に話してある、そ・れ以外には瀬川と金銭取引は絶対ない事になつてゐるからその心算で居るやう瀬川の奥さんに伝へる様女将に言つて下さい、また早く保釈するやう○○さんや○○さん（民政党と政友会の巨頭）に頼

んでくれと女将に伝へて下さい、電話をかけて行つて下さいよ」
と永々と依頼を受けたのでその夜七時頃公衆電話を「ぼたん」にかけ女将を呼び出し
自分「私は看守ですが三木さんから重要な書面を預つて来てゐますが」といふと「自動車で来て下さい」といふので午後八時頃自動車でぼたんに行くと門の外に毛皮のマントを着て女将が待つてゐて二円五十銭の自動車賃を支払ひ向つて左側の庭木戸から奥座敷に案内された、そこには弁護士の溝口信氏がゐたがそこで三木さんから依頼された手紙を開封して読み「これは後の証拠になる」と云つて焼き棄て
女将「万一貴下が馘になつたら一同で一生の責任を負ふからよろしく願ます、また金の出所が不明故一同心配してゐるから三木に聞いて下さい、明後日瀬川さんの事を頼みたいから三木に返事をきいて来て下さい」
と云つて自動車賃五円をくれ門の外まで送り出してくれました、十八日朝臨時配置の時又十舎に行《ママ》三木に会ひ
三木「君に依頼した事を実行してくれたことが早速郵便での印で解つた、ありがとう」
といつた、私は女将から頼まれた金の出所を聞くと
三木「六月十四日三万円、七月十四日五万円を○○○○から受取りそのうち一千円を瀬川の奥さんに見舞金とした、あとは書面通りである」
三木「後藤國彦（京電専務）から○○が初め十七万一千円を二度目に三万千円を受取つて××（某

政党巨頭）に渡した事はすべて〇〇が取つたことにしてあり、この点は〇〇も承知してゐるから心配ないと女将に伝えてくれ」
といつたのでこれを半紙に書き取り自動車で「ぼたん」に赴き女将に手渡した
女将「あなたは私の帳場の女中の亭主といふことにしませう、なほこのことがバレると政党の幹部級二三十名が召喚されるやうなことになるから気をつけて下さい、それから昼間はうるさいから夜来るやうにして下さい、今夜は八時頃瀬川の方の者が来て頼むことになつてゐるからあなたは自動車で牛込見付まで来てそれから徒歩でこゝへ来て下さい」といふ、約束通り八時頃行つて見ると庭の椎の木の築山のところに二人の男がゐてその一人が「私は長澤といふ者であるからよろしく」といふと
女将「この方は瀬川さんの娘さんの婿さんですから安心して話してくれ」と紹介し
女将「三木から三千円瀬川さんが受取つたことは病院で小島七郎氏から借りたことにしてありそのうち五百円は待合華月に支払ひ、五百円は自分の小遣にし二千円は瀬川さんの奥さんに渡したと瀬川さんにいつて下さい」と頼まれた
◇
十九日午前十時半頃運動の往復の時瀬川氏に前夜の伝言をすると瀬川氏は「有難う」と礼をいつた
◇

卅日の晩自分は板橋のカフエーで酒を呑み十七円余りの支払も不足を来したので「ぼたん」に行つて女将から廿円をもらひ受け不足額を支払つた」

この記事では、三木と金森の最初の接触は一九二八年一一月一六日とされている。瀬川は九月二八日の「聴取書」で、三木は一一月一三日の「第二回聴取書」で、三千円の授受をそれぞれ認めているので、「瀬川とは金銭の取引は絶対にない」と三木が瀬川に伝言を頼んだという記述は不自然である。ただし、この事件の予審終結を報じた『東京朝日新聞』の記事では、三木と金森の接触が一〇月一六日とされている（「三木氏の妾と看守の瀆職」『東朝』九三〇年六月二八日付）。その場合は、瀬川の供述内容を知らない三木が事実を隠そうとしていたが、何らかの理由があって一一月には自供したという解釈は成り立つ。金森手記の冒頭に「三木さんが収容されると間もなく」とあり、三木が収容されたのは九月二六日であるから、一一月一六日が誤植や金森の記憶違いという可能性は残る。

一方で、一一月一九日に金森と瀬川が獄中で接触したとする金森手記の内容を、前述の瀬川の「聴取書」と照らし合わせると、点と点が一本の線でつながってくる。三千円の使い道は、瀬川の九月二八日と一一月一五日の「聴取書」の「追録」にそれぞれ記されており、特に一一月一五日の「聴取書」に記された妻（二千五百円）、待合初喜の女将（五百円）という使い道は、金森手記の内容とほぼ同じである。待合の名前も「初喜」（「聴取書（瀬川）」：187）と「華月」（金森手記）で読み方が似ており、瀬川と金森が口頭でやり取りをしたならば起こりうる間違いであり、その点でも真実味がある。また、金森と瀬川の獄中での接触が一一月一九日で正しいとすれば、瀬川の一一月一五日の「聴取書」に「追録」がなされた時期としても適切である。さらに言えば、加藤たけが一〇月一六日と一一月二〇日の聴取で供述内容を変えたのも、獄中でやり取りがあったと考えれば納得がいく。

これは完全に推測になってしまうが、三木と金森の接触が一〇月から一一月にかけて行われ、その間の出来事が金森手記では一つにまとめられて記述されたのだとすれば、日付の矛盾は無くなる。

金森手記は『大阪毎日新聞』二一日付夕刊（二〇日発行）でも「大規模の証拠湮滅」と題して公開された。こちらでは「金森看守の怪文書」として紹介され、『東京日日新聞』とは異なる文書の現物写真と写真説明が付されている。そこには、「ソレカラ濱口サント鈴木サンニ早ク放〔保〕シヤクノ運動スルヨーニ」という手書きの文字を確認できる。『東京日日新聞』に掲載された「早く保釈するやう〇〇さんや〇〇さん（民政党と政友会の巨頭）に頼んでくれ」という伏字の箇所には、浜口雄幸と鈴木喜三郎が入るようだ。

『東京朝日新聞』一二月二一日付朝刊では「怪しと見込んだ　金森自首の裏面」と題する記事が掲げられ、金森証言の背後には政党の思惑が絡んでいると報じられた。

「金森自首の裏面には政党関係の醜いからくりが潜んでゐるものとにらみ、慎重に取調べを進めてゐる、即ち金森は去る九月初めは小川前鉄相の証拠消滅事件にかゝり合つて民政党方面の策士連からもてはやされ、其の後政友会院外団から追はれて今回の事件を持ちだすなど、双方のくわ〔渦〕中にまき込まれての行動なので、その陳述には信じ難い点が多い模様である」

金森手記のスクープによって、当初は、三木の保釈取消しが噂され（「問題の三木代議士　結局保釈取消しか」『東朝』一二月二一日付夕刊）、浜口首相と渡辺千冬法相が三木の処遇をめぐって密談を行ったとも報じられた（「法相、首相密議　三木代議士の始末」『時事』一二月二一日付）。しかし、この件で三木が直接的な影響を受けることはなかった。加藤と金森については、両者の間で連絡や金銭の授受があったと認められ、瀆職罪で起訴された（「三木氏妾と金森　起訴に決定」『東朝』一二月二七日付夕刊）。加藤は市谷刑務所に収容され、保釈が認められたのは、約半年後の一九三〇年五月二三日のことであった（「三木氏の妾　保釈出所」『東朝』五月二四日付夕刊）。

看守抱き込み事件は、京電乗入事件とは切り離されて審理され、一九三〇年六月二七日に予審終結となった（「三木氏の妾と看守の瀆職」『東朝』六月二八日付）。一九三三年一月二四日に控訴公判が行われ、加藤が金森に計四五円を渡した事実が認定され、金森に懲役八か月と追徴四五円、加藤に罰金二百円の判決が下された（「元看守は懲役　女将は罰金刑」『東朝』一月二五日付夕刊）。

朝日・毎日との対決

看守抱き込み事件の真相は明らかにはならなかったが、重要なのは、『東京朝日新聞』と『東京日日新聞』がこれだけ大きく報じて問題化したことだろう。一九三〇年一月二一日に浜口内閣が衆議院を解散し、選挙活動が始まると、両新聞は、刑事被告人の公認問題を厳しく追及した。『東京日日新聞』は三〇日付朝刊で「被告候補の庇護は容赦なく処罰す」として「推薦状または応援演説会で被告人を賞□

もしくは□護するやうな言句を弄した場合は治安警察法または出版法で取締る方針である」という検事正・塩野季彦の言葉を紹介した。三一日付夕刊にも「浜口首相各閣僚の被告人推薦状問題化す」という記事を掲載し、民政党が刑事被告人である三木と瀬川を公認したことについて「輿論も又ごう〳〵として批難してゐる」と報じた。『東京朝日新聞』も一月三一日付夕刊に、三木や瀬川に対する民政党関係者の推薦状を写真付きで掲載し、刑事被告人を賞賛する内容が出版法第一六条に違反すると批判した(「首相閣僚、名を連ねて　被告人候補の推薦状」)。

こうした報道を受け、三木と瀬川は三〇日に党公認の辞退を発表した。三木は新聞各紙に次のような声明を発表した。

「僕の公認問題が世上物議の種となつたが本来政党の公認といふことは候補者その人がその政党に所属するといふこと〻その政党の諒解の下に立候補したといふ意味であるから僕が公認せられたことは敢《あえ》てこれを彼是《かれこ》れ論議せらるべき筋合でないと信ずる、況《いわ》んや他日公明なる裁判の結果は世の同情と信頼とを増すことあるを確信するに於いてをやだ、然しながら事が既に世上物議の種となりこれがために総裁や民政党に多少でも不利を来す模様ある今日としてはもと〳〵内閣や民政党擁護のために行動する僕としては理非はとにかくとして公認を辞退して総裁や党に及ぼす累《るい》を除くのが妥当だと思ふ、よつてこの場合あつさりと公認を辞退して独力民政党員として当初の目的を貫徹する覚悟である」(「三木氏の声明」『東京日日新聞』一月三一日付)

『東京朝日新聞』『読売新聞』『国民新聞』などにもほぼ同じ文面が掲載された。佐々木隆『メディアと権力』（中央公論新社、一九九九年）はこの公認問題を取り上げ、新聞輿論の沸騰が政治の意思決定を左右した例と紹介した。

「新聞輿論の見究めを誤ったのか、それとも領袖の三木武吉を公認しないわけにいかないので輿論の沸騰を待ったのかは分からないが、いずれにせよ新聞輿論は意思決定に作用したわけである。」(317)

『東京朝日新聞』は二月一日朝刊社説でも「民政党に人なきか」と題して、政友会の中島守利は立候補を断念したが、三木と瀬川は公認辞退で済まそうとしていると批判した。社説では、三木と瀬川が「疑獄事件関係者の立候補と公認に関する輿論の憤激に驚いて」公認辞退に至ったとされている。東京地方裁判所刑事局の判断を尊重する『東京朝日新聞』や『東京日日新聞』の新聞輿論は、たしかに沸騰していたかもしれない。だが、その熱は他の新聞や一般世論にまで広がっていたのだろうか。

『時事新報』は選挙直前の二月六日付に「三木武吉氏　けさ予審で取調べ」という大きめの記事を掲載し、三木に批判的な報道を行った。だが、『国民新聞』は三木らの公認辞退を伝える記事（一月三一日付朝刊）で「民衆多数の支持ある者　公認するのは当然　被疑者の罪人扱ひは不穏当　民政公認方針不変」「独力党員として　戦線に立つ　理非は兎に角辞退した　三木武吉氏の声明」といった見出しの記事を掲げ、三木や民政党の主張を伝えた。『万朝報』も三木らの公認問題を扱いながらも、二月四日付朝刊では「春を待つ大臣候補者(15)全身これ胆！　三木武吉君」として三木に好意的な記事を載せた。

二月二〇日に行われた第一七回衆議院議員総選挙では、三木は東京一区（定員五名）から出馬し、八七〇七票を獲得して第五位で当選した。一方、瀬川は六九一四票で落選（次点）となった。三木が無事当選を果たしたのは、東京市疑獄事件に直面しながらも、民衆の支持を失っていなかった何よりの証拠であろう。しかも、今回も三木から瀬川への「票の譲渡」は続いていた。

三木の区ごとの得票数を見てみよう。カッコ内は、前回（一九二八年）選挙の得票数である。麴町区二〇三（一三九）、四谷区一三六（四五）、赤坂区八八一（一三二）、麻布区一一〇七（一〇九七）、芝区一一〇七（一〇八六）、牛込区五二七三（六六一五）。

瀬川の区ごとの得票数は以下のとおりである。麴町区一四六八（二二六一）、四谷区三〇六三（四六七六）、赤坂区五四四（一八五三）、麻布区八二三（五一四）、芝区五六八（六〇九）、牛込区四四八（六〇四）。

両者の得票数を照合してみると、今回は、赤坂区では三木への投票が呼び掛けられ、麴町区と四谷区では前回の選挙と同様、三木ではなく瀬川へ投票するよう指示があったことがわかる。

三木は選挙で圧倒的な強さを誇った。『政界往来』一九三一年一月号の「政界人物座談会」では、新聞各社（『東日』『国民』『日本』『中外』『読売』『時事』『中央』）の幹部クラスが集結し、その中の一人が三木に関して次のように述べた（出席者名は公開されたが、発言者は「G」や「H」と記されており誰の発言かは不明）。

「斯ういふ話を聞いた、新聞全勢の時代に新聞に反抗し、新聞と闘つて新聞に叩き潰されなかつたのは三木と中島守利と星亨だけだと云ふことだ。」(49)

『政界往来』一九三一年四月号には、三木、鳩山一郎、星島二郎、片山哲ら各党の議員が集う「議会問題座談会」が掲載された。その中で三木は、「今でも僕の頭にこびり付いて癪《しゃく》に障つて居ることがある」として、一九二七年の瓦斯改訂案の報道（本書第三章を参照）を持ち出した。三木は「東京朝日、東京日々がこれに非常に反対した」と『東京朝日新聞』と『東京日日新聞』（三木は「日々」と呼んだ）に対する不満をぶちまけている。

「今日、朝日〔、〕日々は何れだけの配当をして居るか〔。〕一割乃至一割五分の配当をして居るではないか。それで瓦斯会社が一割か一割一分の配当をするのを悪魔のやうにこれを非難して居る。彼等の議論を聞けば、瓦斯は市民の生活に直接関係がある一種の公共事業である、だからして斯う云ふ配当をしてはいかぬと云ふ。併し新聞と云ふものは瓦斯以上に吾々に必要であつて而も瓦斯以上に国家の保護を受けて居る、その新聞が一割も二割も配当をして居るのに、それ程の国家の保護も受けず、寧ろ社会の迫害を受けつゝある瓦斯会社が僅か一分か二分の配当を増加しやうとするのに反対すると云ふのは、誠に不都合である」(55)

三木は瓦斯問題に限定しているが、それ以来、両紙が一貫して三木に批判的な報道を続けてきたことへの不満もあったのは間違いないだろう。東京市会の解散に伴い、一九二九年三月に実施された東京市議選でも、『東朝』『東日』『時事』の三社は紙上推薦という市政浄化キャンペーンを行い、三木の息のかかった候補の当選を妨げようとした。

「議会問題座談会」では、続いて以下のようなやり取りが交わされた。

木舎《きや》幾三郎「資本家に対しては記者は弱いですネ。」

三木「特に弱い。殊に新聞記者は弱い。」
武藤山治「新聞も併し、この景気ではさう儲けて居る新聞は多くはないでせう。」
三木「而もその朝日、日々が一番権威があると云ふのだから癪に障る。」
武藤「併し新聞は利益が段々減つて来るのではありませんか。」
木舎「所が広告する側から云へば矢張り朝日、日々ある《ママ》。」
三木「一体朝日、日々を何とか酷い目に会はせる機会はないだらうか。何か名案は無いかネ。」

(55)

この「議会問題座談会」が面白いのは、新聞報道のみならず世論や議会の在り方について、三木の考えがよく示されているからだ。三木が野次に力を入れていた理由もよくわかる。

「議会と云ふものは一体国民の各々持つて居る所の総てのものを代表して居ると云てよい。国民の政治に対する理窟ばかりを、代表して居るものと云ふならば、議会と云ふものは詰らないものである。国民の持つて居る思想、感情も矢張りそこに持つて居なくちやいけないと思ふ。そこでその感情を現はすと云ふ場合に、往々にして暴言も出ることがあらう。だから僕は、なるべく暴言の無いことを希望するけれども、議会が国民の感情も代表するものとするならば暴言必ずしも擯斥《ひんせき》すべきものではないと思ふ。例へば或る議員の言論、態度に関して、非国民、売国奴と云ふことを云ふ。これは事実国民の一部がさう云ふ感情を持つて居るのが何かの機会に一議員の口を借りて出たものと見るべきである。」(37)

政治は「理窟」よりも「国民の感情」が優先する場合も多々あると三木は述べた。ただし、議会内での暴言や暴力を認めても、それが議会外で蔓延《はびこ》ることを良しとしなかった。一九三〇年一一月一四日に浜口が国家主義団体の青年に東京駅で狙撃された事件も三木の念頭にはあったのだろう。一九三一年二月には、臨時首相代理の幣原喜重郎がロンドン海軍条約をめぐって天皇に責任を転嫁するような発言をして議会で大乱闘事件が起こった。これを受けて三木は次のようにも述べた。

「議会内であゝ云ふ乱暴をして、政権争奪の具にすると云ふ間は、まだ安んじて可なりである。私はあれをよいことゝは思はないけれども、議会外でやらなければならない破目に陥らせるよりは、あの方がまだよいと思ふ。」(43)

三木は一九三一年一月に退院した浜口の復活にかけ、党内では、安達謙蔵を推す中野正剛らと対立した。浜口は四月に再入院して首相を辞任することになるのだが、『政界往来』の座談会が行われた二月二七日の時点で、三木はまだ浜口の復帰について楽観的な見通しを示していた。興味深いのは、ライバルの安達に対する三木の評価だ。

「安達は外部から見れば非常に権謀術数《けんぼうじゅつすう》に富んで居る、掛引のある人のやうに見えるけれども、実は私はあの人は非常に正直な人であらうと思ふ。唯《た》だあの人が非常に権謀術数を有するやうに見えるのは、要する〔に〕あの人は相手方の顔色を見て話をしないからして何か胸に一物があるやうに見える。」(56)

武藤が「胸に一物があるのではありませんか」と応じると、三木は「所が開いて見ると何にも無い」

と答えた。前田蓮山が「併し実際の経験から云へば一般の批評は、どうも嘘ではないやうな気がする。火の無い所から煙は出ないからネ」と述べると、三木はこう返した。

「さうではない。それならば安達の前に安達の嫌ふ人間と、それから安達の好きな人間をやつて御覧なさい。嫌な奴をやると無愛想な顔をして居るが、好な奴が行くと、にこ〳〵して居る。あれ位はつきり分る人は無い。それは試験して見れば直ぐ分る。武藤さんなども一つ試験して御覧なさい。」(56)

それにしても三木はこの座談会でよくしゃべっていた。発言回数は八一回で他を圧倒している(表4-1)。記事には編集者の手が入っており、発言が一言一句再現されたわけではないだろう。発言回数だけではなく発言の長さも考慮に入れなければ、誰が議論をリードしていたかはわからない。そういった点を考慮に入れたとしても、どの話題にも口を出し、持論を展開する三木の姿は印象的である。この時、三木は四六歳で、ちょうど脂の乗り切った時期だったのだろう。

刑事被告人の身で閣僚や党の要職に就くことができず、力を持て余していた三木は、カフェ通いやダンスに熱中する。パリに一緒に行った森脇や加藤たけを連れてカフェに通う様子が報じられた(「景気はジヤズる　乱れ飛ぶ札ビラ!」『読売』一九三一年一月二六日夕刊)。

三木は『文藝春秋』一九三一年三月号の「東西カフエー座談会」にも登場している。この座談会には、よし江(サロン春)、さだ(タイガー)、かほる(ゴンドラ)、せつ(銀座会館)、春子(美人座)といったカフェの看板娘が集結し、三木と菊池寛の他には、日本初のカフェー・プランタンを開業した松山省三、

鳩山一郎	政友会	15
星島二郎	政友会	18
土岐章	貴族院	1
片山哲	社会民衆党	34
武藤山治	国民同志会	38
山崎達之輔	政友会	7
八木幸吉	国民同志会	0
牧野良三	政友会	19
有馬頼寧	貴族院	5
三木武吉	民政党	81
前田蓮山	政界往来同人	29
木舎幾三郎	政界往来同人	19
半澤玉城	外交時報社長？	6

表 4-1 「議会問題座談会」（『政界往来』1931 年 4 月号）の参加者と発言回数
42 頁の「□山」、51 頁の「片田」は誰の発言か断定できないため、発言回数に加えていない。座談会は二部構成となっており、風見章らが参加した二部（58 頁以降）については除外した。

よし江	21	三木武吉	64
さだ	21	松山省三	37
かほる	10	中川紀元	15
せつ子	21	奥弘之	20
春子	6	近藤経一	64
		菊池寛	26

表 4-2 「東西カフエー座談会」（『文藝春秋』1931 年 3 月号）の参加者と発言回数
168 頁と 172 頁の「斎藤」は、「近藤」の誤記と思われるが、カウントしていない。

洋画家の中川紀元、サロン春を経営する奥弘之、劇作家・近藤経一が参加した。この座談会でも三木はよくしゃべった。発言回数をまとめてみると表4-2のようになる。たしかに近藤も発言が多いが、それは司会役を任されていたからである（『文藝春秋』一九三一年三月号：308）。

三木は、芸妓などを呼ぶ待合よりもカフェがいかに優れているかを力説した。差別的な表現も多いが、当時の待合文化の証言としてそのまま引用する。

「さういふことをいふと待合から攻撃されるか知れないが、待合へ行くと、いきなりやつて来るのは、先づだらしない風をした女中だ。あれが余り愉快でない。その次に挨拶に来るのは大抵枯れすゝきのやうに萎《しお》れた婆さんか、然らずんば豚のやうなお女将だ、さうしていふ事は何かといふと、お世辞は千篇一律で、そこで酒が来る。運が好ければ三、四十分で芸妓が来てくれるが、若し運が悪ければ一時間、二時間来ない。先方でも気の毒がつて、間に合せに呼んでくれるが、時とすると、それが銭を出しても帰つて貰ひたいやつだ」(157)

しかし、カフェは違うという。

「なんといつたつてカフエーは便利だし、行けば直ぐそこに綺麗な人がザラに居る。さうして直ぐサービスしてくれる。且つ枯れすゝきや豚のやうなのが来ないで、先づ以て時間の経済だし不愉快な思ひをしない。そこへ持つて来て銭《ぜに》がかゝらぬ。近来は大分かゝるやうな噂があるが、幾らかゝつても待合で遊ぶ程にはかゝらぬ。それから興味が殺《そ》がれて来ると、遠慮会釈なく出られる。」(157)

三木は、これからのスピード化時代に待合はついていけないと警鐘を鳴らす。

「我々時代の者なら端《は》唄《うた》、小唄、清元を聞いて居る奴もあるが今の客にあれが一体何人分る。三味線を聞いて音〆がいゝとか何とかいふ者はそんなにありやしない。更に踊を見た場合など、あれが何だといふことは理解は出来はしない。待合、料理屋で宴会がある。折角御馳走が出ていゝ気持ちになつた時、ちやちやんとやられたらがつかりする。その間は義理にも食ふ訳にもゆかんし、ポカーンとして居る訳で、我々の年齢になつてもそれだ。二十五六から三十五六の人間は尚更苦痛だらう。」(158)

ただ一つ、カフェの欠点を挙げるとすれば、それは料理の不味《まず》さだという。すべての料理を美味《うま》くする必要はないが、一品か二品、名物となるものを作ればどうかと三木は提案している。銀座会館の赤出汁の味噌汁は美味いなど、さまざまなカフェに通い詰めている様子がわかる。

「僕はタイガーなどは非常に好きなんだけれども、それが大概夕方仕事が済んで出かけるのだが、あそこへ行くとまづいのを食ふのかと思ふと他へ行つて何か食ふ」(167)

三木はパリでコーヒーの値段が店によって異なることを紹介し、サービスの値段を店ごとに変えていけば、客層が定まってよいとも提案している。

三木は、ダンスにも嵌《はま》った(「春の夕のホールに七割位は金ボタン」『東朝』五月一二日付)。ダンスに嵌ったのは加藤たけの方で、三木のダンスは「歩くだけ」という証言もあるが、三木の別荘でダンス会が開かれることもあったという(細川：51)。

最新の時代感覚を常に取り入れようとする三木を「ウルトラ・モ・ヂ」と呼ぶ人が少なからずいたようだ(中外商業新報編輯局編：108)。「モ・ヂ」とは「モダン・ヂヂイ」の略字である。『モダンライフ』一九三三年三月創刊号に掲載された伊藤照雄「時の人三木武吉論」では、三木の「モダン・ヂヂイ」ぶりが以下のように記されている。

「目茶苦茶に遊蕩もする様であるが、盃を手にしない時は必らず本を読んで居る。読まない迄も常に周囲に若い青年、学徒を置いて、時代に対する理解、勉強を忘れない」(86)

責める人、擁護する人

三木がカフェやダンスに嵌ったのは「時代に対する理解」という側面はもちろんあったにせよ、公判を抱え、現実逃避をしたかったのも事実であろう。

『東京市会議員瀆職被告事件論告要旨』（東京地方裁判所検事局、一九三一年）によると、京成電車乗入問題を含む東京市疑獄事件は、一九三〇年四月四日をもって予審終結となり、被疑者総計六五名、そのうち起訴された者が五五名となった（1）。被告五五名のうち三名は免訴となり、審理中に死去した三名を除いた四九名が有罪として公判に付された（「市会の四大疑獄結審　空前の醜状暴露す」『東朝』四月一三日付）。

初回公判は一九三〇年一一月一七日の午前一一時から行われた。ちなみにこの三日前の一四日に、浜口首相が東京駅で狙撃されている。

『東京朝日新聞』一一月一八日付夕刊は「醜類、大法廷を埋めて　遊山気分で笑散らす」と題して、開廷前に「まるで市会議場ででもあるやうに談笑」しあう三木らの様子を報じた。四九名の被告に約一六〇名の弁護人が付く大所帯であったようだ。東京市民の関心は高く、早朝から傍聴券を求めて多くの人が列をなした（「傍聴券奪合ひ」『東日』一一月一八日付）。

一一月一七日は公訴事実の陳述のみで、事実審理は翌年（一九三一年）の三月一二日から開始された（「市疑獄第二回公判　まづ板舟権審理」『東朝』三月一三日付夕刊）。先ほど紹介した二つの座談会（「議会問題座談会」「東西カフエー座談会」）はちょうどこの頃、雑誌に掲載された。

三木が法廷に立ったのは三月二七日のことであった。『東京朝日新聞』の報道によると、三木は正力から金を受け取った事実を認め、裁判長との間で、以下のようなやり取りがなされたという。

三木「正力が迷惑を及ぼす金ではないからといふので、政治資金の応援と思つてもらひました」

裁判長「どこから出た金と思つたか」
三木「正力が自腹を切つたと思ひました」
裁判長「五万円は大過ぎるね」
三木「さうですな、然しその位の金は大して変とは思ひません」
やましいことがないのなら、検事の取り調べで最初から話さなかったのはなぜなのか。こう問う裁判長に対して、三木は検察当局に対する批判を述べた。
「自分としては犯罪を犯したおぼえはなし、又当時板舟権問題の検挙で政友系の収容者に対して均衡をとるために民政系も検挙するといふことで京電問題にも検挙の手をつけたといふうはさを聞いて自分も非常に憤慨して居つたために何もいふまいと決心してをつた」（「市会の大御所」三木氏登場」『東朝』三月二八日付夕刊）
三木は三〇日に行われた瀬川、大野、戸倉の公判などにも出廷した（「笑に紛らせ　瀬川氏巧な否認」『東朝』三月三一日付夕刊）。補充訊問では、瀬川が「三木氏から受けた金を京電関係の如くいつたのは枇田検事にすゝめられて妥協して作つた調書」だと検事批判を行った。戸倉も自白が強要されたものだと訴え、裁判長が「検事調書は重きを置きません」と述べたと報じられた（「そろつて検事攻撃」『東朝』四月八日付夕刊）。その後、証人調べを経て、五月一二日から一四日まで検事による論告が行われた。一四日には情状論と求刑が行われた。
前述の『東京市会議員瀆職被告事件論告要旨』には、その論告内容が記録されている。検事局が裁判所に提出したこの冊子は「京成電車関係」「板舟問題」「青物市場関係並に偽証」「自動車問題」の四つのパートから成り、「京成電車関係」の総論では、三木と二八会および革新会に所属する市会議員との関係性が「親分」「乾児《こぶん》」（子分）の関係に相当すると指摘されている。

「三木を親分と云ひ自からを乾児として任して居るものか〔が〕多数ありまして一面三木を市会に於ける大御所と名つ〔づ〕けて居るものさへあります」(6)

検事局が問題にした金銭授受は、七月一四日頃に正力が三木へ渡した五万円のみであった。府議会選挙に使用された三万円についてては「犯罪とも見て居りませぬ」とされている(20)。五万円については、授受が行われたのが「一四日並に十五日か〔が〕主なるもので〔で〕遅くて一週間を出《い》てさる〔でざる〕七月二十日」、つまり乗入案が市議会を通過した七月一三日の直後である点に検事は注目した(34)。乗入案が審議されていた頃、京成電車が金を配っているとの風評も流れており、各被告が三木から受け取った金を「乗入案審議に対する謝礼の意味か〔が〕毫末《ごうまつ》も含まれ居らさ〔ざ〕りしものと思料したりと認むへからさる〔べからざる〕事情」があった、つまりそれが京成電車側からの金だと推測する十分な状況証拠があると検事は考えた(24)。

当時の三木は市会議員ではなく職務権限を持っておらず、金銭授受について事前に謀議をはかった証拠も存在しないため、収賄よりも罪の軽い贈賄での起訴となった(24f)。三木は五万円に乗入案の謝礼の意味を含むことを否認したが、検事局としては、①正力より受けたる報酬金であること、②金銭の授与が乗入案通過の直後であること、③金銭を授与した被告人が三木直系の市会議員で乗入案に賛成票を投じたこと、④その被告人が賛成を投じた事実を三木が承知していたこと、⑤その被告人が賛成を投じたのは三木の意志によることを根拠として、三木の主張を否定した(33f)。検事局は「本件各被告人に於ても符節を合したるか〔が〕如く同様の弁解を事として居」ることを不審に思い、加藤たけの料亭牡丹に疑惑の目を向けた。検事局は、各被告の予審での証言を紹介し、事件の捜査が始まると、牡丹に集まって「取調を受くる際に於ける供述弁解等に就て種々打合せを為し之れか〔が〕対策を練つて居たと云う事実」が存在すると指摘した(35)。

改めて一連の事件を振り返ってみると、当初は、三木が一九二七年の東京市瓦斯改訂問題で弱みを握られ、それが政友会との協力につながったと噂された。一九二八年九月一四日に政友会の中島守利が収容された時も、次のように報じられた。

「このガス問題の一端を握つたと称する警視庁の活動は五月に至り奇怪にも突然中止となりその頃警視庁某幹部と中島（守）三木両代議士との秘密会合が某所で行はわれたと伝えられ、中島、三木両巨頭の妥協はこの当時に開始されたのだといはれてゐる、かくして政友派の持込んだ多摩水利、板船案並に中島（守）代議士とのくされ縁である京電問題に対して三木代議士は協力を余儀なくせられ外遊するに際し瀬川、大野両代議士にその旨を含めて市会に当らしめたといはれてゐる」（「政友系市議を率ゐ　利権案の総元締」『東朝』一九二八年九月一五日付）

二八会に所属する市会議員がまず検挙されたのも、政友会との結びつきを捜査する目的があったのだろう。『東京朝日新聞』一九二八年一一月三〇日付夕刊は、板舟権事件を摘発した人物が、二九日に鈴木喜三郎、鳩山一郎、法制局前田米蔵、警視総監宮田光雄、刑事部長久保田金四郎の五名を瀆職罪として告発したと報じた（「現内閣のお歴々を瀆職罪で告発す」）。しかし、こうした方面に捜査が拡大することはなかった。それが、証拠不足によるものなのか、何らかの取引があったためなのかはわからない。

結局、三木と正力の関係に焦点を絞った捜査となり、軽微な罪が問われたにすぎなかった。府議会選挙に使用された三万円（六月四日頃に授与された分）、加藤三姉妹に渡った三万二千円がほとんど問題視されなかったのも、やや不自然である。

『東京市会議員瀆職被告事件論告要旨』には、求刑の前に検事側から示された「情状論」も記録されている。三木に関しては、金銭の贈与が「不純醜悪なる動機から発足したと見ることは事実の真相に添はぬ」とされた。正力から依頼を受けて親しい議員に働きかけた点に関しても「全く被告人の義俠的友情に基きたるものと解して差支ない」とされた（162f）。三木の「情状論」は以下のようにまとめられた。

「被告も亦個人としては友情に厚く義俠心に富み其の才幹に於ても人物手腕力量等に於ても衆に優れたるものか〔が〕あり政治家として将来大成を為すへき〔べき〕素質を有する者ありますか〔が〕一時の情実に捉はれて本件の問題を惹起するに至り被告の前途に一大暗影を抛《なげう》つに至りました事は誠に惜むへきて〔べきで〕あります」（163）

求刑は、三木が懲役五か月、中島が懲役六か月、瀬川が懲役五か月、正力が懲役三か月（執行猶予付き）となった（175f）。三木が中島より一か月罪が軽いのは、三木は京急電車の問題にしか関与していないと認められたからである（162）。

『東京朝日新聞』は、求刑が行われた一九三一年五月一四日の法廷の様子をこう伝えている。「何れも緊張していつもの無駄口をたゝくものもなく傍聴者と百四十余名の弁護人に控訴院刑事一号の臨時大法廷は立すゐの余地もない有様であつた」(「市大疑獄の被告　四十六名に求刑」『東朝』五月一五日付夕刊)。

その後、被告人の弁論が行われ、公判は六月末日まで連日開廷された。三木の弁護は原玉重、有馬忠三郎らが担当した(「市疑獄弁論で三木氏無罪論」『東朝』五月三〇日付)。

一九三一年九月三〇日に東京地方裁判所の池田確二裁判長は判決を言い渡し、三木は懲役四か月、中島は懲役五か月、瀬川は懲役四か月、正力は懲役二か月(執行猶予二年)となった(東京弁護士会・第二東京弁護士会合同図書館所蔵の刑事裁判記録、リール番号一七八　東京市疑獄事件　判決(豊浦関係):62／「東京市疑獄判決」『東朝』九月三〇日付号外)。

判決を受け、三木は次のようなコメントを残した。

「自分は世間を騒がした事は誠に申し訳ない、しかしこんな合法的でない判決には不満だ、僕は無罪を確信してるので無罪になるまであくまで戦ふつもりだ」(「「不満だ……」三木氏の憤慨」『東朝』一〇月一日付夕刊)。

一〇月一日に三木ら一五名は控訴手続きを完了した(「三木、中島氏等控訴」『東朝』一〇月二日付夕刊)。

一九三二年二月二〇日には、第一八回衆議院議員総選挙が行われ、三木は六回目の当選を果たした。三木は東京一区(定員五名)から出馬し、立川太郎(二万二五九二票)、高橋義次(二万一八四八票)に次ぐ第三位(一万一四〇二票)であった。今回、瀬川は出馬せず、三木の区ごとの得票数は以下のとおりであった。カッコ内は、前回（一九三〇年）選挙の得票数である。麹町区一一〇八（二〇三）、四谷区一八三二（一三六）、赤坂区一一四二（八八一）、麻布区一二五四（一一〇七）、芝区七八六（一一〇七）、牛込区五二八〇（五二七三）。

瀬川に回していた麹町区、四谷区の票が回復し、盤石の選挙戦であったことがわかる。選挙期間中、牛込区には「形勢一変苦戦の三木武吉」の立て看板がいたる所に見られたが、これも、引き締めをはかるために三木の選挙事務所が置いたものであった（「形勢一変は苦肉の策」『国民』二月二一日付）。

今回の選挙では、菊池寛が三木の推薦文を書いた。

「この前は、推薦文をくれと頼まれ〔た〕が、私は知らなかつたし、断つた。しかし、その後会つて見ると頭はいゝし物の分つた快男子であることが分つたので、今度は推薦文位なら、喜んで書くつもりである。元来同郷で同じ中学の先輩だから、応援しても不思議はないのである。」（菊池：12）

菊池は、三木「たけきち」さんと呼んでいたと同郷の萱原宏一が証言している（萱原：25）。菊池は三木のことを「知らなかつた」としているが、三木が逮捕された直後の『文藝春秋』一九二八年一一月号でも、馬場恒吾が「社会時評」の中で三木擁護論を展開していた。馬場は、三木ほど子分を持っている政治家は他にいないと指摘した。

「総裁の浜口、顧問の若槻、江木、町田〔 〕総務の安達など、偉らさうな顔をしてゐるが、彼が一人々々脱党して、さあ俺れに付いて来るものは来いと云つたとき、果して何人の代議士が行くか。一人、二人多く五人には達しまい。三木ならば十五人乃至二十人は行く。」(69)

院外団からも慕われているし、女性からもよくもてるとして、馬場はこう続けた。

「一度関係した女は必ず身の立ち行くやうに面倒を見てやる。或は相当の処へ嫁入りさすとか、兎に角、捨てて顧ないと云ふ事をしない。本部へ三木宛の女文字の手紙が度々来る。そして三木は艶福家だと云はれる。併しそれは彼れの人情にもろい事が見込まれるからであらうと噂される。」(70)

もちろんこれらは三木の罪を消すものではないし、彼の政治的な責任は重いとしたうえで、馬場はこうも述べている。

「只吾々が考へさせられるのは、一身を清ふする為めに金を作らず、従つて子分の世話をしない方がよいか、或は悪銭を作つて、子分を可愛がる方がよいかと云ふ事である。かうした形ちで提供されると、此問題は中々判断が六ケ敷《むつかし》いやうであるが、事実は此問題を容易に解決する。即ち現代では悪銭を作る政治家が羽振がよいが、彼等は一人づゝ没落する。そして時代が進歩すると共に、悪銭を作らぬ政治家が勢力を得るやうになる。」(70)

菊池は「悪銭を作る政治家」を気に入ったのだろう。三木は、すでに紹介した「東西カフエー座談会」(一九三一年三月号)を皮切りに『文藝春秋』にしばしば登場し、「手柄と失敗を語る座談会」(一九三一年五月号)、「黄金狂時代座談会」(一九三三年二月号)に参加した。一九三二年一一月号には「政局の推移と民政党の行方」と題する論考も発表した。

この中で注目すべきは、三木の他に潜水掃海家・片岡弓八、工学博士・山田復之助、作家・秦豊吉、作家・大下宇陀児《うだる》が参加した「黄金狂時代座談会」であろう。片岡は、第一次世界大戦時にドイツ海軍の攻撃で地中海に沈んだ日本の八坂丸から、一九二五年に英国金貨百万ポンド（当時の邦価換算で約九七六三万円）の引揚げに成功した。短期間のうちに深海での作業に成功した例がなかったために世界中から賞讃され、「深海王」や「潜水王」と呼ばれた（香川県図書館協会編：88f）。第一章で述べたように、片岡と三木は高松市の英華学校の同級生であり、その後も交流を続けていた。座談会で三木は片岡を「竹馬の友」だと述べている（64）。ここで三木が語ったのは、金山開発の壮大な夢であった。この二人が火付け役となって、日本にも「黄金狂時代」が訪れようとしていた。

金山から監獄へ

三木は一九三二年八月三一日の衆議院本会議で久しぶりに質問を行った（「歳入歳出総予算追加案外三件」）。一九二七年二月二二日の衆議院本会議で東京瓦斯の株式に関する弁明を行って以来、実に五年ぶりの議会での発言であった。この頃の三木は、東京支部内で大神田軍治と対立して民政党を脱党していた（三木会編：171）。脱党したのは一九三二年八月二日で、三三年三月一六日には復党する。

三木が本会議で訴えたのは、都市在住の二千万人の消費者を救済する必要性についてであった。政府は金融恐慌による不況で緊縮政策をとっていたが、一九二九年一一月に金解禁を決定し、三〇年一月から実行に移した。しかし、世界経済の悪化で貿易が激減し、日本経済が疲弊していく中で、三一年一二月に金輸出再禁止の措置が取られた。これによって為替が暴落し、国内の物価が上昇した。政府は農民や中小商工業者への支援策を打ち出したが、それが物価高をさらに推し進め、一般消費者すなわち「二千万の消費階級、特に勤労知識労務に依て所得を得て居りまする人々」を苦しめていると三木は訴えた。

三木は、ともに民政党を脱党した議員と次のような話をしていた。

「物価騰貴の結果は政費の増加を来たす。政費の増加を来たせば公債の発行となる。その引当てに通貨を発行するといふやうな訳で、これを繰返へして行く〔。〕原因が結果となり、結果が原因となつて、結局は非常なことになりやしないかといふことになつた。そこでさうした困難を切り抜けるに最も合理的で実行容易なものは産金能力のある国であれば産金を奨励して金を増やすより仕方がない。」（三木 1933 ①：59f）

多くの失業者が出る中で、苦境を打破する可能性を秘めた金鉱開発に国民の注目が集まっていた。そうした流れに乗ったのが三木であった、否、そうした流れを作り出したのが三木であった。このスケールの大きさこそ三木の真骨頂である。

三木は、北海道北見紋別雄武《おうむ》村の金鉱山を買収した。伝記には「雄武金山」と記されているが「音稲《おといね》府《つぷ》鉱」が正しいようだ（雄武町史編纂委員会編：904）。三木が専門家に調査を依頼すると、金の含有量が一〇万分の五・二三という高い数値を示し、五二億円に相当する金の採掘が可能と判断された（三木 1933 ①：60f）。三木が調査を依頼した専門家は、東北帝国大学の加藤謙次郎らであった（「「金鉱王」打診五十億円の夢にヒヾ?・」『読売』一九三三年六月二三日付）。加藤は東北帝国大学理学部の地質学科を一九一九年七月に卒業し、同大学の地質学教室・助手を経て、岩石鉱物鉱床学教室・講師を務めていた（『東北帝国大学一覧』）。

三木は一九三二年一二月一〇日の夜に旭川を通過し、雄武に向かった。その車中で『東京日日新聞』記者の取材を受け、「世界の景気をまづ北海道から直してやるつもりだ」と豪語した（「五十億円を夢みる三木氏」『東日』一二月一一日付）。三木に同行したのは、藤田若水と戸澤民十郎の両代議士と加藤謙次郎らであった（「黄金狂時代に三木武吉氏華々しく登場」『北海タイムス』一二月一三日付）。他にも、東京専門学校の同級生で、東京市会副議長を務めていた溝口信が先遣隊として現地入りし、一二日には藤田が札幌の鉱山監督局で名義変更や試掘権利登記などの手続きを済ませた（「何んと朗かな三木氏一統の金鉱掘り」『北海タイムス』一二月一六日付各地版）。札幌鉱山監督局編『札幌鉱山監督局管内鉱区一覧　昭和七年七月一日現在』では、所有者（鉱業権者）小松崎幸一、鉱区坪数九六万九〇〇〇となっていた金鉱山が、『札幌鉱山監督局管内鉱区一覧　昭和八年七月一日現在』では、所有者が三木に変わっている。

三木は麴町区内幸町の大阪ビルに玄玄社（玄々社）という事務所を設けた（『北海タイムス』一二月一三日付）。『老子』の「玄之又玄、衆妙之門」から名を付けた玄玄社は、政治、法律、鉱山、総務の四部門で構成され、政治部長に戸澤、法律部長に弁護士でもある藤田、鉱山部長に加藤、総務部長に原玉重を配置した（やがて事務所は牛込区市ヶ谷田町に移る）。戸澤と藤田は三木とともに民政党を脱党した同志であり、三木は「民政党を脱党した直後」に玄玄社を設置した（三木会編：206／「三木系代議士　事務所を新設」『東朝』一九三二年八月七日付）。三木は戦後、公職追放に関する弁明書の中で東京、北海道、朝鮮二か所の計四か所に玄玄社の事務所を設けたと記している（第六章で用いたGSの資料（2. Statement of MIKI, Bukichi)）。

三木の現地入りは最終的な確認が目的であったが、メディア広報という観点からも大きな意味があった。『北海タイムス』一二月一七日付朝刊は「五十二億円？　確信がある」と題し、札幌に戻ってきた三木のインタビュー記事を掲載した。

問「五十二億余万円とはすばらしいですね〔。〕ほんとうですが《ママ》〔か〕」

答「嘘も真実もあるか此の目で確めて来たのだ」

問「今回の宝探しの動機は」

答「現在の日本の経済国難　匡救《きょうきゅう》の見地からだ〔。〕実業家やその他のものは之が救済に心を砕いてゐるがそれは紙の上の数字で金の上の数字ではない〔。〕どうしても兌《だ》換《かん》の基礎たる金の数字でなければならぬ〔。〕産金量を増加してこそ海外貿易の輸出超過も図る事が出来るのだ〔。〕それで俺は各実業家を解《ママ》いて廻り産金事業を進めたが皆目先の利慾にばかり走り国家的見地からこれをやらうと云ふものが独りもない〔。〕ほんとうの山師ばかりだ〔。〕それで天下に範を垂るべく且つ現下の財政難を救ふべく損得を度外視してれて《ママ》やる事になつたのだ〔。〕本道は金山ばかりだ〔。〕水害凶作で他力本願主義の本道が何故斯様な宝庫を見捨てゝ積極的産金事業を起さないのだ〔。〕俺は日本財政匡救否世界経済立直しの為めやるのだ」

インタビューでは、市会議長選での三木派の敗北、民政党への復帰問題についても聞かれたが、三木はまともに答えていない。そんな現実の問題よりも、金山という夢に取り憑かれているかのようであった。三木は夢追い人というのが、早稲田の同級生・松村謙三の三木評である。

図4-2　岡本一平「黄金狂時代」『東京朝日新聞』1932年12月21日付朝刊
左がリューリック号の小泉又次郎、右の山に登って「ヤア五十億ノ金山」と叫んでいるのが三木である。

「明けても暮れても、〝金鉱、金鉱〟で、まるで金鉱さがしの鬼になりきって、会う人ごとに自慢の吹聴だ。三木の言うところ、行なうところでは、三木が大きな夢をもっているように思われた。――が夢だからもうけたら面白くない。そのもうける前の夢が面白いらしく、周囲の者にまで、その夢の面白さをわける――そういう三木独自の奇特な志としか見受けられなかった。」（松村 1964：293）

実地調査を終えた三木は、上野駅で『読売新聞』記者の取材に答えた。「三木将軍凄い気焔」（『読売』一二月一八日付夕刊）と題する記事には、その時の三木のコメントが掲載されている。

「これでセンセーションが起きなければ世の中はどうかしてゐるヨ、おい君、北海道はエライ騒ぎだゾ、先づ世界的大不況もこの三木の指の動くところ北海道の一隅から立ち直りだ」

五二億円という金額は、関東大震災の損害額に匹敵するとも指摘されている。三木は、次のような捨てぜりふを残して去っていたという。

「オイ君、三井が何んだ、三菱が何だ、いよ〳〵となつたら俺と比較にはなるまいテ、ウワツハツパツ《ママ》」

「三井、三菱、三木」は三木がしばしば口にしたジョークである（重盛：180）。当時は、民政党の小泉又次郎も沈没船リューリック号の財宝引き揚げに挑み、その話題とともに、三木の金山開発は東京のメディアでも詳しく報じられた（図4-2）。

ただし、五二億円という金額に関しては、雲行きが徐々に怪しくなってくる。札幌鉱山監督局は一二月二五日に技師を派遣し、三日間にわたって実施調査を行った。『北海タイムス』の取材に対してその技師は、積雪の影響で十分な調査ができなかったとした上で、次のように答えた。

「局部的には万分台の好品位のものもある〔。〕併し三木氏の云ふが如く総体的には万分台の好品位のものがあるとは云へない〔。〕従つて五十二億万円と云ふとてつもない計算は局部的好品位の一部分を計算したもので専門的計算でなく素人的調査で目分量であり自分の調査とは大きな等差がある」（「黄金脈の実価　三木将軍の五十億円　遺憾ながら素人勘定」『北海タイムス』一九三三年一月一二日付）

一九三三年六月には、三木の金山の試掘権売買をめぐる刑事事件が発生し、三浦光治と竹花一が検挙された。鉱山の元の所有者である小松崎幸一はブローカーである三浦と竹花に声をかけ、権藤成卿《せいきょう》に斡旋を依頼して三木に鉱山を譲渡した。ところが小松崎、三浦、竹花の間で仲間割れが生じ、三木が支払った三万円のうち二万円を三浦と竹花が横領したとして、小松崎は東京地方裁判所検事局に告訴状を提出した（「三木金山に絡む取調進展す」『東朝』六月二四日付夕刊／日塔聡編：855）。この時、三木も参考人として呼ばれ、取り調べを受けている（「ベッドに横臥し取調べを受く」『東朝』六月二五日付）。

奇怪な刑事事件が起こっても、三木は五二億円の価値を信じて疑っていない。三浦や竹花に謀《はか》られたのでは、と問う記者に対し、三木は「冗談ぢやないよ、三浦や竹花がどんなことをしやうと、俺の山と関係はないよ」と答えた。雄武村の金鉱山については、まだ設備と金がかかるとしたうえで、こう豪語している。「だが近い将来だ、君も待つて給へ、俺が五十億掘り出す時を！」（「「金鉱王」打診　五十億円の夢にヒビ?」『読売』六月二三日付）。

一九三三年には加藤が東北帝大を辞職し、技術長として現場の指揮に当たったが、結局、採算が立たずに開坑には至らなかった（日塔聡編：856）。玄玄社の総務部長であった原玉重は「金山の売主が大変な詐欺師で、採取した鉱石に金の液体になったものを注射し」、それに三木が騙《だま》されたと述べている。現地で調査にあたっていた加藤ら専門家が騙されたということなのか、真相は謎である。三木は懲《こ》りることなく北海道の国華金山、宮城県の鮎川金山、朝鮮の陽地里金山などを経営し、陽地里金山では「素敵な金脈にぶつかって、それまでの四、五年間の借金を一辺に返」すことができたという（服部信也・昌子編：43f, 83f）。

一九三二年一二月一七日早朝に上野駅に到着した三木には、京成電車事件の控訴審判決が待っていた。控訴審は七月一日から開始され、八月一一日に求刑が行われていた。そこでは、三木が懲役四か月、中島が懲役五か月、瀬川が懲役四か月、正力が懲役二か月（執行猶予付き）と、第一審の判決と同じ求刑がなされた。北海道から戻ってきて数日後の一二月二〇日に行われた控訴審判決で、三木は懲役三か月を言い渡される（中島は懲役五か月のままであった）。前審刑の懲役四か月よりも減刑されたが、小俣政一が無罪となり、瀬川が懲役三か月で執行猶予が付いたため、三木の腹の虫が収まらなかった。『東京日日新聞』一二月二一日付夕刊には「三木氏不平」と題した小さな記事が掲載された。

「自分が関係被告に贈つた金は同じ時に同じ意味で贈つたのだから一人が有罪なら全部有罪、また無罪なら全部無罪とならなければならぬ、ところが瀬川、別役〔小俣の間違いか〕の両君のみが京成電車で贈つたといふ金についてお礼でないと否定したため無罪となり他の被告はお礼の意味で貰つたと述べたために有罪となり自分がまた賄賂と認められたことは片手落ちといはねばならぬ〔。〕どこにその根拠があるのか判断に苦しむ〔。〕自分はお礼の意味で贈つたなどゝは一度も述べてゐない〔。〕それを贈賄とは受けとれない」

上告審が一九三三年一〇月一七日から始まったが、この時、小俣も瀬川も亡くなっていた（「三木中島等市疑獄　上告審」『東朝』一〇月一七日付夕刊）。裁判もこの頃になると、新鮮さがなくなり、「折からの豪雨と回を重ねる毎に熱がさめて傍聴席はがら空の不人気さである」と報じられた（「醜態また暴露」『東朝』一〇月二一日付夕刊）。

一九三四年三月二六日、大審院において上告棄却の最終判決が示され、三木は前審どおりの刑（懲役三か月）が確定した。これにより議員も失格となった（『官報』第二一七〇号）。四月一〇日から服役したが、持病の神経痛のため、そのほとんどを病監で過ごし、刑期の二分の一を過ぎた五月二六日に仮出所となった（「『まるで病院生活』　三木さん仮出所」『読売』五月二七日付）。

一九三六年二月には第一九回衆議院議員総選挙が行われた。三木法律事務所の中村梅吉が初当選し、その報告に行くと、三木は墨で半紙に「三省」と書いて「これを君の雅号にしろ」と述べたという。中村は「この時の先生の心境」を表したものとして有難く受け取り、三省会という後援会を作った（中村：52）。なお、三木はこの時の選挙には立候補していない。

あまり動静の伝えられることのなかった三木であるが、『東京朝日新聞』一九三七年三月二日付夕刊にインタビュー記事が掲載された（「羨ましや金堀り　好きなダンスと酒もやめて　快速艇・三木武吉氏」）。

「その後の消息かね、御覧の通りだよ、今は朝鮮と宮城県で金山の試掘や採掘を続けてゐる、もう六年になるからこの仕事には自信もたつぷりだ（中略）こりすぎたダンスも酒も近頃では感ずるところがあつてやめてゐる、真剣に自己の生活を打立てなければ嘘だと思つたからさ、最近は外苑、時には銀座までも足を伸ばす散歩と、ゴルフアーではなくゴルフ運動者といふ程度でクラブを握つてゐるよ」

三木は禁酒の理由について詳しく触れていないが、秘書の重盛は、二・二六事件がきっかけだったとしている（重盛：270f）。『東京朝日新聞』のインタビューで三木は国政復帰について次のように答えた。

「国政に対しては僕は今もつて深長に考へもし計画もしてゐる、大にやる決意を持つて居り、現在のやうな時には政治の第一線に名誉も政権慾もない僕のやうな人間を必要としてゐるのぢやないかとも思ふよ、一死もつて国に報ずる気持は敗残の身といふべき僕にも失せるものではない〔。〕機会を待つてゐるのだ、あの舞台だけには僕は犬馬の労を辞するものではない」

インタビューが掲載されて数か月後の一九三七年六月、娘の妙子が生まれた。伝記によると、日活の女優・小杉絹子との間の子であるとされている（三木会編：463, 515f）。

この頃の三木はというと、一九三六年二月六日に帝国通信社の取締役に就任していた（『官報』二七六四号）。帝国通信社（帝通）は一八九二年に改進党系の地方紙を基盤として誕生し、憲政会の頼母木桂吉が社長を務めた頃（一九二三年‐二五年）に最盛期を迎えた。しかし、関東大震災で多大な被害を受け、新設された日本新聞聯合社（聯合）が国内通信を開始すると、帝通は衰退の一途をたどり、一九二九年には破産宣告を受けた。「帝通」の看板だけは残り、衆議院議員の大野敬吉や民政党・院外団の富田彌平が責任者を務めたが、立て直すことはできなかった。

通信社史刊行会編『通信社史』（一九五八年）は次のように記している。

「昭和十三年（一九三八年）に、民政党の幹部・三木武吉が社長に就任し、資本金を十万円に減額、少数精鋭主義をとって、社業の回復をはかったが、頽勢《たいせい》はいかんともしがたく、ついに昭和十七年（一九四二年）「帝通」は、政府の新聞通信統合の方針により昼夜通信社と合併して帝国昼夜通信社と改称、その幕を閉じた。」(77)

『官報』に記された一九三六年二月の帝通の取締役就任の項目には、三木の他、中島守利、富田彌平ら計五名の名前が記されている。同時にこれまでの取締役七名が辞任しており、この時に三木が社長に就任したと思われるが、『通信社史』の記述が正しければ、一九三八年ということになる。

三木の弟の和臣はフランス語を勉強していたため、フランスから送られてくる通信記事の翻訳を手伝っていたと証言している（三木和臣：26）。

帝通での経験を踏まえてだろうか、三木は「何故新党樹立を叫ぶか」（『政界往来』一九三八年一二月号）と題する論考の中で、イギリス・フランス・ソ連の国民について「算盤高い」とし、「戦ふ方の犠牲がより大なりと見たればこそ、我々日本人としては想像することも出来ぬやうな屈辱的な解決をして、而かも世界の平和に貢献したと嘯《うそぶ》いて洒蛙《しゃあ》〳〵《しゃあ》として居る」としている。イタリアのエチオピア侵攻やナチス・ドイツによるチェコスロヴァキアのズデーテン地方の併合に対して、これらの国々が何もしなかったのが良い例だという。だからこそ日本は「挙国一党」体制でこうした国々と対峙しなければならないとその論旨を展開していく。

「日本人は各々最後の一人となるまで、最後の一物を余すまで、目的遂行に邁進するものであると云ふ事を完全に認識せしむるならば、彼等も例の算盤を弾いて蔣介石援助を打切るであらうし、支那国民も眼を醒して事変はより早く解決し、建設もより容易に出来るのではなからうか。」（104）

現状においても政友党と民政党は政府に協力しているが、「無産小会派其他議会に議席を有せざる有力なる政治的団体右翼各派が心からなる一致を以て政府に協力」しているかと三木は問う（105）。政党政派が分立している状態では大目標を達成することはできず、「政治経済教育其他あらゆる方面に一大改革を断行」し、ある程度は各派の指導者を入れ替えなければならない（106）。三木はこれまでも繰り返し訴えてきた世代交代論をここでも強調している。

「曾て国務大臣であつたとか、議員生活二十年三十年と云つたやうなことが、彼等をして其地位に居らしめて居るので時局に対する認識、内治外交に対する経論等に至つては寧ろ下士に比す可き少壮政治家に及ばざること甚だ遠い感がある。挙国的新党が結成され、凡ての政治家が有力なる統率者のもとに結合せられて同じレベルの上に置かれた場合、必ず少壮有能の士が用ゐられて第一線に立ち、明治初期の如き潑溂たる生気は今後の我が政界を其の儘表現することが出来、之に依つて将来の日本は所謂肇国《ちょうこく》の大精神を成就することが出来得るのだと信ずる。」(107)

この三木の論考が掲載された『政界往来』一九三八年一二月号には、司法大臣・塩野季彦へのインタビュー記事「塩野法相に「新党」を訊く」も掲載されている。この頃、三木は塩野の実働部隊として新党運動に没頭していた。本章で描いてきたように、塩野は京成電車乗入事件の際、東京地方裁判所検事局の検事正として三木と対峙した。その時の三木の態度に感心し、以後、交流が深まったとされる。その経緯を塩野が次のように回想している。塩野は近衛文麿からの指示もあり、木戸幸一や末次信正と新党工作を協議し、党人に働きかけることになった。

「余は政友会の幹部に知人が多いが、民政党とは従来疎遠であつた。幸に当時政界の日陰者になつてゐた三木武吉君を知つてゐたので、彼の力量なら容易に双方を纏め得られると考へたので、三木君と会つて新党工作を頼んだ。三木君も大いに乗気になつて早速活動を始め、行過ぎるほどの状況だつたので、屢々電話で進行を緩めるやう制《おさ》へたのであつた。」(『塩野季彦回顧録』：288)

第五章　報知新聞社長の策略

報知新聞社執行部（1941年7月）
日本電報通信社編『新聞総覧（昭和16年版）』第33巻（1941年）、新聞総覧篇、4頁

「此日郵便物中報知新聞社より書を需《もと》め来れる手紙あり。之によりて三木武吉なるもの同社の長となれることを知りぬ。（中略）三木は世人既に知れるが如く神楽坂の待合松ケ枝の亭主にして曾て東京市役所の疑獄に連坐せしもの。乃ち刑余の罪人なり。而して公然新聞社の長となれり。社会道徳のいかに敗頽せるやを知るに足るべし。然れどもまた思ふに三木の輩《やから》は要するに旧時代の政治ゴロに過ぎず。之を今日の尊独愛国者の危険なる策略に比すれば尚恕《じょ》すべきものあり。今日世界人道の為に最恐るべきものはナチス模倣志士の為すところなり。其害の及すところ日本国内のみに留まるにあらざればなり。」（一九四一年九月一〇日条。永井荷風『断腸亭日乗』第五巻、岩波書店、一九八一年、二〇七頁）

三木社長の就任披露宴

一九三九年四月、頼母木桂吉が東京市長に選ばれ、報知新聞社の取締役社長を辞任した。依然として東京市政に大きな影響力を持っていた三木は、頼母木の後任探しを依頼され、永井柳太郎を擁立しようとした（「〝報知社長〟に永井氏」『新聞時代』四月二六日付）。しかし、永井がその誘いを断ったため、三木が社長の座に就くことになった。資金を工面して三木の社長就任を後押ししたのは、司法大臣の塩野季彦であった。塩野は「少くとも余傘下に新聞紙の一つ位は必要だと感じて」おり、陸軍大臣・板垣征四郎から一〇万円、山下汽船（現・商船三井）創業者・山下亀三郎氏から一五万円を寄附させ、三木に贈った。「前年新党運動の労に報ゆる」ためだと塩野は説明している（『塩野季彦回顧録』: 296）。

一九三九年五月一〇日、報知新聞社臨時株主総会で三木は取締役社長に就任した（『報知』五月一一日付夕刊）。三木社長の就任披露宴は六月九日午後六時から東京会館で行われ、塩野、石渡荘太郎、前田米蔵、広瀬久忠といった現役閣僚をはじめ、貴族院議長・松平頼寿、衆議院議長・小山松寿、政友会総裁・久原房太郎など錚々たる顔ぶれが揃った。電通社長・光永星郎、読売新聞社長・正力松太郎などメディア関係者も数多く出席した（「本社長就任披露宴来賓芳名」『報知』六月一〇日付）。

約八〇〇名の招待客に食事が振る舞われ、デザートコースに入る頃、三木が立ち上がって「粗末な私」が頼母木前社長の跡を継ぐことになったと挨拶をはじめた。

「粗末ではありますが熱心さと努力だけは持合せがあり、すべてを捧げて報知のために尽す覚悟でありますす。しかし熱と努力だけでは盲人の剣道のやうなものであります、幸ひこの後見役として新聞界の第一人者城戸元亮《もとすけ》君に入社して貰ひました（中略）けれどもまだそれだけでは足りませぬ、それは力であります、この力こそは多数の力、御来賓の各位の力を拝借するより他はありません、中には『三木の顔を見てやれ』とひやかし半ばにお出でになつた方もあるかも知れませんが、たとひひやかしでも店先に立つて下さる方は大事なお客様、まして力を貸して下さらうといふ方は大事の〳〵お客様であります」（「三木社長の就任披露宴　躍進の気分溢る」『報知』六月一〇日付）

民政党の同志でもある衆議院議長の小山は、「新聞大衆化の元祖」である報知新聞社長に、「議会大衆化の元祖」である三木が就任したと祝福した。新聞界の重鎮である徳富蘇峰は「盲人の剣術程こはいものはない」として次のように挨拶した。

「素人《しろうと》程こはいものはないのです、ムソリーニ首相もヒトラー総統も政治界の素人であります、新聞界の素人がいかに日本をかけめぐるかは見ものでありませう、しかも城戸氏の如き新聞界の玄人《くろうと》を得たのでありますから鬼に金棒であります、三木氏は戦闘力の旺盛な人でありますがそれだけに注意して他の事業に気を向けぬやう、専心報知に尽されたならば、その成功は、この私が保証します」（『報知』六月一〇日付）

以上は『報知新聞』で報じられた祝辞だが、実際は、名古屋新聞社長も務めていた小山が「諸葛孔明《しょかつこうめい》をあまり用ひるな」と城戸元亮の重用に反対を示していた。これに対して蘇峰は「三木さんは大いに城戸君を用ふるが宜しい、三木に配する城戸、これこそ鬼に金棒だと思ふ」とエールを送った（「〝城戸君を重用せよ〟蘇峰翁三木氏に注文」『新聞時代』六月一一日付）。

城戸元亮は一九三三年に内紛によって大阪毎日新聞社・東京日日新聞社（大毎・東日）を退社に追い込まれ、三八年に陸軍省の委嘱で陸軍の宣伝機関である大東研究所を設立した（荒木編：4）。城戸が報知新聞社に常任顧問として入社したのは一九三九年六月三日で、三木の強い要望があったとされる（『新聞総覧　昭和十五年』：「新聞日誌」91）。同じ熊本県出身の蘇峰は、城戸が大毎・東日の主幹を務めていた時に社賓に迎えられたこともあり、城戸の報知新聞社入りを歓迎した（『毎日新聞七十年』：268）。

城戸の報知入社には二つの意味があった。一つは軍との結びつきである。前述のとおり、三木は当時の陸軍大臣・板垣から資金援助を受けており、報知には二・二六事件の際に憲兵隊長を務めた坂本俊馬《としめ》（陸士第一九期）も取締役として勤務していた。坂本は、講談社の野間清治が社長であった時代に報知に入社し、編集局長も務めた（『新聞総覧　昭和十三年』：「新聞総覧篇」18／『新聞時代』一九三八年九月二七日付）。三木はこれまでの社長室を明け渡し、城戸と坂本と相撲の大錦がそこを使っていたという（愚鱈生「枯木も山の賑ひに」『新聞之新聞』一九三九年六月七日付）。

城戸入社のもう一つの意味は、大阪発祥の二紙、東京日日新聞社（東日）と東京朝日新聞社（東朝）への対抗意識である。大毎・東日を追放された城戸が新聞界に復帰し、ライバル社の報知に入社したことで「少くとも早慶戦ぐらゐの面白さはある」と言われた（鍬屋：188）。東日・東朝打倒のために読売新聞社の正力と共同戦線を張るのではと噂された。一九三九年一二月には、三木に資金を工面した塩野の仲介によって、読売出身の池田正之輔が報知の取締役総務局長に就任している（『新聞之新聞』一二月二八日付）。

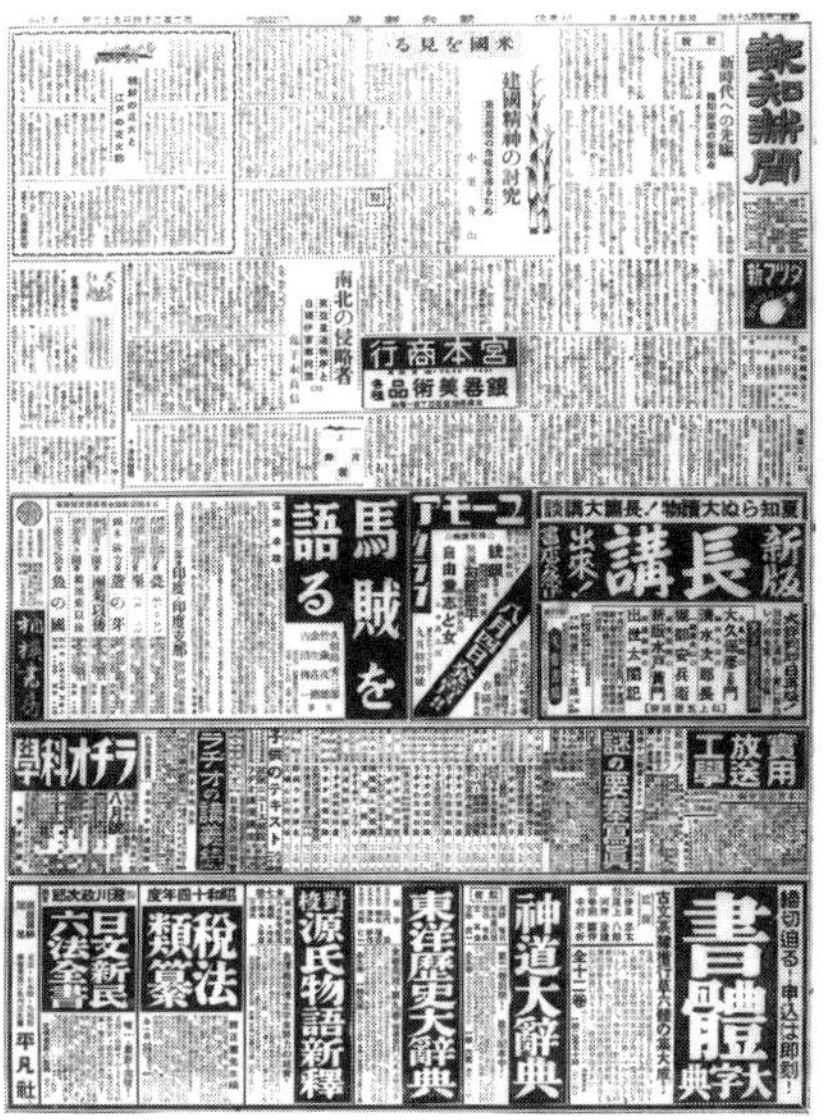

図5-1　『報知新聞』1939年8月1日付朝刊一面

三木は、側近の原玉重を常任監査役に任命し（服部信也・昌子編：85）、東京市疑獄事件で有罪となった元・東京市会議員の天野富太郎を社長秘書とした（『新聞時代』五月一六日付）。報知の拡販には、三木に近い東京市会議員が動員されているとも言われ（愚鱈生「ボーナスを出すか」『新聞之新聞』六月九日付）、一九三九年五月二四日付朝刊には「市政御用聞き欄」が新設された。

陣容を整えた三木は、一九三九年八月一日付朝刊で大胆な紙面改革を行う。講談社の野間清治が社長を務めた時代（一九三〇年～三八年）には、『日曜報知』を創刊するなど家庭面の充実がなされた。こうしたイメージを刷新すべく三木と城戸は、朝刊一面の上段を評論や論説記事で埋めた。社説は題字のすぐ横に配置した（図5-1）。他社の朝刊一面は報道記事が中心であり、社説は二面に掲載されるのが一般的であった。当時の『東京朝日新聞』の一面は全面広告で、社説は三面の掲載である。

城戸は、報知の常任顧問に就任した直後の取材に次のように答えていた。

「元来日本の新聞は、政党を背景にして発達して来たんだが、近頃は、コンマーシャリズムに徹底したのか、何の新聞も主義主張がなく、大新聞として大事をとり過ぎるのではないだらうか。昔は或新聞が一つの主張をするが他が反駁する。然し双方共新聞は見なければならなかつたんだが近頃は、国民、帝都日日其他二三流等が、ハツキリと云ふだけで、他は云はない。」（愚鱈生「報知社長室で城戸元亮氏語る」『新聞之新聞』六月五日付）

三木も文藝春秋社が発行する雑誌『話』（一九三九年八月号）のインタビューで、商業主義からの脱却を訴え、「時勢に適合した輿論の指導力」が必要だと答えている。

「日清戦争から日露戦争前後にかけては、輿論の指導といふことは、新聞の重大な役目の一つだつたんだ。報知の歴史を見たつて、当時は犬養、尾崎、武富、矢野文雄といつた連中がゐて、諤諤《がくがく》の論陣を張つて一世の輿論を喚起したものだ。その後になつて、新聞が指導力を持つことが多く売るのには妨害になるやうになつたため、現在のやうな商品性だけしかないものになつてしまつた、と僕は考へるんだがね」（上田：56f）

主義主張（＝輿論）を重視する報知の戦略の背景には、用紙制限があった。三木が社長に就任して間もない一九三九年九月、王子製紙は新聞用紙の供給を最低三割八分削減すると各社に通知してきた（愚鱈生「裁断の日遂に来る」『新聞之新聞』九月二九日付）。二九日の新聞各社の臨時首脳部会で三木は次のように激怒したと報じられた。

「約束をした供給は一枚でも減する〔ずる〕事は罷《まか》りならぬ。元来新聞社は政府に対して、腰の強いものと世間も思ひ、自分もさう思つて居つたが、僕は新聞社に入社して腰のないのに驚いた（中略）新聞社が商売して金を儲ける等と吝《けち》な考へを持つてるから政府の小役人共に馬鹿にされるの

図5-2　南京を視察する三木武吉（一番右のシルクハット姿）
西岡香織『報道戦線から見た「日中戦争」』（芙蓉書房出版、1999年）、扉絵

だ。」（愚鱈生「王子の通達疑問視」『新聞之新聞』九月三〇日付）

三木は、新聞の価値を高めることで用紙制限を何とか回避しようとした。三割八分の削減は延期となったが、用紙制限のあおりを受け、『報知新聞』は一一月四日付の紙面で日曜夕刊の停止、五日付の紙面で正午版の停止を発表した。

こうした苦境を脱すべく報知は大陸での新聞発行を模索し、一九三九年一一月に南京総局を開設した（『日本新聞年鑑　昭和十六年版』：「現勢」7）。三木はこの年の一二月四日に坂本と新南京総局の安田栄治とともに中支視察を行った（『新聞之新聞』一二月五日付）。

この時の写真が西岡香織『報道戦線から見た「日中戦争」』（芙蓉書房出版、一九九九年）の扉絵に掲載されている（図5-2）。キャプションには「南京中華門城壁一番乗りの三明保真大尉（第六師団中隊長、左端）による現地説明。右端は政治家三木武吉、その隣は劇作家倉田百三」とある。撮影日時は記されていないが、倉田の大陸視察は一九三九年一〇月から一二月にかけてのみのため、三木が中支視察を行った一九三九年一二月のものと推測できる。日本主義文化同盟から派遣された倉田の「雲崗《うんこう》の〃石窟〟に思ふ」は『報知新聞』一二月五日・六日付朝刊に掲載されている（影山正治：20f）。三木は一八日に汪兆銘と会見し、一九日に帰国した（「増資案で当局啓蒙　三木報知社長の怪気焔」『新聞之新聞』一二月二一日付）。

排英論と日独伊三国同盟

三木を社長に迎えた報知新聞社が輿論指導を発揮した最初の局面が排英論であった。一九三九年六月一四日、日本の北支派遣軍が天津英仏租界を封鎖する天津事件を起こす。発端は、英租界当局が臨時政府の要人を暗殺した容疑者の引渡しを拒否したことにあった。七月一五日に、日英両国の代表者が東京で話し合いの機会を設けることになったが、日本の新聞各社は、蔣介石政権の延命に手を貸す英国に対して一切の妥協をしないように釘を刺した。当時の排英論については、永井和「一九三九年の排英運動」（『昭和期の社会運動　年報・近代日本研究五』山川出版社、一九八三年）、報知を含めた新聞の論調に関しては、玉井清「日中戦争下の反英論」（『法学研究』七三巻一号、二〇〇〇年）が詳しい。

報知新聞社は強硬論をいち早く展開し、七月四日午後五時から日比谷公会堂で「対英外交大演説会」を開催した（図5-3）。三木の挨拶に続いて永井柳太郎、弁護士・清瀬一郎、報知論説委員・松本徳明、衆議院議員・亀井貫一郎、貴族院議員・小久保喜七が反英演説を行った。会場には約三千人が集まり、三木が挨拶を行う前に「既に排英、攘英の嵐、場の内外にみなぎつて一種の殺気」さえ感じるほどであったと記事は報じている（『報知』七月五日付）。

報知新聞

見よ！援蒋英打倒の鯨波

熱血・國民運動の烽火 場の内外正に白熱化

本社主催 對英外交大演説會

三木本社長の挨拶

治安攪亂は英國 蒋の背後を衝く

英國は手をひけ 松本徳明氏英を爆撃

法的根據明示

本社主催 對英外交大演説會

日英東京會談は来週早々に開始

國民團結せよ

防共樞軸強化

図 5-3 『報知新聞』1939 年 7 月 5 日付朝刊

三木の挨拶は、報知新聞社発行の小冊子『英国を追放す　対英外交大演説集』（一九三九年）に掲載されている。

「我々東京人は、我皇国の使命と、英国の態度に就ては、天津在住者よりは数倍、数十倍の熱意と関心を持つことを断言するものであります、と同時にこの熱意と、関心とを日英政府殊に外交当局に認識せしめなければなりませぬ。」（報知新聞社 1939：6）

三木は、日英会談の会場が天津から東京に移ったのは、東京の方が「輿論の重圧も弱かるべし」と英当局が考えたからだとして、「輿論のある所を、日英代表に示」す必要性を訴えた（5, 7）。ここで用いられた「輿論」は、熟議を意味する「輿論」ではなく、国民感情を意味する「世論」と言えるだろう。小冊子『英国を追放す』の「序」でも「紙面においては勿論のこと、更に街頭に進出」することの重要性が説かれている。

報知は七月四日の日比谷公会堂を皮切りに、七月九日から一五日まで都内の計九か所で反英演説会を企画した（玉井清「日中戦争下の反英論」では、他に七月一五日の深川東小学校、一六日の浦和市埼玉会館での講演も記録されている）。演説会に押し寄せる大観衆の姿を示し、英国に外交的なプレッシャーを与えようというキャンペーンであった。

反英演説会には、四日に登壇したメンバーの他に、中野正剛、赤松克麿、藤澤親雄、山道襄一、喜多壮一郎、春名成章、五來欣造、宮崎龍介、杉山謙治、原口初太郎、津雲国利、小関虎三郎が参加した。この人選に三木が関与したのは明白であり、新独派で新党運動に加わった人物が数多く選ばれている（「〝報知〟を拠点とする新党運動展開」『新聞時代』七月一五日付）。永井、中野、亀井はその中心人物であり、松本と藤澤は一九三六年一二月に日独同志会を設立した。

玉井清「日中戦争下の反英論」は、一九三九年七月二七日に英国大使館が本国に宛てたレポートの存在を明らかにしている。そこには次のように記されていたという。

「彼〔三木〕は中野正剛のような名うてのアジテーターを起用し反英感情を巧みに巻き上げ、大使館のスタッフの間では、「恐喝者」（Blackmailer）と称されている。」（玉井 2000：222）

「恐喝者」と恐れられた三木の手法は、浅間丸事件でも存分に発揮された。一九四〇年一月、日本郵船所有の客船・浅間丸が、千葉県野島崎沖の公海上で英国海軍の軽巡洋艦の臨検を受け、ドイツ人乗客二一名が拉致《らち》される事件が起こった。日本の新聞各紙は国辱事件だとして英国を激しく批判し、国民の反英感情が再び高まった。当時の新聞論調については、慶應義塾大学法学部政治学科玉井清研究会『浅間丸事件と日本のマスメディア』（近代日本政治資料一三、二〇〇七年）が詳しい。

『報知新聞』は一月二六日付夕刊（二五日発行）で「浅間丸事件の驚くべき怪事実〝武力の前には屈服せよ〟と外務省から訓令」と題する記事を掲載した。交戦国の軍艦から臨検を受ける場合、「武力を以て迫る場合は引渡して可なり」という訓令を外務省が出し、浅間丸船長にも指示があったと暴露するスクープ記事であった。二六日付朝刊の社説「責任を明示せよ　外務当局に警告す」も外務省の弱腰対応を批判している。

「いま、百万のわが忠勇なる同胞が、祖国の名誉のため大陸に戦つてゐる、銃後にあるものといへども、戦線にある将兵と同じ心を以て、万事に対処するの覚悟あつてこそ、はじめて大業が完遂せらるゝものとわれ等は考へる。」

これに対して外務省は訓令の発出を認めず、報知に記事の取消しを求めた。報知は地方版で外務省の取消請求文を掲載したが、記事自体の取消しはしなかった。三木は池田総務局長らとともに外務省に乗りこみ、須磨情報部長と面会したとも報じられた（「〝謎〟の煽情記事を固執」『新聞時代』一月三一日付）。

二月二日の貴族院本会議で、有田八郎外相は訓令の発出については認めなかったが、浅間丸がサンフランシスコを出発する前に郵船会社から問い合わせがあり、現地の総領事が「軍艦が強力を以て臨んで来る場合には、是は致し方あるまい、斯う云ふ風なことを返答した」と答弁した。『報知新聞』は三日付朝刊の社説「所謂〝訓令〟に就いて　議会と浅間丸事件」で外相のこの発言を取り上げ、この論争は報知に軍配が上がったかのように見えた。

しかし、業界紙では報知と外務省の対立は国益を損なうという意見が大半であった。『日刊　新聞時代』（二月一日付）には、天津事件以来の報知の報道姿勢を批判する投稿記事（匿名）が掲載されている。

「同社の反英運動も新聞紙の使命から考へてその主張は新聞紙面に限局さるべきものであつて演説会や直接行動は個人としてなら兎も角、『報知新聞』としてやるべき事柄ではない。これは明治大正の所謂政党時代而も大隈内閣前後に黒岩周六や松下軍治のやつた古い手法なのでその時代に於てすらジャーナリズムに於ける邪道であるとして黒岩の没落動機となつたのである。然るに三木君が今日の時代にその転落した先輩の故智を学ばふと云ふのはドウかと思ふ」（「〝純正新聞道〟から転落」）

「直接行動」とは、三木や池田総務局長が外務省に乗りこんだ件を指すようだ。『新聞之新聞』（二月七日付）は「報知と浅間丸　新聞指導性に疑義」と題し、真相を書くだけが新聞の役割なのかと問うている。『新聞と社会』（一九四〇年二月号）の「浅間丸事件と反英輿論の再激発」も、報知のスクープ記事の執筆者が三木だと推測し、そのスタンドプレーを批判している（86f）。

排英論は報知の紙面や人事を読み解くうえで重要なキーワードと言える。一九二七年に『九州日報』に主筆兼編集局長として入社した清水芳太郎は、三四年に国家改造運動団体の創生会を設立し、三九年に排英運動を展開した（「清水芳太郎年譜」：481f／平井：273f）。報知は、清水が三七年に社長に就任した『九州日報』との提携企画として、清水の論考を紙面に掲載した（「報知九日　論説提携」『新聞之新聞』一一月一六日付）。たとえば、日中戦争後の軍の政治・経済分野への積極的な関与を説いた「軍部に告ぐ！」は一九三九年一一月一二・一三日付朝刊の『報知新聞』と『九州日報』の両方の紙面に掲載されている。

清水は一九三九年に『九州日報』を退社し、東京へ転居して陸軍航空技術研究所嘱託となる。清水を高く評価していたのが城戸で、清水を「中央論壇に紹介し広く天下に清水芳太郎あることを知らしめた機縁を作つたものは自分である」と述べている（城戸 1942：3)。

一九四〇年六月には、報知の硬派路線を支えていくキーパーソン・武藤貞一が相談役として入社し、夕刊の題字下に新設された「時局論策」の欄を担当した（「〝時局論策〟の創設」『報知新聞』六月六日付）。武藤は、城戸の紹介で三木と会ったと述べている（武藤貞一：575)。

この人事の背後にも排英論を読み取ることができる。武藤は一九二三年に東京朝日新聞社に入社し、大阪朝日新聞社に異動して「天声人語」の執筆を担当した。三七年一二月には『英国を撃つ』を出版してベストセラーとなり、四〇年一月には大阪時事新報社の副社長に就任し、西日本で高い人気を誇った。まだ大阪時事新報社に籍を残していたが、再び東上した理由として、「東京に銃座を移し帝都の識者層に見えんとする意欲は小生において可なり熾烈《しれつ》であつた」と述べている（武藤貞一「都門に還る辞」『報知新聞』六月六日付)。

武藤が報知に入社した背景として、彼の後ろ盾であった石原財閥（創設者・石原廣一郎）の存在が指摘されている（「武藤貞一報知に入社」『新聞時代』六月七日付)。石原は英統治下のマレーにおける鉱山経営がもととなり、排英論を展開していく（赤澤 1996：「二、排英運動の推進」)。石原は国粋主義団体・明倫会への主要な資金提供者としても知られ、政権中枢に太いパイプを持っていた。この石原と報知を結び付けたのが取締役の坂本俊馬だと言われる（「大時との連携説」『新聞之新聞』四月二二日付)。

『報知新聞』に掲載された座談会「北欧の戦禍蘭印に及べば」（計一〇回、一九四〇年四月一八日～二八日付）には石原も参加している。石原の他に、南進論者である日蘭協会副会長・井上雅二、拓務省南洋課長・川本邦雄、ニューギニア興発専務・斎藤文也、海軍少将・関根郡平、南洋拓殖理事・杉田芳郎が参加した座談会は、一九四〇年五月にパンフレット『戦禍蘭印に及べば日本はどう出るか？』として刊行された。

座談会ではまず三木が、オランダがドイツあるいは英米の侵攻を受けた場合、オランダ領東インド（蘭印）の状況が変わる可能性について問題提起を行った。石原はドイツによるオランダ侵攻は現実的ではないとしたうえで（実際は、一九四〇年五月一〇日にオランダ侵攻が起こる）、日本と蘭印の風俗・習慣の共通性、豊富な天然資源、至便な海上交通に触れ、日本が「自給自足のの《ママ》完全なる国家になる」ためには日満支南の四つを合わせた経済ブロックが必要だと説いている（報知新聞社編 1940：45）。

当時の国家主義者のグループには、①親独連ソ排英派、②親英防共派、③防共排英派があった（永井和：249f）。②と③は「反ソ」つまりソ連を想定敵国としたが、①のみはソ連と国交調整をはかり、排英に力を入れるべきだと主張した。石原は①にあたり、満洲を含めた中国の資源を限定的なものと考え、中国戦線の縮小を訴えた。石原が主張したのは、ソ連との衝突を回避し、資源の豊富な南へと目を向ける南進論（北守南進）であった（赤澤 1996：「二、排英運動の推進」）。

ここで当時の国際情勢を確認しておこう。ソ連の東西両端に位置する日本とナチス・ドイツは共産主義の脅威に対抗するため、一九三六年に日独防共協定を結んだ。ところが三九年八月にドイツは仮想敵であったはずのソ連と不可侵条約を締結する。英仏との戦争を見据えた一時的な停戦措置であったが、日本側からすれば二股をかけられたも同然であった。時の平沼騏一郎内閣は「欧州の天地は複雑怪奇」との言葉を残して総辞職した。日独関係は一時的に冷え込んだが、ドイツは蔣介石政権への軍事支援停止やソ連との関係修復の仲介といったカードで日本を揺さぶってきた。三九年九月に英仏と戦争を始めたドイツは、米国の参戦を警戒していた。かくしてソ連を想定した日独防共協定は、英仏さらには米国をけん制するための軍事同盟へと本質がすり替えられていく。日本の陸軍は欧州で快進撃を続けるドイツとの軍事同盟を望み、大島浩や白鳥敏夫など陸軍と協調する外交官もそれを後押しした。

一九四〇年九月二七日に日独伊三国同盟が締結されると、『報知新聞』二八日付朝刊は一面、二面、三面、七面を使って大々的に報じ、「陰の立役・二人男」と題して大島と白鳥を写真付きで取り上げた。つまり、陸軍の主張に沿った紙面作りが行われた。

もともと陸軍はソ連を想定敵国としていたが、一九四〇年には、ソ連との関係を見直し、南方進出に力を入れるべきだという声が高まってくる（山本文史：235）。それはまさに石原と同じ主張であった。『報知新聞』でも、ソ連との対峙の仕方や中国戦線の扱いに関して、石原と同様の主張が展開されていく。たとえば、武藤は「時局論策　ソ連を加へよ」（『報知』一〇月一日付夕刊）において、英米を想定敵国としたうえで、援蔣ルート（日本と対立した重慶の蔣介石政権を支援する輸送路）の確保という観点から米国とソ連が手を結ぶのを防ぐため、ソ連を日独伊の三国ブロックに引き入れるべきだと説いた。

「仮りにこゝで思ひ切つて、日本がソ聯と妥協するの方式を発見するならば、気遣はるゝ米ソの対日提携を阻止するのみならず、蔣政権ならびに共産勢力の根源を遮断することが出来て、真に一石二鳥の賢策といふを得よう。」

中国では共産主義や共産党の軍組織が勢力を強めつつあったので、ソ連との連携はその根を断つことにもつながるというわけだ。

『報知新聞』一〇月二日付朝刊の社説「独ソ会談説と日ソ関係」も、日ソ不可侵条約の締結を説いている。

「日ソ両国は、従来何かと不祥事件を頻発して来たとはいふもの丶両国間に和親提携の関係が樹立される場合、それによつて両国が平等共通の利益を享受し得るものであるといふことは、両国民ひとしく百も承知してゐるところの事柄である。」

重要な点は、日ソの関係修繕が日本の南洋進出と結びつけて論じられている点だ。武藤は、前記「時局論策　ソ連を加へよ」で次のように述べていた。

「日本は南洋進出、対米決意を固むる上においても、また支那事変処理のためにも、まづソ聯と結ぶことが急務中の急務だ。決して躊躇してはならぬ。」

武藤は「時局論策　南方へ南方へ！」(『報知』一〇月三日付夕刊)でも南進論を説いた。

「わが国は一日も早く狭義の支那事変を手じまひした上、第二の飛躍段階たる南洋進出策に向って全国力を傾注する転機に際会してゐるのである。」

一九四〇年八月三日に警視庁官房主事がまとめた「近衛内閣ニ対スル言論界ノ要望」(アジア歴史資料

センター所蔵）には、新聞社や出版社の代表者の意見が掲載されており、この中で三木は外交政策に関して、石原と同様の主張を展開している。

「支那事変の裏には英米仏蘇の援蔣工作があることは明白であり亜細亜の安定勢力を確保するには先づ蘇聯と協定して日独伊枢軸を強化し蘭印仏印、英印及ビルマ等を勢力圏に入れる即ち南進政策を採るは此の際外交対策として急務である。夫れには徒らにクレーギー大使〔英国大使〕の狡猾なる打診や米国の牽制等に乗ぜられることなく国論を統一し挙国一致の体整《ママ》を備へ高度国防国家の確立が急務である」

石原と報知が良好な関係を築く中で、武藤は一九四〇年一二月に大阪時事新報社を退社し、報知の取締主筆に就任する（「武藤大時副社長突如辞表を叩付く」『新聞之新聞』一二月一一日付／『新聞総覧　昭和十六年』新聞研究篇：64）。

武藤は、三木が報知新聞社長時代に「常にカーキー色の国民服一着で通し、冬は将校マントをまとっていた」と証言している（武藤貞一：575）。さらに、加藤たけ（おたけさん）が社長室に頻繁に出入りしていたことも明らかにしている。

「報知社長の時代、かれは極度の貧乏をしていた。おたけさんが神楽坂の料亭のあがりを特別大きな蟇口《がまぐち》に入れ、紐をつけて首にぶらさげながら、社長室に日参していた。三木氏の金穴《きんけつ》はこのおたけだったらしい。報知の社員は、何だか月給をこのおたけさんから貰っているような気がして、ひどく不愉快がっていたのも事実である。三木氏は社長室で、秘書課の者を呼ぶのに、呼鈴《よびりん》は鳴らさずポンポンと手をたたくのがならわしで、その点、待合じみていた。報知がやっと芽を吹き出して、部数も急速に伸び、業態も改善されて、期末になにがしかボーナスと名のつくものが出せるようになったとき、三木氏はよほど嬉しかったと見え、ボーナスの封筒に、わざわざ俳句をつくって書きつけたりした。」(武藤貞一：576f)

全国紙の地方版廃止を

一九四〇年七月二二日に第二次近衛文麿内閣が誕生し、新体制運動が動き始める。『報知新聞』は六月四日付朝刊に「民政党に寄す　速やかに解党すべし」と題する社説を掲載しており、三木が新党結成に加わるという噂が何度もささやかれていた(「報知紙面で　露骨な新党運動　民政党解散を叫ぶ」『新聞時代』六月五日付)。七月二五日には、永井柳太郎をはじめとする四〇名が民政党を脱党し、新党結成に備えた(「永井氏はじめ四十名　決然として脱党」『報知』七月二六日付)。

新体制運動に貢献した三木は、新聞界における新体制の構築も目指した。一九四〇年八月三一日、三木は「新体制下の新聞政策」と題する意見書を近衛首相、各大臣、次官、書記官長、法制局長官、各省情報部長、新体制準備委員らへ提出した(「地方通信員廃止」『新聞之新聞』九月二日付)。

この意見書は「一、はしがき」「二、東京、大阪等の大新聞の地方版全廃を即時断行せよ」「三、新聞指導性の確立と地方新聞の強化」「四、如何にして地方新聞を強化するか」「五、大新聞の地方版全廃と用紙の節約」「六、鉄道輸送力の緩和と電信電話の能率増進」「七、高度国防態勢における地方新聞の重

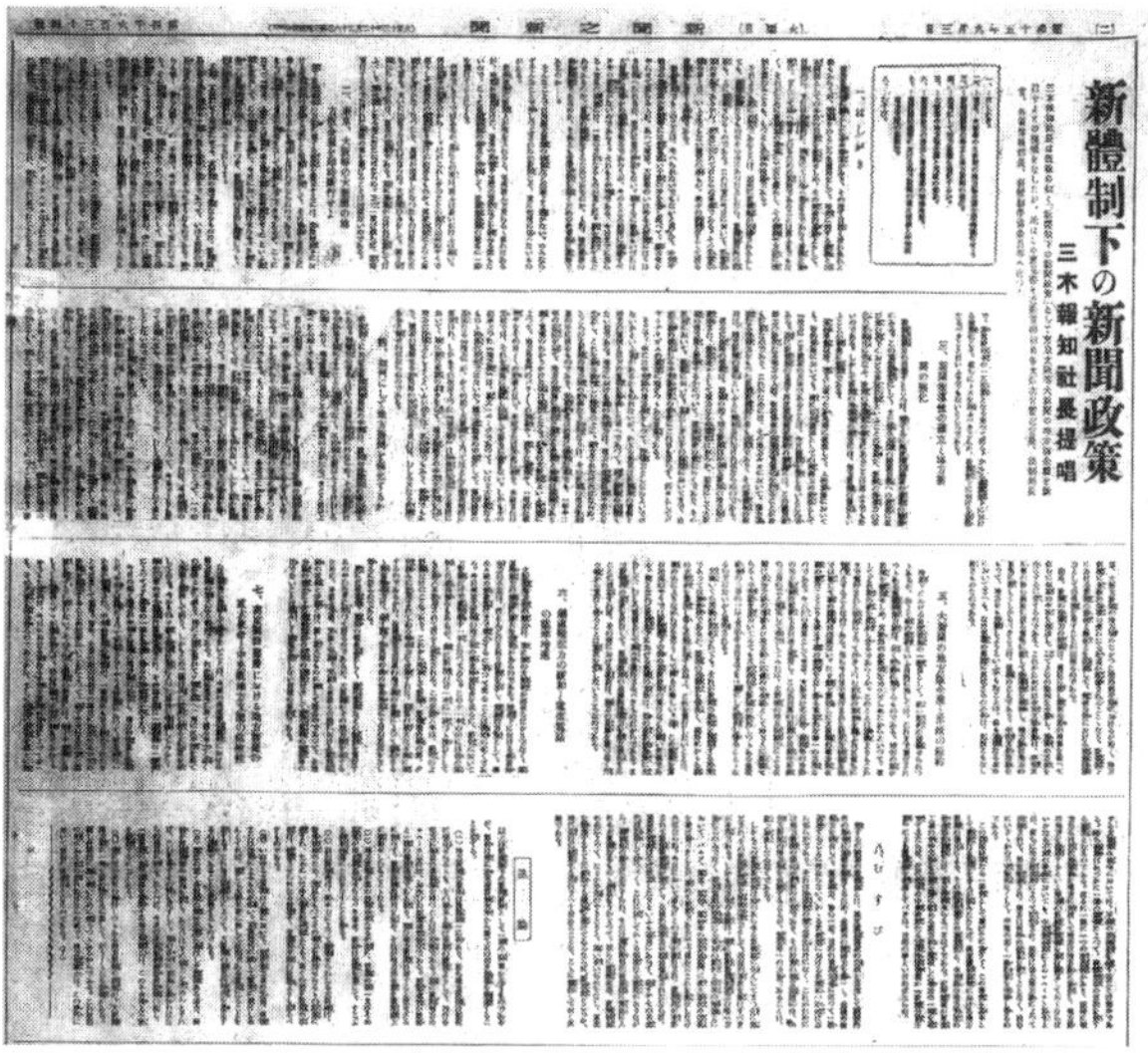
新體制下の新聞政策
三木報知社長提唱

図5-4　「新体制下の新聞政策　三木報知社長提唱」『新聞之新聞』1940年9月3日付

大使命と中央紙地方支配の危険性」「八、むすび」の八項目から成り、「追論」も付されていた（「新体制下の新聞政策」『新聞之新聞』九月三日付）（図5-4）。

　この中で三木が訴えたのは、全国紙の地方版廃止であった。大阪や東京を拠点として全国紙を名乗る朝日、毎日、読売、報知は地方版を持ち、その発行部数が全体の七割から八割を占めていた。それらを廃止し、各道府県で発行される新聞（地方新聞）の発展強化を促すという全国紙にとっては寝耳に水の爆弾動議であった。

　三木は全国紙の地方版に関して、地域限定の情報がわずか一ページのみ（その他は全国紙と同じ記事を掲載）、支局記者が一年か二年で入れ替わるといった問題点を挙げ、これではその地域で指導力を発揮することはできないと主張していく。

「支局記者は如何に優秀な者でも、一年や二年の在任を以て、地方の現実に広汎正確なる把握と理解は困難であり漸く実情のわかりかけた頃は転任となる。記者は大新聞といふ背景によつて、地方各部門のバラ〳〵の現象や、勝手な宣伝や、一時的な事件やをその日〳〵の記事となし、本社または支社に送り、本社または支社では、それを適当に編輯し印刷して居るに過ぎない。しかもそのその出来上つた『地方版』は、最大一ページであつて、いはゞ大新聞なるものゝ附録的存在ではないか。（中略）地方版付きの中央大新聞を以て地方の指導力としようといふが如きは、不可能でもあり、無謀でもあり、国家の当面せる非常時の現段階より見れば、むしろ大なる欺瞞であると断ぜねばならぬのである。」（「三、新聞指導性の確立と地方新聞の強化」）

地方新聞を強化する手段として一県一紙体制も検討されていたが、地方の弱小新聞を淘汰《とうた》するだけで全国紙の攻勢を弱める効果はない。全国紙の地方版の廃止こそが、地方新聞の増紙、社会的信用の向上、優秀な人材の確保につながると三木は考えていた（「四、如何にして地方新聞を強化するか」）。

全国紙の地方版の発行部数は約五〇〇万で、その廃止によって現在の使用紙量の三分の一から半分程度を節約できると試算されている（「五、大新聞の地方版全廃と用紙の節約」）。

全国紙の地方版は、主として東京や大阪で印刷され、鉄道で各地へ輸送されていた。上野駅から地方へ鉄道輸送される朝刊だけで貨物車八本分に相当したという。当時は、学生の修学旅行が禁止されるなど鉄道輸送力の不足が問題となっていた。新聞本社と支局間で頻繁にやり取りされる電信電話も、一般社会では慶弔電報の制限がなされるなど節約が求められていた。全国紙の地方版の廃止は、地方文化の保護や発展に加えて、資材の節約や能率の増進といった観点からも戦時体制下には必要な施策であると強調された（「六、鉄道輸送力の緩和と電信電話の能率増進」）。

地理的条件を考慮すれば、日本が分散主義を取るべきなのは明白だ。全国紙の寡占《かせん》状態が続いたまま、東京・大阪や鉄道網が空襲を受ければ、全国に情報が行き渡らなくなってしまう。三木はこう断言した。

「近時陸軍が軍需工場の集中主義を分散主義に改める新方針を闡明《せんめい》した理由の一端を考究するならば、近代戦争の中枢神経たる宣伝指導機関が『新聞分散主義』による新体制を絶□とすべきは、自明の事といはねばならぬ。」（「七、高度国防態勢における地方新聞の重大使命と中央紙地方支配の危険性」）

三木の構想は、総動員体制における日本のグランドデザインを描きつつ、報知のライバルである主要な全国紙が大きな損害を被《こうむ》るカラクリとなっており、その意味ではよく練られた構想となっていた。この意見書には「追論」も付され、非常時の言論政策が示されている。その（一）と（二）には次のようにある。

（一）「地方新聞の強化は言論統一に利あり、即ち地方新聞は如何に強化せらるゝも、その資本と発行部数の関係よりして、内外各地方に独自の通信網を持つことは不可能である。故に当該地方のニュース以外は、おほむね同盟通信依存である。同盟通信が政府と一体の国策通信である限り、勢ひ地方新聞は欲すると欲せざるに拘らず、国策新聞的傾向を強め、それが地方民全体を国策線上に躍動せしむることゝなる。」

（二）「地方新聞が概《おおむ》ね同盟依存なるが故に、言論の統一及びその監督が時節柄強化せらるべき場合、政府は同盟を通じて、すこぶる簡単迅速にこれをなすことを得る。」

三木は同盟通信の拡充によって、政府が統制可能なニュースだけを流そうと画策していた。この提案によって地方紙は経営体制が盤石なものとなるが、自由裁量が奪われる可能性もあった。

九月二日、三木は報知新聞社長室に在京の記者一〇数名を集め、近衛首相らに送った意見書「新体制下の新聞政策」に関する共同会見を行った。その内容をまとめた小冊子、三木武吉編『新体制下の新聞問答』（一九四〇年）も刊行した。

この小冊子では、二日の会見後に寄せられた反対意見を公開し、一つ一つ反論している。「実行上の方法に徹底した具体案」を欠くという指摘に対しては、政府が行う新聞用紙の配当の比重を全国紙から地方紙へと移せば、簡単に実現できると答えた(20)。一九四一年の調査によると、全国紙の正確な発行部数は、『読売新聞』一五六万部、『東京日日新聞』一四二万部、『東京朝日新聞』一二八万部、『報知新聞』三四万部であった（報知新聞社社史刊行委員会編：233）。全国紙の地方版廃止案を実行に移したとき、読売、朝日、毎日（東日）の三社が大きな損害を被るのは明らかであった。この主要三社に根回しをすべきだとの意見に対しては、『新体制下の新聞問答』において次のような三木節を炸裂させている。

「三者は新体制準備委員会に其の代表者が列せられ、その諸君は国策のためには、滅私奉公の誓ひを立てられて居らるゝのだから、今更御互に損の立場に立つのだが、国家のために、提議しようではないかとなどと諮るのは釈迦に説法で、寧ろ三社諸君の尊厳を冒瀆することであり、且つ秋毫《しゅうごう》の異論も無かるべき筈の地方版廃止国策論を喋々講釈するのは、新参者の吾輩として斯道《しどう》の先輩に対して余りの傍若無人《ぼうじゃくぶじん》の振舞にも見らるゝ虞《おそ》れがあるので、わざと遠慮をしたのである。」(7)

国立国会図書館所蔵の『新体制下の新聞問答』には含まれていないのだが、この冊子には「朝日新聞専務石井光次郎氏に対する公開状」という「追記」が存在する（図5-5）。

そこには、『新聞内外』九月九日付で朝日新聞社専務の石井光次郎が三木の意見書を批判したと書かれている。「三木君は自分の商売を国策といふ美名に結びつけて居る」（「追記」1）という石井の批判に対して、三木は「今日の日本に於ける新聞は絶対に商売観念があつてはならぬ」（「追記」2）として次のように答えている。

「世間では芸者、芸人、料理屋、俳優などを非国策的職業の見本の様に白眼視して居るにも拘らず、これ等の職業に従事して居る人々でさへも、現今の自粛自戒振りはどうであらうか、僕は彼等の為すところ未だ以て足れりとはせぬが、彼等の過去の行蹟からして今日の自粛振りを見ると、涙なしには見て居れぬ気持がする。彼等にしてさうだ、天下の公器だ、社会の木鐸《ぼくたく》だなどと自惚《うぬぼ》れ、国家よりは最大限度の恩沢を被つて居る新聞が、今更商売などとの観念を露些《いささ》かでも胸の中に宿して居らるゝ義理ではなからうでないか」（「追記」3）

「地方版廃止などは報知だからこそいへる」（「追記」1）という石井の批判に対しては、「損得の大小を

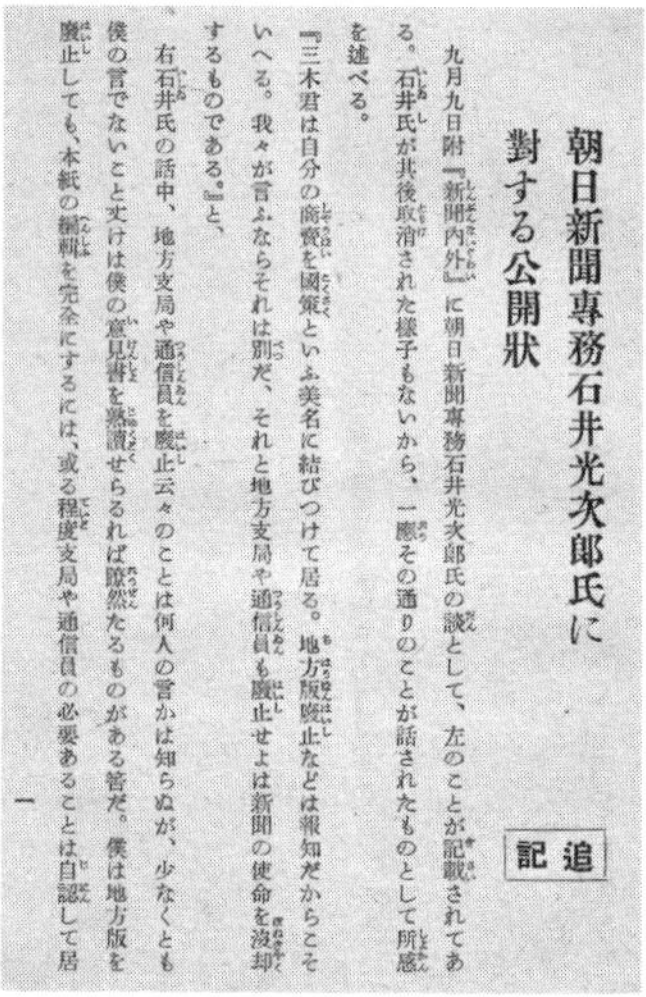

朝日新聞専務石井光次郎氏に對する公開狀

追記

九月九日附『新聞内外』に朝日新聞専務石井光次郎氏の談として、左のことが記載されてある。石井氏が其後取消された様子もないから、一應その通りのことが話されたものとして所感を述べる。

『三木君は自分の商賣を國策といふ美名に結びつけて居る。地方版廢止などは報知だからこそいへる。我々が言ふならそれは別だ、それと地方支局や通信員も廢止せよは新聞の使命を沒却するものである。』と、

右石井氏の話中、地方支局や通信員を廢止云々のことは何人の言かは知らぬが、少なくとも僕の言でないこと丈けは僕の意見書を熟讀せらるれば瞭然たるものがある筈だ。僕は地方版を廢止しても、本紙の編輯を完全にするには、或る程度支局や通信員の必要あることは自認して居

—一—

図5-5　三木武吉編『新体制下の新聞問答』（1940年）の「追記」
別紙で4ページ分が添付されている。「追記」の存在は、古書収集家である神保町のオタさん（@jyunku）が2018年9月9日付のツイッター（現・X）で指摘しており、筆者が古書で購入したものにも添付されていた。

土台に考へること夫れ自体が新聞人の国家に対する反逆であり、新聞の神聖に対する冒瀆である」と反論した（「追記」4）。

『新体制下の新聞問答』では、全国紙の地方版廃止が三木の「個人の提議」であると強調されている(17)。東京市会の問題で痛い目にあった三木は「朝日、日々を何とか酷い目に会はせる機会はないだらうか。何か名案は無いかネ」と述べており（本書二〇二頁）、大新聞との対決は三木の悲願でもあっただろう。だが、三木の一存でこの意見書が出されたわけではなく、『新聞之新聞』では、城戸と軍部の間で「相当程度の諒解」がなされていると報じられた（「地方版廃止問題の背後に城戸氏」『新聞之新聞』九月七日付）。

では、『新体制下の新聞問答』への評価はどうであったのか。一九四〇年一二月、情報局の業務開始にあたって立案された「新聞統制私案断片」（大熊嘱託）では「一応の理あるものと首肯し得る」としながらも、「一個の理想であつて実現性は全く無いと断定出来る」とされている（内川芳美：318）。一方で、情報局事務嘱託を務めた小野秀雄は戦後に刊行した『日本新聞史』で、「昭和十三年以来政府のとれる新聞政策に対し、新聞界の沈黙を破つて放たれたる第一矢として業界の注目をひいた」と一定の評価をしている（小野：299）。

近衛内閣は一九四〇年八月一日に基本国策の要綱を発表したが、報知は二日付朝刊の社説で「平凡の一語に尽きる」と厳しい評価を行った（「基本国策要綱と外相談を読む」）。革新的な案をご覧に入れようと言わんばかりの三木の「新体制下の新聞政策」であった。三木は『新体制下の新聞問答』で「何等かの運動はやるよ」と各方面への働きかけも宣言した（11）。

報知は一九四〇年一〇月三一日に職制改革を行い、編集局内一二部を八部に整理統合し、新たに社長直属の指導委員会と編集審議会を開設した（『新聞総覧　昭和十六年』新聞研究篇：62）。三木は『新聞之新聞』の取材に次のように答えている。

「他社がむしろ輿論に追随してゐるのに対し我れは輿論を喚起指導してゆくものでありまた指導に欠くべからざる解説記事にも力を致すが、ほかでやつてゐる様な知識の注入に終ることを避け、輿論の糧を与へるといふ方針をとるものである、而も報知は大政翼賛会に追随するものでもない、一年前よりの報知を繙《ひもと》けば判然するが、翼賛会こそ我が社が作つたものと断言し得る」（「翼賛運動に先駆　三木社長談」『新聞之新聞』一一月一日付）

一九四〇年一〇月に新体制運動は大政翼賛会という形で結実する。その一翼を担ってきたのは報知だという自負が三木にはあったのだろう。

この時の職制改革で、一九四〇年一一月に城戸が主導した編集局人事（編集局長・後藤喜間太、同次長・三好武治）が変更となっている（『日本新聞年鑑　昭和十六年版』：「現勢」7）。これに伴い、城戸が辞意を表明したとも報じられた（「城戸報知顧問辞任」『新聞之新聞』一一月六日付）。前述のとおり、一九四〇年一二月には、武藤が取締役主筆に就任し、社内のパワーバランスに大きな変化が起こりつつあった。

読売の軍門に降る

一九四一年五月二八日には新聞業界の自主的な統制団体である社団法人日本新聞連盟が発足し、全国の有力紙のほとんどが加盟した。新体制に向けたスタートが切られる中で、報知も大きな節目を迎えた。一九四一年六月一〇日に、創刊七〇周年の祝賀会が帝国ホテルで行われ、拓務大臣・秋田清、厚生大臣・金光庸夫をはじめとした八〇〇名の名士が招待された。参加者の中には、大川周明やオットードイツ大使、中華民国大使なども含まれていた（「輝く創刊七十年！　巨歩讃ふ祝賀の宴」『報知』六月一一日付）。

まずは、元報知社員の徳川夢声が漫談で会場を沸かせ、三木は次のような挨拶を行った。

「新聞事業は非常に困難なものである、あるひは興り、あるひは倒れ、その生命を持続するものがあつても多くは併合したり自ら解散したり困難に戦ひ疲れた姿である、報知新聞はまだ明治五年創業当時の姿を何等分解作用を起さず、生れながらの姿を抱いて盛業を続けてゐる、私共はその社員たることを光栄とする次第である（中略）報知三千の同人は総てを挙げて国家に御奉公する決意である、各位におかれては旧来の厚誼にまして御鞭撻と御叱責をお願ひする」（「三千の社員と共に　国家に御奉公せん」『報知』六月一一日付）

中外商業新報社長で日本新聞連盟理事長の田中都吉《ときち》が挨拶をし、田中は八〇周年の記念祝賀も三木の手で行い、「三木総理大臣がやつた報知新聞」とならないようにと、三木の政界復帰に釘を刺した。続いて挨拶に立った永井柳太郎は、排英運動や日独伊軍事同盟の締結に報知が大きく貢献したと賞讃した（「日本最古の新聞」「民衆の声を代弁　常に果敢に闘ふ」『報知』六月一一日付）。

三木とは旧知の仲である永井は、一九一七年の早稲田騒動のエピソードを持ち出し、当時から壮大な嘘を用いて相手を負かしてきた三木が報知社長に就任すると聞き、「些か前途を危ぶんで居た」という。「三井、三菱、三木」と自信を見せていた金山の開発にも三木は失敗した。だが、報知を有力紙に育てたのは三木善八であるから、報知と「三木」の名前の相性も良さそうだ。報知の更生は目覚ましいから、伝統を守りながらその闘争力をますます発揮させてもらいたい。このように挨拶を締めて満場の喝采を浴びた(「報知記念披露盛会」『文化情報』六月一二日付)。

「報知頑張れ!」の拍手が起こる中で、枢密院議長・原嘉道の発声で「報知万歳!」を三唱した(「輝く創刊七十年! 巨歩讃ふ祝賀の宴」『報知』六月一一日付)。六月一一日の紙面には、内閣総理大臣・近衛文麿、陸軍大臣・東条英機、外務大臣・松岡洋介、内務大臣・平沼騏一郎らが祝辞を寄せた(「創刊七十年を讃ふ」『報知』六月一一日付)。

順風満帆に見えた報知であったが、三木と城戸が主導してきた論説記事中心のレイアウトがこの時に変更になっている。六月一日付朝刊の一面は論説記事ではなく報道記事となり、「創刊七十年を迎ふ」の社説は題字のすぐ横ではなく題字の下に配置された。六月から論説記事の扱いが格下げとなったのは、用紙制限によるページ数削減の影響が大きかったのだろう。これまでは朝刊八頁・夕刊四頁という構成であったが、六月から週三回は朝刊を四頁とせざるをえなくなった。八月からは全日、朝刊四頁・夕刊四頁となる。八頁の内容を四頁に圧縮するため、論説記事に多くのスペースを割けなくなったのだろう。社内では執行部への不満も高まっていた。業界紙『文化情報』では、城戸と武藤の二頭体制の機能不順、社長直属の指導委員会（論説部）と編集部の乖離《かいり》といった問題点が挙げられている（「城戸、武藤両頭政治で編輯統制力を欠く」『文化情報』五月一六日付）。三木の新路線は「若い者やインテリ層に受けてゐる」と言われたが、販売分野の拡張につながっていないという批判もあった（楊堂生「今日の話題　七十年の歴史を生かせ」『文化情報』六月一一日付）。

こうした事態を打開するため、三木は読売新聞社の正力松太郎に相談を持ちかけた。創刊七〇周年の祝賀会の頃には話が進み、正力が報知の全株式を額面の一一〇万円で買い取ることで合意した。正力はこのうち五〇万円を三木の名義とした（務台：66）。三木は七月一八日の重役会で株式の買収について伝え、社長を除く取締役と監査役の全員が辞職した（「三木社長独裁強化」『文化情報』七月二一日付）。ちょうど同じ時期に近衛内閣が一度総辞職して新内閣を発足させたが、それと同じ手法だと言われた。再任される取締役もいたが、長年報知を支えた三木七郎はこの時に退社している（「三木専務追出工作」『文化情報』七月二一日付）。三木七郎は、読売出身の取締役である池田と対立していたと報じられた（「家付老番頭の詰腹」『文化情報』七月二二日付）。

三木は七月一八日の重役会の頃には約九割の株を集め終わっていた（「劇的な報知主任会」『文化情報』八月七日付）。三木以外の重役の持ち株は、実業家の山下太郎（「アラビア太郎」「満洲太郎」と呼ばれた。山下汽船の専務取締とは別の人物）が買い取った形にして、正力との連携が表沙汰にならない工夫がなされた（「山下太郎氏と報知新聞」『実業の世界』一九四一年九月号）。

読売との提携の事実が公になったのは、八月五日の臨時株主総会においてであった。ここで新重役陣が承認され、取締役会長に正力松太郎読売社長、取締役副社長に小林光政、取締役（再選）に坂本俊馬と池田正之輔、取締役営業局長兼販売部長に務台光雄、監査役に原玉重と森伝次が就任することとなった（「読売、報知経営掌握」『文化情報』八月六日付）。『報知新聞』八月六日の朝刊紙面には「本社機構と社業大刷新　正力松太郎氏・本社会長兼業」と題する記事が掲載され、両社の提携が発表された。読売とは提携であって合併ではない点を三木は強調し、「読売と衝突したり戦ふべき事があれば堂々戦ふ積りである」と社内では説明していた（「劇的な報知主任会」『文化情報』八月七日付）。

報知の政経部が読売との提携を知ったのは、政経部員の山本忠次によると「八月の初め」だったという。山本は『私の人生劇場』（一九七七年）に「八・六事件」として、その時の出来事を詳しく記している。政経部は「赤新聞〔低俗な新聞〕・読売の軍門に降ることは、光輝ある「報知」の名誉にかけて絶対に出来ない」として、六日に部員全員の署名が入った「弾劾文」（連判状）を三木に叩きつけた。これに対して三木は、書留郵便で懲戒解雇の通達を送ってきた。政経部が富田健治内閣書記官長、武藤章陸軍省軍務局長、岡海軍省軍務局長らに援助を求めると、富田は政経部の行動を理解し、陣中見舞として五〇〇円を出してくれたという。こうした根回しが効いたのか、三木は政経部員への懲戒解雇を取り消し、規定の退職金を出すと表明した（山本忠次：67f）。

『文化情報』八月一二日付には「円満退社と認め　報知退職金支給内定」と題する記事が掲載されている。翌一三日付には「退社社員に告ぐ！　三木社長心境を告白」と題して三木が社員に呼び掛けた内容が報じられている。三木流の泣き落としと言えるだろう。

「実を云へばこれ程の退社を出すといふことは全く予想だにしなかつた、といふのも自ら任ずること強きに過ぎ赤心を人の腹中に置くことに至らなさがあつた、自分が自分を知る程人が自分を知らなかつたのである、五十八歳の今日に至つて自己の世間修養が足りなかつたことが痛感され、この点社にあつて今後大いに努力勉強したい、退社社員も僕の心中を諒解してくれるなら勿論古巣に戻つてくれることを希望する」

徳富蘇峰記念館（神奈川県）には、報知新聞社政経部の退社組が蘇峰に宛てた手紙が残っている。封筒の消印は八月一三日で、蘇峰の元には一五日に届いたようだ。タイプ打ちされた手紙なので、関係者に広く送ったものなのだろう。今村武雄を中心とする政経部二八名の名前で、退社を決意した経緯が次のように記されている。

「今回の変革に臨んで、吾等一同から期せずして発せられたるものは『自爆あるのみ』との一語であり、それは何等作意なき極めて自然な声であつたのであります。潔く報知の題字に殉《じゅん》じやう、これが凡てであります。むしろ我等は栄《は》へある報知の最期を飾り得た感激で一杯であります。全員莞《かん》爾《じ》として退社を決意したのも、この純情の発露に外ありません。（中略）こゝに永年住み馴れた報知と袂別するに当り、従来の御《ご》好誼《こうぎ》に対し深く謝意を表すると共に、吾等の心境の一端を申上げて御挨拶にかへる次第であります」

二八名の中には、戦後に衆議院議員となり池田勇人内閣の官房副長官を務めた佐々木盛雄、陸軍記者で報知退社後に宇垣一成の秘書役を務めた佐野増彦らが含まれていた（小林：224）。紆余曲折もありながら誕生した新執行部には、城戸の名前が見当たらない。城戸は読売との提携を機に報知の顧問を辞任した（「城戸君去る」『文化情報』七月三一日付／荒木編：4）。一方で、武藤は引き続き執行部に入り、夕刊のコラム「時局論策」を担当した。取締役編集局長には読売の安田庄司が就任する予定だったが、報知社員の反対にあい、報知の後藤喜間太が就任した（「社員移入一切行はず」「編集局長に後藤氏」『文化情報』八月九日付／務台：66f）。読売社員の移籍は執行部のみで編集局に及ぶことはなかった。

『報知新聞』は八月三〇日付朝刊に「紙面の画期的大刷新」と題する社告を打ち、「三木社長の下、挙社一致、必死敢闘の決意を新たにし」と再スタートを宣言した。そして「新聞界旧体制の固定観念を脱却」する紙面刷新を九月一日付朝刊から実施すると予告した。

「即ち新聞紙として最も重要なる朝刊第一面の全部を挙げて指導紙面となし、此処に、直截《ちょくせつ》簡明なる社説と、雄渾《ゆうこん》強靭なる経国時論と、緊迫せる内外情勢の精彩ある解説、批判、見透しと共に、政治、経済、思想、文化その他難局突破に邁進する国民の志望を高揚し、志向を指導すべき、適切、清新、朗快にして、しかも雄勁なる精素を結集し、以て国民指導の光明台たらしめ、以て長期戦の本体たる思想戦の核心陣営たらしめ、以て無形にして、然も臨戦体制の基底たる思想国力の培養拡充に、熱烈全幅の一大努力を捧げんとするものである。」

社説はふたたび題字のすぐ横に配置され、一面全体が論説記事で埋められた（図5-6）。一面の半分

図 5-6　『報知新聞』1941 年 9 月 1 日付朝刊

が広告記事であった一九三九年八月一日の紙面改革（図5-1）よりも徹底したものとなった。右の社告では「報知新聞は日本における最も広告の少い新聞となる」とされている。用紙制限により八月から朝刊四頁・夕刊四頁の紙面構成となっており、限られたスペースを広告ではなく論説記事に用いることで、どの新聞とも異なる特徴の紙面作りを目指した。この独自路線を貫くために、読売資本を取り入れる必要があると三木は判断したのだろう。

社説の隣には「経国時論」というコラム欄が新設され、清水芳太郎、杉森孝次郎、斎藤晌《しょう》の三人が交代で担当した。この中で注目すべきは、先に紹介した『九州日報』社長の清水が客員として報知に入社した点であろう（『報知』八月一九日付夕刊）。元読売新聞記者で日本世紀社を主催していた花見達二は、三木が『清水芳太郎全集』を「面白い」と評価していたと証言している（花見1956：2）。前述のとおり、清水を高く評価した城戸はこの時すでに退社しており、清水の招聘《しょうへい》には、三木の意向が反映されたと考えるのが妥当だろう。花見の証言によると、三木は熊本出身の浪人・坂崎謙介を重用していたという（花見1968：222f）。この坂崎を介して、三木は熊本出身の武藤章陸軍省軍務局長や松村秀逸報道部長とつながっていたと言われ（小坂：192）、九州人脈が報知の紙面づくり、さらには、この後に進められる新聞統合において重要な役割を果たすことになる。

清水は、日米会談よりも日独伊三国会談（東条、ムッソリーニ、ヒトラーの三人の会見）を東京で開き、「新世界秩序建設の最後的大略」を定めるべきだと主張していく（清水芳太郎「経国時論　開け・日独伊三国会談　新秩序の方途決定へ」『報知』一〇月二六日付）。他にも「経国時論　戦時食糧これで行かう　野菜不足の新栄養「もやし米」の研究」（『報知』一九四一年九月三日・四日付）などユニークな論考を残した。清水理化学研究所長も務めていた清水は、少量の油で水田の温度を上げる注油栽培法なるものも発表し、これは、報知の池田正之輔が編者となった『米の増収法』（一九四〇年）に収められている。清水は、四一年一一月に日米開戦促進運動を展開する南溟会《なんめいかい》を斎藤らと結成したが、一二月一三日に飛行機事故で亡くなってしまう（平井：256／城戸ほか 1943：52）。

『文化情報』一九四一年九月二日付には、九月からの新紙面を「既に二ケ月前から種々研究立案してゐた」という三木のコメントが掲載されている。

「此の新紙面は非常時の新聞として往くべき途を最も忠実に且つ端的に実行したものと確信してゐる〔。〕昨日の頭脳を以てしては斯かる紙面は思ひもよらぬところであらうと思ふが、読者が此の紙面に対し如何に動かうとそんな事は第二義である、本社としても自分としても充分堅い決心を以て決行した以上何処迄もこれを以て推し進む考へである」（「三木社長の自信」）

同じ日の『文化情報』は、報知が朝刊第一面を担当する指導部を編集局内に創設したと報じた（「指導部新説」)。一九四一年一二月八日に真珠湾攻撃が行われると、さすがに一面のトップ記事は報道記事が占めるようになる。一二月一〇日付の紙面では社説は一面の左上、一一日付からは題字の下に掲載された。

一九四一年八月五日に読売から報知へ乗り込んできて取締役営業局長となった務台光雄は『別冊新聞研究　聴きとりでつづる新聞史』(一九八一年一〇月)で三木の錬金術を暴露している(務台：67f)。務台が入社するとさっそく経理部長がやって来て、支払手形(計七四万円)の利息を六月から三木の愛妾である加藤たけ宛てに振り込んでいると報告した。この支払手形はもともと講談社の野間名義のものであったが、三木名義に変わっていた。正力は報知に約二六〇万円の借金があるのを承知のうえで全株式を買ったが、その中にこの支払手形の分も含まれていた。野間から三木への名義変更は法律上の問題はなく、報知の経営再建を目指す務台にとっては厄介な問題であった。自らの権利を簡単には手放そうとしない三木に対して、務台は、昇給もなく退職給与規定も中止された報知の社長として道義的な問題があるのではと説いた。務台は、正力もいる前で「正力さんより三木さんが好きです」と率直な気持ちを述べるなど、あらゆる手を尽くして説得を試みた。最後は三木が折れ、ポケットから手形を取り出して務台の前に置いた。務台はこう回想している。

「私が「どうしたらよいか」と皆に計ったら、森伝が「それは残るとお互いのためによくないから、ストーブに入れて焼いたらよい」という。そこで三木さんと正力さんに聞くと、二人ともいいというし、皆もそれがよいということで、今の時価で十数億円という二枚の手形をストーブにくべた。

燃えるのを見て皆が拍手したんですよ。」（務台：70）

同じシーンが三木の伝記では次のように描かれている。

「三木、正力、それに講談社から高木義賢と三人の間で、現金七十五万円の借金を如何にするかで議を練つたが、何れも口は達者、論争はしても結論は出て来ない。（中略）論戦華やかなのを傍らで楽しんで見ていた池田正之輔が、「解決策に名案ありですよ。」と、口を出した。「名案が？」と、三人が同音にいつたとき、池田の手がするりとのび、卓上の手形をとると、燃えさかつているストーブの中に放り込んだ。「これが簡単な解決策。」一瞬、気をのまれた三人も、灰になつた手形の残骸には思わず哄笑、「うん、これで解決か。」「これでいい。」など、手を拍《う》つて別れたという。」（三木会編：222）

手形が講談社の野間家への借金だとされ、務台の存在自体が消されている。手形が三木名義に変わっていた事実に言及がないため、これでは何がどう解決したのかわからない。務台の証言にも誇張が含まれているだろうが、伝記よりは真実に近いと言えるだろう。読売との資本提携は夏の出来事であり、この時期にストーブがあるのはおかしいとの指摘もある（「池田正之輔」刊行委員会編：66）。務台は、副社長の小林光政に手形の解決を任せていたが一向に解決せず、一二月の決算を前に処理したと記しているので、ストーブ問題もクリアされる（務台：68）。務台は三木について次のように証言している。

「普通の人間なら、私のために、十数億円をフイにしてしまったんだから怒るのが当然ですが、三木さんは私をうらむどころか、会う人々にかげで私をほめ、事実、私を大切にするんです。例えば、当時、物資不足ですが、三木さんには築地の魚河岸から鯛やその他珍しいものが時々入る。すると必ず半分を私に届けてくれるんです。これは三木さんが郷里の小豆島に帰ってからも、終戦後、政界で活躍し、亡くなるまで続いたんです。」(務台：70)

大損を被った三木は務台に一目を置くようになる。ここが三木らしいところである。事業家としての務台、代議士としての松村謙三、弁護士としての有馬忠三郎、「見習うならこの三人だよ」と三木が周囲に繰り返し述べていたことは、三木の伝記でも指摘されている(三木会編：223)。

全国紙を二つに統合

報知と読売の提携は、その事実だけを見ると、報知社内における三木の権限強化と見ることができるかもしれない。しかし、ほぼ同時期に進んでいた全国紙の新聞統合の動きと重ねてみると、よく考えられたアイディアであることが見えてくる。

一九四一年五月に発足した日本新聞連盟では、有力紙一四社の社長クラスが理事となり、三木も選出された。最高決議機関である理事会には、有力紙一四社の理事の他に、情報局次長・久富達夫、情報局第二部長・吉積正雄、内務省警保局長・橋本清吉の政府関係者三人が参与理事として加わった。理事長には中外商業新報社長の田中都吉が選出された。

理事会において三木は、持論である「全国紙の地方版廃止」を軸とした革新的なアイディアを次々と出していく。まず理事会を騒然とさせたのが累進制限率の提案であった。当時は用紙総量の一割五分から二割程度の削減案が出ていたが、それでは地方紙が不利な仕組みは変わらないとして、三木は中央紙の制限が強化される方法を提案した。三木が提案したのは、使用紙量が十八万連（「連」は紙を数える単位。一連＝千枚）未満であれば一割九部、三一万五千連未満であれば二割五部のように、使用紙量に応じて制限率を設置する方法であった。この方法だと、最も多い一三五万連以上を使用する新聞社は五割九分の削減を求められる。理事会では「共産思想」だという批判があがり、さすがにこれは実現しなかった（「大新聞の犠牲甘受論」「最高五割制原案」『文化情報』一九四一年六月一七日付）。実際は、もっとゆるやかな累進制限率が用いられた（『新聞総覧　昭和一七年』：「新聞新体制篇」6）。

他にも三木は共同販売制度（共販制）の実施を主張した。共販制は、これまで新聞社が構築してきた販売網を解体し、全ての新聞を扱う販売店を市町村ごとに配置し、配達・集金・輸送を共同で行う制度であった（『新聞総覧　昭和一七年』：7f）。『名古屋新聞』の大宮伍三郎が一九四〇年九月に「新聞販売の新体制」と題する論文で共販制のアイディアを披露し、情報局第二部第一課の松村秀逸も関心を寄せていた（里見脩 2021：138, 151）。情報局の意向を受け、七月二九日の理事会で業務委員会に検討させることを決めた。共販制によって値引きや景品を用いた新聞販売店の過当競争をなくすことが期待されたが、全国に独自の直営販売網を保持していた全国紙はこの制度に反対した。一方、全国紙の地方進出に苦慮していた地方紙はこの制度に賛成を示した。報知の中でも三木は共販制を支持したが、務台は反対を示して意見が割れた（「共販代りの合理策へ」『文化情報』八月一三日付）。

業務委員会の委員長を務めた朝日新聞社の石井光次郎は、一九四一年八月一三日の日記に「三木君独り組合の強力化を主張す」と記し、二〇日の日記にも「三木、田中より組合が取引の相手方となるやう致したしとの希望出づ」と記している（石井光次郎「昭和十六年新日記」／佐藤純子 2017：121）。三木は、各販売所を取引相手にするのではなく、組合を取引相手とする強力な共販制すなわち共同販売会社に近い形を導入しようとしていたようだ。三木案は業務委員会において全会一致で否決され、実現には至らなかった。ただし共販制自体は、全国紙の譲歩によって一二月から実施される。佐藤純子は論文「「石井光次郎日記」にみる新聞共同販売と戦時統制」で、大手新聞社の都合が優先されたと論じている。

「三木は政府側の意を汲んだ意見を度々主張していたが、結局、業務委員会の意向が成案となった。これは新聞社側の主張が強力だったことを示すものである。読売〔八月二一日の委員会を欠席〕の出席を待ち、業務委員会〔二三日開催〕で再度議題にしていることから、業務委員長の石井が朝日・毎日系・読売の大手三社の足並みを揃えることを意図したのだと考えられる。」（佐藤純子 2017：122）

三木は全国紙の統合問題においても積極的に自らの意見を発信した。業界紙『文化情報』によると、九月三日の理事会でこの問題が議論され、情報局第二部長の吉積正雄は東京を三紙に統合するのが理想だと述べた（「東京は三紙が理想」『文化情報』九月六日付）。翌々日、三木は『文化情報』の取材に応じ、「有力新聞の統合は極めて簡単に出来る」と答えている。三木は一〇月から用紙制限が大幅に強化されるので、全国紙の統合は「予想以上迅速に運ばれる」とその見通しを示していた（「統合は簡単　三木社長談」『文化情報』九月六日付）。

『文化情報』九月八日付には「中央九紙の総部数八百五十万部」と題する記事が掲載され、紙の配給量の約九割を大手紙が占めるとされた。三木は全国紙の整理統合を行わなければ、紙不足の解消にはつながらないと考えており、九月六日に報知新聞の京阪販売支局主任会議で次のような訓示を行った。

「東京紙は東京紙同志、大阪紙は大阪紙同志統合すべきである、而して仮りにこれを検討すれば大阪の両紙〔朝日新聞と毎日新聞〕は題字を取りかへて丁《しま》へば朝夕読む読者と雖も別な新聞だとは気付かぬ位相似た新聞であり、かゝる新聞は一つにして差支へないばかりか進んで一紙に統合すべきである、かくて大阪に一紙とする、東京には性格の異つた二新聞が必要であるが、此の場合報知と読売の題字を取りかへても読者は直ぐこれは違つた新聞だと気付くほど異つた紙面を提供してゐる、これは性格が異るから存続せしむる必要があるといふ事になる、かくすれば半ペラ新聞を出さずに済む訳で、新聞統制は斯く進むべきだと確信する所以である」（「統合、共販併行の要　三木社長主任会で説く」『文化情報』九月八日付）

たとえば、『毎日新聞』（大毎・東日）の紙面を題字だけ『朝日新聞』と付け替えたら、愛読者であっても、そのことに気がつかないだろうという三木の指摘は、新聞界には耳の痛い批判であったはずだ。

この発言からは、報知と読売を提携させ、一面全体を論説記事で埋めるなど独自の紙面作りを行った三木の真意が浮かび上がってくる。つまり三木は「相似た新聞」である朝日と毎日を合併させて大阪発行の新聞とし、東京では読売と報知の二紙が残る新聞統合の未来を見据えていた。この時点では情報局も三木と同様の考えをもっていたようで、次のような統合の基本方針が報じられている。「新聞統合の基準は発行部数のみに依らず、性格を重視し、同種類紙を可成り統合し、在置紙を異色あらしめる様配

一、各社持紙を出資として、単一の新聞発行会社（又は組合）を組織す
二、右会社は東京、大阪に各一社の全国紙発行社を〔、〕東京、大阪、名古屋、岡山（又は広島）福岡、仙台及び札幌に各一社のブロツク新聞発行社を創設す
三、（イ）全国紙は完全全国紙的企画に基き製作す、従て地方版を許さず（ロ）ブロツク紙はブロツク内府県の地方版を認む（ハ）会社経営紙以外の地方紙は一県一紙を原則とす
四、（イ）全国紙は総発行部数二百五十万部、八頁建とす（ロ）ブロツク紙は総発行部数二百五十万部とし、八頁建とす（ハ）地方紙は総発行部数百五十万部とし、四頁建とす（一府県三万以上位）合計六百五十万部、ブロツク紙は東京百万、大阪七十万、其他八十万部
五、（イ）単一会社の資本出資は、統合各紙の持紙を一部宛金五円乃至十円の金額に見積り、現物出資を為して、其総額を資本総額とし、出資会社は出資割合の株式を取得するものとす、（ロ）単一会社の役員は出資会社の代表者之れに任ず、（ハ）単一会社発行の各新聞社の最高幹部は単一会社の役員又は出資会社の役員之に任ず（ニ）各新聞発行社の所用の設備は、既設新聞社のものを使用す、右使用せらるべきものは、単一会社に於て買収又は貸借を為すこと（ホ）出資会社各新聞社の使用人は其儘単一会社の使用人とす（ヘ）単一会社に引継ぎたる使用人中必要なる人員は各発行社に引続き使用し、不用人員は単一会社の名に於て解職す、此場合、単一会社は適当の解職手当を支給するものとす（標準現俸給一ヶ年分推算総額……）尚単一会社及び出資会社は離職者の転業に協力すること（ト）出資各社は各社規程により、各社としての退職金は、各社に於て夫れぞれ負担すべきものにして、各社の希望ある場合には政府又は単一会社に於て適当の方法により其資金を融通すること（チ）出資各社の新聞発行廃止の為めに不用となりたる設備にして、其処分、換金を希望するものには、更生金庫に於て之れが始末を為さしむべく、政府に協力指示を乞ふこと（リ）単一会社の利益配当は年五分以上一割以内に於て限定すること（ヌ）単一会社発行の各紙販売定価は一個月金壱円貳拾銭とす、卸売原価は七十銭とす、広告定価は別に之れを定む、（ル）単一会社は新聞発行以外の事業を為すを許さず、（ヲ）単一会社の離職手当資金其他の現金資金は、政府援助の下に低利長期資金の借入を為し、年賦償還の方法により償却すること
六、出資各社は新聞発行以外の事業を継続する為め存続するも可、解散して単一会社の株式を適宜処分するも可
七、現に進行中の共販は本統合案実施確定の上に、更に適当に改善組織すること
備考　本案に於て凡そ現消費紙量の三割強、其他の人的物的資源を四割位を減ずることを得ると信ずるも、最も憂慮せらるゝは、全国紙及びブロツク紙の官報化、平凡化に堕することであるが、之れには役員及従業員の人選を一般国策会社式に依らざると同時に、全国紙とブロツク紙、ブロツク紙と各地方紙との間に編輯上の競争を奨励すること、従て最初は凡その各紙の発行部数の割当を為すも、其競争の結果生ずる読者需要の変動に依つて、各紙の割当は国策に反せざる範囲内に於て自由に増減せしむることを要す、尚各社の予算は一応決定割当つるも、各紙の特色を発揮せしむる為め、予算の範囲内に於ては出来得る限り、流用を許すことを要す、本案に於ける全国紙は東京、大阪各一社の予定なるも経営上経済的に許さるゝならば与へられたる紙数の範囲内に於て各一社を各二社とするに於ては新聞向上の手段として更に妙趣あるべし

表 5-1　三木武吉「新聞統合私案」

「既存新聞は解消 単一発行会社案」（『文化情報』1941 年 9 月 18 日付）。有山輝雄、西山武典編『情報局関係資料』（第 6 巻、柏書房、2000 年）に収録された三木武吉「〔5037〕新聞統合私案網要」は要点のみの記述であり、『文化情報』の記事の方が詳しく書かれている。

慮する」(「東京ローカル紙創案」『文化情報』九月九日付)。

この後、三木はさらに過激な統制案を発表する。表5-1は、三木が九月一六日に関係者に送った「新聞統合私案」である。この三木私案は、単一の新聞発行会社を設立し、全国紙として東京と大阪から各一紙(地方版の発行は認めず)、東京と大阪を含む七つの都市からブロック紙として七紙の発行を認め、他にも一県一紙を原則とする地方紙の発行を認めるという内容であった。東京は一紙となっているので、報知の京阪販売支局主任会議で話した統合案よりも厳しい内容になっている(ただし、「紙数の範囲内に於て各一社を各二社とする」可能性にも言及している)。紙の使用は、全国紙(二紙)の総発行部数二五〇万部、ブロック紙(七紙)の総発行部数二五〇万部、地方紙の総発行部数一五〇万部の合計六五〇万部のみが認められる。各新聞社から単一の新聞発行会社に対して人的・物的資源を引き継ぐ方法も詳細に記され、この統合案によって用紙の三割強の削減と人的・物的資源の四割削減が可能になるとされた。

九月一七日の理事会では、当局側から新聞統合に関する諮問事項が提示され、そこに新聞統制会社設立の可否が含まれていた。三木が発案した単一会社案は、新聞統制会社設立の中でも急進的な内容であり、既存の新聞社を解消して単一の新聞発行会社を組織しようとする事実上の新聞社国営化案であった(「既存新聞は解消　単一発行会社案」『文化情報』九月一八日付)。

三木私案では全国紙の地方版を認めず、ブロック紙にブロック内府県の地方版を認める案となっており、『北海タイムス』、『河北新報』、『名古屋新聞』などのブロック紙と共同戦線を張ることを画策した。それによって、朝日と毎日を追い込む作戦であった。三木が発案した単一会社案には、朝日と毎日のみならず読売の正力も反対を示した（「三木氏ブロック案　三代紙一致反対」『文化情報』九月二二日付）。

新聞統合に関する議論は、新聞連盟理事長・田中都吉、同盟通信社社長・古野伊之助、参与理事（政府関係者三人）から成る小委員会で行われたが、一〇月一三日時点では三木私案つまり単一会社案が有力だと報じられた（「三木私案有力視さる　小委員会の経過」『文化情報』一〇月一五日付）。有山輝雄・西山武典編『情報局関係資料』（第六巻、柏書房、二〇〇〇年）に収録された「〔5044〕小委員会第三回迄の決定事項」でも「全国新聞の資本を統合する特殊株式組織による単一統制会社を設置し、新たに公共的な全国新聞体系を整備することが必要である」とされている。「従来の自由企業的経営及び徹底的国家統制のその各々の長所を生かした中間的の組織たることが理想」とはされているものの、新聞社国営化案が真剣に議論されていることがわかる（267）。

朝日新聞の石井光次郎は、小委員会での議論内容に不信を持ち、一〇月一三日に田中理事長（中外商業新報社長）と面会した。その時のことを次のように日記に記している。

「田中中外を訪問。小委員会案を決定前になるべく緒方、高石等と相談した方が良いとすゝめる。統合後の経営形態につき政府側から革命的な意見が出てをるらしい。」（石井光次郎「昭和十六年新日記」／佐藤純子 2008：88）

翌日（一四日）、石井は毎日の鹿倉吉次と会談し、「革命的な意見」が「松村案らしい」と判明する（石井光次郎「昭和十六年新日記」／佐藤純子 2008：88f）。「革命的な意見」とは、三木私案をもとに情報局第二部第一課の松村秀逸が作り上げた単一会社案＝新聞社国営化案であったようだ。前述のとおり、松村は熊本の出身で、三木とつながりがあった。石井は一〇月二九日に高橋三郎検閲課長から「新聞統合で古野君の小委員会に於ける態度が面白くない事、三木が松村のところに入りびたりだといふ事」を聞いたと記している（石井光次郎「昭和十六年新日記」／佐藤純子 2008：89）。

政府側も一枚岩でない中で、朝日、毎日、読売の三社側の巻き返しが始まった。石井は、一〇月二一日の日記に朝日新聞社長・村山長挙とともに行った政府への陳情を記録している。

「村山さん、東条首相に面会。単一会社案に反対し、余は谷情報局総裁に手紙を以て情報局の改組、新聞統合に対する吉積、松村等のあやまれる言動を是正し自ら陣頭に立てと申送る。」（石井光次郎「昭和十六年新日記」／佐藤純子 2008：89）

一〇月一八日に東条内閣が誕生し、情報局総裁は伊藤述史から谷正之に、情報局次長は久富達夫から奥村喜和男に交代していた。『報知新聞』一〇月二五日付夕刊（「時局論策」）では武藤貞一が「奥村次長に期待す」という論考を寄せ、電力国営案を推し進めた奥村の手腕にエールを送った。

「今更議論の余地なきこの大新聞統制問題に、しばしの躊躇猶予もあつてはならぬ。奥村君はどうせ自由主義陣営からは憎まれ者の第一人者である以上、今更よく思はれて見ても初まるまい。」

奥村は、清水芳太郎亡き後の思想戦グループの中心人物とされ、報知とは思想的に共鳴する部分が少なくなかったはずだ（赤澤、北河編：167）。一方、情報局総裁の谷正之は浅間丸事件時代の外務次官であり、報知には少なからぬ因縁のある人物であった。

一一月五日の理事会で報告された小委員会案では「新聞共同会社設立案」とされ、「全国各日刊新聞社の発行権並に有体財産（土地、建物〔〕印刷機）を共同会社に帰属せしむ」という単一会社案が示された。ただし、新聞社の分布は東京五社以内、大阪四社以内となっており、全国紙を東西の二紙に絞ろうとした三木私案からは後退した内容になっていた（「統合小委員会案発表　昨日理事会で説明」『文化情報』一一月六日付／「〔5062〕小委員会案」『情報局関係資料』第六巻：375f）。内容が骨抜きになった点に関して、三木や名古屋新聞社の森が不満を示したとも伝えられた（「買収統合機関設立　有力な修正意見」『文化情報』一一月六日付）。

一一月七日の理事会では、朝日、毎日、読売の三社と中国、合同のみが単一会社案に反対で、理事社の半数以上が賛成であることが明らかとなり、朝日の石井は驚きを示している（石井光次郎「昭和十六年新日記」／佐藤純子 2008：90）。八日の理事会では、朝日、毎日、読売の三社側からさらなる巻き返しがあり、単一会社（共同会社）の設立さえ撤回すれば、小委員会案に賛成する意向が示された。三社側から小委員会案に代わる案の提示もこの時になされている（「共同会社撤回せば全面的に賛成　三社側の意向」『文化情報』一一月一一日付／「〔5064〕〔新聞新体制に関する小委員会案に対する」代案送附の件」『情報局関係資料』第六巻）。

八日の理事会では、三木と毎日（大毎・東日）の山田潤二が激論を交わす場面もあった。山田は自作農と小作農の違いを例に出して、資本と経営を分離して資本の統合つまり単一会社化を行えば、記者（小作農）は真面目に働かなくなると小委員会案に反対した。三木が、毎日は三菱資本だから山田は小作農のはずだが、毎日の経営はうまくいっていると反論すると、山田はこう述べた。

「然らば三木君の場合はどうか、一両年前新聞界に入つて来たばかりで自ら素人なりと称しながら、自作農たりとの確信ありや否や、聞くところによれば報知は正力君の資本によつて運営されてゐるといふが此の点如何」

これを聞いた三木は真っ赤になって激怒した。

「報知に僕はなるほどおやとひ社長として入つたが、その後これでは不可だといふので資本の統一を計る事とし、正力君が配当を要せずとてこれを助ける事になつたので一元化を断行した〔。〕従つて山田君の立場とは全く異る」

結局、吉積が間に入り、山田が陳謝してこの騒動は決着がついたようだ（「吉積理事に逆襲され　山田氏三木氏に陳謝」『文化情報』一一月一一日付）

一一月一〇日の理事会では小委員会案の代案として、三社案（緒方、山田案）が審議された。それは、共同会社の設立ではなく、資本と経営の分離に力点を置いた統制案であった。委員会では、三木と緒方の間で次のようなやりとりがなされた。

「緒方理事　我々聯盟の意図する目的はこの案で充分達成し得る

三木理事　それは寧ろ共同会社案によらなければ完成〔鉛筆書きで「完全」と修正が加えられている〕に達成されぬ。統制会案〔三社案〕では自社の資本を代表するから不可なり。

緒方理事　それは唯単なる観念論である」（「〔5049〕社団法人新聞聯盟第三十四回理事会議事録」『情報局関係資料』第六巻：289）

一一日、この問題に関して二つの委員会が新たに開催されたが、結論は出なかった。結局、田中、古野、緒方、正力が二〇日に集まって妥協案を話し合った。そこで三社案を軸として、新聞統制を進めるための公益法人あるいは会社を設立し、各社の紙数または資本金に応じて拠金することが決定した。こうして三木の単一会社案は葬り去られ、成案が一一月二四日の理事会で発表された（石井光次郎「昭和十六年新日記」一一月二〇日／佐藤純子 2008：91）。『文化情報』はその決定を次のように伝えた。

「小委員会案の所謂共同会社は新聞聯盟機構に付随した名ばかりの存在と化したかとみられるばかり、その実質を失はれたので、資本と経営の分離主唱者たる三木理事はこの点を遺憾とする旨言明に及んだと伝へられる」（「容れ者は共同会社　中味は事業法的」『文化情報』一一月二五日付）

この後、三社案をもとに基本方針「新聞ノ戦時体制化ニ関スル件」が閣議決定され、一九四一年一二月には新聞事業令が公布された。一九四二年一月には、公的権限を有した統制団体として日本新聞会が設立された。

題字を別の新聞と入れ替えても気づかれないような新聞が毎日作られる現状を鋭く突いた三木の批判が、一定の説得力を持っていたことも事実であろう。三木の主張は、政府当局による新聞統制に大きな推進力を与えていた。しかし、朝日・毎日・読売の資本の力が、それを簡単に呑み込んでしまったことを忘れてはならないだろう。

「大東亜論壇」の果たした役割

本章扉裏のエピグラフで紹介したように、永井荷風は『断腸亭日乗』の一九四一年九月一〇日の項目で、三木に関して「旧時代の政治ゴロに過ぎず」、「尊独愛国者の危険なる策略《さくりゃく》」に比べれば「恕《じょ》すべき〔許すべき〕ものあり」と記した。だが、三木の思想については慎重に考えなければならないだろう。

三木は、一九四一年七月に日中戦争四周年を記念して設立された大日本興亜同盟の協議会副議長を務めた。その結成記念講演で「興亜運動の基本問題」と題する講演を行っている。三木は、アジア民族を日本帝国と同水準に引き上げることが興亜運動の目標だとし、「一方に於ては世界列強の搾取の手を斬落すといふ大きな事業があり一方に於ては搾取せられて居る国家民族を目覚めしめ且独立を維持するだけの力を与へなければならん」としている。そのためには「剣」だけではなく「経文（コーラン）」が必要だとして、現代で言うところの「ソフトパワー」の重要性にも触れている（三木 1941 ⑤：4, 7）。

三木は約二〇年前から「日本は有らゆる点に於て欧米先進国と競争せねばならぬ、人種関係に於ては、有色人種の先頭に立ちて白人専制に対抗せねばならぬ」と述べており、英米文化への対抗意識は一貫していた（三木 1921 ①：20）。それが一九三九年には排英運動となって現れ、世論の喚起に努めた。当初は三木らの運動が必ずしも受け入れられたわけではなかったが、ついに一九四一年一二月八日には日米開戦の日を迎える。その日のことを三木は次のように振り返っている。

「人類の生くる限り、永遠に世界歴史に誌《しる》さるべき皇紀二千六百一年十二月八日。無論、この日は我日本帝国の大記念日とされるであらうが、僕個人としても生涯を通じて最も感銘深い日であつた。

僕は支那事変の事態を静思熟慮した結果、重慶政権の背後を操る米英を膺懲《ようちょう》するに非《あらず》んば到底完全和平を求め得ざるの結論に到達し、卒先起《た》つて米英打倒を提唱したのである。然るに当時の国論が容易に定まらず、時には政府当路から注意を受け、世の所謂識者達からは顰蹙《ひんしゅく》をもかつた。（中略）時しも十二月八日、ハワイ爆撃の快報到ると同時に畏《かしこ》くも米英征討の詔勅が渙発《かんぱつ》せられた。感慨無量、涙とともに快哉《かいさい》を叫んだのである。」（三木 1942①：1）

日米開戦の火蓋が切られると、一二月一〇日には東京後楽園球場において新聞社八社主催の米英撃滅国民大会が開かれた。ここには、三木の他にも大阪毎日新聞社賓・徳富蘇峰、朝日新聞社主筆・緒方竹虎、読売新聞社長・正力松太郎、中外商業新報社長・田中都吉らが参加し、「驕傲《きょうごう》米英を粉砕せよ」と声を上げた（『大毎』一九四一年一二月一一日付／『報知』一二月一一日付夕刊）。

日本の新聞社は戦況を報じる日々の報道、さらには、米英撃滅国民大会のようなメディア・イベントによって国民感情＝「世論」を煽り、雪だるま式に肥大化した「世論」がメディアを呑み込み、国民が戦争に熱狂する状態が形成されていった。

『報知新聞』の特徴は、大東亜戦争の正しさを論じる『輿論』を形成しようとした点にある。業界紙『新聞之新聞』が『文化情報』と改題した一周年記念号（一九四二年三月二日付）に、三木は「日本文化捷利《しょうり》の記念　子孫の啓蒙に光耀放つ」と題する論考を寄せ、英米文化が人道や自由平等といった美名のもとに東アジアに毒を盛り続けてきたと論じている。

「アングロサクソン文化の血管を流れるものは正しくユダヤ文化なのである、現代総力戦が文化戦であるといふ前提をもつてするならば東亜共栄圏確立といふことは日本国有の神国文化を東亜に普及確立して東亜被圧迫諸民族をして八紘一宇《はっこういちう》の恵沢に浴せしむるといふことである、人類に害毒を流した米英文化を追放すべく、天孫民族が東亜共栄圏に降臨した姿が即ち今回の大東亜戦争なのである」

こうした大東亜戦争史観は『報知新聞』紙上でも展開されていく。一九四二年一月三日付朝刊からは、これまでの「経国時論」が「大東亜論壇」に改題された。清水芳太郎が一九四一年一二月に飛行機事故で死亡したため、杉森孝次郎と斎藤晌に加えて、新たな執筆者として菅原兵治、吉村正、里見岸雄を迎えた（『報知』一月二日付）。日本農士学校の検校（校長）を務めた菅原兵治は、農村の人材育成に努め、昭和の佐藤信淵《のぶひろ》とも呼ばれた。早稲田大学教授の吉村正は政治学が専門で南方問題に精通していた。田中智学《ちがく》の三男である里見岸雄は日本国体学会の創設者で、当時は立命館大学で憲法を教えていた。「大東亜論壇」は当初、朝刊二面に掲載されていたが、二月一日付紙面から朝刊一面へ格上げとなり、各執筆者が週一回のペースで担当した。

里見の最初の論考は「大東亜戦の標語　大政翼賛会に懇望す」（『報知』一九四二年一月一〇日付）で、大政翼賛会に標語の改善を求める内容であった。たとえば、「屠《ほふ》れ米英われらの敵だ」という標語に対しては、「語句に含蓄のないこと夥《おびただ》しいのみならず、大義の戦ひたる事の自覚を強調する指導性が全然ない」と手厳しい。「此の一戦何がなんでもやりぬくぞ」は、「決戦標語たるの気品がなく、何かは知らず、兄《あん》ちやん級の喧嘩の掛声を思はせるものがありはせぬか」と述べる。字体（書体）についても、次のように述べていた。

「標語として掲示する以上、成るべく人の眼につくやう工夫することは必要であるが、ああいふ左翼華やかなりし頃労働争議のポスターに飾つてゐたやうな書体といふものは、大東亜戦争といふ皇道大義の征戦における国民的標語を写し伝ふべき文字の風格気品とは、およそ縁遠いものといふべきである。」

他にも里見は、政府を自由に批判できる定期刊行物を発行し、国会議員・役人・民間の代表者らに配布することを提言した「東條首相に進言す　言論の特別発表機関を設置せよ」（六月四日付）を皮切りとして、「東條首相への提言」と題する論考を計八回発表した。タイトルのみ記すと、以下のとおりとなる（丸数字は通し番号で、明らかな誤表記があるが、そのまま引用する）。「梅干用塩の特配」（①、六月一一日付）、「役人のひるめし」（②、六月二二日付）、「役人、教員の徽章」（③、六月二九日付）、「民声局を設けよ」（⑤《ママ》、七月一一日付）、「宿弊・役人の宴会」（⑥《ママ》、七月一七日付）、「スパイ行為厳罰」（⑦《ママ》、七月二〇日付）、「機密費の検査制」（⑦《ママ》、七月二七日付）、「ユダヤ禍の絶滅」（⑨、八月三日付）。

政府に対して、国民目線に立った政治を訴えた内容が多く、七月一一日付の「民声局を設けよ」では国民の本音の声を聴く民声局（あるいは民情局）の設置を訴えた。里見は報知に発表した論考に関して、「文章はいつも原文通りとは限らず、検閲関係危険と思はれる点は編集部が若干削除したところもあり」と回想している。読者の反響は大きく、「激励や感謝のハガキ、書簡は数へきれぬものがある」とも記している（里見岸雄：435）。

大東亜戦完遂と翼賛選挙【一】

眞劍、革新理念に從へ

推薦制の運營を誤るな

本社主催 座談會

出席者

中野正剛氏

橋本欣五郎氏

挾間茂氏

里見岸雄氏

吉村正氏

穗積七郎氏

図 5-7　『報知新聞』1942 年 3 月 6 日付朝刊

『報知新聞』一九四二年三月六日付朝刊から九日付朝刊まで計四回にわたって、座談会「大東亜戦完遂と翼賛選挙」が掲載された（図5-7）。この座談会は二月二八日夜に日比谷の陶々亭で行われ、「大東亜論壇」の執筆を担当する里見と吉村の他、中野正剛（東方会総裁）、橋本欣五郎（赤誠会統領）、挾間茂（大政翼賛会組織局長）、穂積七郎（政治評論家）が集結した（「翼賛選挙貫徹座談会　近く本紙に連載」『報知』三月一日付）。二月一八日に「衆議院議員総選挙対策　翼賛選挙貫徹運動基本要綱」が閣議決定され、その中に候補者の推薦について言及があり、二三日には候補者を推薦する組織として翼賛政治体制協議会（翼協）が新たに設置された（古川：155f）。翼協の最初の特別委員会が二四日に開催され、推薦の具体的基準が議論された（『報知』二月二五日付）。

『報知新聞』の座談会では、三木がこの推薦制度に触れたうえで、「私共は現にこの構想の下に総選挙が行はれることは今日の事態に必然とは思ひますが果してこの構想によつて政府が所期の目的を達成し得るや否やについて、今日なほ疑問の余地がある」と問題提起を行った。三木はこの座談会の意義を次のように語っている。

「平素特にこの選挙について深い関心と理解とを持つてをられまする皆様の御集合を願ひ、忌憚《きたん》のない御意見を拝聴致すことが出来たならば、我々新聞人として誠に得るところ大なるものがあるのではないか、同時に皆様の御意見によつて特に政府に反省を促すこともあらうし、また一面国民に大きな意義をもたらす効果がありはしないかと、かやうに考へ今日の企てにしたのであります」（『報知』三月六日付）

参加者からは、翼協について「既成の人物のみ全部寄つた処で革新は出来ない」（中野）、推薦制度については、「一般選挙権を持つた人に対して心理的に変化を来さしむけることになるのは面白くない」（里見）、「新人出でよといひながら結果においては新人を封鎖することになります」（穂積）など、厳しい意見が相次いだ（『報知』三月六日〜八日付）。

里見は、当日の日記に「政府の推薦制度に対しては全員の論鋒悉く甚だ鋭利、この座談会の速記は余程修正せざれば出す能はざるべし」と記した。しかし、実際の記事内容は「換骨脱胎《かんこつだったい》、変貌も甚しいものであった」と指摘している（里見岸雄：436）。里見によると、実際はもっと激しい議論が交わされ、中野は「自分は断じて推薦候補などにはならぬ、身命を賭して戦ふ」と断言し、橋本は「糞味噌に翼賛会、翼賛選挙を罵倒した」という。罵倒がひどすぎて、三木が「ご尤《もっと》もな点もあるが、然し、曠古《こうこ》の戦時下だから、何とかもう少し妥協して、戦争遂行に支障をきたさぬよう希望する」と述べたほどだったという（里見岸雄：437）。

三木は抑制的ではあったようだが、報知が掲げた報国の輿論が、東条内閣のものとは方向性が一致していなかった点は重要だろう。

ここでもう一つ重要な点は、三木が紙面で輿論を掲げる際に、国民の声——本書の区分で言えば「世論」——を決して軽んじていたわけではないという点だ。「民声局」の設置を提言した里見と同じ考えを三木は持っていた。

この点に関して貴重な記録を残したのが、元『報知新聞』記者で釣りライターへ転じた佐藤垢石《こうせき》である。三木と同じ日（一九五六年七月四日）に亡くなるという不思議な縁を持った人物であった。佐藤は『耳舌《じぜつ》韜談《ちょうだん》　随筆』（一九四二年）の中で、三木と武藤貞一とともに時局講演行脚に行った時の記録を残している。講演の時期については「十七、四、九記」として以下のように記している。

「大東亜戦争がはじまつた年の、二月から四月へかけての国民が持つてゐた考へである。いま日本が、米英と戦つてゐるときの、国民の覚悟に対比してみて興味深きを覚えるのだ。この記録を後世に残して、なにかの参考になれば幸ひであると思ふ。」（佐藤垢石 1942：154）

『新聞之新聞』一九四一年二月二五日付には、二月二一日に静岡県の沼津で三木、武藤、藤澤親雄が講演を行い、今後は、二二日に川越中学、二三日に浦和市埼玉会館ならびに大宮第一小学校、二四日は千葉市、その後は東北各都市で講演予定だと報じられた（「社長第一線に　報知全国遊説」）。佐藤の報告はこの報道に沿ったものとなっており、一九四一年二月から四月の出来事であったようだ。

佐藤によると、講演行脚の目的は「広く民衆に接して秘かに抱くところの希望、不平、あるひは理想といつた類のものを探り出し、国民の意向が那辺にあるかを知つて、とも〳〵に時局に処したい」という点にあったという。「日頃釣ばかりやつてゐる私もたま〳〵気持を替へ民衆が秘かに抱くところのあるものに触れてみたい」と思って佐藤も三木らに同行した（佐藤垢石 1942：101）。

静岡県の沼津では、講演前に商工会議所会頭、市助役、市会議員、実業家、さらには東亜連盟静岡支部長の陸軍少佐・苫米地四楼ら約四〇名が集結して座談会を行った。話題は、東アジアでの日本の立ち位置、日ソ関係、翼賛会問題、排英問題、生産と配給など多岐にわたり、報知の講師陣は「叱られるやら、感服されるやら、まるで政府当局が演壇に起つた体」であった（103）。苫米地四楼から事変処理について問われると三木はこう答えた。

「日本は支那事変といふ重荷を背負つてゐては蘭印問題も、日米戦争も、対ソ問題もない。先づ身軽になつて国際間に処せねばならないのだ。しからば如何なる方面に国民の輿論を導いて事変終末の途を選んだらよいのかといふ問題になるのだが、これには東亜聯盟の趣旨を日本にも支那にも徹底させるにあると考へる。この途が一本だ。自分はこれから長い間、日本全国に講演行脚の旗を企てたのも、実はその趣旨を徹底させるにあつたのである」（103）

埼玉県の川越では、「政府は、国民に対し時局の真相を明らかにしないのではないであらうか」という質問に対して、三木は「その点まことに我等も肯ける」としつつも、「政府の意のうちも察すべきであらう」として実直な答えを返している。

「たとへば、米の問題にしても、果してこれが不足なる所以をそのまゝ公開して、その結果がどうであらうか。国民の大部分が米問題の真実を聴いて、一層不安を増しはせぬか。そしてその結果売り惜しみ、買ひ溜めの徒に、拍車を掛ける状況となりはせぬか。また一方、真相公開によつて国民の不平を去るにしても、幾何の人が不平を去るか。だが、政府としては国民の一部の不平を除去するよりもこの時局に処して秘密の厳守の方により多き効果を確信してゐるのである。故に、国民は政府の苦衷を察し無言の裡《うち》に大決心を固むより他に術《すべ》はない。」(104f)

埼玉県の浦和と大宮では、講演会の参加者に青年が少ないと佐藤は嘆いている。佐藤は、若い人が将来の生活に不安を感じ、「虚無的の思想に陥つてゐる」点を心配し、国民精神総動員運動の幹部らが地方へやって来て有力者を集めて講演をしただけで満足して帰っていくことを批判している(106f)。

茨城県の水戸や日立の鉱山や農村では、農村の青年が稼ぎのよい工場地に流れ、食料の増産につながらない悪循環が生じている事実を知らされる(113)。

一行は、生糸の国である群馬県の前橋にも入っていく。前橋では、生糸取引の関係から「おぼろげながら親米の心持がにじんでゐる」との考察がなされている(116)。高崎では、東京が爆撃された場合の近県都市の備えにも話が及んだ(118f)。

佐藤は、講演行脚の意味を改めてこう記している。

「かうして毎日、三木を初め武藤と吾々が、全国各地に講演会を開き、時局の様相を国民に訴へ、座談会を催して民衆の声を聴くこと、それが度重なるに従ひ、吾々の持つ使命の意義が次第に深まり行くのを感ずるのである。」(119)

静岡県の伊東温泉では、事変後、温泉地の客の質が落ちたと聞かされた。それまでは「静かに温泉を愛する真の湯治人」が多かったが、特にこの一、二年は状況が変わってしまい、「温泉を遊山場と心得る客が多数を占め」、「馬鹿殿様のやうな傍若無人の振舞に耽《ふけ》る」客も少なくないという（120）。

一行は、福島県の郡山、若松、東山、さらには新潟県の長岡、新潟、長野県の上田、篠井、長野、松本、飯田、上諏訪などをまわる一二日間の旅にも出た。座談会に参加するのは、土地の有力者が多かったようだが、たとえば、若松では演説会場に婦人が多かったことも報告されている（133）。話題は、米の配給から新聞統制まで多岐にわたったが、全体として多かったのは、役人（官吏）や翼賛会に対する不満である。

単に民衆の声を聴くだけではなく、この講演行脚が指導（民衆教化）の役割も果たしていた点は興味深い。たとえば、松本市で行われた座談会では、現地の財界人が集まり、金融業を営む人物が米国へ生糸が売れなくなったら、国内消費に切り替えればよいと提案した。そうすれば、長野県も窮地に陥らずに、われわれ金融業も投資を回収できる、と。これに対して三木らは、生糸は米国へ輸出できるから価値があるのであって、その貿易が遮断されるならば、蚕糸の製造を止めるべきだと諭した。

「古来、日本人ほど衣類の数を持つてゐる国民は世界に見ないのだ。生絲の生産を絶し、また木綿が自由に入らないでも、いまゝで持つてゐた衣類で当分の間お互に我慢しようではないか。（中略）贅沢品に類する生絲を、ひとり長野県の農民のために、ひとり金融業者の資金回収のために、国内消費に振り向けようなどと考へるのは、時世の認識に欠けてゐること、驚くべきである。かゝる自由主義、個人主義の人間が、まだまだ各地に散在し、しかもそれが指導階級の位置に立つてゐるから、国民の赤心を掩《おお》ふのである。今日たゞいまから、心組を替へ給へ。この言葉に、一座はしばし沈黙した。信州は、いま夜明け前である。」(149f)

民衆の声に耳を傾けながらも、民衆にあるべき社会の姿を説いていく。「世論」を背景としながらも、それを「輿論」に変換して世に知らしめていく。軍国主義的な主張が多かったのはたしかであるが、これこそが、「世論」を重視した他の新聞とは異なる『報知新聞』の特徴であった。そして、この手法は三木が保守合同を訴えていく際にも継承されていく。戦前から戦後にかけての連続性については、第七章で詳しくみていくことにしたい。

なお、武藤も報知の講演行脚について、戦後の回想の中で触れている。「いつの場合にも有名な愛妾おたけさんが随いて廻って、三木氏の身の廻りを世話していた」と武藤は述べている(武藤貞一:576)。

第六章
格子なき牢獄

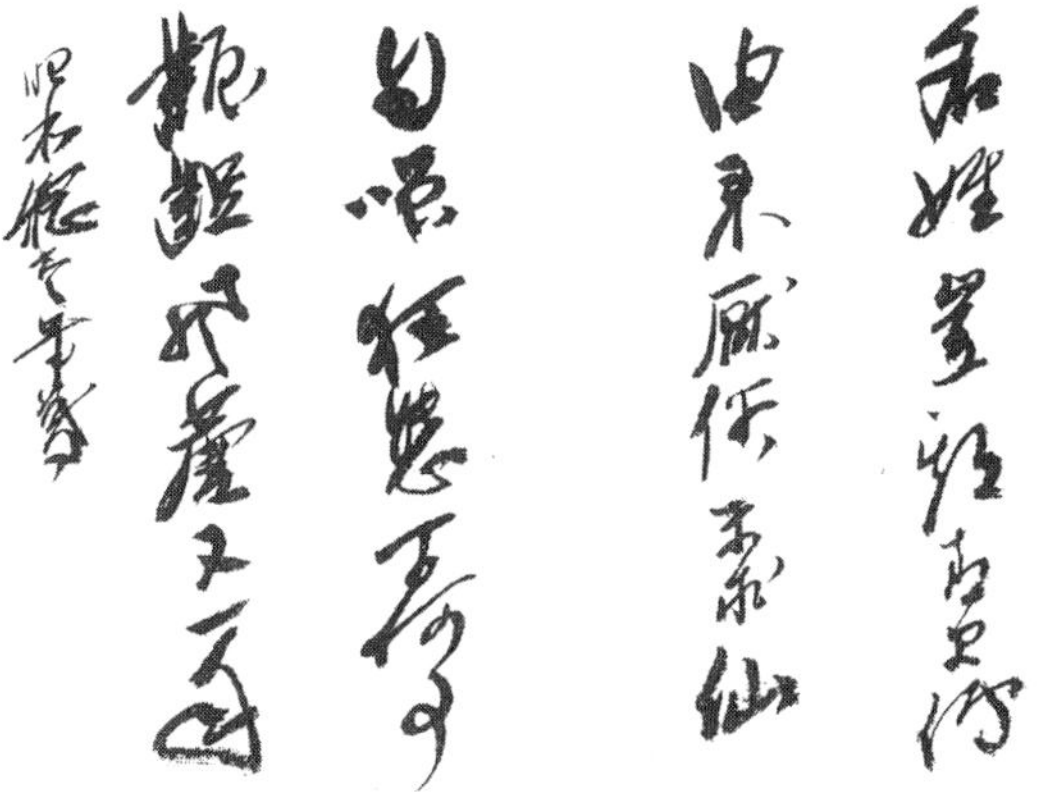

三木が 1946年暮れに詠んだとされる詩
金子正則編『三木武吉先生　真蹟詩帖』1972 年

名姓豈青史に伝ふるを期せんや
由来俗を厭《いと》いて未だ仙を求めず
自嗤《わら》う狂態何事を可とせんや
齷齪《あくさく》として風塵又一年
昭和捻壱歳暮（昭和二十一年暮）

翼賛選挙で政界復帰

総選挙は一九三七年四月以来行われておらず、国会議員の任期は一年延長になっていた。戦争完遂に向けた国内体制の整備、国民の戦意高揚を目的とした翼賛選挙（第二一回衆議院議員総選挙）が一九四二年四月三〇日に実施されることになった。三木が衆議院議員に復帰する機会がようやくめぐってくる。業界紙『文化情報』は二月一〇日付で三木が選挙に立候補予定だと報じた。メディア経営者の兼職は認められており、報知新聞社長のまま出馬が可能であった（「三木氏立候補確定」）。

問題は、選挙資金であった。報知の手形を諦めた三木は、正力から預かった報知の株（額面五〇万円、本書二五七頁を参照）を事業家の竹中治に売却した。竹中は商工省を経て一九三七年に日東鉱業汽船を創立し、四〇年には日本曹達《ソーダ》常務取締役に就任した。戦後はジャパンライン（現・商船三井）を創業する事業家である（『竹中治の想い出』：「年譜」）。戦時中はさまざまな制約があり、金の使い道に困った竹中は「公益的な事業に役立たせ得れば」として新聞業界に興味を持ったという。竹中は四二年四月に報知に入社して総務局長となる（「新聞統合に名案」『文化情報』四月一三日付）。

報知の営業局長を務めていた務台光雄によると、三木は竹中に報知の次期社長の座を約束し、額面五〇万円の四倍の二〇〇万円で株を売ったという（務台：71）。株の売却額については、さまざまな説が存在し、『文化情報』では「約五十万円」とされている（「三木氏の全持株を竹中氏買収肩替り」『文化情報』四月一八日付）。報知株の売却をめぐっては、加藤たけが丸坊主になったという逸話も残っている。ジャーナリストの阿部眞之助は「三木武吉論」の中でこう記している。

「三木が報知新聞社長をやめ、選挙に打つて出ようとして、選挙費用を得るため、報知の持ち株を、正力松太郎に譲り渡すに、二重売りをしたことがわかり、問題がむずかしくなりかかると、おたけ〔加藤たけ〕は髪の毛をずばりと切り、青道心になつて正力邸に乗りこんで、ことわりを述べた。さすがの正力もこれに度胆を抜かれ、問題を流してしまつた。」（阿部：148）

青道心とは、僧になってまだ日の浅い人のことだ。三木の伝記はこの説を否定し、読売出身の副社長・小林光政に「女が社内を勝手にうろついては困る」と言われて、加藤たけが髪を切ったとしている（三木会編：221f）。加藤たけの妹である神田武芽も正力への株の二重売りを否定し、「正力松太郎さんが何かの機会にきつと釈明することになつております」としている（神田 1957：184）。正力は証言を残しておらず真相は不明である。他にも報知株に関しては、さまざまな謎が残っている（「報知株を繞る怪取引」『文化情報』一九四二年八月一七日・一九日・二〇日付）。

四月三〇日に行われた翼賛選挙は三木にとって三期ぶりの総選挙であった。従来の選挙区であった牛込区（東京一区）は秘書の原玉重が地盤を継承しており、三木は郷里の香川一区からの出馬となった。三木は『衆議院議員選挙公報』で報知新聞でのメディア経験、南方の調査機関の設立といった実績を訴えた（図6-1）。

「社会の木鐸として言論指導の重要機関である報知新聞を主宰して居り、また、南方関係の有力なる調査機関も主宰して居りまして、今日の時局に対応する諸方策は十分之等の機関から材料を得られる立場にあります。」

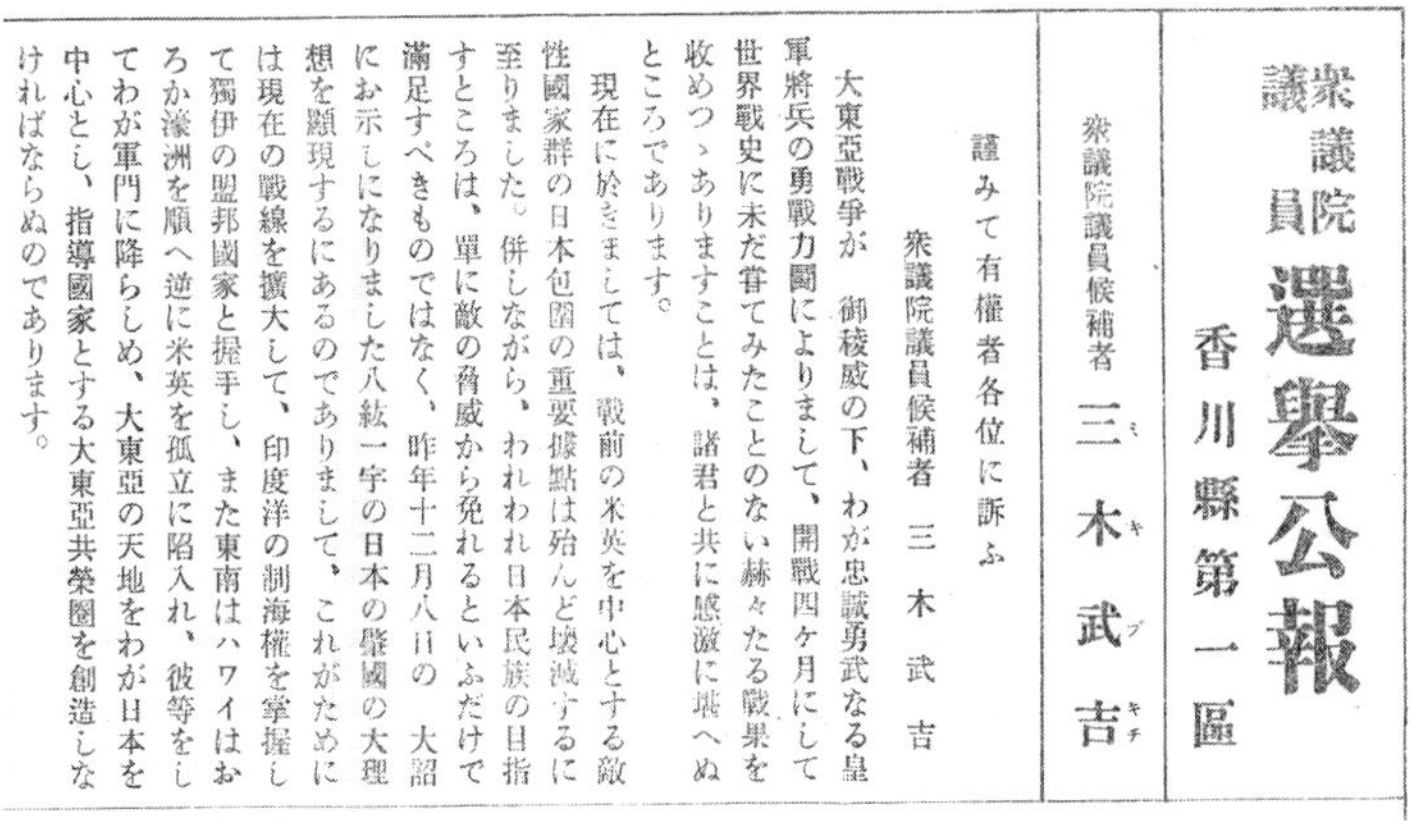
衆議院議員選擧公報　香川縣第一區

衆議院議員候補者　三《ミ》木《キ》武《ブ》吉《キチ》

謹みて有權者各位に訴ふ

衆議院議員候補者　三木武吉

大東亞戰爭が　御稜威の下、わが忠誠勇武なる皇軍將兵の勇戰力鬪によりまして、開戰四ケ月にして世界戰史に未だ嘗てみたことのない赫々たる戰果を收めつゝありますことは、諸君と共に感激に堪へぬところであります。

現在に於きましては、戰前の米英を中心とする敵性國家群の日本包圍の重要據點は殆んど壞滅するに至りました。併しながら、われわれ日本民族の目指すところは、單に敵の脅威から免れるといふだけで滿足すべきものではなく、昨年十二月八日の　大詔にお示しになりました八紘一宇の日本の肇國の大理想を顯現するにあるのでありまして、これがためには現在の戰線を擴大して、印度洋の制海權を掌握して獨伊の盟邦國家と提手し、また東南はハワイはおろか濠洲を順へ逆に米英を孤立に陷入れ、彼等をしてわが軍門に降らしめ、大東亞の天地をわが日本を中心とし、指導國家とする大東亞共榮圏を創造しなければならぬのであります。

図 6-1　『衆議院議員選挙公報　香川県第一区』（香川県立図書館所蔵）

一九四二年二月に日本がインドネシアのスマトラ島を占拠すると、三木は三月に私財を投じてスマトラ協会を結成した。スマトラ開発を目的とし、「最低限十万戸の日本人を交流定住せしめ」るための「基礎的機関」と位置づけ、会長を三木、副会長を小豆島出身の戸澤民十郎、理事長を原玉重が務めた（三木 1942①：2／南洋団体聯合会編：849f）。スマトラ協会は四二年に『スマトラの実相』と『日本民族の定住とスマトラの国土計画』（戸澤民十郎著）を刊行したが、四三年七月の時点では「目下一般自由渡航不許可のため待機状態」とされた（科学動員協会総務部編：695）。

三木は大東亜共栄圏内の諸問題を調査・研究する南方調査会（南方問題調査会）の会長も務めていた。この団体は一九三六年に報知新聞社創立六五周年記念事業の一環として設立された（報知新聞社編 1936：105）。四二年六月の時点では、理事長を坂本俊馬、常任理事を下田三郎、常任幹事を片岡貢が務めていた（南洋団体聯合会編：849）。

三木は『衆議院議員選挙公報』で南方地域における民族

的・文化的多様性について触れたうえで、「日本の真意を理解せしめる」重要性を説いた。

「これらの多様な民族に日本の真意を理解せしめるには単なる武力だけでは不可能であります。古語にも「馬上天下を得るも、馬上之を治む可けんや、文武並び用ふるは長久の術なり」とありますが、武力は人を威服することは出来ますが、人を心服させることは容易ではありません。人を心服させずしては大東亜共栄圏の建設はその基礎がぐらつくことになるので完全なものにはならないのであります。「人の心を摑《つか》む」といふことは即政治であります。民心の動向も弁《わきま》へずして、自分勝手の考へを押しつけるのは独善政治でありまして、同じ民族の間でさへも離反し、摩擦を生じます。況んや異民族に対しては尚更であります。」

大東亜共栄圏の確立と、「剣」だけではなく「経文（コーラン）」の重要性を訴えた興亜運動の思想がここでも展開されている。そして、この難題を解決できるのは知識と実行力を兼ね備えた人物だけだと有権者に訴えかけた。

「議会を構成してゐる人物が、よく時代を洞察し、明敏なる卓見を有してゐたならば、臨機応変いかなる事態にも対応することが出来るのでありますが、如何せん過去の情実因縁によつて選出された者が多数で、時代の変遷に対処するだけの力はなく、また急に舞台が広くなつたのに対して、なんらの知識もなく、調査する機関も持たない。中には多少勉強する人があつても、そういふ人は所謂インテリの部に属する人で、その主張をもつて勇敢に闘ふ勇気の欠けた人が大多数を占めてゐるが故であります。このやうな議会では到底大東亜戦争を遂行することは六ヶ敷《むつかし》いから、新たに民間から有力な識者を選出して、大東亜戦争遂行にふさはしい議会を構成しやうといふのが、今回戦争中にも拘らず総選挙を断行された理由であると私は考へます。」

香川一区は前々回の総選挙までは宮脇長吉、小西和、戸澤民十郎の三人が当選を重ね、前回の総選挙では社会大衆党の公認候補の前川正一がトップ当選し、他にも藤本捨助、宮脇が当選した。今回の選挙では前川、元高松高商教授で県協議長の藤本、元高松市会議長で翼賛会県支部前組織部長の鈴木義伸が立候補した。藤本と鈴木は推薦候補であった。他にもベテラン議員の宮脇と小西も名を連ねた（吉見義明、横関至編：198／「総選挙各地状勢展望」『報知』一九四二年三月二二日付）。

簡単な選挙ではなかったはずだが、三木の名は地元でもよく知られており、余裕のある戦いぶりだったようだ。選挙直後の『香川日日新聞』（一九四二年五月二日付朝刊）では「香川春秋　香川県下の選挙戦績を見る」と題した戦評が掲載された。

「第一区三木氏は当初より自ら推薦辞退を表明したほどの確信ある大物、旧民政系の大地盤を擁して帷幕《いばく》に多くの選挙通を集め、自身は悠々第二区の岸井候補を始め他府県同志を応援するの余裕振りを示した程である。」

同志である戸澤の地盤を引き継いだのは三木にとって大きかった。三人の当選枠に推薦議員が藤本と鈴木の二名しか立候補しなかったことも三木に有利に働いた。三木は非推薦での立候補であったが、当局から一定の配慮がなされたと言えるだろう。

投票結果は五月一日に判明し、三木は第二位で復活当選を果たした（第一位は藤本、第三位は前川）。右の『香川日日新聞』で言及されている「岸井候補」とは、香川二区から立候補した岸井寿郎のことである。岸井は一九一九年に大阪毎日新聞社に入社し、東京日日新聞社で政治部長を務めた（三七年に退社）。『香川日日新聞』五月二日付朝刊には、当選が確定した三木事務所の様子が報じられている。

「第二区の同志岸井候補から安否問合せの電話があり、ひつきりなしの訪問客に格別のいそがしさを見せ、やがて第二位当選が確定するや〝三木氏万歳〟で大はじやぎだ」（「聖戦貫遂議会の担荷者選ばれて誇らず」）

三木は開票結果を待つことなく東京へ出発しており、取材は選挙の総師を務めた天野富太郎が応じた。徳川夢声『夢声戦争日記』の一九四二年五月一日には、静岡・沼津駅の車内で、三木と選挙について言葉を交わす様子が記されている。

「一日（金曜　晴　冷）沼津で停車しているとき起き始める。（中略）三木武吉氏が煙草を貰いに来て、私の席へかけ高松市の選挙話をして行った。知事だろうと警官だろうと糞を喰《くら》えという面魂は天晴《あっぱ》れである。自分の度胸のなさを感じる。」（徳川：118）

一日に帰京した三木は、二日に報知新聞社に出社した（「一社三代議士　三木社長満悦」『文化情報』五月四日付）。報知関係者では池田正之輔が山形二区から出馬し、初当選を果たした。重役の永野護も広島二区を制した。この永野が前述の竹内と三木の間を取り持ったとされる（「永野護監査役に」『文化情報』五月八日付）。武藤貞一も三木の支援を受けて東京二区から出馬したが、当選は叶わなかった。演説会は「比較的盛況なるも弁論拙劣のため却つて期待を裏切らしめ当初の予想に反し人気揚らず」と警察の報告にはある（吉見、横関編：388）。東京一区から出馬した監査役の原玉重も「牛込方面に於て三木武吉の率ゆる公民会々員約三、五〇〇名の団結強固なる為め極めて有利に展開し居り」と警察の報告にはあったが、落選した（吉見、横関編：376）。一九四三年一月に東京一区選出の議員が死去したため、次点の原が繰り上げ当選となる。これら同志の選挙結果を気にして、三木はいち早く帰京したのだろう。『文化情報』（一九四二年五月九日号）には一問一答形式の三木のインタビューが掲載された（「三木代議士談　報知社長辞任せず」）。

問　〝香川県では、推薦が二人であつたのは、君に遠慮したんですか〟

答　「始め推薦するとの話があつたが僕はそれを断つた。何しろ友人の仲には被《ママ》〔非〕推薦の者も居るので、推薦された僕が、被《ママ》〔非〕推薦の応援演説をする事は不謹慎と思つたから、僕は自ら辞退したので、一人欠員が出来た訳だらう」

問　〝友人の応援演説をやつたんですか〟

答　「僕は自分の演説は八回しかやらん。友人の演説を百回位やつた」

問　〝代議士に当選したら新聞社長は辞めますか〟

答　「僕は辞める必要はないと思つてる。今更代議士に出て恥かしく思ふのであるが、四年の任期中一度位はお役に立つ事があると信じて居る」

問　〝議会で大獅子吼《ししく》しますか〟

答　「其必要はないと思ふ。大東亜戦遂行の為に総てを集中しなければならんのだから、其れに反対する様な者があつたら、命を捨てゝ戦ふが、そうでない限り戦争貫徹の一念に終始する積りである」

問　〃正力氏の株を買戻すと云ふ説がありますが真相はどうですか〃

答　「世間の話の方が先走つてる」

問　〃竹内君と云ふ総務局長さんはどんな人ですか又どんな事情で入社されたんですか〃

答　「彼は役人をして居つた人で、金持の養子だ。沢山の会社の重役をして居たが、それを皆な辞めて、最も意義のある新聞の仕事をしたいと云ふので、新聞社の仕事の一番よくわかる総務局長にしたんだ」

問　〃君は金がないから選挙が出来ず、竹中氏から金を借りたので、其取立てに竹中君が入社してるとの説がありますが、君はそんなに貧乏ですか〃

答　「其んな私事は、紳士として聞くべき事ではない〔。〕然し僕は別に貧乏してるとは思つて居らん。食ふにも困らんし、心も豊かだし、都々逸の文句にも〃立てば半畳眠れば一畳二合五勺で餓《うえ》もせず〃と云ふのがあるだらう。金は持つて居ても何にもならん。仕事をする為にあるんだ〔。〕僕は銀行に預けてないと云ふだけで、別に困つてない」

問　〃五十万円や百万円なら何時でも作つて見せるのだつたら貧乏だと云ふのは当らないかも知れませんネ。君の腹の処の黒い布は何ですか〃

答　「之は電気で腸を温めてるんだ。僕は昔から腸が弱いんでネ」

問　〃腸は弱いかも知れんが闘士満々で、人相は強さうぢやありませんか〃
答　「僕の顔は僕には判らんが僕の闘志は、死ぬ迄なくならんネ」
問　〃選挙で疲れたでせう〃
答　「矢張り年だネ」

前述のとおり、香川第一区では三人の当選枠に推薦議員が二名しか立候補していない。冒頭の翼賛選挙に関する問いは、三木は非推薦での立候補であったが、当選しやすい配慮がなされていたことを示している。インタビューからは、翼賛選挙を終えた三木が報知社長の地位にとどまるのかに業界の関心が集まっていたことが窺える。

「読売報知」の誕生

武藤貞一は『報知新聞』一九四二年六月二・三日付夕刊「時局論策」に「情報局は一大官報を持て新聞統制私見」と題する論考を発表した。

「われらの最も尊敬する山下奉文中将がドイツから下関に帰京したとき、各社の写真班のフラッシユを浴び、勿体ないではないか、ドイツであれば一つフラッシユを燃やして済ましてゐるのに、こゝに無駄ありと呟いたといふのは、言簡にして、新聞統制の根本を暗示したやうな気がする。」

武藤は、用紙節約の観点から全国紙の整理統合を提言している。

「差当り情報局の統率下に、国民皆読の一大官報を組成し、政府の意図なり理念なりが、この新聞を通じて直《じか》に国民に呼掛けられるやうにする。そして、それにはもちろん同じやうなものを二つも三つも発行して用紙を浪費させるにはあたらないから、たゞ一紙で事足るのである。」（『報知』六月二日付夕刊）

武藤は「小新聞を百社潰すよりも大新聞一社を統制すること」が重要性だと訴えた。それによって「現在の使用紙量一〇〇を八〇以下に節減せしむることができる」とした。一方で、「異色ある新聞の存在は絶対に必要だ」として少部数の異色紙（つまり報知新聞）の存在意義を説いた。武藤はこの論考を「情報局首脳者の一考に俟《ま》つ」と結んだ（『報知』六月三日付夕刊）。

この論考が掲載されてから間もなく、六月一〇日付で三木は情報局委員に選出された（「民間の智能を動員結集　内閣・各省の委員候補決る」『朝日』六月一〇日付）。他には、元・東日編集総務の久富達夫らが選ばれたが、朝日新聞社や読売新聞社からは委員が選出されておらず、新聞統合の行方に三木が大きな影響力を持つのではと危惧《きぐ》する声もあった（「都下各新聞に衝動」『文化情報』六月一一日付）。

しかし、同じ頃行われた閣議（閣議の結果が六月一六日に関係者に伝えられたとあるので一五日の閣議か）では、谷正之情報局総裁が「大毎、朝日の何れかを廃刊せしむべしとなす案、全国一社若くは二社となすべしとの意見あるも、目下の状勢に於ては磨擦のみ多く実施困難なるものと認む」と報告し、新聞共同会社設立案が改めて否定されている（「〔5117〕新聞整理統合案閣議説明要領」『情報局関係資料』第七巻）。それどころか、この閣議説明要領には、東京の新聞の整理統合案の一つとして「報知新聞は読売新聞に合併せしむ」という決定事項が含まれていた。その理由は以下のように記されている。

「報知は従来指導新聞としての役割を果して来たのであるが、昨夏以来読売が過半数の株を保有することとなり其の特色を喪失するに至つたので、茲に読売と合併せしむることとしたのである。若し報知を残置せしむる時は正力氏の支配する二社東京に存在することとなり業者間の不満多し」（「〔5117〕新聞整理統合案閣議説明要領」）

他にも『都新聞』と『国民新聞』、『新愛知』と『名古屋新聞』、『福岡日日新聞』と『九州日報』の合併が決定した。六月一六日には関係各社の代表者が呼ばれ、一か月以内に協議を取りまとめるように通告がなされた。これは決定事項として通告され、「申す迄もなく本案は政府の方針として確定したるものにして変更の意志なし」という一文が添えられた（「〔5118〕関係新聞社に対する総裁よりの申渡」『情報局関係資料』第七巻）。

三木も六月一六日に正力とともに情報局に呼ばれ、合併の通告を受けたと証言している（「私の罪万死に当る」『文化情報』八月五日付）。報知新聞社の第三六回定時総会は六月三〇日に開会のまま休会となり、七月一一日に再開された定時総会で三木は社長を辞任した。その後、臨時総会が開催され、報知と読売の合併が報告された（「三木社長退陣」『文化情報』七月一三日／「新題字「読売報知」」『文化情報』七月二五日付）。新題字は「大日本新聞」という候補も上がったが、最終的には「読売報知」に決定した（読売新聞百年史編集委員会編：448）。

三木は最後の社員総会で合併の経緯を説明し、社員に謝罪したという。

「時代に即応する新聞の新体制確立については我々も十分認識し種々計画を有つてゐたのであるが、

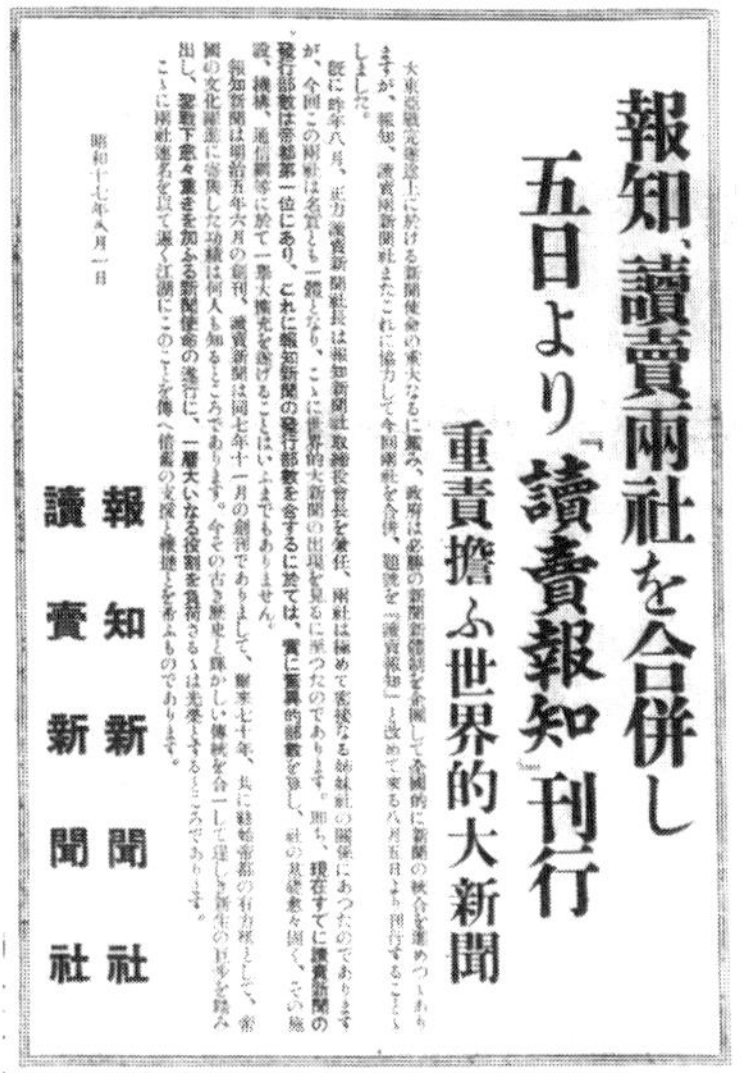
報知、讀賣兩社を合併し
五日より『讀賣報知』刊行
重責擔ふ世界的大新聞

昭和十七年八月一日

報知新聞社
讀賣新聞社

図 6-2　『報知新聞』1942 年 8 月 1 日付朝刊

此の要請〔情報局からの合併の要請〕は他に自ら進むべき道があつたのではないか、換言すれば読売と報知が合併するといふ以外に今少しく国家の必要を満たすに足る手段があつたのではないかと考へられなくもないのである」（「私の罪万死に当る」『文化情報』八月五日付）

直前の武藤の論考からしても、報知が特色紙として残る方策を考えていたのは事実であり、この三木の言葉に偽りはないのだろう。

一九四二年八月一日付朝刊には「報知、読売両社を合併し、五日より『読売報知』刊行」という社告が掲載された（図6-2）。四日付朝刊には「報知は永遠に生く」と題する社説が掲載され、『報知新聞』の題字が掲げられた最後の紙面（五日付夕刊＝四日発行）には、武藤貞一「訣別の辞」が掲載された。

「家をも身をも忘れて前線に勇奮敢闘しつゝある将士のことを思へば、銃後のいかなる犠牲も犠牲の部類に入らないくらゐ微々たるものである。今日、報知新聞が負うた犠牲は昨日、他の同胞の負うた犠牲であり、同時に明日、未だ犠牲を負はざる他の同胞の必ずや負ふところのものであらう。犠牲もまた廻り持ちである。およそ国家の必要とあれば水火あへて辞せず赴くのが日本男児の本懐だ。わが報知全社員は、こんな気持で、いま永年の愛読者諸君とお別れするのである。」

武藤は読売と合併した後も編集局顧問となり、署名入りの短評「日本刀」を執筆した（「読売の報知接収　人事愈よ決定す」『文化情報』八月五日付）。結局、報知社員の約六割が退社し、残りは読売新聞の社員として勤務した（「旧報知社員の辞任　六割余に達す」『文化情報』八月一九日付）。

報知を読売に身売りした三木を批判する報知新聞社員も少なくなかった。その辺の事情を早稲田の同窓生である松村謙三が書き残している。

「当時、報知の社員は伝統ある報知を解散したのは三木だと怒って報知旧友会をつくっても三木君を除外していた、ある時三木君がどういうわけか、この会に出て解散当時の事情を言々句々《げんげんくく》誠実をもつて話したのですつかり三木君に対する誤解がとけて、それからは旧友会のメンバーとしていつも出席して歓談した。」（松村 1956：48）

報知で広告部長を務めた南強一が一九五五年に亡くなった時、旧報知会のメンバーが刊行した追悼集には、三木が「報知伝統の精神」と題する論考を寄せている（『南強一さんの思い出』）。南は三木七郎専務派と言われ（「三木社長追払ひか」『新聞之新聞』一九四〇年五月六日付）、三木七郎は一九四一年八月に追い出される形で退社したので少なからぬ因縁があったはずだ。それを乗り越えてしまうのは、なんとも三木らしい。「誠意をもつて相手を説得する力を持つた人」と松村は述べている（松村 1956：48）。

この後、三木は新聞事業から離れていくが、一九四三年一〇月一二日に行われた『帝都日日新聞』の一〇周年祝賀会では祝辞を述べている（図6-3）。帝都日日新聞社長の野依秀市とは、三木が一九一五

図 6-3　『帝都日日新聞』10 周年祝賀会で祝辞を述べる国民服姿の三木武吉
『新政界』臨時増刊号（三木武吉読本）、第 2 巻第 9 号、1956 年。後ろは野依秀市。

年に衆議院議員総選挙に初めて立候補した頃からの知り合いで、三九年には両者とも反英運動を展開した（「三木武吉の巻」『野依秀市全集　第二巻』：613）。四二年六月に野依が東京市会議員に立候補した際には、三木も推薦者に名を連ねた（「市会議員候補者野依秀市」ビラ）。

三木は一〇周年祝賀会の祝辞で、全国紙を毎朝読み、『帝都日日新聞』も「毎日初めから終りまで読む」と述べている。

「あれ〔『帝都日日新聞』〕を一つ読めば、外の新聞は一つも読まないでも宜いやうに出来て居る。その他に時間でも余るやうであれば、他の新聞も見るが、兎に角他の新聞は、どれを見ても皆同じことだ。そこで私は時間つぶしに見るといふことになつて居る。比較的新聞に関心を持つて居る私がさうでありますからして、新聞に関心を持たない人は、尚更さうぢやないかと思ふ。」（三木 1943①：229f）

三木は『読売報知』『朝日新聞』『毎日新聞』『東京新聞』を例に挙げ、「どの新聞を見ても、この新聞を見ても少しも変りはない」として、「あんなものは統制してしまへばいゝのです。あんなものは官報のやうなものが一つあれば宜いのです」と述べた(231)。代わりに『帝都日日新聞』に用紙を与え、「戦争完遂の足並」を「乱さない範囲内に於ては、その個性を極度に発揮す」べきだと主張した。

「この新聞を百万、二百万出すやうになると特異性はなくなるから、精々十万以内の紙を与へて、所謂野依式を極度に発揮すれば宜しいと思ふ。」(232)

あるべき理想を追求する政治家としてのアイデンティティが強かった三木は、読者の数にこだわるような「メディアの論理」には最後まで馴染まなかったのだろう。三木は、野依の喧嘩ジャーナリズムに期待する言葉で挨拶を締めくくった。

「権力の不法なる蹂躙に負けないやうな立派な新聞を作つて貰ひたい。無論さういふ場合には、或は紙を呉れないこともありませうが、呉れなくとも宜しい。二頁のものでも宜しい。或はチリ紙でも宜しい。一寸四方の紙でも宜しい。新聞は字数が多いから値打があるものではない。その中に書かれて居る一言半句が新聞の生命でございますから、どんな迫害があらうとも、信ずる所は飽までも通して、徹頭徹尾、野依式を発揮せられんことを同君のためにお願ひ申上げて、今日の御挨拶に代へたいと思ひます」(232f)

中央紙の整理統合の問題は、一九四四年二月一日の決算委員会、さらには三月二二日の決算委員第二分科会でも取り上げられた。質問に立ったのは、元・報知新聞社取締役の池田正之輔であった。翼賛選挙で当選した池田は、全国の新聞購読者のうち約一割五分（約二百万人）が行っている新聞の併読（複数紙の購読）を禁止する案や、中央紙の一部を専門夕刊紙にする案などを示したが、村田五郎情報局次長は「色々の事情からしまして、情報局は中央紙の整理統合と云ふことは考へて居らぬ」という主張を繰り返した。

「色々の事情」というのが、朝日・毎日・読売を中心とする全国紙の意向、すなわち「メディアの論理」であったことは明白である。

一九四四年七月に情報局総裁に就任したのは朝日の緒方竹虎であった。緒方は、一九四五年二月に日本新聞会を解散し、情報局の機構を拡充させた。一九四五年四月には、同じく朝日出身の下村宏が情報局総裁を引き継いだ。一九四五年に入ると、被災する新聞社が増え、新聞の安定的な供給を実現させるために、全国紙と地方紙が合同で新聞を発行する「持分合同」が実施された。これにより、全国紙の地方での配給は禁止され、地方紙は県内で発行されていた全国紙の分も自社で配給した。全国紙は地方紙へ人員や印刷機材を提供し、『上毛新聞』（二万五千部から二三万六千部）や『茨城新聞』（二万八五〇〇部から二四万一千部）のように発行部数が一桁増えた地方紙も存在した（里見脩 2021：240-6）。三木が主張した全国紙の地方版廃止は、はからずも終戦間際になって実現したことになる。

聴くことのできなかった玉音放送

三木は翼賛選挙を翼賛政治体制協議会（翼協）の推薦を受けずに無所属で戦った。選挙後、東条内閣は挙国一致の政治体制の構築を企図し、一九四二年五月二〇日に翼賛政治会（翼政会）を結成した。ほとんどの議員が翼政会には加入し、その中には三木も含まれていた。未加入者は尾崎行雄ら八名のみであった。

ただしその後も、東条への反対運動は続き、メディア経営者を離れて国会議員に戻った三木も推薦制選挙への反対運動に参加した。一九四三年一月二七日、翼賛選挙に非推薦で当選した笹川良一が、三木を含む非推薦有志代議士二一名を麴町区の山水楼に招待した。二一名の中には、三木の他に、中野正剛、三田村武夫、赤尾敏、平野力三、西尾末広らが含まれていた（内務省警保局保安課『特高月報　昭和一八年三月分』：21）。右翼運動家である笹川の呼びかけに、社会運動の指導者である平野や西尾が応じたのは、反東条という点から共鳴するところがあったようだ（西尾 1968：18f）。

笹川らは秋に予定されている府県会議員選挙における推薦制の廃止を訴え、三木を含む五五名の連名で全代議士に反対運動の勧誘状を送付した。決議案の上程も目指したが、官吏の関与による推薦制を今後の地方選挙では用いないとする政府の所信表明がなされたため、二月二五日に決議案を撤回する方針が示された（内務省警保局保安課『特高月報　昭和一八年三月分』：21f）。

一九四二年一二月二四日から始まった第八一回帝国議会では、推薦制度ではなく、戦時刑事特別法改正案に注目が集まった。国政変乱の罪を規定した第七条の第四項で「著しく治安を害したる者」が該当者とされたが、これでは正当な政治運動が禁圧される恐れがあるとして、反対意見が続出した。

衆議院の戦時刑事特別法中改正法律案委員会は、一九四三年三月四日の一二回目の委員会で質疑が打ち切られ、六日午前一〇時三〇分から一三回目の委員会が開かれたが、同三一分、すぐに休憩となる。同日午後一時から行われた翼政会の議案審査会では、中谷武世と田中貢の二名が反対意見を述べ、議会役員会でも中谷、橋本欣五郎、白鳥敏夫の三名が反対意見を述べた。しかし、いずれの会でも賛成多数で原案どおり可決されてしまう。午後三時からは、翼政会の党議決定機関である代議士会が開かれ、戦時刑事特別法中改正法律案委員会の委員長が報告を行ったが、原案反対の委員から、委員長の報告は「委員会の空気を歪曲したものである」という批判の声が上がった。

この様子を『朝日新聞』一九四三年三月七日付朝刊は以下のように報じた。

「三木武吉氏は、『委員長の報告が真に委員会の意向を反映してゐないやうでは代議士会の態度を決定し得ないから山崎議案審査会長の報告をきく前に委員の発言を許すべきである』と動議を提出、これが容れられて眞崎勝次、木村武雄、三田村武夫、満井佐吉、今井新造、赤尾敏、一松定吉、南鉄太郎の諸氏交々《こもごも》起つて委員長の報告を反駁して原案無修正可決に反対の意を表明した」(「戦刑法は持越し」)

委員会でもう一度意見を取りまとめるべきだという動議に対して、総務の津雲国利が代議士会の党議決定が先だと突っぱねたため、代議士会は紛糾して休憩となった。その後の様子を『読売報知』の七日付朝刊はこう報じている。

「代議士会休憩中三木武吉氏を座長として有志代議士会が開催せられ津雲総務の態度は重要法案の審議を妨害するものであるとなし、同総務の翼政会除名を申合せ、赤尾、笹川、眞崎、三田村、三木の五氏が直ちに幹部室において前田筆頭総務らと会見をなし右の申合せを提出、幹部の善処方を要望した、これに対し前田筆頭総務、大麻総務及び山崎審査会長は改めて三木座長と会見津雲総務の問題は戦刑法改正案の取扱ひとは切り離して別個の取扱ひをしたき旨を申入れたところ、三木座長はこれを諒承、有志代議士会もこれを承認した」（「津雲氏除名問題　議会後に持越す」）

改めて代議士会が開催されたがすぐに散会となり、再開が予定されていた戦時刑事特別法中改正法律案委員会も午後六時に流会となった。『朝日新聞』と『毎日新聞』の七日付朝刊でも、審議が八日に持越しになった経緯が詳しく触れられている。『毎日新聞』によると、有志代議士会の参加人数は「約百五十名」であったという（「代議士会纏まらず」）。

議案審査会と議会役員会で原案反対を表明した中谷武世は『戦時議会史』（民族と政治社、一九七四年）の中で、有志代議士会に切り替わった六日の様子を描いている。戦後の回想なので割り引いて読む必要はあるが、その日の情景が浮かんでくるかのような記述である。中谷によると、動議を突っぱねた津雲に対して、中谷が「何を生意気な、先ず津雲をやっつけろ」と叫んで乱闘騒ぎとなった。

「守衛が素早くスクラムを組んで津雲を護衛したが、これに対し木村武雄の如きは椅子を踏み台にして守衛の頭上を越えて、津雲に向ってダィビング攻撃を試みるなど、代議士会は全く収拾のつかぬ混乱状態となり、代議士会長の小泉又次郎は茫然《ぼうぜん》なすところを知らず、ただ小声で「静粛に静粛に」を繰り返すだけであった。（中略）此の時、前方の席に坐って居た三木武吉がつかつかと壇上に上り、小泉会長の傍に寄って「おい、ちょっとのけ」というと、小泉会長、気を呑まれたのか、或は日頃から一目も二目もおいている同じ民政党出身の三木武吉からいわれたので拒み得なかったのか、素直に会長席を三木に譲って後方に退った。代って三木は座長席につくや直ちに「これより有志代議士会に切り換えます。」と叫んだ。すると「賛成」「賛成」の声が起り、役員を除いた代議士の大多数がそのまま有志代議士会に居残り、原案反対と津雲総務の除名を決議し、実行委員を挙げて、これを翼政会の首脳に要求することとなった。」（148f）

「津雲に向ってダィビング攻撃を試み」た木村武雄によると、議長に取って代わる三木の行動は計画的なもので、三木から事前に「持ち前の持病があって長時間坐っておれないので（中略）君は自分の側を離れないでおってくれ、このことは誰にもいうな」と相談があったと明かしている（木村：214）。七日は日曜であったが、東条首相は閣僚を集めて協議を行い、この間に議員の切り崩しも進んだ（三田村：72）。八日にはふたたび有志代議士会が開かれ、津雲の除名問題が議題に挙がった。『同盟時事月報』四月一四日付には、以下のように記されている。

「三木武吉氏より右〔津雲の除名問題〕に関しては未だ前田筆頭総務より解答に接してゐない旨を報告〔。〕これに対し平野力三、三田村武夫の諸氏は此の解答こそ戦刑案審議の前提でなければならないと主張したが、三木武吉氏はその要求は代議士会において要求せられたいと宣し、有志代議士会を閉ぢ正午から代議士会に入った」(68)

八日の有志代議士会は新聞で詳しく報じられていないが、『同盟時事月報』を見る限りは、粋がる平野や三田村を前に、三木がブレーキ役を果たしていたようだ。八日のうちに、代議士会で戦時刑事特別法改正案が原案どおりに可決され（『同盟時事月報』四月一四日：68）、委員会そして本会議でも原案どおりに可決された。委員会の冒頭では、三田村や木村ら九名の委員が委員辞任の意思表示をして退席した。

六月一六日から始まった第八二回帝国議会でも翼政会幹部への批判が止むことはなかった。前述の推薦制反対運動を行った笹川らは「翼政首脳部の議会運営方針は不都合なり」と不満を示し、六月一四日に八日会を結成していた。結成式には中野、三田村、赤尾、平野、西尾、江藤源九郎、白鳥敏夫、木村武雄、原玉重らが参加した。三木に関しては、結成式の「出席者」と「出席者の外本会賛成者」の両方に名が記されているため、当日参加したのかは不明だが、三木がこの会に賛同していたのは間違いないだろう（内務省警保局保安課『特高月報　昭和一八年六月分』：38f）。

六月一六日の衆議院本会議で東条首相が施政方針演説を行おうとすると、赤尾敏が立ち上がり、会期がわずか三日であることを批判した。この発言によって赤尾が懲罰委員会にかけられると、一七日の代議士会で鳩山は会期延長論をぶち、中野は赤尾を擁護する発言を行った。「官に迎合する茶坊主が多ければ国は亡びる。茶坊主は国を誤るものである」という中野の批判はよく知られている。中野は翼政会幹部と当局の癒着を指摘し、「官吏、警察官にしても賄賂をとらないものは少数の実情で之等と睨《にら》み合せて専制政治の極と言ふべきである」と述べて、議会を騒然とさせた（内務省警保局保安課『特高月報昭和一八年六月分』：40f）。

中野に詰め寄る議員に対して、三木がその前に立ちふさがり、「茶坊主ども、鎮《しず》まれっ！」と一喝したという（三木会編：250／鳩山一郎：20）。翼賛会幹部の側に三木法律事務所出身の中村梅吉がいたため、「梅吉黙れ」であったとも言われている（日笠：6）。ただし、いずれの発言も公的な記録には残っていない。

六月二二日に鳩山、中野、江藤源九郎が翼賛政治会を脱退し、二八日に白鳥敏夫、七月二三日に三田村武夫、二五日に中村又七郎も脱退した（衆議院、参議院編：483）。この後、一〇月二一日に中野が逮捕され、まもなく釈放されたが、二七日に割腹自殺を遂げる。

一九五五年一〇月二七日に行われた中野正剛十三回忌追悼会で、三木は挨拶を行い、中野に対して将来に備えるように助言していたことを明らかにした。

「明治維新を回顧してみよ、中野君のようにだ、将来は将来、いまはどうしても身を粉にしても戦おうというようなことになれば、おそらく君は、維新当時の吉田松陰、あるいは頼三樹《らいみき》〔三郎〕というような境遇になつて、いざこれからというときには、おそらくは君はわれわれの友でなくなるのではないか。ぼくはこのさい君がだ、桂小五郎あるいは西郷南洲のように、いわゆる身を韜晦《とうかい》してだ、女の膝を枕にでもして酒でも飲んでしばらく世の中を忍ぶことをすすめる。君に酒を飲め、あるいは女の膝を枕にしてというてもできないだろうが、せめては郷里の福岡に帰つて青年子弟の

教育でもしたらどうだ」（三木 1956②：15）

「中野正剛はそんななまぬるい、そんな卑怯なことをする男ではない」と反論された三木は、こう続けた。

「卑怯か卑怯でないかは、将来お目にかかつて証明しようじやないか。ぼくの志と君の志とはおなじいのだ。ただ、君の志というものは悪く申せば猪突猛進だ。猪《いのしし》武者では天下の大事はできないぞ」（16）

中野は「君と話をするのはこれがさいごだ。あくまでもじぶんは所信にたいして猛進する」と言い返し、三木は「勝手にしやがれ、いまにみろや」と応じた（16）。

戦時刑事特別法改正案を阻止しようとした三木の活躍は、さまざまな文献で紹介される。中野とのエピソードも「三木武吉との〝卑怯〟論争」として『日本週報』一九五六年一〇月五日号（三八三号）でも報じられた。伝記では、鳩山や中野らとともに政治的な敗北を喫し、「十八年〔一九四三年〕暮になつて、三木は事業その他身辺の整理をして高松に帰つた」と記されている。

「その頃には身辺も危なくなつていた。東京にいれば何か画策しているのではないかと、東条内閣から色眼鏡で見られていた。実は画策する余地などはもうなかつた。近衛、木戸をはじめ重臣方面では微かながら動いていることは三木も知つていたが、議会政治家であり政党人である三木にすれば、もはや矢玉はつきた格好であつた。三木は、ひそかについて来る憲兵をお伴にして東京を発つた。」（三木会編：253）

三木が東条内閣から睨まれ、終戦よりもかなり前の一九四三年に高松に帰ったとある。高松五番町の揚邸を買収して、そこに住んでいたようだ（井上：528）。

では、三木が鳩山や中野のように翼賛政治会を脱退しなかったのはなぜなのだろうか。『報知新聞』の一九四二年の座談会の際に三木が「曠古の戦時下だから、何とかもう少し妥協して、戦争遂行に支障をきたさぬよう希望する」と述べたと言われたように（本書二八一頁を参照、里見岸雄の証言）、あるいは、『帝都日日新聞』の野依に「戦争完遂の足並」を「乱さない範囲内に於ては、その個性を極度に発揮すべきだと述べたように（本章三〇三頁を参照）、三木は戦争遂行を至上命題として掲げていた。結局、代議士会で戦時刑事特別法改正案が原案どおりに可決されたのも、『同盟時事月報』を見る限りは、三木がその道筋を付けたように読める。三木は、政府や翼賛政治会に対して反省を促さなければならないという立場であっても、体制を否定する考えはなく、政府や翼政会と何らかの妥協がなされたと考えるべきなのではないか。

この点に関して、第一章で詳しく紹介した松田東五郎の孫にあたる松田毅一が気になる証言をしている。戦時中、召集を覚悟した松田（一九二一年生まれ）は、語学将校に採用されるように計らってほしいと三木に依頼した。その後、三木から何も言ってこないので不安になり、「先生、僕のこと、大本営かどこかへ頼んで下さつたでしようか」と聞いてみた。すると三木は「ウン、東条に頼んどいた」と返してきたという。松田はこう証言している。

「私は唖然として言葉もなく、それ以上事情を聞きもしなかった。天下の権を握つた時めく首相東条に、仲の悪い三木先生が、一介の一書生のことを頼んでくれたものとは思えなかつたし、たとえ頼んで下さつても馬耳東風は云わずもがなである。然し三木先生が、うそをおつしやる人でないことも明らかだし、いまだに半信半疑でいる。」（松田毅一 1956：6）

三木が「うそをおつしやる人でないことも明らか」とあるのは、松田は家族同然、否、わが子同然の扱いを受けており、そうした人に三木はけっして嘘をつかなかったからだ。

松田は一九四三年一二月に学徒動員により歩兵第三十七連隊（大阪）に入隊し、仙台陸軍予備士官学校に属した（松田毅一先生を偲ぶ会編：289）。学友のほとんどがフィリピンに送られ戦死したが、松田は残留組に入れられた。その後、諜報機関の志願者や身体虚弱者は残留組に振り分けられたが、松田はそのいずれでもなかった。その後、松田は上海で隊長付きの通訳として活動し、一九四五年六月に帰還した。松田は、この幸運が「三木武吉氏の尽力によるものか、それとは無関係であったのか、今以て真相は分からない」としている（松田毅一 1975：258）。

三木は東条と対立して戦時中は高松に籠っていたとされるが、両者の間に何らかの妥協がなされていた可能性もあるのではないか。三木は、東京にもしばしば出向いていたようだ。第四章で紹介したように、三木は一九三七年六月に愛人である小杉絹子との間に一人娘の妙子を授かった。正確な時期は不明だが、戦時中、離れて暮らす妙子に三木は次のような手紙を送っていた。

「ゲンキデ、マイニチガッコウニ、イッテオルコトヲ、シラセテクレテ、ウレシカッタヨ。タエ子チャンノカイタエハツクエノマエニ、オイテマイニチ、タノシンデミマス。ズイブンオジョウズニナッタネ、オドロイテシマッタ。シゲモリノオジサン（注　秘書〔『三木武吉太閤記』を書いた重盛久治〕）ニベンテンチョウノ、トコノマニジャン〔ヌ〕ダルクノドウゾウガアルカラ、タエ子チャンニモッテキテクダサイトタノミナサイ。タエ子チャンハ、マイニチジャン〔ヌ〕ダルクヲカワイガッテヤリナサイヨ」（三木妙子：28f）

三木は、妙子が書いた絵を机の前に置き、とても大切にしていた。ハムやハッサクなども送っていたようだ。

「ハムノヨイノヲト思ッテモナイノデヨセハムデガマンシテ下サイ。夏蜜柑ノヨウナノハハッサクト云フモノデトテモオイシイノデスヨ、犬ノヨウニタントタベナサイ、今度アウトキニハ風ナドヒカヌデ元気ナ顔ヲ見セテ呉レル様心カケテ下サイヨ、チカイウチニオサトウヤ、ノミトリコヲモッテユキマス」（三木妙子：29）

一九四三年から四五年までの「衆議院手帖」（国立国会図書館憲政資料室「大木操関係文書」）では、三木の住所は牛込区弁天町五一となっている。妙子への手紙には、弁天町の家の床の間にあるジャンヌダルクの銅像を秘書の重盛久治に頼んで持ってきて貰いなさいとあるので、妙子は弁天町からさほど遠くないところに住んでいて、三木は遠く離れた所、おそらく高松市で暮らしていたのだろう。ただし、手紙には「今度アウトキニハ」とあり、近いうちにお砂糖や蚤取り粉を持っていきますとも記されている。

東条内閣が崩壊すると、衆議院書記官長を務めた大木操の日誌にも、三木の名が登場するようになる。『日誌　大木書記官長手記　昭和十九年七月廿四日〜八月十二日』（大木操関係文書）には、一九四四年八月三日の翼賛会代議士会における次のような三木の発言が記されている。

「三木武吉君　代議士□□〔「代議士より」か？〕総裁を選べ」

『大木日記　終戦時の帝国議会』（朝日新聞社、一九六九年）では、右の一文が抜け落ちてしまっているが、次のように記されている。

「三木武君は代議士より総裁を選ぶことを条件として決議し一任すると云う説に対し、松田竹君は、その趣旨は好いが条件付などと云っても、少数で敗れることは定まっている。そう云う事に努めることとせん。三木君如何となし、三木君も折れる」（76）

「三木武君」だと、同じ時期に議員だった三木武夫の可能性も残るが、『日誌　大木書記官長手記』の記述と照らし合わせると、三木武吉の発言であると断定できる。三木は、東条に殉じる形で辞任した翼賛政治会の阿部信行総裁の後任を議員から選ぶことを主張したが、周りから止められたようだ。結局、八月一一日には海軍穏健派の小林躋造《せいぞう》が総裁に選出された（古川：216f）。

『大木日記』の一九四五年二月五日にも、応召から戻った浜田尚友議員が掲げた松岡洋右総裁、岸信介副総裁の案に三木も賛成していたと記されている（『大木日記』：184）。

加藤たけの妹である神田武芽は、「一九四四年の暮」に三木が周りの女性を引き連れて高松に戻ったとしている。

「東京で戦災にあい、三木先生が、みんな高松へ来い、と仰しやつて、わたくしの姉の加藤たけ、赤坂の布川さん、そのほか小杉さん、これはみんな先生の彼女たちですが、それに先生の弟さん達と、それに奥様を入れた多勢が高松に移り、その高松でも焼け出されて、三木先生、奥様、蓮井さん（これも彼女）、女中の四人で小豆島へ参りました。」（神田 1957：182）

加藤たけ、布川ツル、小杉絹子、蓮井トヨが一緒だったとあるが、後述のとおり、加藤は小杉が三木の子を産んだことを戦後まで知らなかったようなので、この二人が一緒だったのというのは不自然である。時期や同伴者には不明な点が残るものの、三木が妻・かねらとともに高松に帰ったのは事実のようだ。神田によると、かねは一九四二年から体調を崩していたという（185）。

高松中学と早稲田の同窓生で、香川県木戸郡三木町出身の笠井宗一は、「戦時中の昭和十九年には一時私の家に疎開をして来ていました」と証言している（「非凡、放れ業も！」『四国新聞』一九五六年七月五日付）。三木らは、一九四五年七月四日の高松の空襲を逃れ、香川県塩江町安原村の村長・藤本弁三郎宅に行きつく。そこで終戦の日を迎えた。

『婦人倶楽部』一九五一年一一月号が実施したアンケート「終戦の詔勅はどこで、どなたとおききになりましたか。その直後の御感想は」に三木はこう答えている。

「東京で焼かれ、高松で焼かれ、文字通り、夏服着たきり雀になつたので、已むを得ず、かつて知らざる四国山脈近くの山村安原の知人の一室に病妻を護つて居つたので、あの日の夜、伝聞しました〔。〕「アア来たるべきものが来た」と只、呆然たるのみでした。」（「各界名士ハガキ回答　新生日本の希望」）

その後、三木は妻のかねをはじめ家族一同を小豆島双子浦に移した。伝記によると、三木は九月半ばに上京し、牛込弁天町の旧居の焼け跡で暮らし始めたと書かれている（三木会編：258f）。

共産党との対決

三木は、一九四五年九月一日に召集された第八八回帝国議会に出席し、四日に提出された「決議案（皇軍将兵竝国民勤労戦士に対する感謝敬弔に関する件）」および五日に提出された「承詔必謹《しょうしょうひっきん》決議案」の提出者に名を連ねた。

香川県警察部長が九月二四日に書いた「政治結社組織準備状況に関する件」という報告書には、第八八回帝国議会から戻った三木が、香川県における新党の結成を模索する動きが記されている。

「旧大日本政治会を中心として香川県に於て単一政治結社を組織せんと企図せる代議士三木武吉は第八十八臨時議会終了後帰県して直に代議士松浦伊平、藤本捨助等と相図り結社組織の準備に着手したるが現在迄の状況次の如し。即ち九月二十日午後一時より高松市栗林町掬月亭に代議士及県会議員全部の参集を求め日政支部解散及新党組織の意図を説明せんとしたる」（栗屋編：40）

三木が香川県における新党を中央の政党に合流させる計画を明らかにし、「県会議員中旧社大系を除く者も概略賛意を表し」、結党に向けた具体的な動きに入るという報告がなされている。鳩山は『朝日新聞』九月一五日付朝刊に「新党結成の構想」を発表しており、三木は第八八回帝国議会に出席した際に、その動きを察知していたのだろう。

三木の回想によると、鳩山から日本自由党への参加を求める手紙が届いたという（三木 1955⑮：29）。

三木は原玉重を代理に立て、参加の意思を表明した。この時のことを三木は次のように回想している。

「鳩山の政治に対する理想、行き方は僕も同じだから、当時四国の小豆島に住んで居つて、東京へ出て来るのも億劫《おっくう》だから、僕の同志で東京の代議士であつた原玉重とか色々な者が居つたから、それに、鳩山が自由党を作るというから、俺は白紙委任状を渡す、何でも賛成するから一緒にやれ、議会が解散になつたらば鳩山の作つた政党の一員として立候補し、そうして参加する。」（三木 1951⑥：121）

一九四五年一〇月九日に幣原喜重郎内閣が誕生し、鳩山と新党結成を目指していた芦田均と楢橋渡が入閣し、鳩山と両者との間に距離が生まれた（小宮 2010：33）。鳩山が日本自由党を結成したのは、一九四五年一一月九日のことであった。一一月二六日に召集された第八九回帝国議会では、鳩山らが「議員の戦争責任に関する決議案」（一一月二七日）を提出し、その提出者に三木も名を連ねている。

戦争責任の問題に関しては、一二月二日に連合国最高司令官総司令部（GHQ）が、六名の現職代議士を含む五九名の戦犯の逮捕を発表した。衆議院は一二月一八日に解散となり、一九四六年一月二二日に総選挙を行う予定であったが、GHQは選挙の延期を指示し、一九四六年一月四日に日本政府に対して公職追放令を指令した。公職追放令のG項（「其の他の軍国主義者及び極端なる国家主義者」）に翼賛選挙の推薦議員が含まれており、三木の側近の原玉重は選挙に出馬できなくなった。

連合国最高司令官総司令部（GHQ／SCAP）の民政局（GS）は三木の学歴と職歴を調査したファイル（1. Biography on MIKI, Bukichi 24 Dec 1945）を作成したが、三木は翼賛選挙に非推薦で出馬したため、この時は公職追放を免れた。三木に関するＧＳの部内秘資料は、国立国会図書館憲政資料室所蔵の「MIKI, Bukichi（文書名：GHQ/SCAP Records, Government Section = 連合国最高司令官総司令部民政局文書、ボックス番号：2275J；フォルダ番号：4）」（1945.12-1946.07）による。

一九四六年一月一一日の『鳩山日記』には、会食相手として三木の名前が戦後初めて登場する（423）。一九四六年の初頭には、三木は矢野庄太郎、岸井寿郎らとともに日本自由党県支部結成準備委員会を発足させた。二月九日には鳩山を迎えて琴平町公会堂で県支部結成大会を開催し、三木は支部長に就任した（『香川県史 第七巻（通史編 現代）』：51f）。

県支部結成準備委員会の世話人には菊池寛も名を連ねた。菊池は、二月九日の県支部結成大会には姿を現さなかったが、「菊池寛氏は本県から立候補」と報じられた（『香川日日新聞』二月一〇日付）。

戦後初の総選挙となる第二二回衆議院議員総選挙は大選挙区制（全県一区）で四月一〇日に実施されることになった。この時の選挙は制限連記投票制が採用され、定数六名の香川では一人の有権者が二名の候補に投票できた。そのため三木は菊池に声を掛け、二人で一緒に立候補すれば二人とも当選すると口説いた。「三木武吉、菊池寛政見発表大演説会」というビラも用意したが、菊池から「いまの交通事情では、とても高松まで出かける気にはなれないからやめる」という葉書が来て実現しなかった（三木1951⑤：23）。

『四国新聞』三月二五日付朝刊に掲載された「私の政見」で三木は「国民生活の安定を目ざして軍国主義に代るに民主主義、統制主義に替ふるに自由主義を以てせん」「自由これが自由党の誇りであると同時に私の信念である」と述べた。

念のために述べておくと、戦前の三木はけっして自由主義者ではなかった。一九四〇年二月二日には民政党の斎藤隆夫が議会で「反軍演説」を行った。政府の日中戦争処理の方針を批判した斎藤の演説に対して、陸軍は「聖戦」への冒瀆だとして厳しい処分を議会や政党関係者に迫った。政友会正統派で戦後に日本自由党を形成する鳩山、安藤正純、河野一郎、大野伴睦、林譲治らは斎藤除名決議を棄権した（楠：50f）。三木はこの時、衆議院議員ではなかったので投票には加わっていないが、直後に早稲田大学で行われた座談会でこう答えている。

「議会での斎藤の意見にはやっぱり根底に自由主義思想があるんだナ、信ずるところを云はんと欲する信念は早稲田精神として尊敬するが、彼の思想には共鳴できんネ」（「政界縦横断　三木武吉氏を囲んで」『早稲田大学新聞』一九四〇年二月一四日付）

それはともかく三木は、一九四六年四月の選挙で香川県（定員六名）の第三位（五万三六六票）となり、当選を果たした。

一九四六年四月一八日午後、総選挙後初となる自由党代議士会が開催され、鳩山総裁、河野一郎幹事長、植原悦二郎、星島二郎、北昤吉、大久保留次郎らの各総務以下新代議士百余名が参集した（「自由党初代議士会」『読売報知』四月一九日付）。この『読売報知』の記事では、三木は「座長」となっている。伝記では、三木は「総務会長」や「筆頭総務」と記されているが（三木会編：269, 561）、誤りである（小宮2021：193）。

幹事長には河野一郎が選出されたが、芦田均と意見がことごとく対立した。河野は「その僕にいつも助け舟を出して芦田君をたしなめてくれたのが三木さんである」と回想している。

「幹事長といっても年は若く、また未熟でもあった僕が、幹事長の仕事をどうなりこうなり勤め上げたのも、全く三木さんのお蔭であった。」（河野一郎：140）

総選挙における各党の議席数は、自由党一四〇、進歩党九四、社会党九三、協同党一四、共産党五、諸派三八、無所属八〇となった（欠員二）。無所属を含むと保守系が圧倒的多数を占めたが、第一党の自由党は過半数に達しなかった。鍵を握ったのは第三党の社会党であった。自由党と社会党が接近し、一九日に開かれた社会党主催の幣原内閣打倒共同委員会には、自由党から三木と河野が出席した。初めて合法政党として議席を獲得した共産党と協同党も加わり、四党が共同声明書を発表し、即時退陣を求める決議書を幣原首相に突きつけた（「即時退陣を要求　四党、共同声明を発表」『読売報知』四月二〇日付）。

幣原は国民からの批判も受け、二二日に総辞職を表明した。そのため、四党の共同委員会の扱いが問題となった。二三日の委員会では、委員会の目的が内閣打倒に限定されることを三木が確認し、「それ以後の問題について話合ふのは党代表として出来ぬ」と述べ、社会党の河野密もこれに同意した（「政局を監視　四党共同委員会存続」『読売報知』四月二四日付）。二五日の委員会では、社会党の水谷長三郎が、議会で上程予定の新憲法草案に反対する共産党との共闘に疑問の声を上げた。憲法問題の棚上げを主張する共産党の徳田球一に対して、三木は憲法こそ先決問題と突っぱねた（「憲法問題で決裂へ」『読売報知』四月二六日付）。この日は、三木が「自分は党の代表として出てゐるのでなく個人の資格だから党の重大な態度に関することにはイエスもノーもいへない」と述べたため、各党の態度を決定して二六日に再び委員会を開くことになった(「何ら結論を得ず」『毎日』四月二六日付)。

二六日の委員会で三木は「自由党の全権を委任され代表として発言する」と前置きしたうえで、憲法問題に切り込んでいく。

「天皇制の見解については幣原内閣の草案に三党(自由、社会、協同)は大体意見が一致してゐるが、共産党の今までの言動並に根本的態度からすればわれ〳〵と相容れぬことは明確である、次期政権が共産党を仲間に入れる場合は内部抗争による分裂が予想される、従つて共産党の加入は遺憾ながら御断りする〔。〕またこの会は成立の当初から次期内閣の樹立にはタッチしないといふのが建前である、従つてこの会は幣原内閣の退陣によつて当然解散すべきものであつた」

これに対して徳田はこう反論した。

「しからば幣原内閣を倒すことが必要なときは共産党の背後には大衆があるから必要であるとし、倒れてしまへば放り出すといふのか、未だ反動内閣の出現顕著なものがあればこそこの会を継続してきたのではないか」

さらに徳田が「結局政権の闇取引と断ずる」と畳みかけると、三木はすかさずこう反論した。

「特に聞き捨てならぬは最初幣原内閣を打倒し獲物を得て仲間を除くと非難した点だが、これは当らぬ、この会が初めから次期政権について論ずべきものであつたらおそらく自由党は参加しなかつたであらう、四囲の情勢から見て危険は去つた、もはや監視の要なく解散してしかるべしといふのだ」

徳田が共産党の入閣は求めないと言明したことで、社会党の水谷が次のように議論をまとめた。

「四党共同委員会は次期政権問題に限定せず広く時局の収拾を図るのが目的で開いたわけだ、三木氏は憲法問題で次期内閣は分裂崩壊する惧《おそ》れがあるといふが共産党は徳田君のいふ如く必ずしも入閣するといつてはゐないのだからその惧れはないと思ふ」

図6-4　四党の共同委員会の様子（毎日新聞社提供）
左から徳田球一、水谷長三郎、西尾末広、三木武吉。撮影日は不明。

これを聞いた三木は、観念したようにこう述べた。

「水谷君の言によれば徳田君と言葉をはげましてやる程のこともなかつた（笑声）」（「入閣の考へなし＝徳田氏　民政問題は四派共同で＝水谷氏　きのふ　四党会議の議論」『毎日』四月二七日付）

共産党との対決はメディアに向けたパフォーマンスとしての側面が強く、自由党が模索していたのは社会党との連携であった。図6-4を見るとわかるように、四党の共同委員会は新聞記者らを招いて行われた。座長を務めた社会党の西尾末広も、会場となった衆議院議長応接室が「傍聴者、新聞記者などで超満員」で「ニュース・カメラマンのフラッシユ」が飛び交う状況だったと回顧している。西尾は、三木の印象を次のように語っている。

「すでに老齢の三木氏が、場違いの応酬にも拘らず、少しの間隙も与えず、堂々徳田君らと対抗しているのは、さすが千軍万馬の勇将だと敬服した。私は座長をつとめていたが、ジャーナリストの人気に迎合することなく、且つ正論を吐く三木氏を扶《たす》けつつ妥当なる結論を導き出すことに苦心した」（西尾 1952：14f）

鳩山が社会党との連携を重視していたことは、当時の『鳩山日記』からも窺える。四月下旬に社会党首の片山哲との交渉を重ね、四月三〇日に社会党と政策協定を結び、自由党の単独内閣を発足させることに決定した。ところが、事態が急変する。五月三日に幣原が鳩山を後継首相に内奏し、四日に組閣の準備を進めていると、GHQから鳩山公職追放の通達があった。四日の『鳩山日記』にはこうある。

「朝美濃部氏を訪ふ。其の前に閣員全部を確定す。帰宅の際形勢急転悪化報ぜらる、十一時頃追放確定。追放の内容全く意外の事実のみ。一言の説明の機会与へられずして三十余年の議会生活より追放され、組閣の機会を逸す。」（440）

鳩山は白洲次郎からGS（GHQの民政局）の意向を伝えられ、総理大臣になると追放されるから、幣原内閣の入閣にとどめよと忠告を受けたが、真に受けなかった。増田弘は『政治家追放』（中公叢書、二〇〇一年）の中で「鳩山の剛直な反応が、いっそうGSをして鳩山パージの早期実施を促したのであろう」と論じている（49）。

追放の手は三木にも及んだ。きっかけは、五月一六日に召集された第九〇回帝国議会で三木が議長候補者選挙に当選したことであった。議長候補者選挙は候補者三名を連記する方法で行われ、投票総数四四四（過半数二二三）で三木が二六七票、樋貝詮三《ひがいせんぞう》が二三四票、大石倫治《りんじ》が二三〇票の過半数を獲得し、当選した。他に過半数に達する候補がいなかったため、この三名が議長候補者となった（「議長に三木武吉氏」『読売』五月一七日付）。これまでの慣習では、投票第一順位者、つまり三木に議長任命の勅令が下るはずであった（「第九十議会けふ成立　衆院議長に三木氏当選」『朝日』五月一七日付）。しかし、政府は一七日に三木の資格審査会を開き、同日午後五時に大池眞衆院書記官長から三木に対して、本日は奏薦に至らないとの通知があった（「三木氏の資格審査」『朝日』五月一八日付）。

河野一郎によると、第一次吉田内閣で内閣書記官長となる林譲治がやって来て、三木が議長になると公職追放になる、議員辞職をすれば追放を免れるかもしれないと告げたという（『河野一郎自伝』：204f）。『鳩山日記』の五月一七日条には、「三木君欠格につき兎角の噂ありたるも、夕刻吉田君より支障なしとの電話あり、皆々喜ぶ」とある。ところが一八日条には、「昼頃、三木君又々怪しくなり遂に議長を辞退す」とあり、事態が急変したことが窺える（442f）。一九日付の新聞朝刊は、一八日午後に自由党が三木の衆議院議長就任を断念し、政府に申し入れたと報じた（「三木氏、議長断念」『朝日』／「議長に樋貝詮三氏」『読売』）。

公職追放令の適用

この間の推移を国立国会図書館憲政資料室所蔵のＧＳの部内秘資料「MIKI, Bukichi」（前出）から確認してみたい（以下では、index の番号とタイトルのみを記す）。この文書に関しては、増田弘『政治家追放』（中公叢書、二〇〇一年）が詳しく分析している。本書も増田の著書を参照し、適宜、情報の修正・加筆を行った。訳文は独自のものとした。

六月五日に作成された文書（6. Memo for Record on subject, 5 June 1946）によると、五月一六日に政府の終戦連絡中央事務局（CLO）のオダという人物がGSに三木の調査票がパージ（追放）に該当するかを尋ねている。吉田首相が議長候補者選挙で次点であった樋貝詮三を個人秘書にしたいと考えており、三木が追放された場合は樋貝が議長になるため、他の人物を探す必要があるからだという。樋貝は吉田と同じ自由党の議員であり、終戦連絡中央事務局の総裁は幣原内閣の外務大臣を務めていた吉田が兼務していた。オダの質問に対して参謀第二部（G2）の民間諜報部（CIS）のアイソ少佐は、三木の業績はかなり疑わしいように見えるが、審査が終わるまでは三木がパージされるかどうかは明らかにできないと答えた。

この文書は、議長の第三候補者を木村小左衛門（実際は副議長）、三木の議長就任の断念が報じられた日を一七日（実際は一九日）とするなど事実誤認が多いのだが、一八日にはオダがG2側に、三木がパージされたと伝えたとされている。日本政府の資格審査会がGSに先んじて三木の追放を決めたことになるが、前述の『鳩山日記』の一八日の記述とは合致する。この文書には、三木が議長に就任する前に追放されていたら選挙が無効となってやり直しになっていたが、三木の追放を遅らせることで樋貝の就任が可能となり、再選挙の必要がなくなったと書かれている。三木は議長には就任していないので、礒貝の就任の前に三木が追放になっていたら、選挙が無効になるという意味だろう。これは三一日にオダがGS側に伝えた内容で、三木のパージの最終決定は首相の手に握られているとも記されている。

三木のパージのタイミングで言うと、奏薦の前というのも重要であった。勅令後にパージとなれば議長の欠員となるから再選挙となる。しかし、奏薦の前であれば、総理に輔弼《ほひつ》の責任があるため、他の二名から議長が勅令され、再選挙は行われない（「第九十議会けふ成立」『朝日』五月一七日付）。樋貝はまさにこのケースであり、吉田内閣が発足した五月二二日に議長に就任した。

吉田内閣の発足にあたっては、三木が大きな役割を果たした。自由党内では、戦前に企画院の官僚でありながら左翼運動の嫌疑をかけられ逮捕された和田博雄の農林大臣就任に難色を示す声が多く、吉田は、人事に口を出されるなら内閣を組織しないと臍《へそ》を曲げてしまった。鳩山は五月二一日の日記にこう記している。ちなみに鳩山自身も和田の農相就任には反対であった。

「農林省に和田を持ち出したる為め党内に俄然反対の気勢あがり、夜に入つても決せず、三木の苦心により漸く承認に傾く」（『鳩山日記』：443）

閣員名簿を奉呈するための参内時間が迫ると、三木は吉田に近い林譲治に「肚芸《はら》をやれ」と迫った。つまり、吉田には幹部会が了承したと嘘をつき、急いで皇居に向かわせた。その情報を聞きつけた幹部会は紛糾したが、三木がそれを鎮め、承認にこぎつけた。三木はそこまでして吉田内閣の成立にこだわった理由を次のように述べている。

「自由党が第一党で内閣組織をすべき地位にありながら、党首がなくて内閣の組織ができぬということになる。むろん社会党はその当時微力だ。また進歩党の内閣を弾劾して倒したのだから進歩党というわけにもいかぬ。こうなると日本の政治家は内閣組織をする能力を持っておらぬということになる。そういう場合に悪くするとほんとうにアメリカの軍政になりはしないか。(中略)この心配が、その時の僕の心を支配していたのだ」(三木 1951①:37)

こうした三木の貢献に対して吉田も後ろめたさがあったのだろう。前述のGSの文書(6. Memo for Record on subject, 5 June 1946)では、六月一日にオダがGS側に伝えた内容が記されている。それによると、オダはCLOのイグチという人物から、三木が政府でとても貴重な人材であり、国会に留まってもらいたいと吉田が考えていると伝えるように指示されたという。では、日本政府は追放令第九条(追放免除条項)によって三木の追放免除の要求書を提出するのかと問われると、オダは「ノー」と答え、三木がパージにならないことを願うとだけ述べた。五月一八日にオダが伝えた、三木のパージを認めるような内容からは後退しているが、追放免除の要求書を出さない限りは、追放を容認するのと同じである。この点は、文書の作成者であるフランク・リゾー少佐もオダに確認をしている。

増田弘は『政治家追放』でこのやり取りに注目し、吉田の「冷淡さ」を指摘している。

「結局吉田は、小田〔オダ〕を介して、「第九項に基づく三木救済の意思が無い」ことをリゾーに伝えたわけである。ということは、吉田は陰で三木の議長就任を拒んだばかりでなく、GSの三木のパージさえ阻止しない、といった冷淡な態度を示したことになる。極論すれば、吉田は完全に三木を見限っていた。ではなぜ見限ったのか。三木が存在しない自由党の方が、運営面で好都合である

と判断したからにほかならない。恐らく当時の三木は、このような吉田の冷淡さを知る由もなかったであろう。」(92)

五月三一日に、三木は自らの追放理由に反対する弁明書をGSに提出した（2. Statement of MIKI, Bukichi)。三木は報知新聞社長、南方調査会会長、スマトラ協会会長、玄玄社社長、士道館館長、大日本興亜同盟顧問の六項目に関していずれも名目的な地位にすぎないと弁明を行った。士道館は青少年のための道場であり、玄玄社は鉱山事業を扱う会社で政治的な目的は無いとした。大日本興亜同盟顧問は報知新聞社長だからというのが就任の理由で、報道で就任の事実を知ったと述べた。

報知新聞社長に関しては次のように弁明した。

「一九三九年五月から四二年八月までの三年四か月間、社長の地位にあり、会社運営の責任を負っていた。ただそれだけである。新聞の編集と販売はすべて編集局によって行われた。新聞の編集は編集局のスタッフの自己決定に完全に委ねるべきであるし、それが報知新聞社の伝統であった。それゆえ私は、新聞の記事や編集に関与しておらず、責任もなかった。さらに言えば、読売新聞社長の正力松太郎が一九四一年七月に報知株の大部分を購入して取締役会長となり、実質上、同社の権力を掌握した。正力は読売新聞取締役の小林光政を副社長に就任させ、彼に報知新聞の経営をすべて任せた。それゆえ私の社長としての立場は単なる名目上のものになった。」

これらが真っ赤な嘘であることをGSも見抜いていた。六月一日にG2がGSに送付した「三木武吉の公職追放」と題する文書（4. Check Sheet from G-2 — Removal from Public Office of Subject, 1 June 1946）では、右に挙げた六項目のうち報知新聞社長を除く五項目に加えて、一九四二年六月に情報局委員に選出された件、日本新聞会の常任評議員も調査の対象とされた（報知新聞社長の件が含まれていない理由は不明）。さらには、『最近の革新思想運動』（思想国策協会、一九四三年）に記されている八日会に関しても三木は報告を怠ったと指摘されている。八日会は、前述のとおり、一九四三年六月に笹川良一が結成した会であるが、『最近の革新思想運動』では「一二　中野正剛氏中心の活動事情」に記載されていた。

Ｇ２がもっとも問題視したのは、大日本興亜同盟顧問の件であった。というのは、この件は公職追放令（SCAPIN・550）のＤ項（大政翼賛会関係団体の指導者）に該当するからである。三木は就任について何も知らされなかったと述べたが、『全国国家主義団体一覧』（一九四一年）には大日本興亜同盟の協議会副議長を務めたと記されており、三木が意図的な嘘を述べたと断定された。Ｇ２は、三木を公職追放だけではなく、正確な情報開示の義務に著しく違反したとして懲戒処分に付すべきだと勧告した。

これを受けて、ＧＳは「国会議員の除去及び排除」と題する文書（7. Check Sheet to C — Removal and Exclusion of Diet Member, 6 June 1946）を作成し、参謀長へ送付した。大日本興亜同盟顧問が公職追放令のＤ項に該当するという指摘の他に、報知新聞社長、日本新聞会の常任評議員を務め、情報局委員として公的表現を行うメディアを規制できる地位にあり、南方調査会会長、スマトラ協会会長、大政翼賛会（ＩＲＡＡ）、翼賛政治会（ＩＲＡＰＳ）の会員として日本の拡張主義と全体主義に公的な支持を与える立場にあったことは、日本政府が定義するＧ項に該当すると指摘されている。さらには、前述のＧＳの文書（6. Memo for Record on subject, 5 June 1946）と同じく、追放免除の要求書が日本政府から提出されていないことも指摘されている。文書は、同封する日本政府宛ての覚書が発出されることを勧告するという一文で結ばれている。

その覚書には、三木が公職追放令のD項およびG項に該当し、公職から排除する旨が書かれていた(3. Memo for Imperial Japanese Government — Removal and Exclusion of Diet Member, No Date)。

しかし、この文書が発出される前の一九四六年六月二〇日に、日本政府の判断で三木武吉と河野一郎を公職追放とした(「八代議士の追放通告」『朝日』六月二三日付)。追放理由は、総理庁官房監査課編『公職追放に関する覚書該当者名簿』(一九四九年)によると、河野が「G項」、三木が「報知新聞社長として戦争への機運を醸成した」となっている(「一般該当者名簿」282, 341)。河野は、三木の追放理由を厳しく批判している。

「三木さんが追放になること自体、不思議なことではないが、その時点において追放ということになれば、適当でない。報知新聞社長としての言動をとらえて追放にするなら、翌年の一月以降でなければならなかったのである。」(『河野一郎自伝』: 208)

河野が指摘するように、メディア関係者の責任問題が浮上してくるのは、一九四七年一月のことである(昭和二二年勅令第一号「公職に関する就職禁止、退職等に関する勅令」)。厳密には、一九四六年一一月二一日の内閣発表によって、新聞社、雑誌社、出版社、放送機関、映画製作社、演劇興行会社などが公職の範囲に加えられることが決定した(太田剛: 177f/総理庁官房監査課編:「公職追放関係法令集」)。GSの調査結果にあるように、三木の場合は、報知新聞社長以外の経歴も問題にされていたわけだが、一九四六年六月というタイミングで報知新聞社長を理由に公職追放がなされるのはおかしいと河野は指摘した。

では、誰が公職追放の恣意的な運用を行ったのか。幣原の政権居座り工作の一環として、三木が追放されたと信じる人も少なくない。他ならぬ鳩山が六月二〇日の日記に以下のように記している。

「本日三木、河野君等追放さる、前内閣の陰謀の継続なり、官僚政治の余波なり。」（『鳩山日記』：448）

一方で、すでに紹介したように、増田弘は『政治家追放』の中で、吉田黒幕説を取っている。

「もし吉田が土壇場で、両者を救済するつもりであれば、GHQ側は両者の政界での重要性に鑑《かんが》みて、パージから除外する意思を再三吉田側に伝えていた。しかし吉田はこれを承知の上で黙殺し、二人が自動的にパージになるまで静観したのである。このような吉田の巧妙さは、のちに楢崎はじめ、犬養健、地崎宇三郎、保利茂ら民主党の芦田派要人が一網打尽にパージされる際、遺憾なく発揮される。世間はこれを「Y項パージ」と揶揄《やゆ》したが、実は河野・三木こそ、このY項パージの端緒というべきであろう。」（105）

増田の著書では触れられていないが、GSが作成した文書「国会議員の除去及び排除」（7. Check Sheet to C — Removal and Exclusion of Diet Member, 6 June 1946）には、GSのフランク・リゾー少佐の書名の入った手書きの文書が添付されていて、そこには次のように記されている（この部分は、同じGSの資料を含む、国立国会図書館憲政資料室所蔵の「MIKI, Bukichi 1946（文書名：Hans H. Baerwald Papers ＝ ハンス・ベアワルド文書）」に転記されていて、こちらの方が読みやすい）。

「一九四六年六月二〇日に吉田はGSのホイットニーに対して、三木武吉と河野一郎を国会の党運営に不可欠の人物として、地位の保全を許可するように要求する文書を書いた。同日、ホイットニーは吉田に例外は認められないと返事を書いた。」

この文書のやり取りが、日本政府が公職追放の判断を下した前なのか、後なのかはわからない。追放日当日の交渉をどう解釈するかは意見が分かれるところだろう。追放免除の要求書を出さない限り、結果は変わらないと吉田が知っていたならば、単なるポーズと取ることもできるだろう。

ともかく三木は、六月二二日付で議員を辞職した（『官報』五八三七号）。『鳩山日記』を確認してみると、六月二四日条には「三木、河野慰安会」（449）とあり、七月二八・二九・三一日条には、来訪者に三木の名前がある（456f）。一〇月五日条には、「今日は予《かね》て自由党員達で会食の約なりしも、三木君が合同問題で奔走した事がGHQの神経をとがらせ、其の為め遽かに中止す」とある（474）。一〇月八日にも来訪問者に三木の名前があるが（474）、この後、一九五一年三月一九日まで三木の名前が登場することはない（764）。追放後の三木が向かったのは小豆島であった。

三木は小豆島双子浦のホテル・濤洋荘《とうようそう》の一部を買い取り、妻・かね、身の回りの面倒を見ていた蓮井トヨらと暮らしていた。小豆島に生れ、県議も務めた俳人の井上文八郎は、三木の伝記に「老子とトルストイ」という追悼文を寄せた。井上は三木よりも二六歳年下である。三木の濤洋荘での暮らしについてはこう述べている。

「幸いそれ〔濤洋荘〕が私の親族の者の所有であったので、その人にすすめて先生〔三木〕のために

濤洋荘宿泊御案内
映画二十四の瞳で有名な木下恵介監督　高峰秀子主演小豆島ロケで（水月楼）は当館の一部です。尚土庄港には記念として十二人の子供と先生を画いた高峰秀子の銅像　平和の群像もあります。
（写真は庭園の高峰秀子）
図6-5　濤洋荘のパンフレットより

分譲して貰つた。それは先生が大変この地を愛され、また先生を敬慕する島民が沢山いた関係もあり、ここに永住のお心算であつたからである。一番よい南向きの八畳二タ間が奥様の病室、別棟の八畳と六畳が先生の部屋、小さい部屋二つが女中と書生、お豊さん〔蓮井トヨ〕が主婦格、こういう簡素な御生活であつた。」（528）

伝記によると、小豆島出身の作家・壺井栄の『二十四の瞳』が映画化された際には、かねが療養していた部屋が撮影に使われたという（321）（図6-5）。

井上は「老子とトルストイ」で三木の読書量の多さと知識の深さに驚いたとしている。

「お閑《ひま》なのでよく本も読まれた。私の文庫から、先生〔三木〕が自身で来宅されて十数冊も選び出され、後から書生や女中さんが野菜と一緒に持つて帰られた。私が一番意外に思つたのは「トルストイ全集」の何冊かをお持ち帰りになつたことである。先生の「老子」研究は大したもので、これは何度もその講釈を聞いた。各家の古註も大分読まれたらしく私が高松で根本博士の「老子講義」を手に入れ、その話をすると言下に、「それは二松学舎の講義筆記だ」と、軽く一蹴されたので驚き入つた。」（529）

三木は『サンデー毎日』一九五一年七月八日号に「政治を正しい軌道に」と題する小文を寄せ、追放該当者との指定を受けた時の心境について「死刑の判決を受けたと同じ悲しみを胸にひし〳〵と感じた」と述べ、小豆島の生活について振り返っている。

「最早やこの現世には何の望みも持てないのだと諦め、瀬戸内海の狐島小豆島に引揚げ、病妻とともに世を離れて余生を過し、ただ死を待つのみと覚悟をきめておった。初めの三月や半年はそんな静かな気持ちでたゞ何となく毎日を送っていたが、次第に悲しみと憤《いきどお》りが薄らぐにつれて、何かこの土地で身に合ったことでもしようと考えた。そのあげく、畑を求め豚を買い、漁船を手に入れて釣をするといった生活に変ってきた。しかし元来僕は政治以外に趣味はない男なのだ。若い時には酒も呑んだし、茶屋遊びも楽しみの一つであったが、もうこの年になってはそれも先様が御免蒙るといった扱いをするので、自然こちらも御免蒙るといった次第である。また読書とか釣といったことは、鬱々《うつうつ》とした追放生活をまぎらわせるために止むを得ずやってみただけの話で、一年も経つと娑婆《しゃば》っ気がまた〳〵出てきた。格別の用事もないのに月に一度位は東京の空気を吸いに来て、旧友と漫談でもせぬと淋しくてやりきれぬようになった。」(10)

政治家・三木にとっては、まさに「格子なき牢獄」とも呼ぶべきものだったようだ。三木が一九四六年暮れに詠んだとされる詩が章扉のものである。「青史」とは歴史のことを指す。葛藤の中で揺れ動く心情が記されている。

追放解除で「政界カムバック」

「追放解除」の噂を耳にするようになった三木は、一九四九年夏頃に島の生活を引き払い、逗子に移り住む（三木 1951②：10）。

逗子在住の政治評論家・花見達二（ペンネーム赤沼三郎）は、三木の逗子の家が「ちょうど正力松太郎の向い側の荒れた庭いちめんに虎杖草や雑草のおもいきり茂つている四、五十坪の屋敷」であったと証言している（花見 1956：2）。三木は一九五〇年九月に上野に居を構えるが、それを聞いた逗子の税務署の役人は「三木武吉が東京で家を買ったそうだが、そんなくらいなら逗子でもっと税を取ってやったのに惜しいことをした」と話していたという（花見 1968：227）。

逗子市役所が保管する『土地台帳』で正力邸周辺の不動産の過去の所有者を確認してみたが、管見の限りでは、三木の名前は見当たらなかった。おそらく逗子の家は借家で、正力を頼っての上京だったのではないか。

逗子にいた頃の三木は体調が優れなかった。このことは多くの人が証言を残しており、花見は「胃を病んだあととかで、声も普通に出ず、息で話しているような調子であった」と記している（花見 1968：226）。同じ早稲田大学出身の松村謙三は、三木から「胃かいようで血を吐きつづけてきたが、胃癌になるかもしれん」と言われたという（松村 1964：292）。

三木は一九五〇年三月に、銀座八丁目に事務所を構える東邦モーターズの取締役会長となった（事務所は五一年一月に赤坂溜池町に移転）。米国ゼネラルモーターズとの間でオペルやオールズモビルの特約販売店契約を締結した東邦モーターズは、香川県小豆島出身の大森蕃樹が取締役社長を務めており、同郷のよしみで三木は創立メンバーの一人となった。三木の弟の景三も専務取締役、三木の片腕であった原玉重も監査役を務めた。ここを拠点として三木はさまざまな活動を行い、五一年二月には東邦石油株式会社の取締役会長に就任した（東邦モーターズ株式会社：12, 27f, 56f）。

三木は私財を投じて天然ガスの採掘にも乗り出した。口本天然瓦斯協会が発行した『創立十周年記念号』（一九五八年）にはその経緯が次のように記されている。一九五〇年秋に三木の後援を得て武蔵野天然瓦斯研究所が設立され、工業技術庁地質調査所の全面的な指導と援助のもとで五一年三月に江東区大島町二丁目で試掘を開始した。五月にはガスが出始め、有望なガス層を持つ東京ガス田の発見に至った。五一年に武蔵野天然瓦斯研究所の開発事業は、江東天然瓦斯工業株式会社に継承され、三木は一九五二年までその会長を務めた（植村、三川編：35, 89）。

実務にあたった原玉重によると、この頃、三木が「また鉱山をやろうじゃないか」と言い出し、原が「鉱山はもうたくさんです。あの頃は若かったが、今は年を取ったからもう飛び歩けません」と断った。すると、「いや今度は東京だけだから、自動車に乗って行けば大丈夫だ。東京の真中から天然ガスが出るから、それをやろう」ということになって、やる羽目になったという。多い時には、「東京中の家庭が使用するガスの一〇〇分の一ぐらい」を供給したと原は述べている（服部信也・昌子編：45f）。

五一年一二月一〇日に三木は、江東天然瓦斯株式会社社長として「東京ガス田の発見」で毎日工業技術賞を受賞した。工業技術庁地質調査所燃料部石油課との共同受賞で、受賞理由は以下のように記されている。

「この立場と結論〔東京の地下に天然ガス母層があるとの見解〕に対しては頑迷固陋《ころう》な学界一部の攻撃もあり、大企業も相手にしなかった時、地質調査所員の確信を信頼して試掘を敢行したのが三木武吉氏であった。」（「近代地質学の凱歌」『毎日』一二月一〇日付）。

三木が逗子にいた頃、河野一郎が追放解除の訴願書類を出すように勧めると、三木は「もう、僕は政治をやる気はない。そんな書類なんぞ出すのは面倒臭いよ」と言っていた。しかし、天然ガスで資金調達の目処が立つと、三木は政治に対する意欲を取り戻していったと河野は証言している（河野一郎：142f）。

三木は『日本週報』（一九五一年六月一五日号）に「政治家の肚芸」と題する論考を寄せ、追放解除を前にした心境を語っている。

「僕は口から先に生れたようなものだ。こういう人間が口を封じられれば、もう人間としての本当の値打ちは出ない。政治家に必要な勇気など出よう筈がない。体の工合は、別にどうということはないが、性来の元気はすつかり影をひそめたらしい。追放が解ければ、元の元気が出てくるというより、五年以上も休養したから一時に爆発するかも知れない。底知れない勇気が、すべての面に真ツ向からぶつつかつていくだろう。」(39)

一九五一年六月二〇日、ようやく三木は追放解除となる（「第一次追放解除発表」『朝日』六月二一日付）。『読売新聞』六月二〇日付夕刊には「〃政界カムバックさ〃追放生活語る　三木武吉氏」という記事が掲載された。三木は『サンデー毎日』（七月八日号）に「政治を正しい軌道に」と題する小文を寄せ、追放解除の知らせを聞き、「思わず涙がこぼれ落ちた」と語っている。

「最近健康もすぐれず、友人達も心配してくれていたのに、朗報を聞いたその瞬間から、不健康ということなぞどこに消しとんでしまったか、全く行方が分らなくなってしまった。この一週間ほどというものは夜もオチ〳〵寝れぬほどの忙しさであるが、まるで少年時代の勇気と体力がよみがえったような気持ちである。」

図 6-6　火災保険地図（1952 年 8 月、日本火保図株式会社、台東区立中央図書館所蔵）
右上の◎印は著者（赤上）が加えた。現在、ここに三木の墓がある。この地図には反映されていないが、三木の家の隣には彫刻家・平櫛田中のアトリエがあった。

この論考で三木は「東京住いとなったのは去年の九月」と述べている。三木が九月の時点で東京のどこに住んでいたかは不明だが、一九五〇年一二月二三日に東京都台東区上野桜木町四四の土地を購入している（終章で詳述）。ここで追放解除の知らせを受けたようだ（図6-6）。番地が一つ違う「上野桜木町四三」は三木が戦前に社長を務めた憲政公論社があった場所であり、土地勘のあるこの場所を選んだのだろう。三木はこの家でメディアの取材を何度か受けている（「時の人家庭訪

問　三木武吉」『実業之日本』一九五二年一一月一五日／「話題の人　古豹　三木武吉氏」『毎日グラフ』一九五三年一月二〇日号）。『毎日グラフ』は、三木の家の様子を次のように紹介した。

「三木さんは、いま谷中の墓地のすぐ横にすんでいる。塀一つへだてて墓石がずらりとならんでいる。二階にある応接間の窓からは谷中の墓地は一望のもとである。」(11)

現在、この谷中墓地、旧三木邸のすぐ目の前に三木の墓が存在する。これについては終章でまた触れる。

追放解除の知らせを受け、意欲を漲らせる三木であったが、再スタートに当たって躓《つまず》きもあった。一九五一年六月一一日、東京都文京区音羽の鳩山邸に安藤正純、三木武吉、石井光次郎、大久保留次郎、岩淵辰雄、山下太郎が集結して吉田茂の率いる自由党に復帰すべきかどうか議論が交わされた。鳩山が一九四五年に結成した日本自由党は、四八年に民主自由党となり、五〇年三月に自由党と改称した。石井光次郎の六月一一日の日記によると、三木は「自分は当分帰らずに全国に遊説して広く同志に呼びかけるが良いと思ふ」と、自由党復帰に慎重だった（『石井光次郎　新日記』昭和二五年〜二七年）。鳩山も三木に同調した。一方で大久保留次郎と安藤は「自分の作つた党ぢやないか。帰るのが当然と思ふ」と反対意見を述べた。石井は鳩山と吉田の会見を進言し、安藤、三木、大久保は賛成したが、鳩山は「吉田と逢ふのかい」と不服そうだった。この後、鳩山がトイレで倒れ、軽い脳梗塞と診断された。

この鳩山の病で三木は考えを変えた。石井の六月二九日の日記によると、河合良成の招待で三木、平塚常次郎、石井光次郎が集まった席で三木は次のように述べたという。

「自分は鳩山中心の独立論者だつたが、彼れが斃《たお》れてから変説した。自分も鳩山も、みな自由党に入党すべしといふ事にきめた。（中略）鳩山が良くなるまで、そして活動出来るまで吉田に頑張つてもらはぬと困る。その為めにはわれわれ鳩山系のものは出来る丈け吉田を守《も》り立てて行く必要がある。石橋君も政令審議委員を引受けてもらいたいが断つたときいて残念でならぬ。たれか一人解除組から大臣を出して吉田鳩山の連絡と、吉田なげ出しの止め役を引受けてもらい度い。それには、人格者、決断力ある人、秘密の守れる人でなければ吉田は受けつけぬ。平塚か石井かやつてもらい度い。その手は僕が打つ。その人は仲間から裏切り者呼ばはりされるかもしれぬが大事な役だから辛抱してもらい度い。」

石井の七月一日の日記によると、安藤、石井、石橋、大久保、河野、三木が集まる席で「三木、鳩山等々みな自由党に帰る事」「閣僚の話あれば引受ける事」「吉田は鳩山に円満に総裁を譲るものと思ふ。その為め鳩山系のものの動きを反吉田に持つて行かぬやうに警戒する事」といった方針を確かめた。

六月二一日に三木と石橋は外相官邸に吉田を訪ねた（『石橋日記』：上421）。ここで吉田から石橋に政令審議会（政令諮問委員会）の委員になるように打診があった。吉田との融和を示すため、三木は石橋に委員の受諾を要請し、七月三日には念押しの電話までかけて石橋を説得した（『石橋日記』：上424）。

一九五一年八月六日に鳩山の公職追放が解除になると、二八日に吉田茂は鳩山や三木ら一五〇名を首相官邸に招待した（「首相、鳩山氏ら招待」『読売』八月二八日付夕刊）。鳩山は病気のために欠席したが、三木は出席した。

三木は『文藝春秋』一九五一年九月号に「政界特報第一号」を発表し、再軍備を唱える鳩山は「結論」を、国民生活（経済）を重視する吉田は「結論にゆくまでの道行き」を述べているが、両者の方向性は同じだと強調した。

「国民生活の安定がなくて国の財力が軍備に廻されることになれば、勢ひますます国民生活の不安が増大して来る。国民生活の不安といふことは、共産勢力の侵入に対する一つの温床だ。だから再軍備をして共産勢力の侵入を防がうとしても、かへつて内部から共産勢力を醞釀《うんじょう》させることになる。換言すれば、前門の虎を防いで後門から狼を迎へる、といふことになる。だから、どうしても国民生活の安定と軍備とは睨み合さなければならぬ。」(116f)

再軍備は憲法改正を必要とするため、総選挙で民意を問う必要が出てくる。三木は、次の選挙で鳩山は復帰し、そこで吉田は鳩山に政権を譲るという楽観的なシナリオを描いていた。三木は鳩山の健康不安説を一蹴し、鳩山は「将の将たる天分」を持つが故に首相に相応しく、自分は「卒に将たる天分」しか持たぬから鳩山を支えると論じた。

「闘ふ段になつたら、僕は一度も鳩山に敗けたと思はぬ。しかし鳩山には何となしに人に将たる天分がある。いはゆる将の将たる天分を持つてをる。彼の態度の寛容なところ、常に行動に余裕のあるところ、正に将だ。それに比して僕は、恥かしながら鳩山に学んで得られぬ。僕は卒に将たる天分は少くとも持つてをるが、将に将たる天分はない。だから、僕は鳩山を援《たす》けて志を伸べさせるよりほか仕方がないと、自ら諦めてをる」(122)

三木は吉田について「あの我儘ぶりは非常に気もちがよい」と述べ、後に反吉田の急先鋒となる三木からは信じられない言葉を残している。

「吉田が率直の人であり、事を決するに勇敢な人であり、もう一つは人情の非常に篤い人であることを知つてをる。人情の篤いことは僕自身が体験しとるのだ。が、これは私事だから、ちよつと言ひにくい。」(123)

三木は具体的なエピソードに触れていないが、これは追放中の吉田の行動を指すようだ。吉田は高知に帰郷する際、三木のいる高松に必ず寄っていたようだ。三木いわく、「私のいる高松をそのまま通過したことはなく、あらかじめ電報をよこしては、途中下車をして、煙草とか、甘いもの、――アメリカのお菓子などをもつては寄つてくれる。見舞もときどきよこす」(三木 1953 ⑫：119)。

この話を三木は、後年（一九五三年）、吉田との関係が悪くなってから暴露した。吉田が媚びへつらう様子を紹介したかったのだろう。もっとも三木も、吉田に対して「土佐は危い。少し名高くなると足を引っぱる。先輩の浜口雄幸が落とされたことがある。大石正巳もまた然りだ。だから土佐は止めて香川県でやり給え、自分の選挙区を提供するから……」と述べていたというから、おあいこかもしれないが(吉田：173)。

三木や鳩山の主張は、反共と再軍備、そして再軍備を実現させるための憲法改正であった。三木は、徳川夢声との対談（『週刊朝日』一九五一年九月九日号）で「日本が共産化して鉄のカーテンの中にもし閉じこめられたら、あんたは殺されるほうか、生かしといてもらえるほうか……」という質問をして、夢声を驚かせている。共産党賛美の演芸をやらされるかもしれないという夢声に対して、三木は「一時利用価値があるだろうが、利用がすんだら『下郎は口サガないものだ』とバッサリやられるだろうな」と手厳しい。

三木は「日本国民の生活を安定して、思想的に赤の侵入を防ぐ」のが政治の至上命題だとして、次のように続けた。

「アメリカが日本に対して講和を促進したり、比較的好ましい講和条約の内容をやってくれたり、経済的に大きな援助を与えたりするのは、すべてそれだ。だから日本の内政外政がこゝに集中されてそれが成功すれば、現在の政治家のほとんど全部は命が無事なんだ。ところがこれが成功しないならばだ、全部が血の粛清を受けないかん。しかるに、その一番大きなことを忘れとる。おれはどうしたらまた代議士に当選できるか、大臣になれるか、利権にありつけるか、そんなことを中心に、社会党も民主党も自由党もだ、まんじ巴になつて争うとる。世の中にこんな馬鹿なものがあるか。」(24f)

三木は『日本週報』一九五二年二月一五日号の「再軍備と政党の責務」で、日本の再軍備は「共産勢力の侵入に対する消極的軍備」に限定すべきだとしている。しかし、この目的を達するためには、現在の警察予備隊や保安隊の増強のみでは足りず、「建軍精神を持つた軍隊」の育成が必要となる。海空軍は志願兵でもよいが、陸上部隊は徴兵制度にしなければならない。徴兵制度を行うためには、憲法改正も必要となるとして、三木は国民の覚悟を問うた。

「婦人青年が積極的に再軍備の必要を認識して、国家のために犠牲になるという精神がない限りは、再軍備は言つて行う能わず、行うて実のないものになる。いかにして国民の大多数をして、これに対する完全な理解と認識、犠牲的精神を持たすかを考えない再軍備論は、結局単なる再軍備論議に留まるものである。」(20)

三木の議論のもう一つのポイントは、国民の支持を背景とした議会が統帥権を掌握するという点にあった。戦時中は「天皇の統帥権は単なる名目で、軍人が統帥権を掌握したから大失敗をした」と述べ、民主主義を徹底した形での政党の運営が必要だと論じた。

「すなわち国民のために、国民の手によつて政治をすることになれば、たとえ再軍備になろうとも、国民は反対することはないと思う。」(21)

三木が見据えていたのは、講和後という未来であった。サンフランシスコ講和条約は一九五一年九月八日に調印され、一九五二年四月二八日に発効する。三木は日本自由党中央機関誌である『再建』一九五一年一一月号において「国会解散論」を主張した。

「講和調印後は国内政治態勢を強化するためにも速やかに国民の審判を受けねばならぬ。況んや輿論はあげて講和後の解散論を主張している。これは全国民の痛切な希望である。だから政府与党は欲すると否とに拘わらず、衆議院の解散を行わざるを得なくなるだろう。私のような解除者が解散を主張すると、妙な誤解を受けるので、今日まで口にしないで来たがも早堂々とこれを主張すべき時期に至つたと信ずる。」(9)

三木がこの論考を書いたのは八月二〇日で、「批准後の衆議院解散ということになるかもしれない」と解散の時期には幅を持たせている。ともかく講和後には吉田から鳩山へ政権交代がなされるものと三木は考えていた。そのためにも最大の懸念事項は、鳩山の健康問題だった。「左の腕と左の足が利かないなら、早く切つて活動の出来るようにしろ」と三木が言った、と鳩山は書き残している（鳩山一郎：112）。

第七章 保守合同の奇策

1955年 11 月 15 日、自由民主党結成大会の会場である中央大学に到着し、学生に囲まれる三木。左は河野一郎。
「時の人」『サンデー毎日』1955 年 12 月 4 日号

「日本の独立を完成するにはどうしたらいいか、そも〱日本が敗戦の結果、みじめな姿になつて、アメリカ進駐軍が日本に進駐いたしました。言葉は、日本の政治は日本の政府にやらすのだというてはおつたけれども、ほとんどそのすべてがアメリカ進駐軍の指揮命令のもとに、日本政府の名において行われたというてもあえて過言でない。（中略）これを土台から直して、日本及び日本人にふさわしい政治をするということでなければならぬ。それには行き過ぎの最も大なる、日本の軍備というものを撤廃せしめて自衛力すらも持つことができないようにしたというのを元に返す。元に返すということは戦争の以前の日本の陸海空軍のようにという意味じやない。日本の自衛を日本の経済力の許す範囲内においてやれるようにするということが、大きなことであると同時に、社会党の人々なんかの議論を聞くと、それよりも先に経済力の増強、国民生活の安定をせねばいかぬといわれておるが、私どもはこの経済力の増強、国民生活の安定も、この日本の自衛力の増強と並行してぜひやらなければならぬというふうに考えております。」（一九五三年一二月五日、予算委員会での三木の答弁）

自由党民主化同盟の結成

三木は、サンフランシスコ講和条約の発効に伴い、国のかたちをもう一度整え直すべきだと考えていた。そのためには、日本の新しい「顔」が必要であった。一九五二年三月六日に行われた『朝日新聞』の世論調査では、五一年九月に五八パーセントあった吉田内閣の支持率は、三三パーセントにまで低下していた（「吉田内閣をどう見る」『朝日』一九五二年三月六日付）。

吉田茂と鳩山一郎の間には「三条件」あるいは「四条件」と呼ばれる密約が存在し、鳩山の追放が解けた際には、吉田が鳩山に政権を譲渡するという約束がなされていた（小宮 2021：195f）。しかし、その気配をいっこうに見せない吉田に対して、三木らはいら立ちを募らせていく。三木と行動を共にした石橋湛山の日記には、一九五二年六月一〇日に「三木氏が吉田総理に個人的に面会、その意向を打診することに決定」とある（『石橋日記』：下 511）。この会談が、三木らが親吉田から反吉田へと変わったターニングポイントだったのだろう。二七日には、鳩山が音羽の自邸で三木、河野一郎、大久保留次郎と共に記者団と会見し、「吉田内閣の命脈はせまった」、「局面の打開は解散以外にない」、「選挙に当っては再軍備とドッジ・ライン修正を中心政策とする」などと語った。鳩山は「ボクは足は不自由だが国民の先頭を歩きたいと思っている」と政権獲得への意欲も見せた（「民心吉田内閣を離る」『朝日』六月二七日付夕刊）。

吉田が解散を考えていることは、三木らにも漏れ伝わってきて、解散は「九月二十日前後」と予想されていた（『石橋日記』八月二六日：下 528）。ところが吉田は、鳩山派の準備が整わない八月二八日に衆議院を解散した。いわゆる抜き打ち解散である。二九日には大野伴睦、植原悦二郎など鳩山派の議員が集結し、吉田内閣の手法は非立憲的かつ非民主的だとして反吉田の表明を行った。鳩山派が日比谷の日活ビルに拠点を構えたため、永田町の党本部と二つの「選挙対策本部」が現れる異例の事態となった（「両派、別個に選挙対策」『朝日』八月三〇日付）。

九月一二日には、鳩山が政界復帰後初の公式演説を日比谷公会堂で行い、憲法改正と自衛軍の創設を目指すと宣言した。三木はこの演説の半ばで四国へと向かった（「鳩山一郎氏第一声　憲法改正し自衛軍」『読売』九月一二日付夕刊）。

三木が、公職追放中に暮らしていた小豆島で選挙戦の第一声をあげたのは九月一三日のことであった。選挙は一〇月一日に迫っており、出遅れは明らかであった。『四国新聞』九月二〇日付朝刊の「追込み迫る中盤戦　本社記者座談会（上）」では、「小豆島でも三木氏が演説してまわると選挙民はさすがに大物だという印象を受けているようだ」としながらも、「六年間のブランクは大きい」、「まず四位から三位というところ」、「運動が上すべりをしていて中年層以上では絶対支持という声があつても青年層への浸透が難かしい」と厳しい声があがっていた。しかし蓋をあけて見れば、三木は最高得票となる六万一三七〇票を獲得して当選を果たした。二位の成田知己は三万五二二五票であったから、三木の圧勝であった。序章で述べた「妾論争」はこの時の選挙での出来事とされる。

選挙戦終盤の二九日には、吉田が石橋湛山と河野一郎を自由党から除名した。三木は、投票日前日にあたる九月三〇日の夜、高松市を後にした（「写真に万歳浴す　三木氏事務所」『四国新聞』一〇月三日付）。

三木の帰京に合わせる形で、一〇月一日午後八時から鳩山邸で会合が行われ、三木、鳩山、石橋、河野、安藤正純、大久保留次郎、北昤吉らが集結した。そこでは、石橋・河野の除名が不当で認められないこと、鳩山を首班とする党一本化の方針で臨むことが確認された（『石橋日記』：下532）。この時、三木が除名されなかったのは、一九四六年に和田博雄の農相就任を承認し、第一次吉田内閣の発足を後押ししたからだとされる（本書第六章）。三木は新聞記者に「オレも除名のリストに入っていたらしいが、オレは吉田に貸しがあるからな」と語っていた（「吉田には貸しがある」『毎日』一〇月三日付夕刊）。

自由党は、今回の選挙で解散時の二八五から二四〇に議席を減らし、過半数（二三四議席）をわずかに上回るだけであった。安定した政権運営には吉田派と鳩山派の協力が不可欠であり、首班指名に関心が集まっていった。一〇月四日、三木は記者団に吉田派から三つの妥協案が示されたと明かした。それは、①吉田首班・鳩山総裁、②鳩山を副総理格で入閣、③三か月から半年は吉田内閣で、病気が回復し次第、鳩山首班の三つだという。吉田派の側近閣僚はこの妥協案を否定したとも報じられており、内容から考えても、三木が吉田派に示した妥協案と考えるのが妥当であろう（「副総理で入閣案も」『朝日』一〇月五日付）。

三木は一八日に永野護の仲介で吉田派の前田米蔵と会見を行った（「自由党の内紛解決へ　協力して政局安定」『毎日』一〇月一九日付）。一八日の夜の鳩山派の会合で三木は「首相および総裁の名を吉田に、党運営の実権を鳩山」という妥協案で進めていると報告した（『石橋日記』：下535）。一九日の夜にも鳩山派の会合が開かれ、『石橋日記』にその様子が記録されている。

「七時より鳩山邸に集まる。手違いにて多数の参集あり、とくと相談する能はず。最後に三木、河野および石橋残留、三木と他両人と意見相違し、三木怒りて帰るという芝居を打ち、一面妥協一面決戦の手はずを定む。」(下535)

三木が、強硬派である石橋や河野を抑えて吉田派と妥協を図るというシナリオが描かれた。そうした方が、吉田派との交渉を優位に進められると考えたのだろう。実際は三木、石橋、河野の結束は固かったわけだが、三木らの演技に新聞記者は騙されてしまったようで、『読売新聞』は「話合いの用意あり鳩山派　三木調停に不満　強硬派」という見出しで報じ、『毎日新聞』も「石橋、河野氏ら強硬」と報じた(いずれも一〇月二〇日付朝刊)。

前田が公職選挙法違反で召喚されたため、三木は一九日から広川弘禅農相と交渉を行い、新たな四つの妥協条件を提示した。それは、①衆議院議長・安藤正純、②幹事長・三木、③閣僚には鳩山派から二名、④委員長は両派同数という条件であった(「鳩山派、四妥協条件を協議」『毎日』一〇月二三日付)。

吉田首相は二一日午前の定例閣議で、首班決定まで鳩山との会見には応じないと述べた。吉田派の林譲治(自由党幹事長)と益谷秀次(総務会長)は共同談話を発表し、吉田首班と総裁・首班の一致で進めていくと明らかにした(「吉田首班を推す」「会談は首班指名後」『毎日』一〇月二一日付夕刊)。つまり、三木の妥協工作を完全に否定した。

二二日の正午頃、鳩山は、松野鶴平と大野伴睦から吉田との会談を依頼されたが、本会議の投票で首班を争うべきとして断った(「むしろ決戦望む」『毎日』一〇月二二日付夕刊)。大野はもともと鳩山派だったが、議長の座を約束され、吉田派に接近していく。その大野が二二日の夕方に再びやって来て、無条件で構わないと譲歩の姿勢を見せると、鳩山は会見を承諾した(「何でも話合う」『毎日』一〇月二三日付)。三木、河野、石橋らが水面下でさまざまな駆け引きを行う中で、肝心の鳩山が吉田派と妥協してしまうという構図は、今後何度も繰り返されることになる。

三木と広川は法務大臣の木村篤太郎を仲介者として、「衆議院議長・安藤、幹事長・三木」でまとめようとしたが、うまくいかなかった(「木村法相、深更まで工作」『毎日』一〇月二三日付)。吉田派からすれば、三木幹事長は絶対に呑めない条件であった(「側近派　三木幹事長に反対」『毎日』一〇月二三日付夕刊)。三木によると、最終的には「衆議院議長・安藤、総務会長・三木」でまとめようとしたが、これもうまくいかなかった(三木 1955 ①：9)。

二三日には衆議院議長室で林幹事長、益谷総務会長、大野、麻生太賀吉が立会い、途中からは鳩山派の安藤、牧野良三の両顧問も加わり、吉田・鳩山会談が行われた。鳩山は一六日に談話を発表し、吉田と首班を争う理由として、①野党との連携不足による政局の不安定、②独裁的な側近政治、③外交における秘密独善の態度、④党の一本化の欠如(石橋・河野の除名など)を挙げていた(「発表談話　政局安定に自信」『朝日』一〇月一六日付夕刊)。鳩山が示したこの「四条件」のうち、①、②、③の改善を吉田が了承し、吉田首班で鳩山との間に合意が成立した。④の石橋・河野の除名問題は「暗黙了解」とされた(「「吉田首班」で妥協」『朝日』一〇月二三日付夕刊)。

石橋は二三日の日記に次のように記した。「十六日の鳩山声明に対し、吉田はこれを受入たりと、鳩山は今後のその実行を林、益谷、大野に托す。三木、廣川、木村の交渉は排除せられたるものと認めらる。」(『石橋日記』:下536)。

三木は、大野や林が首謀者で、鳩山がだまされて首班指名の言質《げんち》を取られたと判断した(三木1954⑧:93)。

二四日の衆議院本会議では吉田が首班指名され、衆議院議長に大野が選出された。波乱が起きたのは副議長の投票であった。吉田派が岩本信行の副議長就任を強行しようとしたため、鳩山派の三九名が白票を投じた。この結果、岩本は過半数を獲得できずに決選投票となった。決選投票では白票が一七票に減り、岩本は一六票差で辛うじて選任された(「国会・冒頭から波乱」『毎日』一〇月二五日付)。

二四日から三木、石橋、河野らは反主流派運動を公然と開始し、自由党民主化同盟(民同派)を結成した。委員長には安藤正純、副委員長には平塚常次郎、委員には三木、砂田重政、牧野良三、植原悦二郎、森幸太郎、河合良成が選出された(「政治日誌」『再建』一九五二年一二月号:53)。参加議員として名前が報じられたのは三五名の議員であった(「鳩山派、民主化同盟を結成」『朝日』一〇月二五日付)。民同派の基本方針は「一、自由党民主化(換言すれば吉田政権打倒)をもつて目的とすること。一、右につき人的要素として鳩山を利用すること」とされた(『石橋日記』一〇月二六日:下536f)。民同派の怒りは、吉田との会談で安易な妥協に転じた鳩山にも向いていた。鳩山が誰にも相談せずに入閣リストを吉田に渡していたことも判明し、三木を憤慨させた(『石橋日記』一〇月二七日:下537)。

三木は、今回の第四次吉田内閣で入閣できなかった広川を、吉田派切り崩しのターゲットとした。一一月一日の『石橋日記』には次のようにある。「三木曰く、今朝六時廣川弘禪の訪問を受く、廣川は我々と連合して党内工作を行わんと企てつゝありと。」（下538）

そんな中、吉田派を攻撃する格好の材料が転がってくる。一一月二七日の衆議院本会議で池田勇人通産相が、インフレ経済から安定経済に向かう過渡期において「普通の原則に反した商売をやられた人が、五人や十人破産せられることはやむを得ない――お気の毒ではありますが、やむを得ない」と発言し、批判を浴びた。二八日に池田通産相の不信任案が提出され、民同派の一部が採決を欠席し、賛成二〇八、反対二〇一票で可決された。民同派で欠席したのは、三木や河合など二五名だと報じられた（「民同派加え40名　自由党欠席者」『毎日』一一月二九日付）。民同派を除名すると政権維持が難しくなるため、翌朝の総務会は処分を不問に付した（「欠席議員を処分せず」『朝日』一一月二九日付夕刊）。

池田の不信任案が可決された二八日、吉田は官房長官の緒方竹虎を副総理に昇格させた。緒方とライバル関係にあった広川が三木と接近する可能性があったため、一二月五日に吉田は広川を農相に起用し、広川はこれを受け入れた。

一二月九日、民同派は吉田に対して石橋・河野の除名取消しや執行部の更迭などを申し入れることを決めた（『石橋日記』：下548）。補正予算案の採決が迫る中で、吉田は重い腰を上げ、一四日に民同派の代表である三木、安藤、砂田と会談を行った（『石橋日記』：下549）。

この時の様子を三木が「自由党騒動の真相はこうだ」（『政界往来』一九五三年二月号）で明らかにしている。冒頭で安藤は、会談の目的が石橋・河野の除名取消しと執行部の更迭にあるとはっきり述べた。

一方、吉田は予算の問題を取り上げようとした。三木は次のように証言している。

「ぼくは、「予算のことで来たんじゃないんだ。いま安藤君が云うたように、除名の解除と執行部の更迭が目的で来たんで、予算のことなんか考えていない」。すると吉田が「だけど、予算の問題をどう考えるか」むこうは執行部の更迭とか、除名は問題じゃないという態度なんだ。それからぼくは緒方君に「緒方君、少し話がちがうナ。総理は予算のことで、ぼくらに会う趣旨らしい。ぼくらは予算なんか問題にしていないんだ。（中略）一体どういうつもりでこの会見をさせたのだ」と云うたら、「いや、どうせ予算の話もあるし、それ以外の話もある。ずいぶん議論もつているだろう。しかし総理にたいし、韓信が股をくぐつた気持で、我慢して怒らんでくれ、だから今日のところは、円満に懇談をするようにして貰いたい」「いやそれは話がちがう。ぼくがここに来る前に、安藤、砂田の両君から今日は円満に懇談しようという話をされたほどだが、ぼくはそのときに円満な相談では、こういう大切な話を決することは出来ん。なんでも露骨に、率直に云いたいことを云い、ききたいことをきく腹だ。むしろ喧嘩しに来たんだ。それが会見の趣旨までボヤかされては意味をなさん」と云うたんだ。」(63)

三木が除名解除の問題を持ち出すと、吉田は自分が除名の指示を出したことを認め、「そういうのは水にながしてくれ」と言ってきたという。

もう一つの議題であった執行部の更迭も、三木が交渉を主導した。吉田が、林幹事長と益谷総務会長の任命は党内の手続きに沿ったものだから、自分が更迭の指示をすべきではないと述べると、三木は次のように応じた。

「「いや、総理の云うことは正しい。但し党の機関、もしくは本人の意思が、是非辞めたいという場合においては、総理はこれを承認するか、せんか、総理が辞めろとか、どうとか云うのではなく、本人が辞めたいとか、機関が辞めさせろということを云うたらどうか」と云うたところ、総理は「そんなことまで私が云う必要はない」、そこでぼくは、「それも宜しい。それもぼくは一応正しいお考だと思う。そこで益谷、林の両君に云うがだ、君達は一対辞めるのか、どうなんだ」とこう云うたら、二人ともブツブツなんか云いよつた。」（64）

まるで詰将棋をするかのように、吉田さらには林、益谷の二人を追い詰めていったことがわかる。いろいろと理屈をこねる二人に対して、「辞めたまえ、君!!」と一喝したとも三木は証言している。

吉田との会見後、三木、安藤、砂田の三人は林、益谷、緒方と詰めの協議を院内自由党役員室で行った。この部屋は壁の換気孔を通じて声が外に漏れる構造になっており、廊下で聞き耳を立てていた記者に会談内容が筒抜けとなってしまった。『朝日新聞』一五日付朝刊は「廊下で待機していた新聞記者団にはその話声がきこえた」として協議内容を報じた（「除名の取消しに釈明　きのう〝六者会談〟で協議」）。記事によると、「河野、石橋両氏の除名取消しは両氏が吉田首相にあって釈明を行うこと」、「林、益谷氏ら現執行部の辞任問題は党の機関にかけて党の総意により決定する」という二点で両派の意見が一致した。河野と石橋が釈明を行う際には「いままでの過程においてわれわれが意志の疎通を欠いたことは極めて遺憾である。今後は自由党の一本化のため努力する」という趣旨の言葉を述べることも決定された。

この情報流出も三木側の策略かと考えたが、石橋・河野の謝罪は積極的に公表すべき内容ではないので、想定外の出来事だったのだろう。その日の夜に情報流出の事実を摑んだ三木は、緒方に電話をかけた。三木が新聞記者に情報を漏らしたのではないことを明確にするためであった。電話の件は、毎日新聞記者・中正雄の証言による。中は、三木が「ちよつとしたことにも、鋭く神経を使つた男だつた」と回想している（中正雄：5）。

この頃の三木は生き生きとしていた。安藤と砂田との鼎談「寝わざ・立ちわざ」（『文藝春秋』一九五三年二月号）では、三木と久しぶりに対峙した文藝春秋社の記者が「選挙前とまるでお顔色が違いますし、潑剌としていらつしやるんで実は驚いたんですよ」と述べている。三木自身も「若い者と一緒になつて、ファイティング・スピリットでもいうか、それに燃えとるナ」と心身の充実を認めていた。好敵手を持つということが政治家にとって「これ以上の幸福はない」とも述べている（189f）。

同じころ取材を受けた「時の人家庭訪問　衆議院議員三木武吉氏」（『実業之日本』一九五二年一一月一五日）では、「どんなことがあつても、六時には起きるよ、その代り、夜は九時になるともう居眠りが出るよ」、「妻が今病気でね、妻の具合の悪いのが、唯一の人生の悩みだよ」と語っている。

バカヤロー解散

一二月一五日に三木、安藤、砂田と林、益谷、緒方の六者会談が再び行われ、石橋・河野の除名取消しの時期を補正予算案採決前と決定した（『朝日』一二月二五日付夕刊）。一六日に石橋・河野の復党が決定し、林幹事長と益谷総務会長の辞任も吉田が了承した（「首相漸く了承」『朝日』一二月一六日付夕刊）。これによって同日、補正予算案が衆議院を通過した。

新しい幹事長と総務会長の決定は、一九五三年一月二五日の党大会でも決まらず、二九日の議員総会に持ち越された（「深刻化する幹事長問題」『朝日』一月二六日付）。三木は二五日の党大会に出席せず、新宿区牛込仲町の新居の門に表札を打ちつけていた。逗子、上野桜木町を経て、戦前住み慣れた牛込に三木は戻ってきた（「三木武吉という男　鳩山内閣実現が悲願」『毎日』二月五日付）。

一九五三年頃になると、三木と広川の交渉は新聞でも堂々と報じられるようになる。三木がタヌキと呼ばれるのもこの頃からである（図7-1）。

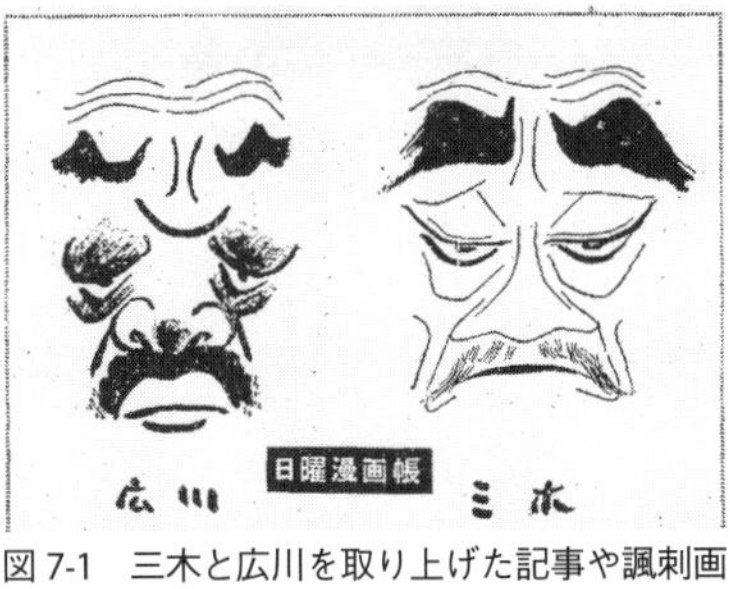

図 7-1　三木と広川を取り上げた記事や諷刺画
上は『毎日新聞』1953 年 1 月 1 日付朝刊、下は『朝日新聞』同年 2 月 1 日付朝刊（絵は清水崑）

党執行部の人事については、吉田派が「佐藤栄作幹事長・益谷総務会長」、民同派と広川派が「広川幹事長・三木総務会長」を譲らず、ようやく一月三〇日の総務会で「佐藤幹事長・三木総務会長」でまとまった（「幹事長、佐藤氏」『朝日』一月三〇日付夕刊）。同日、佐藤幹事長は議員総会で承認されたが、吉田は三木の影響力が高まることを警戒し、総務会長ではなく大臣での入閣を三木に打診した（「総務会長の互選延期」『朝日』二月二日付夕刊）。二月二日の総務会で佐藤は会長選出の延期を要請したが、これには民同派や広川派が反対し、吉田と会って了解を得るという条件で三木が会長に選出された（『佐藤日記』二月二日：53f／「結局は三木氏」『朝日』二月三日付）。

佐藤は三木を警戒して、幹事長室を総務会と切り離して作り、幹事長を執行部の主体とし、総務会を単なる議決機関にしようとした（「先手をとられた三木」『国会通信』三月二日）。これに対して三木は、総務会長補佐役に河野一郎らをあて、総務会の権限強化に乗り出した（「自由党総務会長の補佐役に三氏」『朝日』二月一二日付夕刊）。自由党は「政府提出の予算案及び法律案はすべて政調会の審議を経て総務会の決定を要することとし、また重要法案については随時閣僚を招致する」との原則を確立し、政府に強く申し入れた（「総務会の決定要す」『読売』二月一四日付）。さらには「重要人事は凡て総務会にかけるべきである」という党則も改めて確認した（「内紛から民主へ」『再建』一九五三年三月号）。他にも、総務を政策・党務・選挙の三部門に分けて党運営の要を総務会が押さえるなど、政府に対して党が主導権を握ろうとした（「ノシてきた自由党総務会」『朝日』二月二一日付）。二四日には、総務会を一般代議士の傍聴を認めない「秘密会」にしたところ（「一般議員の出席認めず」『朝日』二月二五日付）、二六日の自由党の定例代議士会では、大野や緒方と近い議員から総務会は「陰謀の府と化している」という批判の声があがった

（「『陰謀の府・総務会』」『朝日』／「総務会の公開要求」『毎日』いずれも二月二七日付）。

三木が総務会長に就任したのとちょうど同じ頃、『読売新聞』一月二九日付夕刊一面に「鳩山・広川会談の真相　児玉誉士夫氏が招待」と題する記事が写真付きで掲載された（図7-2）。これは、一月二一日に鳩山と広川が右翼の児玉誉士夫邸で会談を行った際の写真で、三木と三浦義一も同席した。この報道によって、広川は右翼との結びつきを問題視され、進退が取り沙汰された（「農相の退陣を要求か」『朝日』二月七日付）。会談は「三木武吉氏の計画による」もので（『石橋日記』二月二八日：下568）、広川を吉田派から完全に切り離すために画策されたようだ。写真は、児玉の子分と言われた読売新聞社会部記者の遠藤美佐雄の手に渡った（渡邉 2000：105f）。

図 7-2　『読売新聞』1953 年 1 月 29 日付夕刊に掲載された写真
後列左から広川、鳩山、三木。前列左から児玉、三浦

二月二八日の予算委員会では、吉田が西村栄一（右派社会党）を「バカヤロウ」と一喝する事件が起こる。吉田は発言をすぐさま取り消したが、野党は懲罰動議を提出した。

幹事長の佐藤は、三木総務会長と連携して対策に当たろうとした。佐藤は二八日の日記に「三木、河野両君は協調的なるも広川派の動き妙」と記した（『佐藤日記』：69）。さらに三月一日の日記にはこう記した。

「広川にも積極的協力方を申し入れる。相当の手応へを感ずるも不安あり。三木老は一人強気にて、民同並に広川派の蠢動《しゅんどう》を許さぬから断乎戦へと声援をおくる。何の程度信じてよきか不明なり。」（『佐藤日記』：71）

もちろん三木はこれを千載一遇《せんざいいちぐう》の機会と捉《とら》えていた。三月一日の『石橋日記』には次のようにある。「朝六時すぎ、三木武吉氏より電話ありて来宅を求めらる。顔を洗いて七時ごろ赴く。昨日の吉田総理の件なり、いろ〔いろ〕打ち合わす。両三日中に吉田を隠退せしめる計画、河合良成氏同席。」（下569）

吉田に対する懲罰動議は、三月二日の本会議で採決が行われ、民同派三七名と広川派三〇名の計六七名が欠席したことで、賛成一九一、反対一六二で可決された（「自由党欠席者六七名」『日経』三月三日付）。一方、同じ日に行われた予算案の採決には民同派も広川派も出席し、こちらは賛成二四一、反対一九六で可決された。三日、吉田は広川農相を罷免した。

佐藤幹事長は六日の総務会で広川の除名を提案したが、民同派と広川派が反発し、採決には至らなかった（「「広川除名」採決持越す」『朝日』三月七日付）。三木が広川の説得にあたったが、遅々として進まない。佐藤は三月八日の日記に「三木君広川を訪問し懇談せるも結論を出さず。失敗には非るも期待はづれの感あり。もともと同じ穴の狸どもなり」と記した（75）。

民同派には「この際適当の時期を選み、吉田一派と正々堂々手を分ち鳩山党を作るべし」とする強硬論も存在した（『石橋日記』三月六日：下570）。ただし、民同派や広川派にも総選挙を望まない議員がいた。吉田派は切り崩し工作を進め（『佐藤日記』三月五日：73）、三木らは、吉田は解散できないと周囲を説得し、それを防ごうとした。この頃、「米国より吉田に対して解散反対の意志表明あり」といった情報も飛び交った（『石橋日記』三月七日：下570）。児玉誉士夫は、この情報をもたらしたのが国際的フィクサーの田中清玄で「三木老はえらく田中君のこの話を信用し、解散などぜったいないものと思いこんでいた」と述べている（児玉：266）。鳩山も一一日の民同派の会合でこう挨拶した。「同一内閣が二度解散をやるという先例を作ることはけしからぬことである、皆さんは解散が絶対にないという信念をもつて今後一致団結して党内民主化に当つてもらいたい」（「解散はない」『日経』三月一二日付）。

一三日の新聞朝刊は吉田・三木会談の可能性を報じたが、これは実現しなかった。『毎日新聞』の政治部記者座談会では次のようなデマが出回っていたとある記者が証言している。

「三木はあといくらも生きられないから、吉田首相に本当にピストルをぶっ放すかも知れない、とね…、その上児玉誉士夫などの右翼がこれの一役を買うといったまことしやかなデマが改進党なんかに流れたよ（笑声）」（「楽屋裏から見れば　本社政治部記者座談会」『毎日』三月一五日付夕刊）

映画《吉田学校》でも、三木が吉田に面会を求めるシーンで次のようなナレーションが流れる。

「三木武吉が懐にピストルを忍ばせて吉田に会うそうだ。あのステッキは仕込み製〔仕込杖?〕らしい。吉田を斬る覚悟だ。ガンであと三年という噂だからな、何をやらかすかわからんぞ」

これは完全なつくり話ではなく、当時もそうした噂が飛び交っていたようだ（《吉田学校》の原作の一つである戸川猪佐武『小説三木武吉』にも同じような描写がある）。

三月一三日には三木と佐藤が一時間にわたって協議し、三木は鳩山総裁案を打診したが、佐藤は拒否した（『佐藤日記』：78）。佐藤からも条件が出たようだが、それを「あまりにも非常識な言」だと感じ、三木は「もうこれは別れなければいかんということが昨日〔一三日〕に至って初めて確実に看取された」と一四日の座談会で述べている（三木 1953⑤（上））。

一三日の本会議後、改進党、左右社会党の野党三派が内閣不信任案を提出した。一四日午前の総務会は三木と佐藤が対立して大荒れとなり（「不信任案は否決」『朝日』三月一四日付夕刊）、この日の午後に民同派二二名が分党の決断を下した。分党とは自由党を分けるという意味で、分党後も自由党を名乗るとされた。分党に賛成署名したのは、三木武吉、石橋湛山、平塚常次郎、中村梅吉、山本正一、亘四郎、石田博英、重政誠之、松田鉄蔵、森幸太郎、池田正之輔、佐々木秀世、木村武雄、佐藤虎次郎、松田竹千代、松永東、山村新治郎、河野一郎、中助松、森清、古島義英、加藤常太郎の二二名であった。

与党の中から内閣不信任案に同調するやり方に批判も少なくなかった。たとえば、『朝日新聞』三月一四日付朝刊の「天声人語」は「やり口は汚い」、「醜劣」、「政治の道義にはずれている」と手厳しい。しかし、直前の世論調査で吉田政権の人気が急落し、街頭演説でも内閣不信任案に反対する声をほとんど聞かないことなどから三木は勝機があると判断したようだ（三木 1953⑩：119）。

一四日の本会議では、民同派二二名が賛成票を投じ、野党提出の内閣不信任案は賛成二二九、反対二一八票で可決された。これを受けて吉田は即日解散を命じた。世にいう「バカヤロー解散」である。第二六回衆議院議員総選挙が四月一九日に行われることが決定した。

不信任案が可決されても、政府が解散か総辞職かを判断するのに一〇日の猶予があった。予算案は三月二日に衆議院を通過し、一九日頃に参議院を通過する予定であったため、三木はそれまで解散は無いと踏んでいた。その間に委員会で吉田の懲罰を決めてしまう作戦だったが、吉田は即日解散に踏み切ってきた（「裏をかいたワンマン」『毎日』一二月一八日付夕刊）。

民同派は一四日に次のような「声明」も発表していた。

「いやしくも、自由党議員として、わが党の政策に反対の結論をする野党の不信任案に同調することは、たとえ如何なる党内事情があつても、我等の耐え忍ぶべからざるところである。こゝに民同派内部に於て意見を異にし、よし一時的にせよ、同志と袂を分つに至つたことは、悲痛の情に堪へない。」（国立国会図書館憲政資料室「安藤正純文書」資料番号343「自由党民主化同盟有志声明」）

民同派の中でも、分党に賛成署名しなかった安藤、砂田、北昤吉らは自由党にとどまり、内閣不信任案に反対した。広川派は内閣不信任案に反対したが、一六日に分党を決定し、三木らの分党派自由党（以下、分自党）に合流した（『朝日』三月一七日付）。鳩山も一六日に吉田自由党からの離脱を表明した（『石橋日記』：下573）。分自党は一八日に総会を開き、鳩山を総裁に推戴することを決定し、自由党本部に分党の手続きを取った（『朝日』三月一八日付夕刊）。解散時には二二名だった分自党は、広川派の一二名、鳩山、北昤吉、植原悦二郎、島村一郎、砂原格の五名が加わり、一八日の届出の時点で三九名となった。他に参議院議員が三名所属していた（「鳩山新党　結成さる」『朝日』三月一九日付）。

分自党の資金は、財界との人脈を持つ石橋が「金集めの支柱」とされた（「顔が物いう〝石橋財布〟」『毎日』三月一六日付夕刊）。資金集めには苦労し、鳩山は音羽の自邸を抵当に入れたと報じられた（「音羽御殿と広川邸が抵当に」『毎日』三月一九日付）。三木が金策に駆け回る様子は、児玉誉士夫の自伝『悪政・銃声・乱世』（広済堂出版、一九七四年）でも描かれており、一九五四年一月に逮捕される保全経済会の伊藤斗福から三木が三千万円を借りたと児玉は記している（273f）。

一七日に開かれた毎日新聞社主催の各党代表立会演説会で、三木は「感情の食違い」から分党に至ったのではなく、「国家民生の利益」を考えた合理的な判断からだと訴えた。そして、以下のように述べて会場を沸かせた。

「この我々の反対は最初の国会における首班選挙で問題化したが、この時最も残念なことは三十年来鳩山君に恩顧を受けた士どもが上べは協調するかの如く見せながら遂に裏切ったものが出たことであった（会場水を打ったように静まる）しかし我々は屈せず党内の死命を決する幹事長、総務会長のイスを奪い取って、吉田君に対して、江戸ッ子の言葉でいえばケツでも食えといってやりたかったが、それも成らず（爆笑起る）今回の不信任案をめぐる闘いとなった。」（「感情での分党じゃない」『毎日』三月一八日付）

民同派の裏切り者となった安藤を選挙で追い落とすため、三木は大木操に出馬を打診した。大木は、一九二七年に列国議会同盟会議（パリ）に三木と共に参加し、その後は衆議院書記官長を務めた。大木は直後の参院選に出馬する準備を進めており、安藤の東京一区が激戦区で、安藤とも知らぬ仲ではなかったことから、三木の申し出を断った（大木 1980：88f）。結局、東京一区は鳩山、安藤、浅沼稲次郎、原彪が順当に当選した。

三木は同志を裏切った議員に厳しく対処した。かつて政友会鳩山派に属していた大野伴睦が、東京三区で広川と対立する候補を応援していると知ると、こう述べた。

「大野はバカの一つ覚えに大義親を滅するというがだ、よくよく考えると大野の〝義〟には言べんがついている。議長（衆院）のイスを得て親を滅することになるんでアル」

これを聞いた周りの議員らは「名セリフ、名セリフ！」と嬉しがったという（「政治にすさまじい執着　鳩山自由党三木党務委員長」『毎日』三月二八日付夕刊）。

三木は、吉田の四国入りに合わせて香川に帰郷し、高松での立会演説会を申し入れたが、拒否された。吉田は、記者団の「三木氏が立会演説を要求している」という問いかけに「彼等と席を同じくすること自体を恥じる、無論ご免だ」と答えている（「政権は現状通り」『四国新聞』四月一一日付）。一二日に吉田が演説を行った県公会堂で、三木は一三日に講演を行った。「会場は前夜の首相演説の場合に及ばなかったが、聴衆が場外にはみ出す盛況であった」と報じられ、この時点では吉田も一定の人気があったことがわかる（『朝日』四月一四日付夕刊）。

この時の選挙公報で三木は、今年度の予算を潰して解散に踏み切った吉田を批判し、「このような非民主的なやり方は、日本を破滅に導いた東條英機と軌を一つにするもので、これを打ち破らなければ日本の将来に恐るべき結果をまねく」と訴えた（香川県選挙管理委員会「昭和二八年四月執行衆議院議員総選挙参議院議員通常選挙　結果調」：附2）。その結果、四月一九日の総選挙で三木は香川一区を最高得票（五万二七九五票）で当選した。次点は成田知巳の四万三四八三票であった。

選挙全体の結果は以下のとおりであった（カッコは投票前の議席数である）。自由党一九九（二〇五）、改進党七六（八八）、左派社会党七二（五六）、右派社会党六六（五九）、分党派自由党三五（三九）、労農党五（四）、共産一（〇）、諸派一（二）、無所属一一（一三）。

自由党は第一党を確保したが二〇〇議席を割り、絶対多数を確保できなかった。一方、鳩山の分自党も数を減らした。三木は選挙前に「鳩山、吉田勢力伯仲と考えて百名ずつ」（「改進との連立政権」『朝日』三月一九日付）、「いまの四倍から五倍、少くと〔も〕百三十名になるとみている」（三木 1953⑤下）としていたが、遠く及ばなかった。

四月二〇日午前、鳩山邸に三木、河野、石橋が集まり、「吉田打倒、時局収拾は野党協調によるべしと決定」した（『石橋日記』：下576）。五月八日、分自党の議員総会で党則及び人事が決定し、三木幹事長、河野総務会長、石橋政策審議会長が選出された（『石橋日記』：下579／「幹事長三木氏」『朝日』五月九日付）。

再軍備と「八人の侍」

四月の選挙結果は、再軍備に積極的であった分自党と改進党が票を減らした。一方で、再軍備に慎重な吉田率いる自由党は現状維持となり、再軍備に反対する左右社会党が躍進した。『朝日新聞』四月二一日付朝刊の社説はこの結果について「再軍備問題に対する国民の意向の推移を見るに足るものがある」と論じた。

しかし、選挙から約二か月後の『朝日新聞』六月二二日付朝刊に掲載された世論調査では、再軍備賛成が優勢であった。「いまの日本に軍隊をつくる必要がありますか」という問いに対し、「必要がある」四一％、「必要がない」二三％、「条件による」一六％、「わからない」二〇％となった。遠藤浩一は論文「党人政治家の行動規範　三木武吉を中心に」(二〇一三年)の中で、『朝日新聞』六月二二日付朝刊の世論調査の結果を紹介し、四月の総選挙の「争点は再軍備の是非ではなく、対立抗争を繰り返す保守政党に対する評価だった」と論じている(112)。

選挙の一年前の『朝日新聞』一九五二年三月二日付朝刊の世論調査でも「いまの日本に軍隊をつくる必要があると思いますか。そんな必要はないと思いますか」という質問に対して、「必要がある」三二％、「必要がない」二六％、「条件による」二四％、「わからない」一八％と再軍備を認める結果が出ていた。

実際、再軍備は避けて通ることのできない問題となりつつあった。一九五三年一〇月には、ワシントンで行われた池田勇人とロバートソン国務次官補の会談でアメリカ側が日本の兵力増強を要望したと報じられた(「日米両覚書に食違い」『朝日』一〇月三一日付)。再軍備と憲法改正の問題は、自由党、分自党、改進党の保守三党の間でも政治的な駆け引きの材料とされた。

一〇月頃になると、鳩山の弱気の虫が顔を出し、自由党への復帰に傾いていく。『石橋日記』によると、一〇月一六日に鳩山が「総裁をやめさせてもらいたいともらした」という。一九日には、鳩山が自由党の安藤に対して復党を約束したとも記されている(下613)。安藤は、この年の八月には、ブリヂストン創業者で鳩山とも関係の深い石橋正二郎と電話で意見を交わしていた(国立国会図書館憲政資料室「安藤正純文書」355番「鳩山分自党復党工作」248-9コマ)。この石橋が鳩山に復党を勧めたとされる(鳩山一郎：128／「九月五日」『石橋日記』：下604）。安藤が水面下で交渉を進めるも解決には程遠く、一〇月一日に三木らは対決姿勢を強めるため、「日本自由党」への党名変更を分自党の議員総会で提案した（『石橋日記』：下609／「〝希望図〟はいつ実現するか　分自復党問題の現況をみる」「三木、河野、石橋の話」『国会通信』一〇月一九日付）。

『毎日新聞』一一月五日付朝刊は「保守再編へ動き活発」と題して、分自党が自由党に出した合同のための五条件を報じた。それは、①憲法改正のため必要な審議機関を設ける、②強力な超党派外交を展開するための調査会を設ける、③経済復興策の樹立、④党内民主化の実現、⑤人事にあたって合同派を冷遇しないの五つであった。記事によると、三木は自由党だけではなく改進党を含めた保守三党の合同を望んでいた（「鳩自合同に五条件」『毎日』一一月五日付）。

一一月三日の衆議院予算委員会では、改進党の松村謙三の質問に答える形で、吉田が自衛隊の位置づけについて、「戦力は持たしめないつもりでありますが、これを軍隊と言い軍艦と言うことは、言うてもさしつかえないことであると思います」と述べた。「憲法の範囲内において許し得る軍隊」という条件付きではあったが、自衛隊を「軍隊」と認め、改進党の主張に歩み寄る姿勢を見せた。翌日の『朝日新聞』は、「防衛問題　政府見解、一歩踏み出す」（一一月四日付）と報じた。

この日の予算委員会では、久しぶりに三木も質問に立った。まず三木は、再軍備と憲法改正が政争の具となることを戒めた。

「吉田内閣に対してただしいこと、非難したいことも多々持つておりまするけれども、この憲法の改正と再軍備の問題は、吉田内閣の打倒とか吉田自由党の攻撃に用いるほど小さい問題じゃないのであります。だから私は、いかにこの問題が重大であるかということを痛感しておりますから、しばらく、ただしたいこと、非難もしてみたいと思うことも遠慮をいたしまして、誠心誠意、この憲法改正と再軍備のことについてお尋ねしてみたい、こう考えるのであります。」

改進党は憲法改正をせずに自衛軍を認めさせようとしたが、三木や鳩山は憲法改正による自衛軍の創設を考えていた。

「もはや、現在の保安隊、やがて生れかわるべき自衛隊は軍隊でない、戦力でないということを言い張ることのできる限界点に達したのだから、この限界点を越えてまでも、国民に疑問を持たせ、また参衆両院で相かわらずの議論をするというようなことをさせないように、きれいさつぱり朗らかな空気の中で自衛軍を創設するのだ、これは軍隊だ、だから憲法は改正しなければいかぬ、憲法を改正するには多少の時日を要するのみならず、環境が必要になつて来るのだから、ただちに憲法改正の準備——これを研究と言おうが、調査と言おうが、そんな言葉はどうでもいいが、ただちにその挙に出て、そうして諸般の準備が整つたならば、憲法の改正をするのだということをここで言明してもらいたい。」

三木が吉田に迫ったのは、憲法改正の道筋をつけてほしいという点であった。

「憲法の研究をするなんということは、いまさら始まつたことじやない。政治家があるいは政党が憲法の研究をする、調査するということなら、憲法を改正すべきものだという前提のもとに、いついかなる方法で、いかなる内容で改正するかということの研究をするのが憲法改正の研究なんであります。」

前述のとおり、党内に憲法研究会を設けることを鳩山復帰の一つの条件としていたため、三木の問いはそれを意識したものと考えられる。三木の伝記では、「この問答を読めば三木の真意と、鳩山に復党の花道を開いてやろうとする苦心がよく分る」と分析している（三木会編：384）。

しかし、吉田の態度はそっけないものであった。三木の答弁中、「吉田首相は〔三木の〕顔を見るのも嫌だといつた様子でソッポを向く、野党席から「こつちを向け」の野次に首相にらみつける」と新聞では報じられた（「戦力の段階で憲法改正」『日経』一一月四日付）。

保安庁長官・木村篤太郎に続いて答弁に立った吉田は、従来の主張を繰り返した。

「保安隊が増強して増強して遂に戦力に至つた場合には、憲法を改正するということを常に申しておりまして、この線で政府は進めたいと思います。次に憲法改正のことでありますが、この憲法は一国の基本法制でありますからして、軽々しく改正することはできませんから、慎重に考慮いたします。」

この不誠実な答えに対して、三木は改めて吉田の憲法改正への決意を問うた。

「慎重に考慮した結果、改正せぬでもよろしい、あるいは慎重に考慮した結果、まあまあ三年や五年はどうでもよいという結論も出し得られるのだが、私どもはそういうことでは満足できない、悲しいのであります。慎重な考慮はむろんよいが、慎重な考慮というその考慮の到着点を、憲法の改正というところに置いて大急ぎでおやりになつたがよいと、こう言うのであります。（中略）はつきりこの私の希望に沿うようならば、もはや黙秘権を行使されても私は満足いたしますが、そうでなくて、そんな気はないのだ、ほんとうの慎重の考慮で、まあやらにやならぬが、いつのこつたかわからぬというようならば、それをここではつきり言つていただきたい、私もあきらめようがありますから。（笑声）」

吉田が「御意見として伺つておきますが、私の申すことは先ほどの説明の通りであります」とのみ答えると、三木は次のように述べ、質問を止めてしまった。

「私はこれ以上質問をする必要は認めません。私がこれほど誠意を披瀝《ひれき》しておる。これほど誠意を披瀝しておる。礼を厚うして質問をいたしておる。その程度のお答えでは私は満足いたしません。これ以上いくら聞いても同じことでございます。どうか吉田さんのおすきなようになさつたらよろしい。やめます。」

この吉田の態度は、鳩山の自由党復帰に水を差すと報じられたが（「〝鳩山復帰〟に冷水」『朝日』一一月四日付）、鳩山の気持ちに変化はなかった。『石橋日記』によると、鳩山は、吉田派の大野と林の訪問を受け、「吉田が三木河野問題にこだわらざることを表明せることに満足、数人の同伴者のみにても復党の決意をかためた」という。音羽の鳩山邸では、三木と大野が「鳩山氏を少人数にて吉田自由党に復党せしめ、現在の分自党は人数は多少減ずるも残存せしめ、もつて鳩山政権実現に寄与すべきことを語」ったとも記されている（『石橋日記』一一月一六日：下620）。

一七日には吉田が鳩山邸を訪ね、鳩山は復党を決断した。①党内に憲法研究会を設ける、②党内に外交調査会を設ける、③三木と河野を無条件で受け入れるという三条件が受け入れられたからだと報じられた（「鳩自、自由党と合同」『毎日』一一月一七日付夕刊）。憲法調査会の発会式が行われるのは、少し先の一九五四年三月一二日だが、五三年一二月一六日に岸信介が会長に任命される（「岸氏の面目たてる」『朝日』一二月一六日付）。岸は五三年一月に自由党に入党していた。

こうして議論の焦点は、分自党が全員復帰するのか、それとも復帰組と残留組に別れるのかに移っていく。一一月二〇日には三木、河野、石橋が協議を行い、次のような結論に至った。

「結局吉田自由党より正式会談の申込みある際はこれを受け、例えば石橋大蔵大臣を要求。右にて話が決裂すれば、鳩山氏は復党すべくこれに従うものは従わしめ、残留者（二十二名程度の見込み）にて主体性を確立せる党を樹立、改進党と連けいして保守新党に進むこと。」（『石橋日記』：下621）

二四日には、三木と自由党の佐藤幹事長が秘密裏に会談を行い、三木が保守三党連立内閣を提唱し、佐藤もそれに賛成を示した（『石橋日記』：下622）。二七日には、自由党の緒方・佐藤、分自党の三木・石橋で四者会談を行い、三木が三党連立案を正式に提出した（『石橋日記』：下623）（図7-3）。二八日の四者会談でも三党連立の話が進み、『毎日新聞』二八日付夕刊は「鳩自全員合同へ」と報じた。一一月二八日の『石橋日記』の欄外には、河野が昨夜まで石橋の大蔵大臣あるいは通産大臣就任を強く要求すべきだとしていたが、二八日午前に行われた三木・河野・石橋の三者会談では、そうした人事の要求はせずに合同に同意すべきだとの提案があったと記されている。つまり河野も全員復帰を認めたことがわかる（『石橋日記』：下624）。

しかし、分自党が二八日に料亭・平田で開いた会合で事態は急転した。この日の『石橋日記』には以下のようにある。

「山村新治郎、松田竹千代両氏はいかにしても反対の意志をひるがえさず。やむをえず河野、三木両氏もこれに同調、さらに中村梅吉、松永東両氏もこれに従うべしという。午前二時まで話を続けたるも、ついに結論に達せず。」（『石橋日記』：下623）

松田は、戦前に斎藤隆夫の除名に賛成したことを例に出し、同じ過ちを繰り返すのは御免だとして、自由党復帰を断固拒否した。すると山村も泣き出し、残留を宣言したという（『松田竹千代の生涯』：69）。

図7-3　11月27日、記者団の質問に答える三木（毎日新聞社提供）
弁当箱の中身はいつも、おかゆにでんぶと昆布の佃煮をかけたものだったという。

翌日（二九日）の『石橋日記』にはこう書かれている。

「十時三木武吉邸に赴く。松田竹千代、山村新治郎の両氏依然強硬に合同反対、やむをえず三木河野両氏もこれに同調、私のみこの際合同。残留者約十三ぐらいの見込み、これは追って第二次に合同の手はず。右の交渉にて、十二時四者会談を開き互に了承、たゞし結論を延期して休止。なお強硬者説得のため夜まで努力、分自党議員総会午後一時開会の予定なりしも延期して午後八時ごろ開会、鳩山氏も出席。残留組と合同組と一時分離することを認めて、決定。この結論を緒方、佐藤両氏に通告す。」(『石橋日記』:下624)

三木武吉、河野一郎、山村新治郎、池田正之輔、松永東、松田竹千代、中村梅吉(以上、衆議院)、平林太一(参議院)は自由党に復帰せず、「日本自由党」(以下、日自党)という新党を結成した(『朝日』一一月三〇日付)。八人は、黒澤明の映画《七人の侍》にちなんで「八人の侍」と呼ばれた。この後、安藤寛も加わったため、日自党は衆議院議員だけで八名となる。

「八人の侍」誕生の経緯には謎も多い。もっとも解せないのは、強硬派であった石橋が自由党に復帰したことだ。一七日には石橋が「われわれは吉田自由党の現状下においては断じて同党と合流せず」という一文を起草し、署名運動を始めたと報じられた(「合同反対の檄文も起草」『国会新聞』一一月二〇日付)。しかし、側近の石田博英が石橋の復党運動を進めた。石田は「石橋先生が自分の感情や信念を押えてまで、私ども子分というか、自分の後進のために自己の政治行動を決めたのは、おそらくこの時だけであったと思う」と記している(石田:90)。石橋の復党に関しては三木も了承済みで、復党組の監視役として三木が送り込んだという証言もあるが(中村:70f)、三木・河野と石橋との間に行き違いが起こったことも確かなようだ。三木・河野は「石橋総裁」を期待していたが、それを石橋が無下にしたと三木らが思い込んだことが原因の一つであった(筒井:275)。石橋は、自身の復帰について三木・河野の合意を得ていたが、しばらくして「三木君の筋」から「石橋は、一夜のうちに復党組に寝返った。全く信ずるに足りない男である」、「自由党復帰の際、佐藤君（栄作氏）から渡された二千万円の金を、石橋が都合のよいように処理した」というデマが出回ったと証言している（石橋湛山「今だから話そう（9）」：27／「今だから話そう（10）」：24）。

石橋の側近・石田と河野は反りが合わなかった。鳩山の自由党復帰が取りざたされた頃、石田が三木と河野の独裁的な党運営を批判し、三役公選を主張したことがあった（「狸一家はどうしている」『国会通信』八月八日付／「三木、河野、石橋の話」『国会通信』一〇月一九日付）。そうした対立がもととなって、政治資金の分配で誤解が生じたことが、右のような陰口を生んだようだ（石橋湛山「今だから話そう（10）」：24f）。

ともかく三木ら「八人の侍」は次のような声明を出した。

「われらは吉田自由党総裁の反民主的にして独善的態度にあきたらず今春、同党から分党した。しかるにわずか半歳余にして鳩山氏をはじめとする同志諸君は吉田自由党に復帰することになったが、われらは分党の理由がまだ何ら解決していないと信ずるが故にこれらの人と行をともに出来ないことは、まことに遺憾である。われら少数なりといえども、現下政界に横たわる諸弊を改革し、日本再建の基石を築くために、こん身の力をふるわんとするものである。」（「「日本自由党」を結成」『朝日』一一月三〇日付）

鳩山派の大半が復帰しても、自由党は過半数（二三四名）に届かなかった（「自由党は過半数にスレスレ」『朝日』一一月三〇日付）。日自党の八名という人数は、キャスティングボートを握るために、よく考えられた人数であった。
三木は一二月五日、さらには一九五四年二月二六日の予算委員会でも質問に立ち、吉田と対決姿勢を示した。特に二月の予算委員会では、自由党の緒方竹虎副総理に対して、「保守勢力の結集をして時局に当らない限りに、とうてい日本の再建というものは、お互いが望むような結果は得られない」と訴え、「吉田総理大臣というものの存在が一番のじやまになつている」と強調した。

日本民主党の誕生

一九五三年一一月二九日以降も、自由党に復帰した石橋の日記には三木の名前がしばしば登場する。一九五四年二月一日にもこうある。
「八時すぎ三木武吉氏訪。彼曰く、伊藤斗福《ますとみ》及び造船に関するスカンダル事件にて内閣は倒るゝやも知れずと。」(『石橋日記』:下642)
伊藤斗福が関与した保全経済会事件、さらには造船疑獄事件の摘発が始まり、党三役の佐藤栄作や池田勇人にまで捜査の手が及んだ。三木も保全経済会から金を受け取ったとして事情聴取を受けたが、大事に至らなかった(「三木氏からも聴取」『朝日』三月六日付)。佐藤は逮捕される可能性もあったが、吉田が指揮権を発動してそれをさせなかった。
自由党は、日自党と改進党を含めた三党による保守合同を打ち出し、汚職問題から世間の目を逸らせようとした(中北:118ff)。三月二八日には、保守合同で自由党の緒方副総理と吉田の意見が一致したと報じられた。緒方は、改進党との連立ではなく新党の設立を目指し、党名や総裁は民主的に決定すべきだと語った（「首相、保守合同を推進」「連立ではない」『毎日』三月二九日付）。岸によると、三一日に緒方から岸、芦田、石橋に対して保守新党の結成に関する協力要請があったという（岸：111）。この日、岸と石橋が会食を行い、緒方を助けて保守合同を実現させるという話がなされた（『石橋日記』：下652）。四月九日には、緒方、岸、林譲治、石橋が赤坂で会談し、「各解党して保守新党を作る、総裁等はその上にて民主的に公選す。吉田退陣問題はこの際持ち出さず」という二原則をもとに改進党に呼びかけることで意見が一致した（『石橋日記』：下654）。

四月一三日には、自由党の佐藤幹事長が改進党の松村謙三幹事長を訪問し、直後に発表予定の「自由党声明」の内容について説明を行った。そこには両党の解党と総裁公選という二原則が示されていた（「自・改幹事長会談開く」『毎日』四月一四日付）。佐藤は「声明書を見せた処彼驚き」と記している（『佐藤日記』：147）。会談終了後、自由党は緒方の筆による「自由党声明」を発表した。この文書は、「時局を案ずるに政局の安定は現下爛頭《らんとう》の急務であって」という書き出しの部分に注目が集まった。「爛頭」という誰も使ったことのない言葉が用いられていたからだ。この中で緒方は「自改両党の同時解党と新党首の民主的公選」を掲げた（「自由党声明」『毎日』四月一四日付）。

保守合同が喫緊の課題であるとの緒方の訴えに対して、一九日には有志議員が新党結成促進協議会を結成し、二八日に議員大会を開催し、自由党、改進党、日自党、無所属の衆参両院議員一八〇余名が集結した（岸：119f）。日自党からは松永、山村、安藤、池田、中村らが出席した（岸：123）。新党結成促進協議会は石橋、岸、芦田、金光庸夫らが中心メンバーであり、三木は協力関係にあったが、必ずしも考え方が一致していたわけではない。

保守三党それぞれの党でも、思惑が交錯していた。自由党では、「対等合併」を主張する緒方と「吸収合併」を主張する佐藤や池田とで温度差があった（岸：120）。三木や石橋らとの連携を目指した岸も一定の影響力を持っていた。改進党も三木武夫らの革新派および松村らの主流派が保守二党、芦田らが自由党と連携した保守新党の結成を主張するなど一枚岩ではなかった（岸：122）。

日自党は、改進党の革新派と主流派が掲げた救国新党の考え方に近かった。救国新党とは、単なる保守合同ではなく、反吉田を明確にして汚職に関係のある議員を排除し、改進党、日自党の両党を中心に、自由党内の反吉田分子を結集させようという考え方であった（「「保守合同」と「救国党」」『朝日』一一月一六日付）。数は少なくても団結の強い勢力を作り上げようという主張に三木も共鳴していた。ただし、三木らの掲げる憲法改正や再軍備にもっとも否定的だったのが改進党の革新派であり、利害関係が複雑に絡み合っていた。

四月二四日に左右両派社会党が提出した内閣不信任案は、賛成二〇八票、反対二二八票で否決された。社会党提出の内閣不信任案には賛成できないなどの理由で、改進党の議員が二〇名欠席し、否決となった（「不信任案強行に不満」『朝日』四月二五日付）。三木の日自党は内閣不信任案に賛成票を投じたが、右で述べたように、反吉田では一致できない保守三党の複雑な事情があった。三木はこうした状況を何とか打開したいと考えていた。

三木は『改造』一九五四年六月号に掲載された「愉しき毒舌　頑張れ！汚職内閣（政界版）」と題する座談会で、内閣不信任案が提出される前日の出来事に言及している。

「不信任案を出す前日に、ぼくは朝日新聞社の前で街頭演説をしたんだ。「これは明日上程せられる。衆議院の数はこういう割合だ。改進党から脱落者が出て不信任案は通過せんかわからん。これを刺す方法はただ一つだ。国民大衆があすの午後に衆議院の周囲に集り、出入りする代議士に対して、恥を知らざる者には恥を教え、勇なき者には勇気を与えよ。これ以外に不信任案通過の望みはない」と。「ゆくぞッ、ワーッ」と気勢が上つてた。当日、三階の窓から来るかと思つてみとつたら、誰もきやせんわ。（笑声）」（123）

五月二七日の幹部会談で新党問題については、自由、改進、日自党から交渉委員を出し合うこととし、日自党からは三木と松永東が選出された（宮本：364）。三党の有志議員の集まりである新党結成促進協議会は、五月二九日に第二回目の議員大会を開催した。協議会の中心人物である芦田、石橋、岸の三人に加えて、この時は三木も決意表明を行った（『朝日』五月二九日付夕刊）。同日、保守三党による新党交渉委員会の初会合が開かれたが、六月一五日に第一九国会が閉会となると自由党の態度が変わり、二三日に交渉は決裂してしまう（「「新党交渉」ついに決裂」『朝日』六月二四日付／岸：127）。自由党が態度を硬化させた背景には、改進党が新指導者の下での新党構想、つまり「吉田タナ上げ」を主張しはじめたことがあった（「「吉田タナ上げ」は困る」『朝日』五月一一日付夕刊）。

『石橋日記』の六月二四日には以下のようにある。「九時鳩山邸訪、三木武吉氏らと面会。三木氏は鳩山に直ちに起てという。予等は漸進論」(下671)。慎重論を唱える石橋に対して、三木は「グズ〳〵していたら吉田に切崩さるべし」と憂慮していた(『石橋日記』六月二九日：下672)。

新党結成促進協議会は会長・金光、党務担当・芦田、政務担当・岸、組織担当・石橋とした(宮本：365)。七月九日には大会を開催し、会機構は簡素化されたが、遊説は大々的に行うことを決めた(『石橋日記』七月八日、九日：下675／「遊説開始を申合せ」『朝日』七月九日付夕刊)。

七月二六日、造船疑獄事件で事情聴取を受けていた池田勇人が自由党幹事長となった。その数日前、池田は三木に幹事長内定の事実を伝えたが、くれぐれも内密にとお願いした。ところが三木はその事実を吹聴して歩いた。この件を池田は「ことばの恐ろしさ」と題して『日本経済新聞』九月一日付朝刊に書いた。三木が言いふらしたとは書いていないが、「将軍」「たぬき」など三木を連想させる言葉が散りばめられている。

これに対して三木は『日本経済新聞』九月二五日付朝刊に「化かした覚えはない」という弁明を記した。

「ただいまでも恐縮に思うことは当時池田君が幹事長就任のことを秘密にしてもらいたかったらしいのに、僕は吉田、池田の間で話が決まっていたことではあり僕にあけすけにいうくらいだから、むろん吉田側近や池田君の同志には話してあることと即断して人に問われるままに「池田君はもう幹事長就任がきまっているのだ」とふと口軽くしゃべってしまったことである。あとで、そうではなくてまだ秘密にしているのだということに気付いたから、ある人を通じて池田君に、幹事長問題は別に秘密ではないと思ったのでついしゃべった、ご迷惑であったら勘弁を願いたいと詫びごとを伝えておいたはずである。」

三木は『読売新聞』一一月一七日付朝刊に「散りぎわを知れ」という小文を発表し、「これは今の場合まだまだ秘密にすべきものであるかも知れないが」と前置きをしたうえで、吉田の「美しい退陣」の方法を何度も池田に伝えていたと明かしている。しかし池田は、吉田に引導を渡すどころか幹事長就任を受諾した。それを面白く思わなかった三木が、確信犯的にその事実を言いふらしたようだ。

右の『日本経済新聞』の記事（「化かした覚えはない」）で三木は「たぬき」にも言及している。

「僕が人を化かすというが、だまされる術ならば心得がないでもないが、だます術など心得がないばかりでなく、そんなものが世間にあろうはずはない。僕の生国である四国は昔からたぬきの本場ということに相場がきまっていて、たぬきに関する伝説や変わった話もずいぶんある。」

三木が紹介した「たぬきに関する伝説」はこんな話だ。たぬきの悪戯に困っていた田野久という男が「わしゃあのくそ（糞）の色をしている黄金の小判、あれが一番きらいなのだ」「あんなものを投げこまれたら降参だが」と呟いたところ、たぬきが小判を次々と投げ込んできて、田野久は「弱った、弱った」と言いながら金持ちになった。三木はこう続けた。

「ぼくを大だぬきだというものもあるそうだが、つまり田野久を相手にしたたぬきのようにお人好しという意味ならば、当っているように思う。まだこういう意味のたぬきならうんと世間にいる方が朗らかで、にぎやかでいいのではないか。」

天下の御意見番
三木武吉來る
時と場所
九月四日　午後七時　島原市大手廣場
（雨天・第二曙座）
九月五日　午後七時
長崎市本大工町市民運動場
（雨天・カトリック・センター）
九月六日　午後七時　諫早市安勝寺
九月七日　午後七時　佐世保市公会堂
第6回
長日時局批判大演說會
三木武吉氏
松永東氏
長崎日日新聞社

図7-4　三木の演説会を告知する『長崎日日新聞』1954年8月31日付朝刊
その後の記事を確認すると、予定が大きく変更になったようだ（本文を参照のこと）。

まったく人を食ったじいさんである。

三木は、八月の終わりから九月にかけて大分と長崎で吉田内閣打倒演説会を行った（図7-4）。大分では野依秀市とともに、八月三〇日午前一一時から宇佐神宮境内、同日午後七時半から大分県教育会館、三一日午後七時半から別府市公民館で演説会に臨んだ（『大分合同新聞』八月三一日付／九月一日付）。それに先立って行われた『大分合同新聞』のインタビューで三木は、「失礼だが今の自由党代議士諸君は主義主張よりも当選第一主義だ」として、国民に嫌われている吉田が総理のままでは、自由党からも保守新党への参加者が相当数見込まれると述べた（「吉田は米軍の手代」『大分合同新聞』八月三〇日付）。

九月四日午後七時から長崎市本大工町市民運動場で行われた「時局批判大演説会」には、五千人の聴衆が集まったと報じられた（『長崎日日新聞』九月五日付）。五日午後七時諫早市安勝寺で行われた演説会には、遠隔地から貸し切りバスで聴衆が殺到し、場外にまで人が溢れた。その様子を『長崎日日新聞』六日付は以下のように報じている。

「三木氏が登壇するころは会場はもちろん、場外沿道一円に万余の聴衆があとからあとからおしかけセキ一つなく静かにたたずんでマイクをもれる〝正論〟に耳を傾け、おかげで諸車の通行もストップされるなど、まれにみる盛況を呈した。やがて午後十時ごろ場内外に期せずして起る万雷の拍手と激励の声援のなかに諫早大会を終了した。」

「時局批判大演説会」は六日午後一時から大村市公民館、午後七時から佐世保市公民館でも行われた。大村市は自衛隊の基地があるため、自衛隊員が数多く参加し、さらには「階上には早々と女子学生連がドッとつめかけ婦人連が三分の一を占め」たと報じられた。長崎での演説会には、地元出身の松永東が同行しており、三木がしゃべり通したわけではないが、両会場とも演説会は三時間半から四時間続いた（『長崎日日新聞』九月七日付）。六日夜に宿舎に戻った三木は疲労困憊で、佐世保の『時事新聞』（九州時事新聞社）は「三木氏は足も腰もたゝぬほど文字通りのくたくた、眼はくぼみほおはそげ、つき添いにかつがれて部屋に入る始末」だと報じた。それでも三木は記者との会見に応じ、次のように述べた。

「吉田以外の新指導者が絶対必要だ、それには国民の世論の背景がなくてはならん、われわれが半病人の老軀をひっさげて全国を遊説しているのもそのためじゃ」（「吉田の役目終った」『時事新聞』九月八日付）

三木らは七日午後七時からは島原市でも「時局批判大演説会」を行った（『島原新聞』九月九日付）。三木は、『日本週報』第三〇二号（一〇月五日発行）に掲載された石橋、岩淵辰雄との座談会「新党の陣痛と次期政権」で、長崎の演説会について振り返っている。聴衆の数は少し誇張があるようだが、三木に大きなインパクトを与えたことがわかる。

「特に長崎県のごときは、写真を見てもわかるが、ぼくはびつくりした。一万三千以上は間違いない。長崎県は五箇所やつたが、集まつた人々の数は四万人、一番少い所でも六、七千人は集まつた。(中略)昼間やれば炎暑焼くがごとく、夜は涼しいがちょうど台風の前で、ときどきばらばらと雨が降る。にもかかわらず、最後まで聞いてくれた。しかも、集まる者の七割までは青年と婦人で、演説が終つてもぼくの自動車を取囲んで、三十分やそこら動かない。これには感激した。」(8)

三木は、九月一〇日に神田共立講堂で行われた吉田内閣打倒国民大会にも参加した。この大会は、野依秀市が代表を務める再建日本政界革新同志会が主催した。そこで三木は、吉田を「弓削道鏡と平清盛を一つにしたような人間」だとした(三木 1954⑮:36)。先に大分で演説会を行った宇佐神宮が、和気清麿が弓削道鏡の暴挙を阻止するために御神託を受けに来た場所であったことから、この比喩を思いついたようだ(「〝吉田道鏡〟に野依清麿?」『大分合同新聞』八月三一日付)。

さらに三木は、「若し吉田君をさし殺す以外に日本の再建を図る手段がない」となれば「他人の手は借りずに私が唯の一さしで殺してしまう」と物騒なことも述べている。これは、五月三日に大磯の吉田茂の私邸に不審者が侵入して逮捕された事件を念頭に置いたもので、こうした手段は「断じて取るべきではない」という警告の意味で述べたようだ(三木 1954⑮:35f)。では、具体的にどうしたらよいか。それは選挙で吉田を支持する自由党の候補者に投票しないことだという。葉書を送るのも有効だと述べている。

「お前が吉田を擁護するならば次の選挙は落選させる。お前が吉田に対して、あいまいな態度をとれば再び次の選挙に出られないようにすると葉書に書いて送れば一人の代議士に二百枚や三百枚の葉書が届いて吉田君擁護の代議士は吉田君から離れることは必至である。元来代議士というものは心臓が強く、図々しくてあつかましいとされているが、この葉書の趣旨にそむいたら当選することが出来ない。落選を恐れることは虎や狼以上に恐しいから、ふるえ上つて演説会にも吉田打倒に早替りすることになる。」（三木 1954⑮：36）

三木は予定時間を超える熱弁を振るい、自動車に戻ると、眩暈を訴えたと記されている（「吉田内閣打倒国民大会」『実業之世界』一〇月号：31）。

三木らの演説会は常に多くの聴衆を集めた。この頃、日自党は資金集めに苦心し、有料の演説会を各地で開催した（河野一郎：183）。九月九日に横須賀市民会館で行った吉田内閣打倒大演説会は「入場料三十円をとっても開会前早くも約二千名が殺到して、なお場外にあふれるという盛況」だと報じられた（「〝吉田に委せられぬ〟横須賀で日自党の倒閣演説会」『神奈川新聞』九月一〇日付）。世論が反吉田を支持していたことは明白であった。

三木は長崎で記者団に対して、保守新党の今後の見通しを次のように語っていた。

「ここ十日ないし二十日までの間に最後の段階に来るだろう。岸君らが努力しているので時をまっていたわけだが、まとまらぬ時は吉田につくものとはタモトをわかつて、救国新党を結成することになろう。（中略）救国新党には改進、日自、無所属若干、それに自由党内の鳩山、石橋君らの旧同志組、そのほか岸君らの同調者で最低百名を辛うじて越す程度で順調に行つて百三十名見当では

ないかと思う。」(「武吉老大いに語る　救国新党は出来る」『長崎民友』九月五日付)

九月一三日、三木と岸が三木の私邸で会談を行い、三木は「吉田外遊前の二十日ごろを目途に協議会を新党結成準備会に切りかえる」、「準備会には重光総裁、松村幹事長ら改進党主流を加えて〝反吉田新党〟結成の態度を明らかにする」の二点を要求した(「新党問題　岸・三木会談」『朝日』九月一四日付)。吉田は九月二六日から外遊の予定が入っていた。会談が終わると、三木は「春嶽といふ按摩のやうな名をつけて上をもんだり下をもんだり」と、幕末に詠まれた狂歌を紹介したという。幕府と朝廷の板挟みとなった松平春嶽を揶揄して作られた歌で、あちこちに良い顔をしようとする岸に対して反吉田への覚悟を迫った(「政界メモ」『読売』九月一四日付)。

新党結成促進協議会を新党結成準備会に切りかえる案は、七月に自由党執行部の反対にあい、頓挫していた(『石橋日記』七月八日：下675)。九月六日には、石橋が岸や芦田に対して、新党結成準備会への切り替えと「反吉田の色彩を明かにすべきこと」を説得したが、うまくいかなかった(『石橋日記』九月六日：下688)。

このような経緯がある中で一三日に三木が動き、さらに一九日には鳩山と改進党の重光葵が会談を行い、「新指導者、新組織、新政策で新党を結成する」ことで一致した(「「新指導者」の新党」『朝日』九月二〇日付『重光葵手記　続』：665)。鳩山が反吉田新党の結成に乗り出した背景には、一四日に吉田と芦田が会談を行い、吉田が「外遊後は後進に道を譲りたい」と述べたことがあった(「鳩山・重光会談の背景」『朝日』九月二〇日付)。吉田が鳩山に政権を譲る気がないことが明らかとなり、三木や松村らが手配して一九日の鳩山・重光会談となった。会談には、石橋、岸、松村、三木も立ち会ったが、この時点では、岸の腹はまだ固まっていなかった（「新党劇　混乱の糸をたぐる　本社政治部記者座談会」『毎日』九月二四日付夕刊）。

二一日にようやく新党結成準備会が発足したものの、自由党が「挙党参加」を決め、組織を乗っ取る作戦に出てきた（「準備会へ全員加入」『朝日』九月二一日付夕刊）。これにより、二一日の新党結成準備会の総会には、自由党九〇名、改進党二一名、日自党五名、無所属四名、参議院九名の計一二九名が出席した（岸：138）。

三木は二二日に、石橋、岩淵辰雄と『日本週報』第三〇二号（一〇月五日発行）の座談会に参加し、自由党のやり口を「やくざのなぐり込みと同じ」と評した（6／座談会の日にちは『石橋日記』：下692）。三木の批判は、反吉田へ舵を切ろうとしない新党結成促進協議会（新党結成準備会）にも向けられた。長崎では、八月に新党結成促進協議会の岸や金光らが演説会を行っていた（『長崎日日新聞』八月一七日付）。しかし、三木は自分の時ほど人は集まらなかったとして、「新党協議会のなまぬるい演説会にたいして割切れない不満があつたところへ、こつちは吉田内閣打倒一本でやるから、わあつと集まつて来たのだと気がついた」と述べている（三木1954⑰：8）。

三木は、この一点にかけることこそが、政治家の為すべき仕事だと考えており、吉田派にも反吉田派にもつかない、どっちつかずの生ぬるさを「雨やどり主義」とも指摘している。

「どつちつかずの連中も、いま言つた通り、正体は出したくないから、結局雨やどりの場所を心ならずも、われわれの方に求めてくる。これはかえって、ありがたくもあるが、また迷惑なんだ。しかし、それを絶対に拒絶するわけには行かない。そこにわれわれ救国新党的考え方を持つている者の悩みがあるのです。政党として党員のふえるのをりくつばかり言つて減らしたとなると、みんな怒りますからね。」（三木 1954⑰：9f）

新党結成準備会は反吉田にようやく舵を切り、一一月一日には新党結成準備会常任委員会を開催し、鳩山を準備委員長とすることを決定した（『石橋日記』：下701）。これにより八日には、石橋と岸が自由党を除名されてしまう（『石橋日記』：下702）。

一一月一〇日には、鳩山、重光、芦田、石橋、岸、松村、三木が会談し、新党結成準備会に改進、日自両党が協力して反吉田勢力を結集させる方針が固まった（『石橋日記』：下703／「新党へ二段構え」『読売』一一月一一日付）。吉田が外遊から帰国する一一月一七日より前の一五日には、第一回創立委員会総会が開催された。衆議院議員は自由党から三七名、改進党から五六名、日自党から八名、その他六名の計一〇七名（委任状提出者を含む）が出席した（『読売』一一月一六日付）。改進党革新派（三木武夫ら）と新党結成準備会（岸、芦田）の間で意見が対立し、代表委員の選出などで最後までもめたが、ようやくまとまり、二四日に結党大会を行うことが発表された。代表委員には鳩山、三木、重光、岸、石橋、芦田、松村、大麻唯男、苫米地義三、三好英之、大村清一の一一名が選出された（『朝日』一一月一五日付夕刊／『毎日』一一月一六日付）。党名は二二日に日本民主党とすることが決定した。

三木の秘書の重盛久治は、結党大会が二四日でなければ、運命は大きく変わっていた可能性があったという三木の証言を紹介している。吉田は二二日午後五時に党幹部に書簡を送り、進退を党に一任する意向を表明した（「首相、党幹部に重要書簡」『毎日』一一月二三日付）。もしも二三日が平日であったら、吉田書簡を見て、新党参加を思い止まる自由党員も少なからず存在したはずだ。しかし二三日は勤労感謝の日で休日であったため、三木らは二二日の早々に党籍変更を済ませるように手配を済ませていた（重盛：18f）。つまり吉田派は、書簡の発表のタイミングを誤ったことになる。吉田書簡の存在を報じた『毎日新聞』二三日付朝刊は、同時に、自由党員の動向として「鳩山氏ら三十五名脱党　さらに七議員も」と報じていた。三五名のうち一三名は岸派であった（渡邉 1958：103）。

二四日、日本民主党の結党大会が行われ、衆議院一二〇名（自由党三七名、改進党六七名、日自党八名、無所属八名）、参議院一八名（自由党三名、改進党一三名、無所属二名）、総裁・鳩山一郎、副総裁・重光葵、幹事長・岸信介、総務会長・三木武吉、政調会長・松村謙三という布陣で新しいスタートを切った（岸：158／「「日本民主党」きょう発足」『朝日』一一月二四日付）。

結党大会での三木の演説は好評だったようで『読売新聞』でその内容が報じられている。

> 「〔三木は〕「これまでの演説を新聞にたとえれば鳩山総裁はさしずめ第一面、外交問題を得意とする重光総裁は第二面、経済通の岸幹事長は第三面、この私は第四面」とブチ上げ、満場を爆笑の渦にまきこみつつ話を続けた。言論界に人気の悪かった吉田内閣に代り話を新聞になぞらえて言論尊重の一端をのぞかせようとするあたり芸が細かいとの評判。」（「芸の細かい三木老演説」『読売』一一月二五日付）

総理大臣	鳩山一郎	自由党
法務大臣	花村四郎	自由党（鳩山派）
外務大臣（副総理）	重光葵	改進党（主流派）
大蔵大臣	一万田尚登	前日本銀行総裁
文部大臣	安藤正純	自由党（鳩山派）
厚生大臣	鶴見祐輔	改進党（革新派）
農林大臣	河野一郎	日本自由党
通商産業大臣	石橋湛山	自由党（鳩山派）
運輸大臣	三木武夫	改進党（革新派）
郵政大臣	武知勇記	自由党（岸派）
労働大臣	千葉三郎	改進党（中間派）
建設大臣	竹山祐太郎	改進党（主流派）
国家公安委員会委員長	大麻唯男	改進党（主流派）
行政管理庁長官	西田隆男	改進党（中間派）
自治庁長官		
北海道開発庁長官	三好英之	参院・無所属（岸派）
防衛庁長官	大村清一	自由党（鳩山派）
経済審議庁長官	高碕達之助	前電源開発総裁
内閣官房長官	根本龍太郎	自由党

表 7-1　第一次鳩山内閣

民主党は政策大綱で「現行憲法及び占領下諸制度を改革する」と表明し、憲法改正のための憲法審議会の設置を決めた（宮本：370f）。反吉田を政策面で示すとともに、改進党革新派の協同主義の理念も政策大綱から省かれており、改進党革新派が民主党内で主導権を失ったという分析もなされている（冨森：87f）。

一二月六日、民主党と左右社会党は内閣不信任案提出を決めた。この時、社会党との交渉を担ったのが三木であった（『芦田均日記第五巻』一二月七日・八日：322）。衆議院の議席数は、自由党一八五、民主党一二一、左派社会党七二、右派社会党六一で、民主党と左右社会党が組めば、不信任案の可決は明らかであった。吉田は解散を主張したが、緒方が「解散を強行すれば私は閣僚として解散書類に署名しません」と反対し（緒方竹虎伝記刊行会編：200）、七日に吉田内閣は総辞職した。

一二月九日に吉田内閣総辞職に伴う首相指名選挙が行われ、民主党の鳩山が衆議院で二五七票（自由党・緒方竹虎は一九一票）、参議院で一一六票（同八五票）を獲得し、首相に指名された。その直前に開かれた民主党、左派社会党、右派社会党の三党党首会談において、早期解散を条件に三党が鳩山指名で一致した（『毎日』一二月一〇日付）。第一次鳩山内閣の閣僚は表7-1のとおりで、議員数のもっとも多い改進党が七名（一万田を改進党枠とすれば八名）を確保した。早期解散が約束されていたため、今回の組閣は論功行賞の意味合いが大きかった。組閣過程に関しては、小宮京「公職追放解除後の鳩山一郎」（増田弘・中島政希監修『鳩山一郎とその時代』平凡社、二〇二一年）に詳しい。

この中でもっとも注目すべきは、大蔵大臣の人事であろう。石橋は大蔵大臣就任を熱望していたが、組閣参謀となった三木から「まことに相済まぬが、通産大臣になってもらいたい」と打診を受けた。大蔵大臣に一万田尚登が就任すると聞いた石橋は「それは了承しかねる」と述べて退席した（石橋湛山「今だから話そう（最終回）」：24）。小宮の持つ資料では、第一次案で石橋は文部大臣となっていたという。小宮は、三木が石橋を選ばなかった理由として、「八人の侍」誕生の際の行き違いに加えて、積極財政を主張した石橋ではなく、一万田を起用することで「財政面に関して吉田内閣の路線継承を表明するため」だったと分析している（小宮 2021：225f）。石橋も、一万田は手堅い緊縮財政論者であり、自分の経済理論とは「天と地ほどの相違がある」と述べていた（石橋湛山「今だから話そう（最終回）」：24）。結局、この時は石橋が通産大臣を受け入れた。

一二月二四日には、東京有楽町読売ホールで野依秀市の再建日本政界革新同志会が主催する鳩山内閣激励大演説会が開催された。クリスマス・イヴにもかかわらず、会場は「立錐の余地なく超満員の盛況」となった（「鳩山内閣激励大演説会の記」『実業之日本』一九五五年二月号：41）。そこで三木は「天の声」（「国民の声」）で鳩山内閣が誕生したとし、来るべき総選挙で絶対多数を獲得できるように民主党への投票を訴えた（三木 1955②：47f）。

一九五五年一月二四日に解散となり、二月二七日に第二七回衆議院議員総選挙が行われた。吉田内閣打倒のために共闘した民主党と左右社会党であったが、憲法改正や自衛隊の扱いのほか、経済・外交政策でも相容れる点はなく、選挙は保守と革新の対決という構図になった。結果は、民主党一八五、自由党一一二、左派社会党八九、右派社会党六七で民主党が第一党となったが、過半数に満たず、革新勢力が三分の一を確保した。鳩山は自由党に対して多数派工作は行わないと宣言し、自由党も民主党の単独内閣を認めた（宮本：398）。

首相指名選挙では、民主党の鳩山が衆議院で二五四票（左派社会党・鈴木茂三郎は一六〇票）、参議院で九九票（同五八票）を獲得し、首相に指名された。この結果、三月一九日に第二次鳩山内閣が発足する。新たに閣僚に選出されたのは、文部大臣・松村謙三（改進党・主流派）、厚生大臣・川崎秀二（改進党・革新派）、郵政大臣・松田竹千代（日本自由党）、行政管理庁長官兼自治庁長官・川島正次郎（自由党・岸派）、北海道開発庁長官・大久保留次郎（自由党・鳩山派）、防衛庁長官・杉原荒太（自由党・鳩山派）の六名であった（括弧内は民主党発足以前の所属）。西田隆男は、行政管理庁長官兼自治庁長官から労働大臣に横滑りとなった。七名の改進党枠（一万田を改進党枠とすれば八名）は変わらず、岸派が二名から一名に減った。

この時の組閣過程についても小宮の研究に詳しい。小宮は、「河野が帰った後に、最終的に三木武吉が〔閣僚名簿に〕手を入れた」という関係者の証言を引き出し、「鳩山内閣とは、三木武吉の影響力が発揮された内閣であった」としている（小宮 2021：234）。三木は旧改進党の影響力低下を狙い、政調会長の松村謙三を党三役から外し、将来的に副総理に起用することを見込んで、今回は文相への就任を打診した。注目すべきは、同じタイミングで三木議長が浮上してきた点だ。『朝日新聞』三月一六日付朝刊には「松村氏、入閣渋る」という記事の右側に「三木（武吉）議長説高まる」という記事が掲載された。『朝日新聞』一九日付朝刊によると、松村は「党三役のうち自分一人の入閣だけが問題にされているのは不本意だ」と考え、三木が議長に立候補することを条件に文相就任に応じたという（「組閣成るまで結局は手直し程度」『朝日』三月一九日付）。

小宮は、党内で三木総務会長と岸幹事長と対峙したのが松村政調会長だとして次のように述べる。

「つまり松村入閣とは党を三木武吉と岸が掌握することを意味する。松村は三木武吉らが党を掌握することを危惧した。松村後任には清瀬一郎、三木武吉後任には砂田重政が予定されており、清瀬は党務に強いとは言い難い。そこで三木を議長に推すことで党から切り離そうとしたのであろう。」（小宮 2021：241）

結局、三木議長に対しては自由党から反対の声が相次ぎ、野党連合が成立した。三木は一八八票の獲得にとどまり、二七一票を獲得した自由党の益谷秀次が議長に就任した。小宮は「自由党の反発の強さを考慮すれば、三木議長の実現可能性が低いことを三木は理解していたのではないか」と述べている

（小宮 2021：241）。終戦直後、議長就任を目前にして公職追放となった経緯を考えれば、三木議長は念願とされ、そのように報じられることもあったが、三木としては再び議長就任を阻まれる可能性を考慮に入れたうえで、名を捨て実を取る道を選んだと言えよう。その結果、松村は文相として入閣し、三木は総務会長留任となった。松村を閣内に取り込むことで、鳩山の後継を狙う旧改進党の重光との間にくさびを打ち込むことにも成功したと小宮は見ている（小宮 2021：242）。

ただし、かつての救国新党派（日自党と改進党革新派）は、岸が三木議長の実現を妨げたと考え、一日会というグループを結成し、岸幹事長の退任を求めた（「岸幹事長と一日会」『国会通信』四月一五日付）。民主党内でもさまざまな思惑がうごめいていた。

自民党をつくった男

憲法改正と再軍備を掲げる鳩山内閣の誕生によって、吉田内閣の憲法護持、サンフランシスコ体制堅持から大きな転機を迎えようとしていた。しかし、少数与党という状況を打開しなければ、肝心の政策を実行に移すことは不可能であった。予算案の提出も目前に迫っていた。三木は、次なる手を考えていた。

一九五五年四月一二日午後九時三〇分東京発の「筑紫」に乗った三木は、車中で保守合同の必要を説き、朝日・毎日・読売・日経の新聞各紙は、四月一三日付夕刊の一面トップでこれを報じた（図7-5）。これほど大々的に報じられたのは、民主党を結成して選挙で勝たせた三木が、「保守勢力結集のためにはあえて鳩山首相を中心とする考えはなく、これを強力に推進するなら他の人でもよい」と鳩山首班にこだわらない方針を示したからだ（『毎日新聞』）。「保守合同に障害と見られている当人がこの問題で最も熱心だということが判れば、ほかの熱心な人たちに安心を与えると思う」という三木のコメントからも明らかなように、反吉田に力を入れてきた三木の保守合同宣言を多くの人が驚きをもって受け止めた（「党内の意見調整へ」『日経』四月一五日付）。もちろん交渉相手は緒方を指定した。『毎日新聞』一三日付夕刊は次のような三木のコメントを紹介した。

（夕刊）The Mainichi (Evening)　（日刊）昭和30年（1955年）4月13日　（水曜日）

毎日新聞　夕刊

三木民主党総務会長、保守合同を提唱

近く緒方氏に申入れ

中心に鳩山氏考えず

今国会中にも話合い

"第三勢力"の動きも期待

①三木総務会長　②緒方自由党総裁

図 7-5　三木の車中談話を伝える『毎日新聞』1955 年 4 月 13 日付夕刊

「自由党は緒方派と吉田派に分れ複雑だといわれている。我々は自由党の正式機関である緒方－石井幹事長の線を相手とする。保守合同を提唱すれば理論上は吉田派もついて来るものと思われるが、事実はなかなかむずかしく若干の脱落者があるかもしれない。しかしできるかどうかは、まったく緒方総裁に勇気があるかないかにかかっている。」

保守合同を推進してきた岸とは事前に打合せができており、「一番喜んだ岸氏」と報じられた（『日経』四月一四日付）。岸は、五月七日に民主党の公式態度として、保守結集は「世論の要請」であり、そのためには解党も辞さないとの談話を発表する（『朝日』五月七日付夕刊）。当時、防衛分担金交渉を行っていたアメリカが日本の政局安定を望んでいたことも保守合同を後押しした（中北：206）。

四月一三日付夕刊をもう一度確認してみると、車中で三木は「この談話が出ると鳩山はきっと目を白黒させてびっくりするだろう」と語っていたが（『読売』）、一三日午前の定例記者会見で鳩山は「いい相続人があればいつでもできる」と答えた（『朝日』）。自由党の緒方は、民主党から申入れがあれば検討すると答え、石井幹事長は「公式回答の必要はない」と慎重な対応を示した（『読売』）。吉田派の佐藤栄作は「党利党略だ」と不快感を示した（『日経』）。

その後の新聞を確認してみると、民主党内の旧改進党の議員は一様に懸念を示していたこともわかる。松村は「世間が少し騒ぎすぎる」という談話を発表し（『朝日』四月一五日付夕刊）。大麻は「発表の時期や表現が軽率」だとして三木に自重を求めた（『朝日』四月一六日付）。

ちょうど一年前の五四年四月一三日は、自由党の緒方が「爛頭の急務」で始まる「自由党声明」を発表した日にあたる。保守合同は喫緊の政治課題ではあったが、手垢のついたテーマでもあり、三木は新聞で大々的に報じてもらうための策を講じた。まず注目したいのは、東京から高松に向かう車中で談話を発表した点である。車中談はよくある取材形式であったが、大阪駅での記事の受け渡しを想定していたところに三木の策略があった。『朝日新聞』のみ「熱海発」の記事として報じたが、それ以外の新聞はすべて「大阪発」の記事として報じた。このタイミングで発表すれば、東京と大阪の全国紙は夕刊トップでこの記事を取り上げやすくなる。三木の故郷である香川県の『四国新聞』は四月一三日発行の夕刊（一四日付）トップで報じ、一四日付朝刊で大阪発の記事として詳細を報じた。

水木楊は三木の評伝『誠心誠意、嘘をつく』（日本経済新聞社、二〇〇五年）の中で、『中日新聞』記者の本田晃二の証言として、四月一二日の出発前に牛込の三木の自宅に担当記者が呼ばれ、大阪到着までは秘とすることを条件に事前に内容を伝えられたとしている（331f）。『読売新聞』記者の田村祐造も同様の証言を残している。当時の三木は多忙を極め、夜中に電話で起されることも珍しくなかった。そのため、旅に出かける時は夜汽車で「すぐ寝台にもぐり込み、ウツラウツラとゆられて行くことを、ほとんど無上の楽しみとしていた」。それを知っていた記者らが三木に事前取材を申し入れ、夜七時頃に三木邸に集まり、話を聞いてから一緒に東京駅へと車で向かった（田村 1957：129）。

三木の車中談話をもっとも詳しく報じたのは、田村の所属する『読売新聞』であった。後述のとおり社長の正力松太郎が保守合同に熱を入れていたからである。『読売新聞』は自由党の緒方・石井・大野・佐藤栄作、民主党の三木武夫、左派社会党の八百板正・伊藤好道、右派社会党の河野密、緑風会の広瀬久忠など政界関係者のほか、大宅壮一や山川均などの評論家、さらには前田多門、三井銀行社長・佐藤喜一郎、日銀政策委員・岸喜二雄、野村証券社長・奥村綱雄、山一証券会長・小池厚之助、輸出入銀行総裁・山際正道、富士銀行頭取・迫清二、日本鉄鋼連盟専務理事・岡村武、旭電化社長・東海林武雄、経済同友会常任幹事・郷司浩平、小野田セメント社長・安藤豊録といった財界関係者のコメントを掲載した。このように財界の期待を背負って保守合同が進められた点も忘れてはならないだろう。

三木らが乗った夜行急行列車「筑紫」が大阪駅に到着するのは、翌一三日の午前八時四〇分である。夕刊の締切が昼過ぎとして、この間にこれらの人びとのコメントを取って、記事にまとめるのは至難の技であろう。やはり三木から事前に情報提供があったと考えるのが自然である。田村の証言どおりだとすれば、東京駅で会社に一報を入れることも不可能ではない。

水木は『誠心誠意、嘘をつく』の中で、三木の車中談話を二つの観点から考察している。一つは、四月一三日が統一地方選挙前のタイミングであるという点だ。民主・自由両党が対決している最中に合同論が飛び込んでくるのだから、当事者たちは歓迎するはずがない。水木はこう断言する。「最も都合の悪いときに構想をぶち上げた方がよい。その方が話題を呼ぶ。誰がどの程度反対するかがより鮮明になるというものだ」(336)。もう一つは、記事の情報解禁を大阪とした点についてである。張本人が東京にいないのが重要だという。

「構想を発表した三木に真意を正そうにも、ご本人がいない。みながあでもない、こうでもないと口角泡を飛ばして議論するうちに、「保守合同」は賛否を別として、永田町の中心テーマになることだろう。いわば保守合同をめぐる、目に見えないシンポジウムの開催である。」(336)

この年、三木は保守合同のために、さらに大きな仕事を成し遂げる。犬猿の仲として知られていた大野伴睦を、自由党内をまとめるキーパーソンと位置づけ、和解に乗り出した。

三木と大野の秘密会談をセッティングしたのは、『毎日新聞』の西山柳造と西谷市次という二人の政治記者であった。西山柳造は一九四六年に政府の憲法問題調査委員会の憲法改正草案をスクープした記者としても知られている。西山のスクープ記事がきっかけとなり、GHQは代案となる草案をわずか九日で作りあげた。西山は、三木の「妾論争」についてもっとも詳しい証言を残した人物でもある（本書序章を参照）。もう一人の西谷の証言によると、民主党結成にあたっても「三木さんの秘命をうけて」鳩山の説得にあたったという（西谷：265）。『鳩山薫日記』には西山と西谷の名が何度も登場するので、三木がこの二人を「手駒」として各方面の交渉にあたらせていたようだ。

西山は『正論』一九九三年八月号で、三木と大野の秘密会談について次のように述べている。

「昭和三十年の五月十五日、日曜日で五月晴れの日だった。私と同僚の西谷市次君の二人は三木武吉先生と打ち合せ、自由党の大野伴睦総務会長と三木武吉先生の保守結集の会談を実現するため大野邸を早朝に訪れた。そこで大野先生をようやく説得し、犬猿の仲の二人を高輪の山下太郎（アラビア石油社長）邸で同夜六時に会談させることに成功した。」（西山：129f）

アラビア石油社長の山下太郎は、三木が正力と連携して報知新聞社の株を買い集めた際、正力の名前が表に出ないように名前を借りた人物である（本書第六章を参照）。西山が『正論』誌上で会談の裏側を明かしたのは、『産経新聞』の「戦後史開封」という企画に協力していたからだ。この企画で西山は大野を説得した方法も明らかにしている。

「どうしようもないので一計を案じてね。先生とこに隠し電話はありませんかって聞くと、二階のベッドのそばにあるって。じゃあ三木さんの誠意を示すために午前十時ちょうどに三木さんに電話させますからっていうと、それじゃしかたないということになった」（産経新聞「戦後史開封」取材班

編：471）
当時の政治家は隠し電話を持っていた。映画《吉田学校》でも、三木が電話を使って交渉を行う様子が描かれている。評論家の森田実は「お互いのカクシ電話の番号を知り合うことが、実力者の条件」で「秘密の共有はすなわち権力の共有」だとし、大野が隠し電話の番号を教えた時が、三木と大野の秘密会談の「本当の分水嶺」だったとしている（森田：51）。西山と西谷は会談の内容を記事にはしなかった。西山は、三木と大野から「「保守合同記念、三木武吉、大野伴睦」と刻んだ時計を記念に戴いた」と証言している（西山：132）。

三木と大野は何度も電話でやり取りをすることになるが、大野はこんなことも証言している。たまたま大野が俳句を作っていて電話に気付かず、妻が出ると、三木は偽名を使った。大野の家にも多くの新聞記者が出入りしており、大野の妻と顔なじみの記者もいるだろう。万が一、そこから情報が漏れてはいけないと三木は考えたようだ。三木の周到さを表わすエピソードである（大野・木舎：42）。

大野は、五月一五日の夕方六時に山下邸で三木と話した内容に関して次のように述べている。

「三木はそこで彼の世界観をぶった。ワシは〝それは鳩山の延命策じゃないか〟と突っ込んだところ、〝鳩山の終りをまっとうさせたいのは君も人後に落ちないだろう〟という。保守合同をして鳩山に花道を作ってやりたいという三木の心情がヒレキされるにおよんで、人間伴睦ホロリとしたんジャよ……」（「〝保守新党〟産みの親　句会の裏口から脱出　大野伴睦氏」『読売』一一月一四日付夕刊）

大野によると、二回目の会合は麻布の木村義雄邸で実施され、大野は別の場所で行われた句会を裏口から抜け出し、タクシーを拾って駆けつけた。三回目は高輪の料亭・志保原で行われ、大野は熱海を早朝五時の汽車で立ち、三等車に乗りこむ周到さで記者の目を欺いた（「句会の裏口から脱出　大野伴睦氏」『読売』一一月一四日付夕刊）。三回目の高輪の会合は、正力松太郎と藤山愛一郎も一緒だった。三木と大野は、この二人から保守合同を持ちかけられていたため、四人で会うことになった。「二人でこっそり会っていたのでは、先方に失礼だ」として、山下邸での会談は内緒にしておくと決めたが、当日、二人がいる前で三木が「先夜はどうも」と声を掛けてきた。慌てた大野は聞こえないふりをした。すると、帰りがけに三木が大野の耳元で「僕もタヌキだが、君も僕以上の大ダヌキだな」と言ってきたという（大野：167f）。

この三回目の会談は五月一九日朝に行われ、新聞でも報じられた（「鳩山・緒方会談強まる」『読売』五月一九日付夕刊／「三木、大野氏が会談」『毎日』五月一九日付夕刊／「きのう三木・大野会談」『朝日』五月二〇日付）。自宅に戻った大野が記者に会談を嗅《か》ぎつけられ、大野は否定したが、何気なく使ったマッチが料亭・志保原のものであった。記者が志保原に電話して、朝の会合のことがばれてしまった（大野・木舎：42）。

三木が会談に正力を加えたのは、正力から二千万円を受け取っていたからだ。『読売新聞』の渡邉恒雄によると、正力は「保守合同をやったのは正力松太郎だ。工作資金として三木武吉に二千万円渡した」というパンフレットを作り、吹聴して歩いていたという（渡邉 2000：132）。ただし前述のとおり、正力が動く前に、三木と大野の間で話はできあがっていたわけだ。

図 7-6　壇上で握手をする大野伴睦と三木武吉
『新政界』臨時増刊号（三木武吉読本）、第 2 巻第 9 号、1956 年。中央は野依秀市

五月二三日には、三木と大野に、民主党の岸信介、自由党の石井光次郎の両幹事長を交えた公式の四者会談が開かれている（『朝日』五月二三日付夕刊）。六月四日には、鳩山と緒方の党首会談で基本的に合意にいたった（『朝日』六月四日付夕刊）。

六月一〇日には、東京の日比谷公会堂で野依秀市の再建日本同志会が主催する保守結集促進国民大会が開かれ、壇上で三木と大野が握手した（図7-6）。この大会は大阪、名古屋、北海道、仙台などでも開催され、三木は八月二〇日から北海道に足を運んだ。北海道では、札幌、小樽、旭川、帯広、苫小牧、函館をまわり、その後、青森から仙台に入った（「北海道未曾有の盛況」『実業之世界』一九五五年九月一五日号）。三木は旭川での講演後に脳貧血で倒れたが、その後も講演行脚を続けた。大会を企画した野依はこう述べている。「〔この時の〕過労が祟つて死を早めたことは事実だ。しかし、至上命令と自ら信じた保守合同のために命を縮めたのだから彼は本望であつたろう。」（野依：51）

三木と大野の秘密会談の内容は、特に大野が「実はあの時はこうだった」と語った後日談がもととなっている（三木、大野「保守結集はこうして」『毎日新聞』六月一七日付（三木 1955 ④）、「三木と大野　保守合同の断面」『朝日』六月一九日付)。大野の話術の上手さもあって、新聞読者はその物語に魅せられていった。事後的に作りだされた「メディア・イベント」と言えるのだろうが、これを歴史的な視点で検証することも必要だろう。たとえば、犬猿の仲と言われた二人の和解という点が強調されたが、はたしてそうなのか。一九五三年四月の選挙の時に、鳩山を裏切る形になった大野を、三木が「大野の〝義〟には言べんがついている。議長(衆院)のイスを得て親〔鳩山のこと〕を滅することになる」と批判したことは本書でも紹介した。しかし、二人は東京市会議員の時代からお互いをよく知っており、新党結成準備会ができたばかりの頃、大野は『日本経済新聞』一九五四年一〇月二一日付朝刊に「わが人物評　三木武吉」を発表している。

「好きな女性の前で眼尻を下げ、低酌三昧の好青年だった若き日の三木を知るぼくには、どうしても悪い奴とは思えない。ただ老来、策と略とを強めて権謀術数をめぐらし過ぎる感じがする。どうも策士というものは自分の思惑にスリルを覚え、それが図に当ったときの愉快さが忘れられないものらしい。(中略)年若くして大蔵政務次官になり、幹事長になったりして早く出世し過ぎたのが、三木にとって幸いだったかどうか疑問である。」

悪評ではあるが、愛のある悪評である。三木は新聞をよく読んでいたというから、こうした記事も判断材料として大野が交渉相手として適任だと見定めたのだろう。

三木と大野会談によって実現に向けて大きく動き出した保守合同であったが、簡単な道のりではなかった。民主党内で旧改進党や鳩山系の議員を中心に三木と岸への不満が高まり、六月一四日には衆参合わせて八二名の議員が「党機関の一新」を申し合わせた。これに対して三木は、落選組の前・元代議士の集団である民主同志会を結成し、保守合同の行動隊の任務に当たらせようとした（「民主党の党内分裂表面化　解散?·総辞職?で」『国会通信』六月一五日付）。八月には鳩山が「保守合同には慎重に」というコメントを発表し、波乱を呼んだ（「鳩山発言で波乱」『国会新聞』八月七日付）。

三木は、八月一九日に改進党出身の芦田とグランドホテルで話し合い、「保守合同に障害となるものが三つある」として、「一、鳩山氏の態度決心　二、自由党吉田派　三、民主党内の革新派」を挙げたという。

この日の『芦田均日記』から三木が話したという内容を引いてみたい。

「現在鳩山は来春五月頃まで残りたいと考えている。然し自由党は秋には引込めという。その妥協点をいつにするのかゞ問題である。万一民自の話が決裂すれば鳩山はノタレ死ぬより外はない。然し解散をしても勝つ見込はないから結局ノタレ死ぬだけだ。そこは徹底した功利主義者の鳩山だからソロバンを示せば言うことは聞くと思う。俺が悪者になればよいのだ。緒方・大野共に自由党吉田派の動向を甘くみているが、池田勇人などは今一度吉田にやらせるつもりでいる。遮二無二合同をするとして民主党の三木、北村が離れ、吉田派が離れるとして合同が二五〇名に上ればやれる。然し絶対多数を占めないと、この連中がCasting votesを握つてくわゑてふり廻される。結局十月・十一月が焦点になる。そして鳩山は言うことを聞くと思う。松村謙三、大麻等は最後にはついてくる。後釜は緒方にする外はない。岸がアメリカで鳩山引退の話をして、それが手形として鳩山を拘

束することにならう。」(『芦田均日記　第五巻』: 458)

この時期、自由党との合併交渉で問題になったのは、時期と総裁であった。新党結成の時期について、大野は年内、三木は来春を想定していた(「三木・大野氏食違い」『朝日』七月二四日付夕刊/「保守合同、明春に」『朝日』八月二〇日付夕刊)。右の『芦田均日記』の内容と照らし合わせると、三木が来春と主張したのは、鳩山がそれまでは政権を保持することを希望していたからのようだ。

自由党との交渉で特に問題となったのは、総裁の選出方法であった。自由党は総裁公選論を主張したが、民主党内は旧改進党系や鳩山系のグループを中心に鳩山総裁を望む声が強かった。こうした声に配慮して岸は、初代総裁に鳩山、通常国会終了後に二代目総裁として緒方という構想を示したが、三木はそれを否定して総裁公選論を掲げた(「"岸構想"は原則違反」『朝日』九月一六日付/「三木総務会長、保守合同語る」『毎日』九月一六日付)。三木と岸は裏で通じているとも言われていたが、ともかく自由党の吉田派、民主党の旧改進党や鳩山派の議員の動向にも目を光らせながら、交渉は進められていった。

民主党と自由党は共同の政策員会を開催して「新党の使命」「新党の性格」「新党の政綱」をまとめ、八月一日までに両党の総務会および議員総会に報告、了承された(宮本: 408-24)。「新党の政綱」では、「一　国民道義の確立と教育の改革」「二　政官界の刷新」「三　経済自立の達成」「四　福祉社会の建設」「五　平和外交の積極的展開」「六　独立体制の整備」が掲げられた。「六　独立体制の整備」では「現行憲法の自主的改正をはかり、また占領諸法制を再検討し、国情に即してこれが改廃を行う」ことが明記された(宮本: 421ff)。

九月二八日には、日比谷公会堂で保守合同演説会が開催され、両党の幹部が勢揃いし、鳩山と緒方が握手を交わした（「とにかく握手」『毎日』九月二九日付）。三木は、二一日に行われた都政の有力者との懇談会で二八日の演説会への協力を要請し、「如何なる反対論をも制圧して全国的な世論を喚起することにしなければならない」と訴えた（「都政人の協力要請」『国会新聞』九月二八日付）。演説会当日は台風の影響であいにくの天気だったが、会場は満員となり、国民的関心の高まりを感じさせた（「鳩山演説に保守合同を占う」『読売』九月二九日付）。最後に演説をした三木は「今日の保守合同に対する宣誓、それに反するものは天罰を受ける」と述べ、さまざまな思惑が乱れる両党に聴衆さらにはメディアの前で約束をさせた（「〝宣誓〟迫った三木老」『朝日』九月二九日付）。

保守合同演説会は一〇月八日に大阪中之島中央公会堂でも開催され、鳩山と緒方も出席した。記録には残っていないが、この日に大阪で三木が緒方と秘密裏に会合を行い、年内の合同を切り出したとされる（「極秘に緒方・三木会談」『読売』一〇月一二日付／田村 1957：132f）。一〇月一〇日、三木は石橋の家を訪れ、前日に行われた三木、岸、河野会談の結果を報告した。そこで三木が「年内合同決行の意図」を示したと石橋は記録している（『石橋日記』：下 760）。合同の時期は翌日の新聞でも報じられたが、「鳩山総裁で年内合同」（『朝日』一〇月一一日付）、「総裁公選、一一月合同」（『毎日』一〇月一一日付）と総裁の選出方法は意見が割れていた。岸や河野は鳩山総裁を推したが、三木は「総裁公選を党議で決した自由党が事前の鳩山総裁を呑む訳がない、そんな事を条件として持出せば合同は崩れる虞がある」と反対していた（『芦田均日記　第六巻』一〇月一二日：17）。なお一足早く、左右両派社会党は一〇月一三日に神田共立講堂で統一大会を開き、再統一を果たした。社会党は衆議院で一五五名、参議院で七一名となり、両院において第二党に躍進した。

待ったなしの状況の中で保守新党は初代総裁の決定を後回しとし、一〇月二七日に新党準備会を発足させ、三木と大野が会長となった（『朝日』一〇月二七日付夕刊）。一一月一〇日には、鳩山、緒方、三木、大野の四名による代行委員制で一五日に結党大会を開催することを決定した（「窮余の妥協「代行委員制」」『朝日』一一月一一日付夕刊）。一四日には、鳩山、緒方、三木、大野、岸、石井光次郎による六者会談が開かれ、党名を「自由民主党」とし、代行委員に鳩山、緒方、三木、大野、幹事長に岸、総務会長に石井、政調会長に水田三喜男とすることを決定した（「新党きょう発足」『朝日』一一月一五日付）。

保守合同の完成に向け、世間の注目は最高潮に達しようとしていた。一一月一五日、神田の中央大学で開催された自由民主党結成大会には、その立役者たちを一目見ようと学生が殺到した。会場に到着した三木が学生に囲まれる様子は、『サンデー毎日』一九五五年一二月四日号のグラビアで紹介された（本章扉）。写真の説明には、こう記されている。「結成大会の会場である中央大学の付近はヤジ馬で埋まった。「タヌキだ」「タヌキだ」ともみくしゃにされながらも、三木老は上機嫌」。

会場となった中央大学講堂の壇上には、中央に日の丸、その上に「新党結成大会」という文字、右に「政治は国民のもの」で始まる立党宣言、左に「一、わが党は、民主主義の理念を基調として」で始まる綱領が掲げられた。座席は中央に現議員四一三名、財界、言論界、学界などの来賓一五〇名、民自両党の都議、区議七〇〇名、両端に前・元議員三五〇名、支部代表四五〇名、合計約二千名が出席し、傍

図 7-7　自由民主党結成大会
『1億人の昭和史 6　独立—自立への苦悩』毎日新聞社、1976年、60頁。前列の左から鳩山、緒方、三木、岸、石井。

聴者を加えれば約三千人が集結した（ただし、「午後一時現在出席議員三百十五名」という報告があったとも記されているので、実際の参加者数はこれよりも少ない可能性もある）。鳩山、緒方の挨拶に続いて、岸が新党準備会経過報告を行い、議事に入った。新しい党名が報告され、満場一致で採択されると、「自由民主党」と書かれたのぼりが壇上に登場した。一般公募した党名は「日本保守党」が一番多かったが、「保守」は「反動」を連想させ、社会党の「革新」と対比的に用いられてしまうとして、「自由民主党」に落ち着いたという（「自民党結成大会の記」『新政界』一九五六年一月号：142f）。

　鳩山、緒方の挨拶はごく単調、岸の報告は事務的な内容とされたが、三木の挨拶だけは「唯一の例外」とされた。三木の熱のこもった挨拶によって「拍手と嘆声が津浪《つなみ》のように高まり、会場のふんいきは、この時はじめて劇的に白熱した」と報じられた（「「自民党」結成大会を見る」『朝日』一一月一六日付）。

　この時の三木の挨拶の一部が『音の日本史』（山川出版、一九九九年）に収録されている（DISC2・37「自民党結党大会・三木武吉の演説」）。聞き取りづらい部分もあるが、三木は「最高指導者である総裁の選任をえることができなかった」としたうえで、こう述べた。

「しかしながら、このことはいつにかかってわが党が従前いまだかつてみない国民大衆を基盤にした組織ある国民政党たらしめんがために、その組織のいまだ完璧を期することができないためであります。ここにおいてわれわれは早急にこの完璧を期さなければなりません。」

閉会後は、大野の発声で全員が起立して万歳三唱をした（図7-7）。これにより、衆参合わせて四一七名（衆議院二九九、参議院一一八名）の巨大与党が誕生し、保守、革新の二大政党が対峙する新しい時代に突入した。

一一月二二日に首相指名選挙が行われ、民主党の鳩山が衆議院で二八八票（左派社会党・鈴木茂三郎は一五〇票）、参議院で一四九票（同六四票）を獲得し、首相に指名された。こうして第三次鳩山内閣が発足した。今回の組閣は、保守合同に貢献した人物に対する論功行賞の意味合いが大きく、正力松太郎も北海道開発庁長官として入閣した。来るべき緒方内閣に備えて、一流の人物を温存したとも言われた（小宮2021：246f）。

図 7-8　三木会編『三木武吉』口絵

図7-8は、三木の伝記・三木会編『三木武吉』（一九五八年）の口絵に飾られた写真である。そこには「生涯最良の日　自由民主党結党式控室にて」と記されている。読売新聞社政治部記

者の田村祐造によると、この写真が撮られたのは自由民主党結成大会（一一月一五日）の数日前であったようだ。『読売新聞』一一月一四日付夕刊には「〃保守新党〃産みの親」と題して三木と大野のインタビュー記事が掲載されている。その取材の時に、三木から「死んだとき飾る写真が欲しい」、「うちの連中がボクの写真はどれもこわい顔ばかりで、笑った顔がないと、こういうんだよ」と言われて、田村がこの写真を撮った。

「恐らく三木さん自身も、その時は茶目気半分の気持でいいだしたものであろうが、保守合同をなしとげたという安堵感は、なんといってもこの老人の痩軀《そうく》をささえていた「心のハリ」をどこかでつきくずしていたものに相違ない。」（田村 1957：128）

一九五五年の暮れに、三木はこの写真を大判で一五枚プリントするように田村に依頼した。三木はそれを額縁に入れ、署名をして、形見代わりの袴を付けて、親しい友人に贈ったという。

終章
狸のいない七月

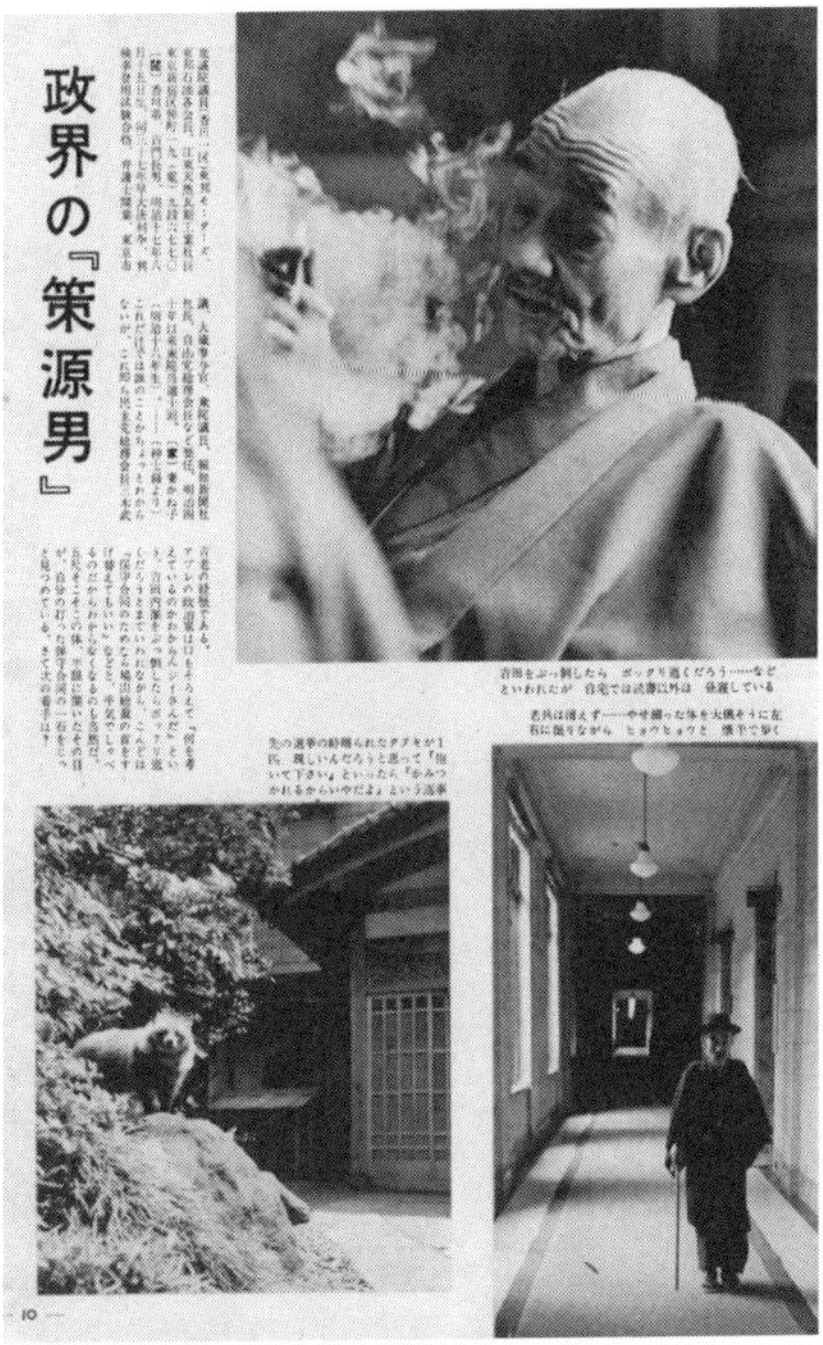
政界の『策源男』

「政界の「策源男」」『毎日グラフ』1955年7月号
『サン写真新聞』1955年5月23日付に掲載された写真を再構成して特集が組まれた。

「弁護士や政治家は少しぐらい悪党でも腕利きならよいという悲しむべき人物評価の通る社会では大をなすことができた。のみならず最近では保守合同と言い、鳩山内閣の実現と言い、すべて彼の舞台裏工作によるとみねばならぬほどの実力者となっている。彼の死はこの内閣にとって大きな衝撃だろう。木から落ちたサルのようになる大臣も現われる▼だが、国民のめざめた層はもう三木式の政治とは手を切りたいと願っている。第二、第三の三木が現われることを望んでいない。ジャーナリズムもああいう漫画的カムフラージュにごまかされぬ批判力を持ち合わせるようになったからあの型の政客は没落を免れない」(「中外春秋」『日本経済新聞』一九五六年七月四日付夕刊)

「保守＝ヴィールス」論

一九五六年一月二八日、自由民主党の初代総裁として有力視されていた緒方竹虎が急死し、政界に衝撃を与えた。その数日前の一月二四日、三木は香川県丸亀市記念館で行われた支部結成大会で軽い脳貧血を起こし、演説を途中で中止していた。しばらく高松のホテルで静養し、二六日に帰京した（「予定通り今夜帰京」『四国新聞』一月二六日付）。深夜の電話で緒方の訃報を知った三木は、ふたたび軽い脳貧血を起こしたと報じられた（「訃報の電話に三木老も脳貧血」『四国新聞』一月三〇日付）。緒方の死によって、四月五日の第二回臨時党大会で自由民主党の初代総裁には鳩山一郎が選出された。

三木は『毎日新聞』一九五六年一月二九日付夕刊に「緒方君を憶う」と題して寄稿した。その冒頭は以下のように始まる。

「僕が緒方君と直接、相知るようになったのは太平洋戦争前緒方君が朝日新聞の副社長、僕が報知新聞の社長だったころで、当時戦争気構えから言論機関、とくに新聞の統制ということが問題になりかけており、僕はもとより新聞統制には反対であるし、緒方君ももちろん反対の傾向を持っておった。」

本書第五章で論じたとおり、三木が新聞統制に反対だったというのは大嘘である。それはともかく、三木は新聞人としての緒方をよく知っていた。一九五二年の春頃、古島一雄から緒方の政治家としての資質を問われた三木はこう答えたという。

「緒方という男は相当の人間であることを知っている。それは彼が新聞人としての意味である。果して新聞人として適当なものが政界人として適当であるかどうかは即断はできない」

緒方は終戦間際に国務大臣を務めたが、それは官僚政治家として手腕を発揮したにすぎない。これからは政党政治家としての役割が求められる。緒方を間近で観察してきた三木は、「政党人に最も必要な捨身になって最後の断を下すという点に欠けるところがある」と感じていた。ところが、今回の保守合同で、緒方は吉田に引導を渡すという大仕事をやってのけた。この点を三木は高く評価した。

「我々が吉田、緒方両君たちを敵として吉田内閣に突撃し、吉田内閣はあくまで解散をもって臨もうとしたとき、緒方君は国家のためにこの際きれいに処するのがいいといって吉田内閣の総辞職をなさしめた。そのとき緒方君は政党政治家として最後に捨身の断を下すということに欠けるのじゃないかという疑問を打ち消してくれた。」

これまで見てきたように、三木は主義主張のない新聞（第五章参照）やどっちつかずの政治家（第七章参照）を批判し、「最後に捨身の断を下す」という決断主義を評価してきた。これは、三木が学生時代に妻のかねを射止めた時から変わらない彼の信条であった。

とはいえ、それは即断即決を求めたというわけではない。一九五五年の座談会で、三木はこれまでの自らの歩みを振り返り、「六転び七起き」でやってきたと述べている（三木 1955①：17）。政治的な目標を達成するためには、時間を要することを三木はよく理解していた。三木は戦前から一貫して、他国、特に欧米からの干渉を排し、独立国家としての矜持《きょうじ》を保つことを追求してきた。そうした保守の思想は、時間をかけて形成するものだと考えていたようだ。

緒方の死から一か月が経過した頃、『東京タイムズ』一九五六年二月二九日付で、三木の秘書を務めていた重盛久治が「三木武吉太閤記　生きた政治史」の連載を開始する。

この連載でもっとも目を引いたのが、保守結集＝ペニシリン論だ。この話は、連載第七二回の「皮肉な運命の連続」（五月一七日付）から始まり、第七三回「国の名誉は汚さぬ」（一八日付）、第七四回「保守結集ペニシリン談義」（一九日付）、第七五回「「ヴィールス」即「保守」」（二〇日付）、第七六回「混乱期から立直る」（二一日付）と続いていく（図E-1）。三木がこの話を持ち出したのは「翌日予算委員会で吉田首相に質問をするという日」だとあるから、一九五三年一一月三日、一二月五日、五四年二月二六日のいずれかの前日ということになる。衆議院第三会館一〇八号室で記者から「なぜ保守結集が重大でしょう？　どうもその深い意味が分りませんが……」と聞かれて、三木は青カビとペニシリンの比喩を用いて説明した（語尾に「だ」を付けるのは、三木の話し方の特徴である）。

生きた政治史
三木武吉太閤記
重盛久治
（75）
「ヴィールス」即「保守」
煙に巻く三段論法

図E-1「三木武吉太閤記　生きた政治史75「ヴィールス」即「保守」」『東京タイムズ』1956年5月20日付

「経師屋で使う上等の糊はだ、絶対に腐敗しない。なぜ腐敗しないかといえばだ、一種のペニシリン製法だな。まず最初に普通の糊をつくって放置しておく。すると二、三日で青カビが表面いったいに蔽って来る。

そこでその青カビのままよく練り直す。また二、三日放置するとカビが生える。これをまた練り直す。また生える、また練る。これを何十遍でもくり返しているうちに、ついにその糊は永久にカビない糊となってしまう。これはなぜか？」

それは、腐敗を進行させる青カビの中から、腐敗を防止させる分泌物（ペニシリン）が培養されるからだと三木は説明した。ペスト菌やコレラ菌といった黴菌が私たちの体内に入ってきても、それに対抗する無数の微生物（ヴィールス菌）が培養され、簡単には悪さをしない。同じことが、終戦直後の日本でも起こったと三木は論旨を展開していく。終戦後、赤旗やプラカードを掲げた連中がわがもの顔に振る舞い、デモや暴力が横行した。しかし、ペスト菌やコレラ菌がヴィールス菌に食われて行くのと同じように、極端な革新思想は「日本が大切だと信ずる保守の思想に食われて行った」。つまり三木は、「保守＝ヴィールス（あるいはペニシリン）、革新＝黴菌」という構図で考えた。

「勢いに乗じて、新日本をたたきつぶせとストライキやデモを敢行した者の中にも、日本を崩壊させ、滅亡させてはいかんという考えをもつ者も多くなってだ。だんだん日本を護ろうという逆な思想を産み出してきた。これも丁度、物を腐敗にもちこむ青カビが、逆に腐らせまいとしてペニシリンを分泌するようにだ。」

プラカードや赤旗に象徴される革新思想は、街頭での暴力を肯定し、過激であるが、一過性の主張である場合が少なくない。一方、目には見えないが確実に存在し、反体制の声に触発される形で醸成されていく保守の思想は、時間をかけて形成されていく。三木は次のように続けた。

「このヴィールス菌とか、保守の思想とかいうやつは肉眼をもって見ることも、鼓膜をもって聴くことも出来ないものなので、具体的な現れがなかっただけである。しかしだ、われわれ政治家は、この動きを、心の眼をもって、心の耳をもって感知したのである。そしてこの保守のヴィールスを培養し、繁茂させて、生まれたばかりの新生日本を丸々と太らせ、立派な青年に仕上げねばならぬ。――そのためにはだ、どうしてもこの保守のヴィールスを結集培養して、あらゆる黴菌から新日本を護らなければならぬ」

第七章で触れたように、自民党の結成にあたって民主党と自由党は共同の政策委員会を開催した。一九五五年七月六日に行われた第一回委員会でも委員から「このままの政治の推移では容共社会党の天下となり、民族の自滅を招来する。この際国民と一体となって民族の独立と再建をはからねばならぬ」との発言があり、防共の理念は委員会が発表した「新党の性格」にも反映された（宮本：409-12）。かつて徳川夢声に対して「日本が共産化して鉄のカーテンの中にもし閉じこめられたら、あんたは殺されるほうか、生かしといてもらえるほうか……」と迫った三木の念願がここにようやく叶うこととなった（第六章参照）。

『毎日新聞』一九五五年一一月一六日付朝刊の座談会「新党は約束する」で記者から「社会党と保守党との話合いの機会を考えていないか」と問われると、三木は次のように答えている。

「考えていない。保守新党がほんとになるほどやったなということになれば、国民がさらにいまよりも強く支持する。そうなるといやでも応でも社会党の方でだんだん近づいてくる。保守党は左に寄れ、社会党は右に寄れ、そんなことはできるものじゃない。こんどの政綱、政策で十分だ。これを本当に実行する。実行すれば国民はみな共鳴する。共鳴したらそれをとって不動の態勢でぐんぐんいったら社会党は来いといわんでも自然に寄ってくる。相寄るなんてことは実際はできない。必ず強いほうに寄ってくる。」（三木 1955 ⑩（上））

三木は、保守政権が「あと七年くらいはこのまま続いていく」と明言していたが、衆参両院での安定過半数は、一九八九年の参議院議員選挙で与野党の逆転が起こるまで約三五年維持されることになる（三木 1955 ⑮：38）。

目黒で死す

『政経指針』一九五六年一月号には、報知新聞社長時代に一緒に働いた武藤貞一との座談会「新春政治放談」が掲載された。その中で武藤は三木に対して、保守合同ばかりに焦点が当たり、「憲法改正というような大問題を急速に実行するという気魄が欠けていはしないか」と疑問を呈した（三木 1956 ⑤：4）。これに対して三木は新党結成時の政綱政策をよく読んでほしいと訴えた。

「国民の感じが保守合同そのものに強くあつたものだから保守合同だけを目的にやつたようにみえるのは、国民のほうばかりで、われわれのほうにその感はない。それははつきりしている。保守合同は政策遂行の手段である」（5）

三木は、国民さらにはメディアの側の問題も指摘する。

「国民、というより、ジャーナリストというものが、とかく報道を興味本位にもつていき、そういうことも、保守合同に至るまでのいろいろな折衝などが興味の中心になり、肝腎なところの注意がそれることにもなる」(5)

「保守合同に至るまでのいろいろな折衝」というのは、三木と大野の秘密会談を指すのだろう。本シリーズ(近代日本メディア議員列伝)では、「メディアの論理」と「政治の論理」という二つの異なる原理が存在する中で、前者が後者を浸蝕していく過程に着目する。一九二〇年代から五〇年代にかけての政治言説を追ってきた本書でもそうした「政治のメディア化」の過程を確認することができた。保守合同をめぐる報道も本来であれば、その先に待っている政策課題について熟慮する絶好の機会であったが、そうはならずに、三木と大野の浪花節と見まがう和解話に、世間やメディアは喰いついた。もっともそれに乗っかって話題を振りまいた三木らにも責任はあるのだろうが。

三木は武藤との対談で「三木武吉のある限り憲法は必ず改正して見せる」と意気込んだが(8)、それを成し遂げる十分な時間が三木には残されていなかった。演説の後、脳貧血を起こして倒れることも増え、三木は病に伏せることになる。秘書の原玉重は一九五六年四月の出来事として、次のように記録している。

「昭和三一年四月　三木先生は私と蓮井トヨ子氏を病床へ呼び、自分の死後かね子のことを頼むと両手を合せられていた。頼まれた二人は、かたく引受け、三木先生死後は、蓮井トヨ子氏を奥様の養子として必ず奥様の看病をし、世話をすることを進言して了承を求めた。」(服部信也・昌子編:

88）三木は一九五五年の夏前に、牛込から千駄ヶ谷に引っ越しをしていた。『サンデー毎日』一九五五年一二月四日号のグラビアページ「時の顔　三木武吉」では、「三木老の家はスキヤ風、五十坪足らずの小じんまりとしたものだ」と千駄ヶ谷の家の様子が報告され、「隠居のつもりでだ。夏前にここへ移ったが、なかなか隠居はできなんだ」という三木の言葉も紹介されている（41）。

それから約一年後の一九五六年五月二五日に、三木は千駄ヶ谷から上目黒へと住まいを移した。引っ越しの一週間前の五月一七日には、鳩山首相が病気療養中の三木を見舞った。入院を渋る三木の説得を鳩山が試みたとも報じられた（『鳩山薫日記』：258／「首相に逆説法の三木武吉老」『朝日』五月一八日付）。三木の体調が万全ではなかったため、医者は引っ越しに反対したが、三木は頑として聞かなかった。この上目黒の家は、病気で倒れる前に、三木が自分で見つけてきた物件であった（重盛：254）。

上目黒の家の持ち主は、不動貯金銀行の常務取締役の柳井信治であった。『読売新聞』主筆の渡邉恒雄の伯父である。この家は、三木の死後に河野が買い取り、「立派なビルのような邸宅」に改築されたようだが、当時は、「田中角栄のあの目白の池なんて屁にもならないような、本物の日本庭園の池」があったという（渡邉 2000：17）。

三木がここに引っ越した理由は大きく二つあった。一つは、死後の弔問客のことを考えた。多くの人が集まっても困らないように広い屋敷を求めた。もう一つは、一人娘の妙子と水入らずの生活を送るためである。千駄ヶ谷の家には、持病が再発した妻のかねが寝たきりの生活を送っており、ここに妙子を呼び寄せるのを三木は躊躇《ためら》っていた（三木会編：462）。

三木は、日活の女優・小杉絹子との間にできた妙子の存在を周囲に打ち明けていなかった。妙子は一九三七年六月生まれで、秘書の重盛は妙子の存在を早くから知っていた（第四章および第六章を参照）。鳩山の妻の『鳩山薫日記』には、一九五二年二月二四日に「三木さんとお嬢さん」への言及がある。三木と親しい衆議院議員の木村武雄は、「八人の侍」が結成される少し前（一九五三年頃）に「三木さんの娘だと名乗る人が現われた」としている。

一方、加藤たけの妹である神田武芽は、三木が「亡くなる一年前」に妙子の存在を知ったと証言している。その現実を受け止められなかった加藤たけは、三木と大喧嘩をした。

「姉は先生に子供さんがあるなんて、絶対に信じられないで、先生がウソをついていると言つて怒つたわけですね。そのために喧嘩をして、ご病気中に姉が伺いましたら、「お前には死ぬ時でなければ会わん」と言われて帰つて来たようなことでした。」（神田 1957：186）

一九五五年八月に野依秀市が企画した保守結集促進国民大会の北海道遊説に三木は妙子を連れていき、親子旅行を楽しんだ（「北海道未曾有の盛況」『実業之世界』一九五五年九月一五日号：77）。

終の棲家《すみか》となった上目黒での生活に関しては、娘の妙子が「父の思い出」と題する一文を『早稲田学報』一九五六年九月号に寄せている。当時、妙子は早稲田大学の学生となっていた。鳩山が見舞いに来た五月一七日は、主治医らがつきっきりで看病に当たっていたが、三木は思いのほか元気で、妙子に二階から『続文章軌範』を持ってくるように命じた。妙子はこう回想している。

「やや楽になったような呼吸と静かな眠りの様子に安心して妨げないよう黙って側に坐っておりました。ところが目をつむったまま「お父さんが教えるから音読をしなさい」と言います。私が本を畳の上においたままの姿勢で読みますと「漢籍はそんな恰好をしてみるものではない、その机の上で読みなさい」と目で傍の机を示します。父のその時の病状では一発声をすることも期待できない状態ですのに解釈を始めますと、床をはさんで向う側では先生方が父に話をさせないようにと私に合図をしています。私はこれが父の遺言と心に決めながら涙のこぼれおちないよう声のもれないよう息をつめているのが精いっぱいでした」(28)

妙子によると、三木が最も好んでいたのは史記の屈原伝の次の言葉だという。「吾聞之、新沐者必弾冠、新浴者必振衣。安能以身之察察、受物之汶汶者乎。寧赴湘流、葬於江魚之腹中、安能以皓皓之白、而蒙世俗之塵埃乎」(吾れ之れを聞く、「新たに沐する者は必ず冠を弾き、新たに浴する者は必ず衣を振う」と。安んぞ能く身の察察たるを以て、物の汶汶《もんもん》たるを受けんや。寧ろ湘流に赴きて、江魚の腹中に葬られん。又た安んぞ能く身の皓皓たるの白きを以て、世俗の塵埃を蒙らんや)。

この漢詩には次のような意味がある。私は「頭を洗ったばかりの人は塵を払ってから冠をかぶる。体を洗ったばかりの人は着物のごみを落としてから着る」と聞いた。どうして潔白な体に汚いものを受けつけることができようか。いっそのこと、湘江の流れに身を任せ、川魚の腹中に葬られたほうがましだ。どうして潔白な体に、世の中の塵やほこりを受けいれることができようか――。

妙子はこの漢詩に関して、三木の「政治活動の底に一條の地下水となって流れていた信念」を表わしているとして、「一言でいえば在野精神即ち早稲田で育まれた健全なワセダスピリットといえるのではないか」と解説している(28)。

自分の死期を悟っていた三木は、妙子に九月に決まっていたカナダ留学を延期するよう求めた。三木が指図したのはこの件くらいで、あとは娘の意志を尊重してくれたという。

「古い型の政治家としばしば評された為か、父と意見の違うことがあったでしょうと尋ねる方がありますが、決してそのようなことはありませんでした。と申しますのは父が全く自由主義的教育方針をもって私に臨んでいたからです。娘が男みたいで男のするようなことが好きだから思った通りをやれということにしてある、と生前いっていられたと人から聞いて新たに胸がつまる思いがしました。」(28)

妙子によると、五月二五日に上目黒に移った後も、三木の体調は回復傾向にあった。

「父との会話程楽しいものはありません。豊富な話題はいつ涯《は》てるともなく続きます。京都での祇園小唄、北海道遊説旅行中に聞いたアイヌ語の英雄賛美の歌等忘れ難い想い出になってしまいました。機嫌の良い時にはかならず早稲田在学当時の話です。」(29)

夜中にはこんなこともあった。

「夜中に突然いつもの演説の調子で「合法的手段により」といったりアイゼンハウワーやブルガーニンを相手に議論しているらしい寝言をいった父　病気中政治の話は禁ぜられていましたし久しいこと父の大きな声を聞かなかった私共が何事かと騒ぎだすと、「なんだ、夢を見たらしいな」と

図E-2　三木の死を伝える『日本経済新聞』1956年7月4日付夕刊

笑った父。その時痛切に政治家である父を想いました。」(29)

七月一日の朝、病状が悪化するが、三日に岸と面会した際には元気そうで「参院選挙後に首脳会談をやろうじゃないか」と語っていた（「政局に急変なし　岸幹事長語る」『読売』七月四日付夕刊）。その日の夜も、天皇陛下からいただいた鮎を食べるから注射を止めるようにと主治医に指示していたが、容体が急変し、四日の早朝、妙子や主治医らが見守る中で息を引き取った。

新聞各紙は夕刊一面で三木の死を報じた。『毎日新聞』のみは沖縄問題をトップ記事としたが、『朝日新聞』『読売新聞』『日本経済新聞』は三木の死をトップ記事で報じた。三紙は、いずれも弔問に訪れた鳩山首相が三木を前に泣き崩れる写真を使った（図E-2）。他にも『産経時事』と『東京新聞』が一面ほぼ全面を使って三木の訃報を掲載した。『産経時事』は号外も発行した。

各紙とも七月四日付夕刊さらには五日付朝刊で、相当なスペースを割いて、三木の死と今後の政界にもたらす影響について論じた。

野依秀市は雑誌『新政界』の追悼号として『三木武吉読本』（『新政界』臨時増刊号、第二巻第九号、一九五六年）を企画した。その中で菊井武士「三木の死と新聞」は、三木の影響力の大きさを次のように指摘している。

「総理、或は総裁の死の場合には、当然その影響というものが国内政局に大きく波紋を投げかけることは考えられるが、一政客の死で、新聞がこのような扱い方をしたのは、三木氏の場合がおそらくはじめてではなかろうか。」

三木の地元・香川県の『四国新聞』は七月五日付朝刊で「政界の巨星地に墜つ　三木武吉氏死去す」と題して一面で大きく取り上げた。県内の政治関係者のみならず、三木とゆかりのある人物の追悼のコメントを掲載した。たとえば、三木が公職追放後に暮らしていた小豆島・濤洋荘の土岐保一は、「終戦後のあわただしい世相の中で先生は始めて百姓仕事もされました」、「誰ともよく話しをされ親しみ深い方でした」というコメントを残した。高松には、自民党香川県支部連合会大会に出席するため、この年の三月八日に帰ったのが最後となった。わずか一日の滞在であった（「選挙対策、民主的に　全党員の意思表示尊重」『四国新聞』三月九日付）。

三木の功罪についてはさまざまな人が論じた。誰もが三木の政治的な手腕を認めていたが、新聞では「政策を中心とした説得力は乏しかったとの批判もあった」と報じられた（「影響、まず内閣改造へ」『朝日』七月五日付）。改進党出身の芦田均も、三木には意見や構想はあるが、ヴィジョンや理想はなかったと書き残している。

「三木という男は現代稀に見る風格を備えていた。政治については常に意見を持っていたが、それを如何に実現するかの方法を不可分のものとして考えていた。実行の不確実なものは政治の範疇に入ると思えなかつたらしい。だからヴィジョンとか理想とかいうものは政治の範疇に入らないと信じていた。（中略）自分の構想を実行するためには全身の熱をこめて説明につとめた。無遠慮に相手を反駁したが、少しも毒気を帯びていなかつた。だから烈《はげ》しい議論を交し乍《なが》らもどこかに愛すべきところがあつた。政治は実に彼の全生命であつた。然しその政治という範囲は内閣を組織すること、その内閣とこれを支持する政党の人事をどうするかという点、如何に国会の運営を無難に切抜けるか、それ等が三木君の所謂政治であつて、それ以外の民主主義の理想とか外交国策の実行とかいうものは、脳裏に潜在しているにしても、第二義的なものとして表には現われないでいた。」（『芦田均日記　第六巻』七月五日：165）

改進党に所属し、三木とは早稲田で同窓であった松村謙三の三木評はやや異なる。松村は三木のプライベートな部分を知っていたので、三木は「夢をおう男」だと述べている。それは女性とのロマンス、金山、ガスの開発などを指していたようだ。その松村も『週刊東京』の取材に「アレに政治上のたかい理想があつたら、より大したものだつただろう」と答えており、政治的なヴィジョンが欠けているという点は松村も感じていたようだ（松村 1956 ②：15f）。

政治評論家の細川隆元も「殺陣師三木の死」（『朝日』七月五日付）の中で同様の批評を行っている。

「三木氏の死によってこんな見物人的興味がはなはだしく減殺されたとしても、保守政界の政策的要素なり、ブレーン的要素なり、一口にいって保守政治の本質的なよさがガタ落ちになるとはどうしても考えられない。」

もちろん細川も、吉田打倒や鳩山政権の実現といった政治目標を次々と達成した三木の「政治の実力」は認めている。細川はこうも述べている。「この場合三木氏のつくり出す政治目的と国民の要望とは一致することになったはずだ。」

たしかに三木は大上段に政治の理想を掲げる政治家ではなかった。「実行の不確実なものは政治の範疇に入ると思えなかった」という芦田の三木評も、結果責任が求められる「政治の論理」を追求した三木をよく表したものである。ただし、小さい頃に軍人を志し、戦時中には欧米との対決も辞さない覚悟を示した三木は、憲法改正と再軍備という明確なヴィジョンを持っていた。憲法改正には時間がかかることは承知のうえで、それらが国民の「声」となって顕在化した時、政治目標に設定して実現への道筋をつけようと三木は考えていたのだろう。実際、三木は『日本週報』（第三四九号、一九五五年一二月一五日発行）の座談会「あれから十年これから十年」で、憲法改正に関して「ほんとうにやろうと思えば、できますヨ。大したことはない」としてこう述べている。

「国民の中でも平和憲法の擁護とか何とかいつておるが、腹の底から結構だと思つておる人はごく少数です。」（三木 1955 ⑮：39）

先に紹介した三木の「保守＝ヴィールス」論で思い出すのは、岸信介が六〇年安保の際に発した有名な言葉、「私は国民の「声なき声」の支持を信じている」である。三木の死後、一九五六年一一月に鳩山が辞任を表明し、一二月の総裁選挙を勝ち抜いた石橋湛山が首相に選出された。その石橋が病に倒れたため、一九五七年二月に岸が首相となる。一九六〇年、岸は日米安全保障条約の不平等性を解消して日本の自主性を強化する新安保条約に調印したが、日本が戦争に巻き込まれる恐れがあるとして猛烈な反対運動を受けた。これに対して岸は「神宮球場は満員じゃないか」と述べ、強行採決を批判するマスコミ、シュプレヒコールをあげる学生の「声」は一部にすぎず、大多数の国民の「声」は別に存在すると訴えた。

三木は吉田や鳩山との関係に焦点が当てられることが多いが、岸との思想的な共鳴関係にも注目がなされるべきであろう。一九六〇年七月に岸に代わって首相に就任した池田勇人は、吉田茂の経済優先主義を引き継ぎ、それ以後の自民党政権もこの路線を基本的には継承していく。だが、新生日本のスタート地点において「鳩山‐三木‐岸」ラインが目指した別の国のかたちがあったことを忘れてはならないだろう。それは、実際はそうはならなかったが、ありえたかもしれない「もう一つの戦後政治史」と言えるだろう。三木がいなければ保守合同は達成できなかったと言われるが、もし三木がもっと長生きをしていたら、日本はどのような道を歩んでいたのだろうか。

二つの墓

三木の密葬は七月五日午後三時から上目黒の私邸で行われた（『読売』七月五日付夕刊）。自民党葬は、参議院選挙が終わった七月一一日に東京築地の東本願寺で行われ、約千五百名が参列した。祭壇の正面には「聖政院殿釈武正大居士」の位牌、油絵の肖像画、愛用のステッキなどが並んだ（『朝日』七月一一日付夕刊／『読売』七月一一日付夕刊）。

九月二三日には、高松市五番丁県公会堂で追悼式が行われ、約千名が参列した。河野一郎、大野伴睦、松永東らも東京から駆けつけた。これに先立ち、三木の遺骨は弟の三木景三、長女の妙子に見守られながら、高松桟橋着の宇高連絡船で半年ぶりに帰郷した。遺骨はまず三木家の菩提寺である安養寺に安置され、遺族や関係者による読経と焼香が行われた。追悼式が終わると、一般県民が別れの焼香を行った。その後、遺骨は高松市姥ヶ池にある三木家の墓に納骨された（「約一千名が参列　読経しめやかに　故三木武吉氏追悼式」『四国新聞』九月二五日付）。

この三木家の墓は三木自身が生前に作ったものである（三木景三：19）。現在、この墓には一九六六年一一月に亡くなった妻のかね、九〇年一二月に亡くなった三木トヨ子も眠っている。三木トヨ子は、もとは三木の妾で、晩年はかねの世話をしていた蓮井トヨ子のことであろう。前述のとおり、秘書の原玉重が、トヨ子をかねの養子とする約束を三木と行ったと証言しているので、それが実行に移されたのだろう。

二〇二二年七月に筆者が高松市の墓を訪れた際には、すでに立派な花が供えられていた。近所の花屋で聞いてみると、かねの親戚からの依頼でその花屋が毎月花を供えているとのことであった。

実は、三木の墓は東京の谷中霊園にも存在する。本書第六章の図6-6で示したとおり、三木が暮らしていた上野桜木町の家の目の前にあたる。一九五六年一〇月一一日、この上野桜木町の家で、三木の百か日が行われ、雷庵碑の除幕式とたぬきうどんの供養振舞いが行われた。雷庵碑というのは、現在、谷中霊園の三木の墓にある「淡如雲」の石碑のことだろう。「淡如雲」の石碑は、高松市の栗林公園近くの三木の銅像の横にもある。三木が小豆島で隠遁生活を送っていた時に作った詩の一節「淡きこと雲の如し」から取ったものとされるが、「雲」ではなく「雪」だという説もある。三木の揮毫は字をくずしてあるため、どちらが正しいのかは不明だという(四国新聞社編『三木武吉』:60f)。

上野桜木町の石碑の除幕式には砂田重政、松村謙三、中村梅吉、安井東京都知事らが集まった。『毎日新聞』一九五六年一〇月一一日付夕刊はその様子を次のように報じた。「石碑建設委員長の松永東氏から経過報告を行い、施主加藤たけ子女史の手によって幕が切られた」(「たぬきうどんに故人しのぶ　三木武吉氏の百ヵ日」)。

『土地台帳』を確認すると、上野桜木町の家は、一九五〇年一二月二三日に加藤たけの名義で購入されていた。加藤はここで旅館「こまつ」を経営していたようだ。つまり、この谷中霊園の墓は三木と加藤のものということになる。この三木家の墓と向かい合うように、一九五七年七月四日には、神田家の墓も建てられた。ここには、一九七二年に亡くなった、加藤の妹・神田武芽が眠っている。上野桜木町の土地は一九六八年に売りに出されており、加藤のその後は不明である。

あとがき

「メディアの論理」とは何か。これについて考える時にいつも思い出す映画がある。ビリー・ワイルダーの映画《地獄の英雄》(一九五一年)である。

落盤事故にたまたま出くわした新聞記者が、危険をかえりみず、事故が起きた洞窟内を進んでいくと、生き埋めとなった男を発見する。男の下半身は岩の下敷きとなっていたが、かろうじて話はできる。この記者だけが男の声を伝えることができるという状況の中で、彼はできるだけ長い間、スクープ記事を独占しようと画策する。

「ジャーナリストの倫理」を描いた作品に思えるが、この作品のモチーフはそれだけではない。事故現場の外には、新聞で事件を知った人たちが続々と集まってきて、どんちゃん騒ぎを始める。生き埋めとなった男を心配してはいるのだろうが、メディアの取材に答えたり、子連れでキャンプを行ったり、遊具や出店が登場したり、みんなでその状況を楽しんでいるかのようだ。そうした人びとの期待に応えるように、記者は現地の保安官や作業員に、あえて時間のかかる救出方法を提案する。

「メディアの論理」とは、善悪の判断を超えて、肥大化した人びとの期待や欲望に従属するような状況が作り出されることを指す。そうした大衆の欲望を視覚的に示したところに、この映画の秀逸さがあった。

本シリーズのテーマである「メディア政治家」とは、自らの主義主張ではなく、大衆の欲望に吞み込まれていく時代の政治家、編者の佐藤卓己の言葉で言えば、「世《せ》論政治家」を研究対象とする。三木武吉も「タヌキ」というあだ名で人気を博した大衆化時代の政治家であった。一方で、三木は「世論」の声に耳を傾けながらも、時には「世論」を煙に巻き、自らの政治目標を達成しようとした「輿《よ》論政治家」としての顔も持っていた。本書のタイトルを『三木武吉の裏表』とした所以である。

それにしても、ワイルダーの映画はタイトルも凝っている。邦題ではその上手さが十分に伝わってこないのだが、原題は《Ace in the Hole》。直訳すれば、「切り札（エース）が穴の中に！」とでもなろうか。ジャーナリストの功名心を見事に言い表したタイトルである（もっとも公開時は観客動員に苦労し、途中から《Big Carnival》に変更されたようだが）。

私が三木武吉について調べるうちに感じたのも、まさにこの感覚"Ace in the Hole"であった。

三木は「自民党をつくった男」と言われるが、首相にも閣僚にもならなかったため、本格的な研究書が存在しない。まさに日本政治史には「切り札」が眠っている！　資料を集めるたびに、面白い話題が次々と登場するため、この言葉がいつも私の頭の中を駆け巡っていた。

三木は日記の類《たぐい》を残さなかった。自らが関与した重要な出来事も、時間がかなり経過した場合か、政敵を貶《おとし》める場合にのみその舞台裏が明かされた。こうして本格的な三木研究は長らく進まなかったわけだが、「メディア政治家」という切り口を用いれば、新聞や雑誌を主たる資料として、新たな三木像を浮かびあがらせることができる。

もちろん新聞記事や雑誌記事を一次史料として扱うことには慎重にならなければならない。記事の作成過程に記者や編集者という「他者」が介在するため、政治家の本心が伝わらない場合も少なくない。三木が活躍した時代の新聞は、しばしば正確性を欠いた。選挙報道でも新聞ごとに政党や会派の議席数が異なることも珍しくなかった。政治家が記者を欺くこともしばしばで、策略家として知られる三木の場合はそれが顕著であった。読売新聞記者の田村祐造は、保守合同の際の三木の隠密行動についてこう証言している。


「三木は行きどまりの道にわざと自動車を進めたり、途中でどこかに寄って車を乗り換えたりして私たちをまこうとするのであった。ある時、かなり離れたところで車をとめ、社旗もはずして三木の出てくるのを待った。しばらくすると、三木の車らしいのが出てきた。運転手は、確かに三木の運転手だが三木は乗っていない。「いっ、ままよ」と、かなり離してその車をつけると三、四百メートルも走ったろうか、後ろの座席の窓に、三木の独得のイガ栗頭が徐々に現われてきた。そして、後方をふり向いて私たちが追っているかどうかを確かめる仕草をしている。」（田村 1979：180f）

あえて行きどまりの道に入るのは、後をつけてくる車がないかを確かめるためである。こうした記者との「化かし合い」も考慮に入れなければならないが、複数の新聞との比較、他の文献（他の政治家の日記や国会議事録など）との照合作業によって、ある程度は真実性を確定するのは不可能ではないだろう。

さらに重要なのは、メディアがどのように三木を報じたのか、あるいはメディアの取材に三木がどのように応じたのかである。三木が自らの影響力の最大化を狙った「世論政治家」としてどのように振る舞ったのかを明らかにするために、本書では、『朝日新聞』や『読売新聞』などデータベースの完備した新聞だけではなく、非主流の新聞、『万朝報』のように現在はその系譜が途絶えている新聞、地方紙にも可能な限り目を配った。

「達磨は九年」という野次に象徴されるように、三木の政治活動に関しては伝説化した言説も少なくない。それらの活動を、新聞記事などを用いて根拠を示した所に本書の意義があると言えるだろう。とはいえ、これで三木の政治活動のほとんどを網羅することができたとは考えていない。三木の人脈の幅広さは想像以上であり、三木の政治活動の全体からすると、本書で明らかにできたのは、九牛の一毛、いや三木のことだから、タヌキのしっぽぐらいと言った方が適切か。いずれにせよ、解明すべき点はまだたくさん残されている。タヌキの戦略に私自身がすっかり騙されて、真の意図を取り損ねた箇所もあるかもしれない。まんまと引っかかったなと、草葉の陰から笑っているかもしれないが、ともかく三木研究は今後も継続していきたい。

『近代日本のメディア議員』（創元社、二〇一八年）において三木の報知新聞時代に着目したことがきっかけで、私は今回のシリーズで三木を取り上げようと決めた。しかし、私単独では三木研究に行き着くことはできなかっただろう。こうした素晴らしいチャンスを与えてくれた佐藤卓己先生には、心より感謝を申し上げたい。共同研究の成果発表といえば共著がすぐに思い浮かぶが、本シリーズのように、アイディア共通・単著型の共同研究も面白い試みである。「メディア議員」や「メディア政治」という概念も、さらに深く掘り下げることのできるテーマと言えよう。

佐藤先生は本シリーズの第一作目（第六巻）となる『池崎忠孝の明暗』において、「メディア議員が議会に多くいたために、戦争を止めることはできなかったのではないか」という問題提起をなされている。

これに関連して、同盟通信社論説委員などを務めた長島又男は『政治記者の手帖から』（河出書房、一九五三年）の中で、戦前に三木から「君たち新聞記者は、タイコもちと同じだよ」と批判されたことがあると明かしている。三木はこう言ったという。

「タイコもちというものは、独り立ちで生活するものでなく、旦那に寄生して、はじめて生活が成り立つものだ。しかもだ、この旦那の機嫌気づま〔気褄。機嫌のこと〕をとらないでは、やってゆけない、という存在なんだ。新聞記者も、まずこれと同類だな。こうして、政治家にブラ下って生活しているんだ。君らの生活は、君らの存在を主張することでなくて、政治家の存在を強調することで成り立っているんだ。そうだろう。こういうタイコもち的存在は、知らず知らずのうちに、君らの性格をそういう根のないものにするものだ。だから、君らは、一本建ちになろうとするとき、きまって、政治家のうちの誰かの秘書官になることからはじめるようになる。自分の自力で、政界へでも何でも打って出ようとしないで、政治家にブラ下って、のし上ろうというわけだ。これ即ちタイコもち根性の現われじゃないか。こうやって、代議士にでも出るときに、旦那の政治家から、地盤を分けて貰う。ピンからキリまで、他人に寄生した存在で、自分というものが、ないじゃないか。」(69)

これは記者クラブ批判だが、三木は、政治家あるいはメディアの日和見主義を繰り返し批判しており、それが近代社会の病理だと考えていたのだろう。一方、日本の新聞は三木が亡くなった時に、三木という存在の非近代性を強調した。たとえば、『日本経済新聞』は一九五六年七月五日付朝刊社説で、「三木氏一人の死去によって大きく動揺するということは、それ自体日本の保守政党の非近代性を示すものといっていい」と論じた。しかし、三木という政治家の生涯の中に、「世論」を「輿論」へと転換するヒントがあるとすれば、そこから私たちが学ぶことの方が多いのではないか。本書が、現代社会の問題を考えるきっかけとなってくれればと願う。

私の処女作『ポスト活字の考古学』（柏書房、二〇一三年）では、一九二〇年代から三〇年代にかけて、映画を活字の「次に来るメディア」すなわち「活映」と命名して、活映教育（現在で言う視聴覚教育）に邁進した毎日新聞社の水野新幸の活動を取り上げた。「映画」という文字を見つけるとすべて「活映」に置き換える狂信的な人物であった。水野以上に変わった人物を今後研究することはないだろうと思っていたが、三木も水野と同じくらい変わった人物であった。今回も、『ポスト活字の考古学』と同じ編集者の山﨑孝泰さんにお世話になった。同じく創元社編集部の山口泰生さんにも企画段階から三木に興味を持っていただき、さまざまなアドバイスをいただいた。記して感謝したい。

執筆に没頭し、意気揚々と国会図書館に向かう私をいつも温かく見守ってくれる妻の絵理香には感謝しかない。息子の喜八はもうすぐ四歳で、パパのことをミキブキチという謎の絵本を作る人だと思っている。実は、三木の秘書の重盛久治が書いた『三木武吉太閤記』（一九五六年）には三木の教育論もしばしば登場する。喜八がもう少し大きくなったら、それを実践してみようかな。

二〇二三年九月

赤上裕幸

※本書は、科学研究費基盤研究（B）「近代日本の政治エリート輩出における「メディア経験」の総合的研究」（代表者・佐藤卓己、研究課題 20H04482）の研究成果の一部である。

引用文献

以下は参照文献リストではない。その他の政治史、メディア史などの先行研究を多く参考にしたが、ここでは典拠を示すため、本書で直接引用した文献に限り列挙した。そのため、本文中に日付を明記した新聞記事などはすべて省略している。三木が執筆した論考、三木が参加した座談会の記録は年譜に記載した。三木との対談形式を取る「徳川夢声連載対談　問答有用　三木武吉」は年譜に記載した。本文中に略記した文献に関しては、「→【『石橋日記』と略記】」のように示した。本文との関係で、書籍名を最初にもってきて、編者を後にまわした文献もある。

・赤澤史朗、北河賢三編『文化とファシズム　戦時期日本における文化の光芒』日本経済評論社・一九九三年
・赤澤史朗「石原広一郎小論（二・完）―その国家主義運動の軌跡」『立命館法学』一九九六年四号（通号二四八）https://www.ritsumei.ac.jp/acd/cg/law/lex/96-4/akazawa.htm
・浅田好三編『日本弁護士総覧　第二巻』東京法曹会・一九一一年
・『芦田均日記　第五巻・第六巻』進藤榮一・下河辺元春編・岩波書店・一九八六年
・東忠尚『日銀を飛び出した男たち』日本経済新聞出版社・一九八二年
・阿部眞之助「三木武吉論」『現代政治家論』文藝春秋新社・一九五四年
・天羽英二日記・資料集刊行会編『天羽英二日記・資料集 第二巻（日記篇）』同刊行会・一九八九年
・荒木精之編『城戸元亮翁追悼録』日本談義社・一九六七年
・有馬忠三郎「五十年の友情」三木会編『三木武吉』一九五八年
・粟屋憲太郎編『資料日本現代史3　敗戦直後の政治と社会②』大月書店・一九八一年
・「池田正之輔」刊行委員会編『池田正之輔　反骨の政治家』同刊行委員会・一九九五年
・石井光次郎「昭和十六年新日記」石井光次郎関係文書（国立国会図書館憲政資料室、資料番号二六）
・石井光次郎「新日記　昭和二五年―二七年」石井光次郎関係文書（国立国会図書館憲政資料室、資料番号三一）（国立国会

図書館ホームページ「史料にみる日本の近代」の「6-1　鳩山一郎の復帰」にテキストデータの掲載あり）
・石井満「三木君の失敗」『中央公論』一九二七年四月号
・石黒敬七『蚤の市』岡倉書房・一九三五年
・石黒敬七『にやり交遊録』日本週報社・一九五九年
・石田博英『石橋政権・七十一日』行政問題研究所出版局・一九八五年
・石橋湛一・伊藤隆編『石橋湛山日記　昭和二〇－三一年』上下巻・みすず書房・二〇〇一年　→【『石橋日記』と略記】
・石橋湛山「今だから話そう（9）脱党の果て　分自党始末記」『週刊東京』一九五八年三月八日号
・石橋湛山「今だから話そう（10）消えた二千万円　政治と金ぐり」『週刊東京』一九五八年三月一五日号
・石橋湛山「今だから話そう（最終回）わが道を行く」『週刊東京』一九五八年三月二二日号
・一記者「三木社長を送る」『憲政公論』一九二三年八月号
・伊東かおり『議員外交の世紀　列国議会同盟と近現代日本』吉田書店・二〇二二年
・伊藤隆『昭和期の政治〔続〕』山川出版社・一九九三年
・伊藤照雄「時の人三木武吉論」『モダンライフ』一九三三年三月創刊号・東栄閣
・井上文八郎「老子とトルストイ」三木会編『三木武吉』一九五八年
・今岡十一郎「ハンガリー滞在十年（連載3）」『日本週報』三九三号・一九五七年一月五日
・岩部ミヨヱ「父母と兄のこと」三木会編『三木武吉』一九五八年
・岩間政雄『ラジオ産業廿年史』無線合同新聞社事業部・一九四四年
・岩村正史『戦前日本人の対ドイツ意識』慶應義塾大学出版会・二〇〇五年
・上田健一「報知新聞新社長三木武吉氏に抱負を訊く」『話』一九三九年八月号
・植村癸巳男、三川逸郎編『創立十周年記念号』日本天然瓦斯協会・一九五八年
・牛込区史編纂会編『牛込町誌　第一巻（神楽町及若宮町之部）』牛込史編纂会・一九二一年
・内川芳美『現代史資料四一　マス・メディア統制（二）』みすず書房・一九七五年

・内田良平文書研究会編『内田良平関係文書　第五巻』芙蓉書房出版・一九九四年
・梅沢慎六『今様方丈記（第一輯）』梅沢慎六・一九五六年
・遠藤浩一「党人政治家の行動規範　三木武吉を中心に」『拓殖大学政治行政研究』（五）二〇一三年
・雄武町史編纂委員会編『雄武町百年史』雄武町・二〇〇六年
・大内兵衛『我・人・本』岩波書店・一九五八年
・大木操『大木日記　終戦時の帝国議会』朝日新聞社・一九六九年　↓【『大木日記』と略記】
・大木操『激動の衆議院秘話　舞台裏の生き証人は語る』第一法規出版・一九八〇年
・『大隈伯後援会第一次発起人会記録　大隈伯爵演説』一九一四年
・『大隈伯後援会報告書』大隈伯後援会・一九一五年
・太田剛「公職追放」『語りつぐ昭和史③』朝日文庫・一九九〇年
・大野伴睦・木舎幾三郎「三木、大野会談の真相（対談）」『政界往来』一九五五年七月号
・大野伴睦『大野伴睦回想録』中公文庫・二〇二一年
・緒方竹虎伝記刊行会編『緒方竹虎』朝日新聞社・一九六三年
・小田垣光之輔「東京市会に於ける党派の沿革」『都市問題』一九二八年一月（六巻一号）
・小野秀雄『日本新聞史』良書普及会・一九四九年
・海軍兵学校編『海軍兵学校沿革　第二巻』江田島村出版社・一九二〇年
・科学動員協会総務部編『科学技術年鑑　昭和一八年版』科学動員協会・一九四三年
・『香川県史　第七巻（通史編　現代）』香川県・一九八九年
・香川県図書館協会編『讃岐ものしり事典』香川県図書館協会・一九八二年
・影山正治『日本民族派の運動　民族派文学の系譜』光風社書店・一九六九年
・萱原宏一「隙門から見た三木武吉翁」『讃岐公論』一九五二年二月号
・神田武芽「女性によくモテた先生」『週刊東京』一九五六年七月二一日号

・神田武芽「三木武吉と女」『特集文藝春秋　今こそ言う　主役のメモ』一九五七年四月
・『観音寺市誌　資料編』観音寺市誌増補改訂版編集委員会編・観音寺市・一九八五年
・木内曾益『検察官生活の回顧（再改訂版）』一九六八年
・菊池寛「新古漫談」『モダン日本』一九三二年三月号・三巻二号
・岸信介『岸信介回顧録　保守合同と安保改定』広済堂出版・一九八三年
・城戸元亮「清水君と私」『清水芳太郎全集　第二巻』錦城出版社・一九四二年
・城戸元亮・中野賢次朗・花見達二・野村重臣・杉森孝次郎・斎藤忠「追悼座談会　十二月八日前後と鬼才・清水芳太郎氏」『言論報国』一九四三年一二月号
・木村武雄『政界独言』土屋書店・一九六八年
・楠精一郎『昭和の代議士』文春新書・二〇〇五年
・鍬屋坊人「新聞匿名時評・新聞の国策協力」『日本評論』一九三九年七月号
・桑島主計「学生時代の三木君」『新政界』臨時増刊号（三木武吉読本）・第二巻第九号・一九五六年
・県人諸氏「不出世の政治家　三木武吉氏の逝去を悼む」『讃岐公論』一九五六年八月号
・鴻嘉門「午後五時の吉田政権」『文藝春秋』一九五三年二月号
・河野一郎『今だから話そう』春陽堂、一九五八年
・『河野一郎自伝』伝記刊行委員会編・徳間書店・一九六五年
・河野公明編『選挙要覧』河野公明書房・一九一五年
・小坂正則『もう一つの昭和史・男たちの軌音　私の異色人脈簿（憲政資料シリーズ　尚友ブックレット8）』尚友倶楽部・一九九七年
・「小楠正雄――昭和期「報知」の民政党記者」『別冊新聞研究――聴きとりでつづる新聞史』二五号・一九八九年三月
・児玉誉士夫『児玉誉士夫自伝　悪政・銃声・乱世』広済堂出版・一九七四年
・小林一博『「支那通」一軍人の光と影　磯谷廉介中将伝』柏書房・二〇〇〇年

・小宮京『自由民主党の誕生　総裁公選と組織政党論』木鐸社・二〇一〇年
・小宮京「原玉重「私の経歴書」」『桃山法学』桃山学院大学法学会編（19）二〇一二年
・小宮京「公職追放解除後の鳩山一郎」増田弘・中島政希監修『鳩山一郎とその時代』平凡社・二〇二一年
・近藤操『市政と輿論』森山書店・一九三六年
・櫻井良樹「伊沢多喜男と東京市政」大西比呂志編『伊沢多喜男と近代日本』芙蓉書房出版、二〇〇三年　→【櫻井 2003 ①と略記】
・櫻井良樹『帝都東京の近代政治史　市政運営と地域政治』日本経済評論社・二〇〇三年　→【櫻井 2003 ②と略記】
・佐々木隆『メディアと権力』中央公論新社・一九九九年（日本の近代一四）
・佐藤榮作著・伊藤隆監修『佐藤榮作日記 第一巻』朝日新聞社・一九九八年　→【『佐藤日記』と略記】
・佐藤垢石「春宵因縁談」『たぬき汁　随筆』墨水書房・一九四一年／白鴎社・一九五三年
・佐藤垢石『耳舌瑠談　随筆』桜井書店・一九四二年
・佐藤純子「研究余録　昭和十六年の新聞統合案と朝日新聞――「石井光次郎日記」を中心に」『日本歴史』二〇〇八年九月（七二四）
・佐藤純子「「石井光次郎日記」にみる新聞共同販売と戦時統制」『東京電機大学総合文化研究』（一五）二〇一七年
・佐藤卓己「メディア政治家と「政治のメディア化」」佐藤卓己・河崎吉紀編『近代日本のメディア議員〈政治のメディア化〉の歴史社会学』創元社・二〇一八年
・里見岸雄『闘魂風雪七十年　明治・大正・昭和三代体験史』錦正社・一九六五年
・里見脩『新聞統合　戦時期におけるメディアと国家』勁草書房・二〇一一年
・里見脩『言論統制というビジネス　新聞社史から消された「戦争」』新潮選書・二〇二一年
・産経新聞「戦後史開封」取材班編『戦後史開封』産経新聞ニュースサービス・一九九五年
・山陽新聞社高松支社編『さぬきの人間もよう』山陽新聞社・一九六六年
・『塩野季彦回顧録』塩野季彦回顧録刊行会・一九五八年

・『重光葵手記　続』伊藤隆、渡辺行男編・中央公論社・一九八八年
・重盛久治『三木武吉太閤記　生きた政治史』春陽堂書店・一九五六年
・四国新聞社編「林毅陸」『讃岐人物風景一二　二十世紀の幕明け』四国新聞社・一九八四年
・四国新聞社編「三木武吉」『讃岐人物風景一四　近代の異能者たち』四国新聞社・一九八六年
・「清水芳太郎年譜」『清水芳太郎全集　第一巻』増進堂・一九四二＝一九四四年
・衆議院・参議院編『議会制度百年史　院内会派編　衆議院の部』大蔵省印刷局・一九九〇年
・『衆議院議員支那視察団日誌　大正十一年十月』一九二二年
・衆議院事務局『衆議院要覧　明治三七年三月増訂』一九〇四年
・春城日誌研究会「翻刻『春城日誌』（三）明治三七年」『早稲田大学図書館紀要』二八巻・一九八七年一二月
・春城日誌研究会「翻刻『春城日誌』（二四）『双魚堂日誌』大正四年一月～一二月」『早稲田大学図書館紀要』五四巻・二〇〇七年三月
・正眼寺誌編纂委員会編『妙法山正眼禅寺誌』正眼寺・一九五四年
・『情報局関係資料』第六巻・第七巻・有山輝雄・西山武典編（近代日本メディア史資料集成　第二期）・柏書房・二〇〇〇年
・正力松太郎・伊藤忠兵衛「気焰万丈」大宅壮一編『正力松太郎　悪戦苦闘』早川書房・一九五二年
・『職員録　明治41年（甲）』印刷局・一九一二年
・人事興信所編『人事興信録　五版』人事興信所・一九一八年
・『新聞総覧　昭和十三年』日本電報通信社・一九三八年
・『新聞総覧　昭和十五年』日本電報通信社・一九四〇年
・『新聞総覧　昭和十六年』日本電報通信社・一九四一年
・『新聞総覧　昭和一七年』日本電報通信社・一九四二年
・末川博「光田健輔と三木武吉」『折り折りの人　第二』朝日新聞社・一九六七年
・季武嘉也『大正期の政治構造』吉川弘文館・一九九八年

・『鈴木喜三郎』鈴木喜三郎先生伝記編纂会編・同刊行会・一九五五年
・千林萬水「鳩山と三木」『中央公論』一九二七年八月号
・総理庁官房監査課編『公職追放に関する覚書該当者名簿』日比谷政経会・一九四九年
・『大成百十年史』大成学園・二〇〇七年
・大連語学校蛍雪会編『創立二〇周年記念収録　学園文叢』一九四〇年
・『竹中治の想い出』竹中治追悼文集編集委員会編・一九六八年
・竹中龍範「岡内半蔵のこと」『英学史研究』日本英学史学会・通号三二・一九九九年
・田中茂『東京市政側面史』汎人社・一九二八年
・玉井清「日中戦争下の反英論─天津租界封鎖問題と新聞論調」『法学研究』慶應義塾大学法学研究会編・七三巻一号・二〇〇〇年
・玉井清『第一回普選と選挙ポスター　昭和初頭の選挙運動に関する研究』慶應義塾大学法学研究会・二〇一三年
・田村祐造「保守合同劇の舞台うら」『週刊読売』一六（四二）・臨時増刊「特ダネうらばなし特集」・一九五七年
・田村祐造「三木武吉」尾崎秀樹ほか『人物昭和史1　権力者の肖像』筑摩書房・一九七九年
・中外商業新報編輯局編『政治家群像』千倉書房・一九三二年
・通信社史刊行会編『通信社史』通信社史刊行会・一九五八年
・筒井清忠『石橋湛山　一自由主義政治家の軌跡』中公叢書・一九八六年
・帝国政治雄弁協会編『国民政治の言論戦』帝国政治雄弁協会・一九二六年
・東京市牛込区編『牛込区史』東京市牛込区・一九三〇年
・東京市会事務局編『東京市会史　第七巻』東京市会事務局・一九三八年
・東京市役所『東京震災録　後輯』東京市・一九二六年
・東京地方裁判所検事局『東京市会議員瀆職被告事件論告要旨』東京地方裁判所検事局・一九三一年
・東京府市政通信社編『東京府市自治大鑑　前・後巻』東京府市通信社・一九二六年

・『同志社百年史　通史編1』同志社社史史料編集所編・同志社・一九七九年
・東邦モーターズ株式会社『我が社の十年誌』一九六〇年
・徳川夢声『夢声戦争日記　第一巻（昭和一六年・昭和一七年上）』中公文庫・一九七七年
・内政史研究会編『内政史研究資料第一二三〜一二八集「村田五郎氏談話速記録1」』内政史研究会・一九七四年
・内務省警保局保安課『特高月報　昭和一八年三月分』復刻版・政経出版社・一九七三年
・内務省警保局保安課『特高月報　昭和一八年六月分』復刻版・政経出版社・一九七三年
・永井和「一九三九年の排英運動」近代日本研究会編『昭和期の社会運動　年報・近代日本研究五』山川出版社・一九八三年
・『永井柳太郎』永井柳太郎伝記編纂会編・勁草書房・一九五九年
・永井道雄「三木武吉」『思想の科学』思想の科学社・一九六五年四月号
・中北浩爾『一九五五年体制の成立』東京大学出版会・二〇〇二年
・中谷武世『戦時議会史』民族と政治社・一九七四年
・中正雄「細心の人」『新政界』臨時増刊号（三木武吉読本）・第二巻第九号・一九五六年
・中邨章『東京市政と都市計画　明治大正期・東京の政治と行政』敬文堂・一九九三年
・中村梅吉『私の履歴書』中村梅吉・一九八四年
・南洋団体聯合会編『大南洋年鑑　昭和一七年版』南洋団体聯合会・一九四三年
・西尾末広『私の政治手帖　風雪六年の日本を顧る』時局研究会・一九五二年
・西尾末広『西尾末広の政治覚書』毎日新聞社・一九六八年
・西谷市次「大野さんについて」大野伴睦先生追想録刊行会『大野伴睦　小伝と追想記』一九七〇年
・西山柳造「昭和戦後史の群像8　「戦後政治の変革者」三木武吉」『正論』一九九三年八月号
・日塔聡編『雄武町の歴史』雄武町・一九六二年
・『日本新聞年鑑　昭和十六年版』新聞研究所・一九四〇年
・野依秀市「三木武吉と私」『実業之世界』一九五六年九月号

・『野依秀市全集　第二巻（明治の人・大正の人・昭和の人）』実業之世界社・一九六六年
・畠中惣治郎『帝都紳士淑女列伝　奉祝今上陛下御即位記念』帝都彰行社・一九二九年
・服部信也・昌子編『原玉重八十八年の歩み』原てる・一九八五年
・鳩山一郎『鳩山一郎回顧録』文藝春秋新社・一九五七年
・鳩山一郎著・伊藤隆・季武嘉也編『鳩山一郎・薫日記　上巻（鳩山一郎篇）』中央公論新社・一九九九年　→【『鳩山日記』と略記】
・鳩山薫著・伊藤隆・季武嘉也編『鳩山一郎・薫日記　下巻（鳩山薫篇）』中央公論新社・二〇〇五年　→【『鳩山薫日記』と略記】
・花見達二「珍宝のある半面」『新政界』臨時増刊号（三木武吉読本）・第二巻第九号・一九五六年
・花見達二『昭和記者日記　現代の人物五〇〇人』雪華社・一九六八年
・馬場恒吾「東京市政論」『中央公論』一九二八年一〇月号
・原田道寛編『大正名家録』二六社編纂局・一九一五年
・日笠芳太郎「慎重審議の問題」『大日』三〇〇号・一九四三年八月一日
・平井一臣『「地域ファシズム」の歴史像　国家改造運動と地域政治社会』法律文化社・二〇〇〇年
・廣瀬英太郎「三木さんと私」『讃岐公論』一九五六年八月号（第二六巻）
・藤原秀之「知られざる図書館員 三木武吉」『早稲田大学図書館報 ふみくら』第七八巻・二〇一〇年
・古川隆久『戦時議会』吉川弘文館・二〇〇一年
・報知新聞社編『報知新聞小史　創刊六十五年』報知新聞社・一九三六年
・報知新聞社編『英国を追放す　対英外交大演説集』報知新聞社・一九三九年
・報知新聞社編『戦禍蘭印に及べば日本はどう出るか？』報知新聞社・南方調査会・一九四〇年
・報知新聞社社史刊行委員会編『世紀を超えて　報知新聞百二十年史』報知新聞社・一九九三年
・細川隆元「ダンスと三木さん」『新政界』臨時増刊号（三木武吉読本）・第二巻第九号・一九五六年

・毎日新聞社社史編纂委員会編『毎日新聞七十年』毎日新聞社・一九五二年
・前田多蔵編『田中唯一郎君追憶録』小久江成一（私家版）・一九二三年
・増子喜一郎「蛮殻な寄宿舎」『早稲田学報』一九〇七年一一月（一五三）
・増田弘『政治家追放』中公叢書・二〇〇一年
・増田弘・中島政希監修『鳩山一郎とその時代』平凡社・二〇二一年
・升味準之輔『日本政党史論　第五巻』東京大学出版会・一九七九年
・松坂廣政「検事正時代の横顔」『塩野季彦回顧録』塩野季彦回顧録刊行会・一九五八年
・松田毅一「三木武吉氏の追憶」『想丘』六二号・一九五六年一二月
・松田毅一『南蛮遍路』読売新聞社・一九七五年
・松田毅一先生を偲ぶ会編『南蛮学の発見　松田毅一先生の追悼と足跡』松田健・一九九七年
・松田操一「三木先生の少年時代」三木会編『三木武吉』一九五八年
・松田竹千代『無宿の足跡　わが青春の記』講談社・一九六八年
・『松田竹千代の生涯』松田澄江・松田妙子・一九八一年
・松村謙三「稲門同窓の夢」『新政界』臨時増刊号（三木武吉読本）・第二巻第九号・一九五六年
・松村謙三「国士型の政治家」『週刊東京』一九五六年七月二一日号　→【松村 1956 ②と表記】
・松村謙三『三代回顧録』東洋経済新報社・一九六四年
・丸山鶴吉『七十年ところどころ』七十年ところどころ刊行会・一九五五年
・三木会編『三木武吉』一九五八年
・三木和臣「兄はこういう人だった」『新政界』臨時増刊号（三木武吉読本）・第二巻第九号・一九五六年
・三木景三「三木家について」『新政界』臨時増刊号（三木武吉読本）・第二巻第九号・一九五六年
・三木妙子「父の思い出」『早稲田学報』六六三号・一九五六年九月号
・水木楊『誠心誠意、嘘をつく　自民党を生んだ男・三木武吉』日本経済新聞社・二〇〇五年

・三田村武夫『警告の記録　中野正剛自刃二十周年に当って』政治科学研究所・一九六三年
・御手洗辰雄『伝記　正力松太郎』大日本雄弁会講談社・一九五五年
・三井乙蔵『牛込区全図　市区改正番地入』三英社・一九二一年
『南強一さんの思い出』生活記録研究所・一九五五年
・宮本吉夫『新保守党史』時事通信社・一九六二年
・牟田国光『我が思い出』一九八二年
・務台光雄「読売興隆の裏面史をきく」『別冊新聞研究　聴きとりでつづる新聞史』日本新聞協会・一九八一年一〇月（一三号）
・武藤金吉「新聞記者は彌次幇助罪」『日本一』（南北社）一九二一年二月号
・武藤貞一『武藤貞一評論集　戦後篇』動向社・一九六三年
・森田実「電話が変えた戦後政治」『経済往来』一九八五年六月号
・安島誉「たぬき親父」『塩野季彦回顧録』塩野季彦回顧録刊行会・一九五八年
・山田竹系『讃岐柔道史』香川印刷・一九六六年
・山本忠次『私の人生劇場』出版東京（自費出版）・一九七七年
・山本文史『日英開戦への道　イギリスのシンガポール戦略と日本の南進策の真実』中公叢書・二〇一六年
・弓館小鰐『スポーツ人国記』ポプラ書房・一九三四年
・弓館小鰐「青春の三木武吉」『文藝春秋』一九五五年六月号
・洋の字生「満鮮視察団議員と語る」『朝鮮及満洲』一九二二年一一月号（一八〇号）（復刻版・皓星社・一九九八年）
・吉田茂『回想十年①』中公文庫・一九九八年
・吉見義明・横関至編『資料日本現代史4　翼賛選挙①』大月書店・一九八一年
・読売新聞百年史編集委員会編『読売新聞百年史』読売新聞社・一九七六年
・早稲田大学館長日誌翻刻委員会「早稲田大学図書館「館長日誌」翻刻と解題（上）明治三六年九月〜三七年一二月」『早稲田大学図書館紀要』通号三三・一九九一年

・『早稲田大学校友会会員名簿　大正四年』早稲田大学校友会・一九一五年
・『早稲田大学校友会会員名簿　大正一四年』早稲田大学校友会・一九二五年
・『早稲田大学年鑑　昭和11年版』早稲田大学年鑑社・一九三六年
・『早稲田大学八十年の歩み』早稲田大学校友会・一九六二年
・『早稲田大学百年史』早稲田大学大学史編集所編・早稲田大学出版部・一九八一年
・『早稲田大学百五十年史』第一巻、早稲田大学百五十年史編纂委員会編・早稲田大学出版部・二〇二二年
・渡邉恒雄『派閥』弘文堂・一九五八年
・渡邉恒雄『渡邉恒雄回顧録』中央公論新社・二〇〇〇年

三木武吉　略年譜

＊幼少期から青年期に関しては三木会編『三木武吉』巻末の年譜を参照した。この年譜は誤りも多いため、年譜のみを根拠とする場合は「？」を付した。他にも三木の選挙広報から取ったと思われる「元代議士　三木武吉氏」『讃岐公論』一九五二年（第二二巻七月号）の情報も参照したが、確たる根拠を得られなかった情報に関しては「？」を付した。

一八八四（明治一七）年（0歳）
八月一五日、愛媛県香川郡高松外磨屋町で骨董屋をしていた三木古門、妻アサの長男として出生。本名、三木武吉（みきたけよし）。後年「ぶきち」と名乗る。

一八九二（明治二五）年（8歳）
四番丁小学校に入る？

一八九五（明治二八）年（11歳）
高松市立高等小学校に進む？

一八九九（明治三二）年（15歳）
高松中学校に入学？

一九〇〇（明治三三）年（16歳）
この年？、海軍兵学校の体格試験に不合格となる。七月？、高松中学校を中途退学。九月？、同志社普通学校に編入。一二月？、同志社普通学校を病気のため退校。この前後で、英華学校にも通う。

一九〇一（明治三四）年（17歳）
六月？、東京の大成中学に編入。六月二一日、星亨が暗殺される。九月、東京専門学校法学部法律科に入学。

一九〇四（明治三七）年（20歳）
七月、東京専門学校（一九〇二年より早稲田大学と改称）法律科を卒業。早稲田大学の図書館で細目カード作成などの仕事を行う。

一九〇五（明治三八）年（21歳）
五月？、日本銀行に入社し、国債課に勤務する。門司支店勤務となり、七月二九日に門司に到着。九月八日、非講和門司市民大会に参加し、「責任と責任」と題する演説を行う。これがきっかけで日銀を退社。帰京後は、衆議院事務局臨時雇となる。

一九〇七（明治四〇）年（23歳）

七月五日?、かねと結婚式を挙げる。一一月、判事検事登用第一回試験合格。一二月、司法官試補に任ぜられ、東京地方裁判所検事局並びに東京区裁判所検事局において事務修習を命ぜられる。

一九〇八（明治四一）年（24歳）

六月、司法官試補を辞職し、七月、弁護士資格を得る。

一九〇九（明治四二）年（25歳）

八月頃、牛込区新小川町三―一四へ転居。この頃、加藤たけと出会う。

一九一一（明治四四）年（27歳）

自宅に弁護士事務所を開く。

一九一三（大正二）年（29歳）

三月、早稲田出身者による牛込校友会を発起。

一九一四（大正三）年（30歳）

二月二六日、牛込区の区会議員選挙（二級）に当選。六月五日、東京市会議員選挙（二級）に鳩山一郎の常磐会から立候補し、落選。

一九一五（大正四）年（31歳）

二月、大隈伯後援会公認候補となる。三月二五日、第一二回衆議院議員総選挙に立候補し、落選。七五票差の次点であった。八月一二日、区会議員の資格が失格となる。

一九一六（大正五）年（32歳）

四月二〇日、牛込区の区会議員補欠選挙（二級）に当選。

一九一七（大正六）年（33歳）

二月、後に三木の秘書となる原玉重が三木法律事務所を初訪問。四月二〇日、第一三回衆議院議員総選挙に憲政会から立候補し、初当選（第九位）。この年起こった早稲田騒動では、瀬川光行らとともに母校援護団を結成し、寄宿舎を占拠した。

①「外観内容共に貧弱（初めて議会に列して）」『太陽』八月号（第二三巻第九号）

一九二〇（大正九）年（36歳）

一月二四日、衆議院本会議で「達磨は九年」の野次を飛ばす。五月一〇日、第一四回衆議院議員総選挙で当選（二回目）。七月二四日、衆議院本会議で「選挙干渉に関する質問」を行い、政友会を「現内閣の走狗」と批判。二五日の懲罰委員会で五日間の出席停止の処分が下される。

①「吾人の国民教育観」『教育学術界』六月号（第四一巻第三号）

②「住宅問題の解決は道路の統一に依る」『建築世界』一〇月号（一四巻一〇号）

一九二一（大正一〇）年（37歳）

憲政会の準機関誌『憲政公論』の社長となる。七月、同光会の常議員となる。

①「青年の意気」『北陸青年』第二巻第一号（一月）

②「彌次馬にあらず闘士也」『日本一』（南北社）二月号（七巻二号）

③「国民思想善導策」『暁鐘』四月号（創刊号）

④「吾が徒の使命　創刊に際し敢て中外に宣す」『憲政公論』創刊号（四月）

⑤「政友会の陋劣なる党略」『憲政』五月号（第四巻第四号）

⑥「思想の解放と、国民教育の善導」『憲政公論』五月号（第一巻第二号）

⑦「野党合同は不必要也」『憲政公論』六月号（第一巻第三号）

⑧「綱紀粛正と吾党」『憲政公論』七月号（第一巻第四号）

一九二二（大正一一）年（38歳）

二月二六日、牛込区の区会議員選挙（一級）に落選。六月四日、東京市会議員選挙に立候補し、当選（二級）。一〇月八日、衆議院支那視察団の一員として京城に到着。一一月一三日に帰国。

①「最も深き印象」『大観』二月一日号

②「自由平等と人類生活」『憲政公論』六月号（第二巻第六号）

③「支那の議会を傍聴して」『憲政公論』一二月号（第二巻第一二号）

一九二三（大正一二）年（39歳）

五月の東京市長選挙で久保田政周を推すが、永田秀次郎に敗れる。七月、デンマークで開催される第二一回列国議会同盟会議に出席するため、渡欧。仏、独、スウェーデン、ノルウェー、英、米の政情も視察。関東大震災の報を受け、予定を早めて一〇月四日に帰国。一八日、帝都復興院評議員に選出される。

①「今期議会と普選問題」『憲政公論』一月号（第三巻第一号）

②「信念に生くる加藤総裁」『憲政公論』二月号（第三巻第二号）

③追悼の言葉（前田多蔵編『田中唯一郎君追悼録』私家版）

④「現政界の感想三題」『憲政公論』六月号（第三巻第六号）

一九二四（大正一三）年（40歳）

一月二一日、憲政会幹事長となる。五月一〇日、第一五回衆議院議員総選挙で当選（三回目）。八月一四日、加藤高明内閣・浜口雄幸蔵相のもとで大蔵参与官となる。『憲政公論』の社長を辞任し、顧問となる。九月一五日、東京市会議員を辞任。九月の東京市長選挙で久保田政周を推すが、後藤新平に敗れる。

① 「現内閣の弱点と普選問題」『憲政公論』一月号（第四巻第一号）
② 「可能性なき選挙費制限案」『憲政公論』四月号（第四巻第四号）
③ 「吾等の踏むべき途」『憲政公論』七月号（第四巻第七号）
④ 「論壇　我党の責任」『憲政』七月号
⑤ 「余が初めて出京した時の年齢　其当時抱きたる目的（名士回答）」『実業之日本』四月号
⑥ 「序」三木麟『大雄弁感動の秘訣』大示房

一九二五（大正一四）年（41歳）

二月、チブスに罹る。八月、第二次加藤内閣でも浜口蔵相のもとで大蔵参与官留任となる。一二月、牛込区若松町一四へ転居。

① 「序」水野石渓『普選運動血涙史』文王社
② 「政友会の描くたらひ廻しの夢（上）（中）（下）」『東京朝日新聞』七月一八・一九・二〇日付朝刊
③ 「現内閣の税制整理案に就て」『憲政公論』九月号（第五巻第九号）
④ 「序」瀬川光行『市政我観』元々堂書房

一九二六（大正一五＝昭和元）年（42歳）

一月、加藤首相が死去したが、後継の若槻礼次郎内閣でも大蔵参与官留任となる。五月、憲政会が東京市に市政刷新聯盟を結成。六月、東京市会議員選挙で憲政会が絶対多数を獲得する。三木市長を望む声も多かったが、六月の東京市長選挙では伊澤多喜男を推し、当選させた。一〇月、伊澤が東京市長を辞任し、一〇月の東京市長選挙で西久保弘道を推し、当選させた。

① 「偉大なる政治家」『憲政公論』加藤前総裁追悼号（第六巻第三号）
② 「私が政界に志すまで」『東京』（実業之日本社）九月号
③ 「伊澤市長は最適任（一人一話）」『東京』（実業之日本社）九月号

一九二七（昭和二）年（43歳）

東京市会で「東京瓦斯株式会社報償契約改訂に関する件」を可決できず。二月二日、大蔵参与官を辞職。一七日、母アサ死去。三月一四日、父古門死去。六月、憲政会と政友本党が合併して立憲民政党が成立。七月、フランスで開催される第二四回列国議会同盟会議に出席するため渡欧。パリでつかの間の休息。その間、日本では一二月九日に西久保東京市長が辞任。一二日、「金髪美人」を伴って下関に到着。記者に追われる。

一九二八（昭和三）年（44歳）

一月の東京市長選挙で市来乙彦を推し、当選させた。二月二〇日、第一六回衆議院議員総選挙で当選（四回目）。七月一三日、東京市会で京成電車乗入案が可決。この見返りとして、正力は三木へ六月四日頃に三万円、七月一四日頃に五万円を渡す。九月二六日午前、東京地方裁判所検事局に出頭。午後、市谷刑務所へ収容される。一二月二〇日、保釈される。

一九二九（昭和四）年（45歳）
一二月一九日、加藤たけが看守抱き込み事件で逮捕される。

一九三〇（昭和五）年（46歳）
二月二〇日、第一七回衆議院議員総選挙で第五位当選（五回目）。四月四日、京成電車乗入問題を含む東京市疑獄事件は予審終結となる。一一月一七日、初回公判が行われる。

一九三一（昭和六）年（47歳）
九月三〇日、東京地方裁判所で判決が言い渡され、懲役四か月となった（求刑は五か月）。
①「東西カフエー座談会」『文藝春秋』三月号
②「議会問題座談会」『政界往来』四月号
③「手柄と失敗を語る座談会」『文藝春秋』五月号
④一宮房治郎、堀切善兵衛、岡崎邦輔、太田正孝、川崎克、片山哲、風見章、内田信也、山﨑達之輔、前田米蔵、松田源治、安達謙蔵、三木武吉他「岡崎・安達両氏を囲む国策座談会」『政界往来』八月号
⑤「濱口先生を憶ふ」『文藝春秋』一〇月号
⑥「濱口先生を憶ふ」『民政』付録　濱口前総裁追悼号』第五巻第一〇号付録

一九三二（昭和七）年（48歳）
二月二〇日、第一八回衆議院議員総選挙で第三位当選（六回目）。八月二日、民政党を脱党。麹町区内幸町の大阪ビルに玄玄社という事務所を設けた。一二月、北海道の金鉱掘りが世間の注目を浴びる。一二月二〇日、東京市疑獄事件の控訴審判決が行われ、懲役三か月となった。
①「偉大なる風来坊」新山愁破編『床次鉄相シルエット』宝英館（一月）
②「政友会の人物を語る」『政界往来』一月号
③「挙国一致内閣是非」『政界往来』一月号
④「鈴木喜三郎を語る」『政界往来』二月号
⑤「鈴木喜三郎を語る」梨本祐淳『鈴木喜三郎』時代社
⑥「憲政会を風靡した非政友合同論と早速整爾君」湊邦三編『早速整爾伝』早速千代野
⑦「予算委員長報告に対する質疑」『農政研究』第一一巻第一〇号
⑧「政局の推移と民政党の行方」『文藝春秋』一一月号

⑨「明日は投票といふ前の晩」紀室公民『五分間演説と挨拶』興風書院

一九三三（昭和八）年（49歳）

三月一六日、民政党に復党。一〇月一七日、東京市疑獄事件の上告審が始まる。

①「黄金狂時代座談会」『文藝春秋』二月号

一九三四（昭和九）年（50歳）

三月二六日、大審院において上告棄却の最終判決。前審どおりの刑（懲役三か月）が確定。議員の資格を失う。四月一〇日から服役、五月二六日に仮出所となる。

一九三六（昭和一一）年（52歳）

一月二六日、重盛久治が正式に玄玄社の一員となり、秘書として仕える。二月六日、帝国通信社の取締役に就任。二月二〇日の第一九回衆議院議員総選挙には立候補せず。

一九三七（昭和一二）年（53歳）

六月、娘・妙子生まれる。

①小冊子『産金増殖の具体政策　非常経済最後の支柱』

一九三八（昭和一三）年（54歳）

①「何故新党樹立を叫ぶか」『政界往来』一二月号

一九三九（昭和一四）年（55歳）

五月一〇日、報知新聞社臨時株主総会で取締役社長に就任。六月三日、城戸元亮が報知新聞に常任顧問として入社。九日、三木の報知新聞社長の就任披露宴が東京会館で開催。七月四日、日比谷公会堂で対英外交大演説会を開催。八月一日付朝刊で大胆な紙面改革。一一月一五日、東京府米穀小売商業組合連合会理事長に就任。一二月四日、中支視察。一九日に帰国。

①「開会の挨拶」『英国を追放す　対英外交大演説集』報知新聞社

②「十年間御援助を――報知新聞社長就任の辞」『雄弁』八月号

③「直言　東京会談に寄す」『革新』八月号

④「新聞の指導性と積極性を語る」『政界往来』九月号

⑤「「青年」大臣永井君」『政界往来』一〇月号

一九四〇（昭和一五）年（56歳）

六月、武藤貞一が相談役として報知新聞に入社。八月三一日、「新体制下の新聞政策」と題する意見書を近衛首相らへ提出。九月、三木武吉編『新体制下の新聞問答』を刊行。一二月、武藤が取締主筆に就任。

①「現状打破せよ」『改造』臨時増刊号（三）、二二巻三号（一月）
②「[散兵線] 聖戦の目的を達成せよ」『科学主義工業』二月号
③『戦禍蘭印に及べば日本はどう出るか？』報知新聞社南方調査会（座談会「北欧の戦禍蘭印に及べば」『報知新聞』一九四〇年四月一八〜二八日付（計一〇回）を収録）
④「宿命綺談」『文藝春秋』六月号
⑤「開会の辞」『第七回雄弁選手権大会　全国青年熱弁集』大日本雄弁会講談社（『雄弁』七月特大号付録）
⑥三木武吉編『新体制下の新聞問答』

一九四一（昭和一六）年（57歳）

一月二〇日、東京府米穀商業組合理事顧問、商業報国会長となる。いずれも五月三一日に辞任。六月一〇日、報知新聞創刊七〇周年の祝賀会を帝国ホテルで行う。七月、大日本興亜同盟の協議会副議長を務める。八月六日、報知新聞社と読売新聞社の提携を発表。九月一日付朝刊で紙面刷新を実施。九月一六日に「新聞統合私案」を関係者に送る。三木が画策した単一会社（共同会社）案は、朝日、毎日、読売の三社の反対により、実現せず。

①『人口問題資料 第44輯　戦争と人口を語る』人口問題研究会（座談会「戦争と人口を語る」『報知新聞』一九四〇年一一月一五日付夕刊〜（計一五回）を収録）
②「売らぬ新聞を作る」『実業之世界』四月号
③「巻頭言」報知新聞社編『報知七十年』
④「開会の辞」『雄弁』七月号
⑤「興亜運動の基本問題」大政翼賛会編『興亜講演集 第七輯』大政翼賛会宣伝部
⑥「五千号を祝す」『文化情報』一一月二六日付
⑦「亜細亜の攘夷完遂の秋（米英撃滅国民大会続報）」『文化情報』一二月一二日付

一九四二（昭和一七）年（58歳）

四月三〇日、第二一回衆議院議員総選挙（翼賛選挙）に香川一区から非推薦で出馬し、第二位当選（七回目）。五月二〇日、翼賛政治会に加入。六月、政府の指示で報知新聞社と読売新聞社の合併が決定し、七月、報知新聞社長を辞任。八月五日付より『読売報知』が刊行された。

①「スマトラ協会の趣意」スマトラ協会編『スマトラの実相』三月
②「日本文化捷利の記念　子孫の啓蒙に光耀放つ」『文化情報』三月二日付
③「謹みて有権者各位に訴ふ」『衆議院議員選挙公報』四月二五日
④「序」伊藤恒治『食糧問題解決の捷径　麦多収穫の実際』西遠明朗会

一九四三（昭和一八）年（59歳）
三月六日、翼政会の代議士会で、戦時刑事特別法中改正法律案委員会の報告が行われるも反対意見が続出。三木を座長とする有志代議士会が開催。反東条運動は挫折し、この年に高松に帰る？
①「他の新聞はやめても『帝日』は存在させたい」『帝都日日新聞十年史』帝都日日新聞社

一九四四（昭和一九）年（60歳）
東条内閣が崩壊すると、しばしば東京にも出向く。牛込区弁天町五一を拠点とする。この年の暮れに高松に帰る？

一九四五（昭和二〇）年（61歳）
六月一九日、大日本政治会に加盟。七月四日、高松が空襲を受ける。香川県塩江町安原村の村長・藤本弁三郎宅で終戦の日を迎える。家族を小豆島双子浦に移し、九月一日に召集された第八八回帝国議会に出席。一一月九日、鳩山一郎が日本自由党を結成し、三木も加わる。

一九四六（昭和二一）（62歳）
一月四日、ＧＨＱが日本政府に対して公職追放令を指令。この時は追放を免れた。四月一〇日、第二二回衆議院議員総選挙で第三位当選（八回目）。一九日、社会党主催の幣原内閣打倒共同委員会に出席。二六日の同委員会では、共産党の徳田球一と対決。社会党と政策協定を進めて、自由党の単独内閣を発足させようとしたが、五月四日に鳩山が公職追放される。一六日、衆議院議長候補者選挙に当選したが、公職追放の噂が出回り、一八日、議長就任を断念。三一日、追放理由に反対する声明文を提出。六月二〇日、河野一郎とともに公職追放となる。小豆島の濤洋荘の一部を買い取り、妻らと暮らす。

一九四八（昭和二三）年（64歳）
五月八日、衆議院の不当財産取引調査特別委員会において、辻嘉六をめぐる政治資金の問題について証人喚問を受ける。

一九四九（昭和二四）年（65歳）
夏頃、神奈川県の逗子市に移り住む。

一九五〇（昭和二五）年（66歳）
三月一五日、東邦モーターズ取締役会長に就任する。一二月、東京都台東区上野桜木町四四へ引っ越す。秋に、三木の後援で武蔵野天然瓦斯研究所が設立される（五一年に江東天然瓦斯工業株式会社に継承）。

一九五一（昭和二六）年（67歳）

二月、東邦石油株式会社取締役会長に就任する。三月に江東区大島町二丁目で天然ガスの試掘を開始。五月にはガスが出始め、有望なガス層を持つ東京ガス田の発見に至る。六月一一日、鳩山が自宅で倒れる。六月二〇日、追放解除。自由党に復帰。七月四日、二年ぶりに香川県へ帰郷。一〇月一一日、四国新聞社顧問となる。一二月一〇日、毎日工業技術賞を受賞する（「東京ガス田の発見」）。

①「政治家の肚芸」『日本週報』六月一五日（第一八〇号）

②「政治を正しい軌道に」『サンデー毎日』七月八日号

③安藤正純・三木武吉・大野伴睦「自由党は私物にあらず」『日本週報』七月一五日（第一八二号）

④「政界特報第一号　乱れ飛ぶデマを砕く」『文藝春秋』九月号

⑤徳川夢声・三木武吉「問答有用　第二六回」『週刊朝日』九月九日号

⑥「順逆交友録　鳩山一郎との五十年」『富士』一〇月

⑦「国会解散論」『再建』（日本自由党中央機関誌）一一月

⑧「講和記念特集　記事新生日本の希望（ハガキ回答）」『婦人倶楽部』一一月号

⑨「ワンマン第一号」『キング』一二月号

一九五二（昭和二七）（68歳）

六月二七日、鳩山が記者会見で吉田茂との対決姿勢を明確にする。九月二九日、吉田が石橋湛山と河野一郎を自由党から除名。一〇月一日、第二五回衆議院議員総選挙で第一位当選（九回目）。二四日、自由党民主化同盟（民同派）を結成。

①「再軍備と政党の責務」『日本週報』二月一五日（第一九九号）

②「政界ざんげ　米騒動と四斗樽会」『富士』二月号

③大久保留次郎、河野一郎、安藤正純、三木武吉、木舎幾三郎「鳩山要人座談会」『政界往来』三月号

④「早速整爾　早稲田の生んだ人材（その九）」『早稲田学報』八月号

⑤「新聞えの直言」『国会新聞』一〇月一四日付

一九五三（昭和二八）年（69歳）

一月、東京都新宿区中町一九に引っ越す。二月、自由党総務会長に就任。三月一四日、民同派の二二名が分党の決断を下す。同日の本会議では、民同派二二名が賛成票を投じ、野党提出の内閣不信任案が可決。吉田は即日解散を命じた（「バカヤロー解散」）。一八日、分党派自由党は鳩山を総裁に推戴することを決定。四月一九日、第二六回衆議院議員総選挙で第一位当選（一〇回目）。一一月三日、衆議院予算委員会で再軍備と憲法改正について質問を行う。鳩山らが自由党に復帰し、三木ら八名は一一月三〇日に日本自由党を結成。「八人の侍」と呼ばれる。一二月五日の予算委員会でも質問を行う。

①三木武吉、広川弘禅「たぬき問答」『毎日新聞』一月一日付

朝刊。
②三木武吉編『吾が党は斯く闘えり 第一六特別国会報告』自由党本部
③三木武吉、砂田重政、安藤正純「寝わざ・立ちわざ（鼎談）」『文藝春秋』二月号
④三木武吉、木舎幾三郎「ズバリ回答 自由党騒動の真相はこうだ」『政界往来』二月
⑤佐藤栄作、清瀬一郎、浅沼稲次郎、野溝勝、三木武吉「〝自壊〟解散と新政局（各党代表者座談会）」『毎日新聞』三月一五～一七日付朝刊
⑥「われ政局を動かす バカヤロー解散その後」『改造』三月臨時増刊（第三四巻第五号）
⑦佐藤栄作、三木武夫、原彪、浅沼稲次郎、三木武吉「次期政権をどうする（五党代表座談会）」『朝日新聞』四月二一・二二日付朝刊
⑧佐藤栄作、清瀬一郎、野溝勝、浅沼稲次郎、三木武吉「政局収拾の方途（各党幹事長座談会）」『毎日新聞』四月二一・二二日付朝刊
⑨佐藤栄作、三木武夫、野溝勝、浅沼稲次郎、三木武吉「今後の政局をどうする 各党の首脳者座談会」『日本経済新聞』四月二一日付朝刊
⑩三木武吉、佐藤栄作、宇田耕一、野溝勝、三輪寿壮「座談会 次期政権と政党の姿―セイジ家の選挙予想表―」『改造』五月（第三四巻第六号）
⑪「安定政局の在り方」『先見経済』八月二五日（通巻第三七一号）
⑫「銷夏政談」『改造』九月号
⑬三木武吉・木舎幾三郎「空巣狙いとは不届至極！」『政界往来』一二月

一九五四（昭和二九）年（70歳）

二月二六日、予算委員会で質問を行う。三月、保全経済会事件で事情聴取を受ける。四月一三日、自由党の緒方竹虎が、保守合同による「政局の安定は現下爛頭の急務」とする「自由党声明」を発表。三木は、反吉田の保守新党の結成を目指し、吉田内閣打倒演説会を各地で行う。九月一九日、鳩山と改進党の重光葵の会談を手配。一一月一日、新党結成準備会常任委員会の開催、一五日の第一回創立委員会総会の開催に尽力。代表委員に選出される。二四日、新党・日本民主党の結党大会が行われ、総務会長となる。一二月六日、左右社会党との交渉を行い、内閣不信任案の提出を決める。七日、吉田内閣は総辞職。九日、首相指名選挙で鳩山が首相に選出され、第一次鳩山内閣が発足。組閣参謀として智略をめぐらす。
①「たぬき政界「四十年」①」『日本週報』第二七二号（一月一五日発行）
②「たぬき政界「四十年」②」『日本週報』第二七三号（一月

二五日発行）
③「たぬき政界「四十年」③」『日本週報』第二七四号（二月五日発行）
④「たぬき政界「四十年」④」『日本週報』第二七五号（二月一五日発行）
⑤松村謙三、三木武吉、野溝勝、浅沼稲次郎「新春の政局展望（上）（下）」『国会新聞』一月一・二一日付
⑥近藤日出造（近藤と三木の対談形式）「やアこんにちわ　第三一回　三木武吉」『週刊読売』二月一四日号
⑦「俺は風雲児ナンバーワン　僕は吉田と一緒になれない」『人物往来』二月号
⑧「鳩山だましこみ作戦のかげに　中原に鹿を逐いそこねるの記」『政界読本』文藝春秋臨時増刊
⑨「暴力議員を締め出せ」『週刊読売』六月二七日号
⑩阿部眞之助、岩淵辰雄、大宅壮一、三木武吉、覆面代議士X氏「愉しき毒舌　頑張れ！汚職内閣（政界版）」『改造』六月号
⑪「選挙区制と政治の安定」『選挙』（都道府県選挙管理委員会連合会）六月号
⑫「吉田を詰める王手飛車―政界将棋の裏おもて―」『文藝春秋』七月号
⑬石橋湛山、勝間田清一、西尾末広、松村謙三、三木武吉「座談会　この政局をどうするか」『週刊東洋経済新報』九月号
⑭「化かした覚えはない　＝わしは〝カチカチ山のうさぎ〟さ＝」『日本経済新聞』九月二五日付朝刊
⑮「道鏡と清盛合体の吉田総理（吉田内閣打倒国民大会に於ける演説）」『実業之世界』一〇月号
⑯「反吉田新党の構想―私のえがく新政界地図―」『実業之日本』一〇月号
⑰三木武吉・石橋湛山・岩淵辰雄「新党の陣痛と次期政権」『日本週報』第三〇二号（一〇月五日発行）
⑱岸信介、松村謙三、三木武吉「新党の方向」『毎日新聞』一一月一六日付朝刊
⑲「散りぎわを知れ」『読売新聞』一一月一七日付朝刊
⑳鳩山一郎、三木武吉、松村謙三、石橋湛山、苫米地義三、御手洗辰雄、三宅晴輝、木内信胤、小島編集局長「日本民主党の方策　座談会　首脳部に聴く（上）（中）（下）」『読売新聞』一一月二五～二七日付朝刊
㉑「新党結成と財界」『実業之世界』一一月号

一九五五（昭和三〇）年（71歳）

一月二四日、鳩山内閣解散。二月二七日、第二七回衆議院総選挙で第三位当選（一一回目）。第二次鳩山内閣の閣僚選出を主導。三月一八日の議長選挙では、自由党の益谷秀次に敗れる。四月一二日午後九時三〇分東京発「筑紫」の車中で保守合同の必要を説き、新聞各紙が一三日付夕刊で大きく報じる。五月一五日、自由党の大野伴睦と極秘に会談して、保守合同

の道筋を立てる。六月一〇日、日比谷公会堂で行われた保守合同促進国民大会では、大野と壇上で固い握手を交わす。夏前に、新宿区（牛込）から千駄ヶ谷に引っ越す。一一月一〇日、鳩山、緒方、大野とともに新党・自由民主党の代行委員となる。一五日、自由民主党の結成大会が開かれる。二二日に鳩山が首相に指名され、第三次鳩山内閣が発足した。

①「吉田追放・もうブチまけてよい話」『戦後最大の政変』文藝春秋緊急増刊
②「鳩山内閣は天の声によつて成立した！」『実業之世界』二月号
③三木武吉、矢次一夫「（対談）三木武吉の肚の底　鳩山内閣の軍師と政局問答」『人物往来』五月号
④三木武吉、大野伴睦「保守結集はこうして」『毎日新聞』六月一七日付
⑤「恥も外聞も捨てての邁進（ほしゅごうどうのためならいのちもいらぬ）」『実業之世界』七月一日増大号
⑥岸信介、三木武吉、石井光次郎、大野伴睦「保守結集の目途（上）（下）」『読売新聞』七月二・三日付朝刊（『講演時報』七月上旬号（第八〇〇号）にも収録）
⑦「狂瀾怒濤の中でもまれて（一万田蔵相合評）」『実業之世界』七月一五日号
⑧「見ちがえて来たようだ（河野農相の八面観）」『実業之世界』七月一五日号
⑨「三木、大野氏新党を語る」『毎日新聞』一〇月二八日付
⑩三木武吉、大野伴睦、石井光次郎、岸信介「新党は約束する（上）（中）（下）」『毎日新聞』一九五五年一一月一六〜一八日付朝刊
⑪徳川夢声・三木武吉「問答有用　第二三八回」『週刊朝日』一一月六日号
⑫「鳩山と僕」『新政界』一一月
⑬「報知伝統の精神」生活記録研究所編『南強一さんの思い出』生活記録研究所
⑭「野依君の離れ業」『実業之世界』一二月号
⑮三木武吉・岩淵辰雄・阿部眞之助「あれから十年これから十年」『日本週報』第三四九号（一二月一五日発行）

一九五六（昭和三一）年（72歳）

一月に緒方竹虎が死去。二月二九日付の『東京タイムズ』で重盛久治「三木武吉太閤記　生きた政治史」の連載が始まる。三月八日、自民党香川県支部連合会大会に出席するため高松へ。最後の帰郷となる。四月五日の第二回臨時党大会で自由民主党の初代総裁に鳩山が選出。五月二五日、千駄谷から東京都上目黒一丁目二五番地へ転居。七月四日、死去。戒名は「聖政院殿釈武正大居士」。七月一一日に東京築地の東本願寺で自由民主党党葬。九月二三日、高松市で追悼式と納骨が行われる。一〇月一一日、三木がかつて住んだ桜木町の家で、

百か日が行われ、雷庵碑の除幕式とたぬきうどんの供養振舞いが行われた。

①「緒方君を憶う」『毎日新聞』一月二九日付夕刊

②「東條軍閥との死闘」『日本及日本人』一月号（三田村武夫『警告の記録　中野正剛自刃二〇周年に当って』政治科学研究所、一九六三年にもその一部を収録）

③「清新にして強力な政党論」『実業之世界』一月号

④「野依君の放れ業」『新政界』一月号

⑤三木武吉・武藤貞一「新春政治放談」『政経指針』一月号

⑥「立派な政党政治家（緒方竹虎氏の急逝を悼む）」『新政界』三月号

⑦「野依秀市言論活動五十年記念講演会　祝辞　波瀾万丈の人」『実業之世界』五月号

赤上裕幸　AKAGAMI Hiroyuki

1982年、埼玉県生まれ。京都大学大学院教育学研究科教育科学専攻博士課程修了。現在、防衛大学校人文社会科学群公共政策学科准教授。博士（教育学）。専攻はメディア史、社会学。単著に『ポスト活字の考古学』（柏書房）、『「もしもあの時」の社会学』（筑摩書房）、『分断のニッポン史』（中央公論新社）。

近代日本《きんだいにほん》メディア議員列伝《ぎいんれつでん》　7巻

三木武吉《みきぶきち》の裏表《うらおもて》——輿論指導《よろんしどう》か世論喚起《せろんかんき》か

2024年1月20日　第1版第1刷発行

著　者　赤上裕幸
発行者　矢部敬一
発行所　株式会社創元社
https://www.sogensha.co.jp/
〔本　　社〕〒541-0047 大阪市中央区淡路町4-3-6
Tel. 06-6231-9010　Fax. 06-6233-3111
〔東京支店〕〒101-0051 東京都千代田区神田神保町1-2 田辺ビル
Tel. 03-6811-0662

装　丁　森裕昌
印刷所　モリモト印刷株式会社

ISBN978-4-422-30107-5　C0336

近代日本メディア議員列伝

全巻構成

四六判・上製　各巻平均 350 頁
各巻予価：2,970 円（本体 2,700 円）

1 巻◆片山慶隆『大石正巳の奮闘――自由民権から政党政治へ』
【第 13 回配本・2025 年 7 月刊行予定】

2 巻◆井上義和『降旗元太郎の理想――名望家政治から大衆政治へ』
【第 2 回配本・既刊】

3 巻◆河崎吉紀『関和知の出世――政論記者からメディア議員へ』
【第 5 回配本・2024 年 3 月刊行予定】

4 巻◆戸松幸一『古島一雄の布石――明治の侠客、昭和の黒幕』
【第 14 回配本・2025 年 9 月刊行予定】

5 巻◆白戸健一郎『中野正剛の民権――狂狷政治家の矜持』
【第 3 回配本・既刊】

6 巻◆佐藤卓己『池崎忠孝の明暗――教養主義者の大衆政治』
【第 1 回配本・既刊】

7 巻◆赤上裕幸『三木武吉の裏表――輿論指導か世論喚起か』
【第 4 回配本・既刊】

8 巻◆佐藤彰宣『石山賢吉の決算――ダイヤモンドの政治はあるか』
【第 9 回配本・2024 年 11 月刊行予定】

9 巻◆福間良明『西岡竹次郎の雄弁――苦学経験と「平等」の逆説』
【第 7 回配本・2024 年 7 月刊行予定】

10 巻◆石田あゆう『神近市子の猛進――婦人運動家の隘路』
【第 11 回配本・2025 年 3 月刊行予定】

11 巻◆松尾理也『橋本登美三郎の協同――保守が夢見た情報社会』
【第 6 回配本・2024 年 5 月刊行予定】

12 巻◆松永智子『米原昶の革命――不実な政治か貞淑なメディアか』
【第 10 回配本・2025 年 1 月刊行予定】

13 巻◆山口仁『田川誠一の挑戦――保守リベラル再生の道』
【第 8 回配本・2024 年 9 月刊行予定】

14 巻◆長﨑励朗『上田哲の歌声――Why not protest?』
【第 12 回配本・2025 年 5 月刊行予定】

15 巻◆河崎吉紀『近代日本メディア議員人名辞典・付総索引』
【第 15 回配本・2026 年 1 月刊行予定】